教育部科学技术委员会战略研究重大专项 ▶

Key Projects on Strategic Studies

A Study on the International Competitiveness of Research Universities for Achieving the Goal of an Innovative Country

面向创新型国家的研究型大学国际竞争力研究

主编 王 琪 冯倬琳 刘念才

中国人民大学出版社

·北京·

序

在全球知识经济不断深入发展的过程中，综合国力竞争日趋激烈，高水平研究型大学成为一个国家竞争力的重要来源和组成部分，与国家的前途命运紧密联系在一起，成为国家强盛、实现跨越式发展的推动力和提升国家软实力的重要依托。近年来，基于对研究型大学在国家和地区发展中的战略性地位的充分认识和共识，许多国家和地区特别是日本、韩国、德国、我国台湾地区等相继制定了打造“精英大学”的计划，加大了对一部分研究型大学及研究中心的集中投入力度，出台了一系列促进其建设的政策和措施。

继续提升我国研究型大学国际竞争力既是社会经济和科学发展的客观需要，也是高等教育自身建设的必然要求。1999年以来，我国通过实施“985工程”，对一批国内名校进行持续重点建设，并取得了显著的成效。未来十年是我国社会经济发展的重要战略时期。党中央、国务院不断强调建设创新型国家的重大战略决策，并在《国家中长期科技人才发展规划（2010—2020年）》中明确提出：建设创新型国家的核心是培养具有自主创新能力的科技人才队伍、提高科技创新能力，以此发展我国的国际竞争优势。这无疑为加快我国研究型大学的建设与发展提供了重大机遇，提出了更高的要求。

《面向创新型国家的研究型大学国际竞争力研究》一书，正是在这一背景下产生的。该课题作为2009年教育部科学技术委员会战略研究重大专项之一，由教育部战略研究基地——上海交通大学高等教育研究院世界一流大学研究中心承担，本书是这一课题的研究成果。本课题的目的和意义在于紧紧围绕国家的重大战略需求，以全球视角思考未来的发展，系统解读和探究研究型大学国际竞争力。一年多来，课题组围绕研究型大学内涵，研究型大学国际竞争力的评价标准及基本指标，研究型人学在师资队伍、科学研究、人才培养和社会服务等四个方面的国际竞争力，以及研究型大学国际竞争力的发展趋势等专题进行了深入研究。课题组的研究工作既回顾了我国研究型大学建设所取得的成绩，又剖析了面临的挑战和机遇，通过国际比较，以实证研究为主，用翔实的数据、图表展示了研究型大学在创新型国家建设中的地位与作用，揭示了我国研究型大学与世界名牌大学相比存在的差距和问题，并对我国研究型大学发展存在的关键性问题提出了建议。该研究具有较为明显的战略性、前瞻性、科学性、突破性和实践性特征，对于加快提升我国研究型大学国际竞争力，推进创新型国家建设具有非常重要的意义。

该战略研究重大专项的顺利完成，凝聚了上海交通大学高等教育研究院师生的集体智慧。我们希望这项研究成果的出版，能够为研究型大学国际竞争力的提升和创新型国家的早日建成作出贡献！

教育部科学技术委员会主任 [signature]

2011 年 12 月

目　录

面向创新型国家的研究型大学国际竞争力研究总报告

研究型大学在创新型国家建设中，尤其是在高等教育国际竞争中发挥着越来越重要的作用：它们为国家培养高层次、高素质创新人才；在基础研究和高科技前沿领域的原始创新性研究等方面作出了重大贡献。随着高等教育国际化和知识经济全球化不断深入，研究型大学的全球竞争日益激烈，已经成为一个国家综合国力竞争的关键之一。改革开放以来，我国高等教育事业特别是研究型大学建设取得了巨大成就，然而面临日益激烈的全球竞争，进一步提升高水平研究型大学的国际竞争力意义重大。

一、提高国际竞争意识，深刻理解研究型大学建设的重要意义

建设研究型大学是国家战略。国家要实现现代化、增强国际竞争力，就必须建设一批国际知名的高水平研究型大学。高水平研究型大学作为一个国家高等教育实力的标志和核心，是培育政治、经济、科技、教育等领域的领袖和精英人才的摇篮，是基础性科技创新的不竭源泉，是新兴产业生成、发展的强大推进器，是先进思想和时代精神的引领者。建设一批高水平的研究型大学，对于带动我国高等教育的整体发展和提高，进而提升我国人力资源水平、保证我国尽快跻身创新型国家行列意义重大。因此，建设高水平研究型大学是维护和发展中华民族的根本与长远利益的国家战略抉择。

提升研究型大学国际竞争力是必由之路。国际化是当前高等教育发展的重要趋势，建设高水平研究型大学必须提高国际竞争意识。要在愈发激烈的全球竞争中得以生存和发展，必须认识到世界一流大学是一个动态的概念：不进则退，慢

进也是退。研究型大学的国际竞争力，在竞争主体上表现为不同学校间所呈现出的相对国际竞争优势；在竞争客体上表现为对生源、师资、投资以及毕业生就业市场份额等高教稀缺资源的吸引力；在竞争手段上表现为学校各种优势与实力在国际竞争中的有机整合；在竞争结果上表现为学校的国际声誉水平以及最终的获益能力。提升研究型大学国际竞争力是提升高等教育整体实力，建设高水平研究型大学的必然选择。

二、明晰国际竞争理念，建立研究型大学国际竞争力评价体系

明晰国际竞争理念。我国研究型大学应将自身发展置身于国际竞争的环境中：引入具有国际标准的竞争机制，将国际理念融入战略规划，以世界著名研究型大学为主要参照体系建立与国际接轨的同行评议机制，通过国际比较对自身特点、优势及劣势进行科学客观的分析和对比，提出针对性强的建设举措。

确立国际评价标准。在研究型大学国际竞争力评价标准的制定过程中，一方面要注意内在稳定性，消除偶然因素对评价结果的不利影响，在一定时间范围内其国际竞争力水平应基本保持稳定；另一方面要注意外在时效性，使评价体系能及时反映出我国高校人才培养、科学研究及社会服务“质与量”的表现形式和内涵的动态变化。通过对研究型大学国际竞争过程的深入分析发现，研究型大学国际竞争力体系主要涵盖人才培养、科学研究、社会服务、师资队伍、物质资源、组织管理、大学校长和国际声誉等八个内涵要素。

构建国际评价指标体系。研究型大学国际竞争力指标体系的构建需要具有高度的国际可比性和可操作性。高等教育国际化的深入发展，要求对大学进行科学的国际比较，需要选取出真正可以用来在全球范围内评价研究型大学国际竞争力的指标，需要选取出可以用于科学国际比较的可测量、可获得的操作性指标。

结合研究型大学国际竞争力的内涵要素分析，综合具有代表性的主要全球性大学排名和国家型大学排名，通过对其指标进行梳理和分析，本研究构建出了研究型大学国际竞争力指标体系。该体系包括国际论文数等 7 个科学研究指标，著名校友等 5 个人才培养指标，各学科领域拔尖学者数等 4 个师资队伍指标，师均科研经费等 5 个物质资源指标，共计 4 个一级指标和 21 个二级指标。

三、引进与培养相结合，会聚一批具有国际水准的学术大师

师资队伍整体水平显著提升。经过我国多年来重点投入建设，“985 工程”

高校专任教师的整体水平显著提高，有博士学位的教师比例从 1999 年的不足 20%增长到 2008 年的 50%以上，有海外博士学位的教师比例从 1999 年的 2.7%增长到 2008 年的 6%。具有海外博士学位已成为一批“985 工程”高校聘任新教师的基本要求，与国家政策配套、符合学校实际的人才计划已被一些大学制定实施，优秀人才的评价机制和激励机制已在越来越多的大学构建形成，有利于优秀人才脱颖而出、充分发挥才智的氛围已初步形成。

全球范围内人才争夺战趋于白热化。一流的师资是学校发展的关键和核心，国际学术大师已成为世界各国研究型大学竞相争夺的关键人力资源。全世界获诺贝尔奖和菲尔兹奖的 217 位教师现分布在全球 91 所大学工作，其中 74%聚集在世界排名前 50 的大学里，86%在世界排名前 100 的大学里。全球 4 601 位高引用科学家现分布在 573 所大学任职，其中超过半数集中在世界排名前 50 的大学里，66%在世界排名前 100 的大学里。截至目前，我国大陆地区大学中，还未有教师获得过诺贝尔奖和菲尔兹奖，作为高引用科学家的教师人数仅有 5 人，学术大师的需求程度非常迫切。

多途径、多元化推进高水平师资队伍建设。是否拥有国际学术大师是评价研究型大学师资队伍国际竞争力的重要标准之一。政府和高校一方面要重视学术大师的引进，完善管理模式，加强硬件支持，优化配套投入政策，营造学术氛围，以吸引并留住国际学术大师；另一方面也要重视学术大师的培养，要从教师队伍的科研能力、创新意识、创新能力、外语能力等多方面促进现有人才的持续发展，积极建设吸引、容纳和培育多元化师资队伍的环境，提高教师的国际视野、声誉和话语权。

四、加强原始创新，取得一批有国际影响力的标志性成果

科技创新总体实力显著提升。在科技创新能力建设方面，我国重点建设的“985 工程”大学年均发表的被科学引文索引（Science Citation Index Expanded，SCIE）和社会科学引文索引（Social Science Citation Index，SSCI）所收录的论文数从 1998 年的校均 240 篇增长到 2010 年的校均 1 800 篇，其中第一批支持的 9 所大学的校均论文数更是达到 3 350 篇，论文发表数量最多的大学已位列世界第 31 名。十年来，我国重点建设的“985 工程”高校进入基本科学指标数据库（Essential Science Indicators，ESI）的学科数量已从 2001 年的 40 个增长至 2011 年的 216 个，“985 工程”第一批支持的 9 所大学已有 29 个学科的被引总次数进入世界百强。我国高水平研究型大学承担了大量前沿科学研究和重大技术创新研

究任务，取得了一批代表国家最高水平的重大研究成果。

原始创新能力离世界一流水平还有较大差距。虽然我国发表的国际科技论文数量已位居世界领先行列，已有 4 所高校的论文数量跻身世界百强，但我国科技论文的质量相对世界一流水平仍然存在差距。我国大学发表在 Q1 期刊的论文的比例基本都在世界 500 强之外，其中 Q1 论文比例最高的学校世界排名仅 373 名。从不同学科领域来看，只有 5 所学校在工科领域的高质量论文比例能够进入世界百强大学，而理科、医学、生命及社会科学领域均未有学校进入世界百强。

重视基础研究，实现从数量增长为主向质量提升为主的转型。对于我国研究型大学而言，不同学科和领域的基础研究发展不均衡，理工类学科已完成量的积累，接下来的工作应特别重视开展原创性科学研究，催生重大原创性科研成果，而生命、医学和社科类学科则应同时提高论文数量和质量。我国研究型大学的科研工作应营造宽松和谐的学术氛围，以科研质量的提升为重点，努力实现从数量增长为主向质量提升为主的转型。

五、改革研究生教育，培养一批具有国际竞争力的精英人才

创新人才培养的水平显著提升。经过十多年发展，我国研究生培养规模迅速扩大，博士学位授予数从 1999 年的不到 9 000 人增加到 2007 年的 40 000 多人，年均增幅达 19%。其中“985 工程”高校十年来授予的博士学位数占全国总数的一半以上，校均授予博士学位数从 110 名提高到了 550 名，培养规模已经基本超过世界一流大学的平均水平。我国研究型大学不仅在创新人才培养的规模上不断提高，在质量上也不断提升。我国高水平研究型大学已培养了一批高质量、高层次的优秀人才，在国际竞赛中屡获佳绩。

拔尖创新人才培养亟待突破。根据对学术型和应用型拔尖人才获得学位的学校统计发现，1981—2010 年间的 6 516 位高引用科学家，总计共获得 9 084 个学位，一半以上是由世界百强大学授予的，而其中由我国大学授予学位的比例不足 1%；2009 年全球财富 500 强的 2 964 位高管，总计共获得 5 842 个学位，近六成是由世界百强大学授予的，而其中由我国大学授予学位的比例仅约 2%。我国研究型大学对学术型和应用型拔尖人才的培养还远未满足我国科技进步和经济社会发展的需要，与世界总体水平有很大差距。

学术型和应用型人才培养并重，造就未来领军人才。一方面，我国研究型大学必须重视加强对理论研究型精英人才的培养，在提高自身科研实力的基础上，通过建立严格的培养模式和提供充分的培养条件保障，提高理论研究型精英人才

的培养质量，使研究型大学成为知识和技术创新应用的主体，成为国家知识创新体系的核心，对科学进步和人类文明作出巨大贡献。另一方面，我国研究型大学必须重视对应用实践型精英人才的培养，通过建立完善的专业学位制度和对学生多样化学术能力的培养，培养高层次应用型人才，使研究型大学的发展与社会行业发展相联系，不但成为人才进入专业领域的“港口”，而且要通过开辟和发展新兴行业，成为推动社会经济快速发展的重要力量。

六、完善成果转化体制机制，产生一批具有重大经济社会效益的成果

服务经济社会发展的能力显著提升。自 20 世纪 80 年代起，我国研究型大学成为知识和技术创新的源头，我国高校在授权专利的获得上呈现出授权数量增长迅速的态势。据统计，1985—2009 年间我国高校累积专利授权总量 106 876 件，平均年增长率为 24.7%。同时，高水平研究型大学通过为政府决策提供科学咨询、建立科技园区、推进产学研合作等多种形式发挥辐射和带动作用，以自身特色和优势服务我国的社会经济发展，有力提升了我国研究型大学服务国家社会经济发展的能力。

专利的国际化程度和影响力亟待提高。我国研究型大学的转化率还相对较低、经济贡献率小且科研成果的社会应用程度不高。据 2004 年统计，我国高校申请专利 12 997 件，占全国申请量的 4.7%，授权专利 5 505 项，占全国授权量的 3.6%，发明专利授权约为 1.8%，专利许可实施率不足 10%，与美国高校 60%～70%的转化率相差甚远。同时，我国多数高校对科技成果的转化模式多采取自办企业，直接转化；或直接转让给企业，科研人员收取转让费后给予一定的技术服务等模式，导致高校专利和相关科技成果的总量相比差距较大。

重视成果转化，成果应用产生重大经济和社会效益。随着知识经济时代的到来，各国政府都认识到需要发挥大学的科研优势，将科研成果转化为社会生产力，以促进经济和社会的发展。这一方面要求我国相关政府管理部门结合自身的现实情况，改革科研体制模式，重视和提高成果转化，通过知识产权教育的普及增强国民的产权意识，逐步拓宽社会对高校社会服务职能的认识，营造适合专利技术发明、转化及产业化发展的社会氛围；另一方面要求我国研究型大学积极扩大自身融资渠道，合理优化资源分配，提升技术创新能力，加强国际专利申请的自主意识，加大产学研合作力度。

七、注重发展特色优势，建设一批具有中国特色的世界一流大学

我国重点建设的研究型大学与世界一流大学的差距明显缩小。经过“211 工程”、“985 工程”等重点投入建设，我国一批高水平研究型大学的国际声誉和学术地位明显提高，国际竞争力显著提升。跻身“世界大学学术排名”500 强的我国大陆地区高校由 2003 年的 9 所增加到 2011 年的 23 所。同时，我国研究型大学积极实施各种类型的中外合作人才培养项目，举办有影响的国际学术会议，开展多种形式的国际合作研究，学校的国际学术声誉和地位均有明显提高。

各国重点建设计划纷纷出炉，我国世界一流大学建设任重道远。近些年来一些国家和地区由于财力有限、国际竞争日趋激烈等原因，通过实施重点大学建设计划、重点研究中心建设计划、人才引进和资助奖励政策或并校政策等来积极提升本国本地区研究型大学的国际竞争力，并提高本国本地区高等教育整体质量。这些重点建设计划包括韩国的“21 世纪智慧韩国工程”、日本的“21 世纪卓越研究中心计划”、德国的“卓越计划”等，在宏观政策方面各有侧重，已产生积极效果。面临日益激烈的国际竞争，我国研究型大学实现世界一流大学的目标仍任重道远。

宏观政策与微观举措并重，快速提升我国研究型大学的国际竞争力。制定符合本国本地区实际和国际发展趋势的宏观政策对提升研究型大学的国际竞争力有显著效果，而宏观政策的作用效果除了依赖于政策本身的科学性以外，还取决于大学自身的积极作为。我国研究型大学需要从学校、国家的实际出发，制定科学的发展政策和建设措施，积极利用宏观政策，发挥自身特点和优势，探索与实践符合自身实际情况和未来发展趋势的竞争力提升举措，建设有中国特色的世界一流大学。

绪　论

一、研究型大学的历史进程

研究型大学是高等教育在适应社会生产力发展的过程中形成的一种特定的以科学研究为主导的大学形态。19 世纪初创办的德国柏林大学是世界上最早的研究型大学，19 世纪末创立的约翰·霍普金斯大学标志着现代意义上的研究型大学的诞生。① 经过 100 余年的发展，研究型大学在科学研究、人才培养、社会服务等方面的突出贡献已使其成为世界科学界与高等教育界的主力军。纵观研究型大学的产生与发展，研究型大学大致经历了萌芽阶段（以柏林大学的创立为标志）、初创阶段（以约翰·霍普金斯大学的创立为标志）、发展阶段（以研究型大学与政府的紧密结合为标志）、成熟阶段（以研究型大学与产业界的紧密结合为标志）四个标志性阶段。

萌芽阶段（1810—1876 年）。1810 年创立的柏林大学，以“科研与教学相结合”的理念而著称，突破了传统大学单纯传授知识的旧观念，确立了大学发展科学研究的基本职能。最初大学的科研职能是通过“教学—科研实验室”和“教学—科研习明纳（Seminar）”两种方式实现的，前者侧重于自然科学的探究，后者则主要适用于社会科学的学习与探索。② 1826 年，德国化学家李比希（Justus Liebig）在吉森大学建立的化学实验室是大学中最早建立的科学实验室，标志着科学研究从大学教授业余性的个体活动向专业性的群体活动的过渡③；1834 年，

① 参见王英杰：《美国高等教育的发展与改革》，17 页，北京，人民教育出版社，1993。

② 参见贺国庆：《外国高等教育史》，239～240 页，北京，人民教育出版社，2006。

③ Atkinson，R. and Blanpied，W.，“Research Universities：Core of the US science and technology system，” *Technology in Society*，2008（1），p. 33.

诺伊曼（Franz Neumann）在柯尼斯堡（德国时期旧称，苏联 1946 年更名为加里宁格勒）开办的第一个以科研为方向的习明纳，把教授的科研兴趣集合起来，并且使学生参与科研实践。[①]

初创阶段（1876—1941 年）。在德国柏林大学模式的影响下，1876 年创立的约翰·霍普金斯大学，将教学和科研相结合的思想体现于大学研究生院的建设之中，实现了从思想到制度上的跨越，标志着现代意义上的研究型大学的诞生。约翰·霍普金斯大学创办的成功和所起的先锋作用，不仅促进了哈佛大学、耶鲁大学、哥伦比亚大学等传统大学改造成为现代化大学的进程，而且为克拉克大学、芝加哥大学和斯坦福大学等新型大学的创建树立了典范。[②] 1900 年，美国大学协会（Association of American Universities，AAU）成立，标志着研究型大学作为一个顶层群体在美国高等教育中发展起来。此后，AAU 开始以其学术研究和人才培养的高标准从整体上促进了全美研究型大学的稳定健康发展。[③]

发展阶段（1941—1980 年）。二战期间，美国许多研究型大学参与了政府的科研工作，特别是对原子弹、雷达和固体燃料火箭的研制工作，为美国等同盟国赢得战争作出了重大贡献，推动联邦政府与研究型大学之间迅速建立起密切的联系。[④] 战后，以万尼瓦尔·布什（Vannevar Bush）向罗斯福总统（Franklin D. Roosevelt）提交的《科学：无止境的前沿》（*Science：the Endless Frontier*）报告为标志，美国政府把研究型大学视为国家利益所在，联邦政府在对科学研究进行宏观管理的同时，也加强了对高等教育尤其是研究型大学的资助，使得研究型大学的科研力量得到了空前的壮大和成长。[⑤] 1973 年，卡内基教学促进基金会（The Carnegie Foundation for the Advancement of Teaching）第一次对研究型大学的基本内涵进行了明确的界定，参照该标准美国研究型大学由 1920 年的 16 所增至 1976 年的 97 所。[⑥]

成熟阶段（1980 年至今）。1980 年，《拜杜法案》（The Bayh-Dole Act）的颁布彻底改变了政府资助的研究成果的归属权问题，对研究型大学的科研成果向

① 参见［美］伯顿·克拉克：《探究的场所——现代大学的科研和研究生教育》，28～29 页，杭州，浙江教育出版社，2001。

② 参见贺国庆：《外国高等教育史》，239～240 页，北京，人民教育出版社，2006。

③ 参见刘宝存：《美国研究型大学的产生与发展》，载《高教探索》，2005（1），24～26 页。

④ 参见沈红：《美国研究型大学形成与发展》，56 页，武汉，华中科技大学出版社，1999。

⑤ Graham，H. and Diamond，N.，*The Rise of American Research Universities：Elites and Challengers in the Postwar Era*，Johns Hopkins University Press，1997.

⑥ 参见刘宝存：《美国研究型大学的产生与发展》，载《高教探索》，2005（1），24～26 页。

企业转移起到了巨大的推动作用[①]，产学研模式自此应运而生。作为产学研合作的成功典范，加州的“硅谷”和波士顿128号公路的“高科技走廊”，是研究型大学借助知识创新和科研成果推动国家发展与社会进步最直接的表现。[②] 20世纪90年代，英国开始在大学中建立研究生院，逐步形成了“研究主导型大学”（research-oriented universities）；德国、日本、法国等虽然没有明确划分出研究型大学，但在一流大学建设上有向研究型大学发展的趋势；我国研究型大学建设尚属起步阶段，“985工程”的实施标志着我国正式启动研究型大学的建设。[③]

二、研究型大学的内涵界定

1. 美国卡内基教学促进基金会对研究型大学的界定

美国卡内基教学促进基金会对研究型大学的界定是目前唯一被普遍接受和广泛使用的“判定研究型大学与否”的标准。在1973年《卡内基高等教育机构分类》中，卡内基教学促进基金会第一次对研究型大学进行了明确界定。之后，鉴于美国高等教育系统的动态发展与变化，卡内基教学促进基金会分别于1976年、1987年、1994年、2000年和2005年进行了修订，从而为相关研究人员和机构对高等教育的发展状况、师生特征及整个高等教育系统运行状态进行分析提供了一个及时更新的有用工具。在各版本《卡内基高等教育机构分类》中，均对研究型大学做出了可操作性的定义（见表1）。

可以看出：1973年版和1976年版《卡内基高等教育机构分类》对研究型大学（Ⅰ类/Ⅱ类）的界定，强调的是联邦科研经费排名及博士学位授予数；1987年版和1994年版《卡内基高等教育机构分类》不仅强调了博士学位授予数，而且特别强调突出了本科层次专业设置的全面性及博士研究生教育的重要性，同时用联邦资助经费的额度取代了排名；在2000年版《卡内基高等教育机构分类》中，尤其突出了博士学位授予的学科范围，同时去除了联邦资助经费额度这一标准，主要是因为并非所有的科研项目都由联邦资助[④]；2005年版《卡内基高等

① Atkinson, R., “The Golden Fleece, Science Education, and US Science Policy,” *Proceedings of the American Philosophical Society*, 1999 (3), pp. 407-417.

② 参见王雁：《创业型大学：美国研究型大学模式变革的研究》，浙江大学博士学位论文，2005。

③ 参见贾永堂、沈红：《世界研究型大学形成与发展的特点及其对我国建设研究型大学的启示》，载《科技导报》，2003（2），31～35页。

④ Carnegie Foundation for the Advancement of Teaching, *The Carnegie Classification of Institutions of Higher Education*, 2000, pp. 1-12.

教育机构分类》对研发支出、科研队伍、不同学科博士学位授予数等指标进行主成分分析，根据所有指标的集中程度和人均数值将研究型大学分为三个层次，即极高度科研活动的研究型大学、高度科研活动的研究型大学及博士/研究型大学，以综合全面地反映出高校科研活动的实际情况。①

表 1　《卡内基高等教育机构分类》中研究型大学的分类标准（1973/1976/1987/1994/2000/2005 年）

年份	学校类型		标准
1973 年	研究型大学	Ⅰ类	1969/1970 学年至少授予 50 个博士学位（如果医学院也处于同一校区可将医学博士学位计入），且在 1968/1969、1969/1970、1970/1971 三个学年中，至少有两个学年获得联邦资助经费排名为前 50 的大学
		Ⅱ类	1969/1970 学年至少授予 50 个博士学位（如果医学院也处于同一校区可将医学博士学位计入），且在 1968/1969、1969/1970、1970/1971 三个学年中，至少有两个学年获得联邦资助经费排名为前 100 的大学；或在 1960/1961—1969/1970 的 10 个学年中授予博士学位数量排名为前 50 的大学
1976 年	研究型大学	Ⅰ类	1973/1974 学年至少授予 50 个博士学位（如果医学院也处于同一校区可将医学博士学位计入），且在 1972/1973、1973/1974、1974/1975 三个学年中，至少有两个学年获得联邦资助经费排名为前 50 的大学
		Ⅱ类	1973/1974 学年至少授予 50 个博士学位（如果医学院也处于同一校区可将医学博士学位计入），且在 1972/1973、1973/1974、1974/1975 三个学年中，至少有两个学年获得联邦资助经费排名为前 100 的大学；或在 1965/1966—1974/1975 的 10 个学年中授予博士学位数量排名为前 60 的大学
1987 年	研究型大学	Ⅰ类	提供广泛领域的本科教育，从事博士研究生教育，赋予科研活动高度的优先地位；每年至少授予 50 个以上博士学位，且每年至少获得 3 350 万美元联邦资助经费

① Carnegie Foundation for the Advancement of Teaching, *The Carnegie Classification of Institutions of Higher Education*, 2005, Available at http://classifications.carnegiefoundation.org/details/basic.php.

续前表

<table>
<tr><th>年份</th><th colspan="2">学校类型</th><th colspan="2">标准</th></tr>
<tr><td>1987 年</td><td>研究型大学</td><td>Ⅱ类</td><td colspan="2">提供广泛领域的本科教育，从事博士研究生教育，赋予科研活动高度的优先地位；每年至少授予 50 个以上博士学位，且每年获得的联邦资助经费在 1 250 万～3 350 万美元之间</td></tr>
<tr><td rowspan="2">1994 年</td><td rowspan="2">研究型大学</td><td>Ⅰ类</td><td colspan="2">提供广泛领域的本科教育，从事博士研究生教育，赋予科研活动高度的优先地位；每年至少授予 50 个以上博士学位，且每年至少获得 4 000 万美元联邦资助经费</td></tr>
<tr><td>Ⅱ类</td><td colspan="2">提供广泛领域的本科教育，从事博士研究生教育，赋予科研活动高度的优先地位；每年至少授予 50 个以上博士学位，且每年获得的联邦资助经费在 1 550 万～4 000 万美元之间</td></tr>
<tr><td rowspan="2">2000 年</td><td rowspan="2">博士/研究型大学</td><td>Ⅰ类——广博型</td><td colspan="2">提供广泛领域的本科教育，从事博士研究生教育；每年至少在 15 个学科授予不少于 50 个博士学位</td></tr>
<tr><td>Ⅱ类——密集型</td><td colspan="2">提供广泛领域的本科教育，从事博士研究生教育；每年授予至少 20 个博士学位，或每年在至少 3 个学科授予不少于 10 个博士学位</td></tr>
<tr><td rowspan="3">2005 年</td><td rowspan="3">博士型大学</td><td>极高度科研活动的研究型大学</td><td rowspan="3">2003/2004 学年至少授予 20 个博士学位</td><td>在科研指标的总得分和人均得分上的综合表现很好</td></tr>
<tr><td>高度科研活动的研究型大学</td><td>在科研指标的总得分和人均得分上的综合表现比较好</td></tr>
<tr><td>博士/研究型大学</td><td>在科研指标的总得分和人均得分上的综合表现一般</td></tr>
</table>

注：科研指标分别是：（1）理工学科的研发支出（包括社会科学）。（2）非理工学科的研发支出。（3）理工学科研究人员的数量，包括博士后的数量和其他研究人员（非教师且具有博士学位）的数量。（4）博士学位授予数（人文学科领域、社会科学领域、科学/技术/工程/数学领域以及其他领域）。

资料来源：http://www.carnegiefoundation.org/classification.

在各版本《卡内基高等教育机构分类》对研究型大学的界定中，对科研活动的重视程度、本科层次专业设置的齐全程度、博士研究生教育的质量、博士学位授予数及博士学位授予的学科范围、科研经费、科研队伍状况等指标成为界定研究型大学与否的判断标准。从卡内基对研究型大学的解释可以看出，研究型大学是指那些赋予科研活动高度的优先地位、能提供全面的本科教育、具有开展高层次全方位研究生教育的能力、拥有可观的研究经费以及一流科研队伍的大学。

2. 国内外学者对研究型大学的界定

国内外学者由于研究目的各异，从不同角度对研究型大学的内涵进行了界定，学术界至今对“研究型大学”仍没有一个公认的界定。归纳分析已有的对研究型大学内涵的界定，一般分为以下两种情况：通过列举研究型大学的特征，采用描述法对研究型大学进行定义，认为具有相应特征的大学即为研究型大学；或通过设计一些指标体系，采用一些定性分析及定量计算方法，以及相应的分析及计算结果来划定研究型大学。

在采用描述法对研究型大学本身及其相应特征进行界定的过程中，学者们普遍认为世界一流的研究型大学在全面履行人才培养、科学研究和社会服务三大社会职能的同时，应表现出以下特征：

首先，研究型大学是一个以知识创新、应用及传播为中心的组织，将研究放在首位。其核心任务之一就是通过研究来形成对世界的认识，并且以发表物和教学的形式来传授、散播这些知识。① 研究型大学不但致力于基础研究，同时也致力于应用研究，通过科技成果转化，实现其服务社会的基础功能。②

第二，研究型大学是一个以培养人才精英为主要任务的组织，担负精英教育任务，培养“拔尖创新人才”③，其外在特征之一是拥有高质量师资和资优学生生源④。学校通过高水平研究和教育，培养学术精英和社会精英。⑤ 在进行本科生教育、职业训练等活动的同时，研究型大学致力于研究生教育，以博士生培养

① Marginson, S., “‘Ideas of a University’ for the Global Era,” paper for seminar on “Positioning University in the Globalized World: Changing governance and coping strategies in Asia”, Centre of Asian Studies, The University of Hong Kong, Central Policy Unit, HKSAR Government, and The Hong Kong Institute of Education, 10－11 December 2008, The University of Hong Kong, retrieved September 12, 2009 from http://www.cshe.unimelb.edu.au/people/staff_pages/Marginson/Marginson.html; Altbach, P.G., “Peripheries and Centers: Research Universities in Developing Countries,” *Asia Pacific Education Review*, 2009, 10 (1), pp.15-27.

② 参见史万兵、娄成武：《研究型大学的指标体系构建》，载《中国高教研究》，2003 (6)，37～38页；Mohrman, K., Ma, W. and Baker, D., “The Research University in Transition: The Emerging Global Model,” *Higher Education Policy*, 2008 (1), pp.5-27。

③ 参见陈厚丰：《中国高等学校分类与定位问题研究》，长沙，湖南大学出版社，2004。

④ 参见张卓：《研究型大学的基本特征和评价体系》，载《南京航空航天大学学报》(社会科学版)，2002 (2)，44～49页。

⑤ 参见王战军：《什么是研究型大学——中国研究型大学建设基本问题（一）》，载《学位与研究生教育》，2003 (1)，9～11页。

为核心。①

第三，研究型大学具有明确的定位，拥有能实现长远目标的治理结构和管理体制。② 治理结构是研究型大学为了实现办学目标和办学理念，在职务范围、责任、权力方面进行分工协作所形成的组织秩序和权力框架。③ 高效的管理体制可以理顺上级主管部门与学校的关系，以及学校与院系之间的职责范围和职能分工，从而全力保障各院系的自主权。④

第四，研究型大学的核心要求是学术自由。研究型大学特别依赖强有力的学术自由体制，因为其教师都直接致力于新知识的探索活动。⑤ 高水平研究型大学的主要特征是“以创新性的知识传播、生产和应用为中心”，这个特征从根本上决定了高水平研究型大学应该是相对独立自由的研究场所。

第五，研究型大学具有丰富资源。除具有优秀的人力资本以外，研究型大学拥有丰富的藏书以及先进的设施来进行高水平的教学和研究。⑥

因此，从描述定义法来看，国内外学者将研究型大学定义为：研究型大学是以人才培养、科学研究、社会服务为办学理念，赋予科学研究和研究生教育以优先权，营造学术自由的氛围，并拥有优秀的人力资本、先进的仪器设备、充裕的办学经费以及高效规范的管理机制的机构。

除了采用描述法对研究型大学本身及其相应特征进行界定外，学者们也尝试着通过设计一些指标体系，采用一些定性分析及定量计算方法，以及相应分析及计算结果来划定研究型大学。

林荣日参考美国研究型大学的定义，结合我国高等教育的实际情况，提出了

① 参见 Mohrman, K., Ma, W. and Baker, D., “The Research University in Transition: The Emerging Global Model,” *Higher Education Policy*, 2008 (1), pp. 5-27；詹姆斯·杜德斯达：《21 世纪的大学》，40 页，北京，北京大学出版社，2005。

② 参见杰拉德·卡斯帕尔：《杰拉德·卡斯帕尔谈研究型大学必备的四种特性》，载《中国教育报》，2002-07-30；Salmi, J., *The Challenge of Establishing World-Class Universities*, Washington, DC, The World Bank, p. 38。

③ 参见张夏莹：《高水平研究型大学组织结构与管理优化研究》，浙江大学硕士学位论文，2007。

④ 参见伊继东、张绍宗、铁发宪：《高等教育评估理论与实践》，86 页，北京，科学出版社，2009。

⑤ Altbach, P. G., “Academic Freedom: International Realities and Challenges,” *Higher Education*, 2001, 41 (1~2), pp. 587-603.

⑥ Altbach, P. G., “Peripheries and Centers: Research Universities in Developing Countries,” *Asia Pacific Education Review*, 2009, 10 (1), pp. 15-27; Mohrman, K., Ma, W. and Baker, D., “The Research University in Transition: The emerging Global Model,” *Higher Education Policy*, 2008 (1), pp. 5-27.

中国研究型大学的定义：凡在中国大陆的大学，如果其一级学科的博士学位点授予权数占全校一级学科总数的50%以上，二级学科硕士学位点授予权数占全校二级学科总数的80%以上，而且其年度科研经费相当于或者超过年度教学经费的大学。①

甘晖等人认为，研究型大学是指设有研究生院的高校和部分没有设置研究生院但能够较多授予博士学位的高校，其研究生和本科生的比例在1∶2.5左右；以提高学术追求和扩大学术影响力为目标；围绕国家目标培养拔尖创新性人才和产出原创性的标志性科研成果。②

刘少雪、刘念才从人才培养、科学研究的职能维度，采用博士学位授予数、博士生人数/本科生人数、科研产出和政府资助经费四项指标，将我国高校分为研究型大学、博士型大学、硕士型大学、本科型大学/学院和专科型/高职院校五类。其中，对研究型大学的界定及分类标准见表2。从中可以看出，研究型大学提供广泛领域的本科教育，从事博士研究生教育，重视前沿科学研究工作，能够获得充足的政府自主研究经费。

表2　　　　中国普通高校分类中的研究型大学标准

大学类型		标准
研究型大学	Ⅰ	授予博士学位数量超过授予博士学位大学的平均数，授予博士学位与学士学位的比例不低于0.09，获得政府资助研究经费数量居全国高校前50名，且每年师均发表SCIE、SSCI论文高于美国研究型大学协会（AAU）会员大学的最低值
	Ⅱ	授予博士学位数量超过授予博士学位大学的平均数，授予博士学位与学士学位的比例不低于0.09；或授予博士学位数量超过授予博士学位大学的平均数，授予博士学位与学士学位比例不低于0.06，且获得政府资助研究经费数量居全国高校前50名

资料来源：刘少雪、刘念才：《我国普通高校的分类标准与分类管理》，载《高等教育研究》，2005(7)。

杨林、刘念才依据博士招生数和科研经费两个指标，提出年博士招生数不少于50个且科研经费排在全国所有年博士招生数不少于50个的高校前100名的大学为研究型大学；并且根据“世界大学学术排名”情况、科研经费、重点学科数

① 参见林荣日：《中国研究型大学综合实力评价指标体系设计》，载《中国高等教育评估》，2002(2)，17～20页。

② 参见甘晖等：《战略机遇期高等学校的定位及其分层次管理探析》，载《中国高等教育》，2004(2)，4～8页。

量及分布、具有区域特色的科研基地数量（比例）等指标，将我国的研究型大学分为世界知名大学、国内著名大学、学科/区域特色大学以及一般大学四种（见表 3）。

表 3　　我国研究型大学的分类标准

研究型大学类型	标准
世界知名大学	“世界大学学术排名”前 500 名的大学
国内著名大学	科研经费排在全国所有年博士招生数不少于 50 个的普通高校前列，且累计经费占全国普通高校科研经费总和一半的所有普通高校，或文科科研经费超过上述高校（世界知名、国内著名）文科科研经费平均值的高校
学科/区域特色大学	学科特色型大学：所有国家重点学科都在紧密相关的一级学科内，且国家重点学科数不少于全国有博士点高校的校均国家重点学科数，且当国家重点学科数不少于 4 个时，有 1/2 及以上的学科在一个一级学科内，当国家重点学科数不少于 7 个时，有 1/ 2 及以上的学科在两个一级学科内 区域特色型大学：国家、省部级科研基地中具有区域特色的不少于 5 个，或国家、省部级科研基地中具有区域特色的比例不低于 50%
一般大学	没有满足上述标准的研究型大学

资料来源：杨林、刘念才：《中国研究型大学的分类与定位研究》，载《高等教育研究》，2008 (11)。

中国管理科学研究院武书连按大学的科研规模将大学分为研究型、研究教学型、教学研究型、教学型四种，然后根据各高校创新环境得分把研究型大学分为 1 型和 2 型，具体分类标准见表 4。从中看出，学术水平高、科研成果多的大学即为研究型大学，各大学研究生平均占有的科研成果数量作为研究 1 型和研究 2 型的分类标准。

表 4　　《2010 中国大学评价》中研究型大学分类标准

学校类型		标准	
研究型大学	研究 1 型	将全国所有大学的科研得分降序排列，并从大到小依次相加，至数量达到评价大学总数的 5%为止；各个被加大学是研究型大学	研究生创新环境不低于研究型大学平均水平
	研究 2 型		研究生创新环境低于研究型大学平均水平

资料来源：武书连：《挑大学选专业——2010 高考志愿填报指南》，北京，中国统计出版社，2010。

从国内外学者对研究型大学的界定可以发现，研究型大学的判定标准主要有博士学位授予数及分布情况、硕士学位授予数及分布情况、科研经费、科研成果及专业齐全程度等，反映了研究型大学的高层次人才培养能力和科学研究实力。大多数的国内分类只把研究型大学作为整个高等教育系统的一个层次进行划分，没有再对研究型大学进行细分；有少数国内分类虽然把研究型大学细分为Ⅰ型和Ⅱ型（或1型和2型），但这样的细分仅仅进行了定量划分，并没有赋予数值特定的实际意义，体现不出不同类型（层次）研究型大学的特点。

3. 研究型大学组织对研究型大学的界定

研究型大学组织（联盟）通过研究型大学群体集聚效应，寻求学术机构之间相互合作的机会，以提高成员高校在全球知识经济中的竞争地位。1900年成立的美国大学协会（Association of American Universities，AAU）是历史最悠久的研究型大学组织，以提高美国研究型大学水平为目的，促进了研究型大学标准的统一。[①] 它的成立标志着研究型大学自此不再是零散地、无序地履行教学、科研和社会服务的职能，而成为了一个有组织规范的学术群体。20世纪90年代以来，世界各国著名研究型大学纷纷建立和参与大学联盟，以期利用协同优势寻求合作帮助，以确保在激烈的高等教育竞争中占据领先地位。研究型大学组织是其国际化进程中的战略平台——它不仅是研究型大学资源共享的有效的形式，而且也体现了具有国际水准的研究型大学标准（见表5），形成了全球视野下的监管环境和自律机制。

表5　研究型大学组织简介及成员要求

组织名称	成立时间	组织简介	成员要求
美国大学协会（Association of American Universities）[②]	1900年	美国研究型大学组织	广泛的本科生教育、研究生教育及职业教育；一流的教学水平；高水平的学术能力；卓越的科研能力
英国罗素集团（Russell Group）[③]	1994年	英国研究型大学组织	具有国际竞争力的研究团队；国际化的高质量的教学；良好的社会服务能力；全球范围吸引优秀的学生/教师的能力

① 参见刘念才、周玲：《面向创新型国家的研究型大学建设研究》，13页，北京，中国人民大学出版社，2007。

② http://www.aau.edu/about/default.aspx? id=4020.

③ http://www.russellgroup.ac.uk/our-universities/.

续前表

组织名称	成立时间	组织简介	成员要求
东亚研究型大学协会（Association of East Asian Research Universities）①	1996 年	东亚研究型大学组织	以科研为导向；高水平的科学研究；高质量的教学水平；在文化、经济和社会进步中扮演重要角色
环太平洋大学联盟（Association of Pacific Rim Universities）②	1997 年	太平洋地区研究型大学组织	具有卓越的学术水平；重视科学研究；具有国际视野；积极参与知识和技术的创新工作
Universitas 21（U21）③	1997 年	研究型大学的国际组织	具有全球性视野；一切工作都致力于卓越；具有合作的行为和精神；有不断进取的决心；追求创新和创造多边合作机会；为实现目标而不懈努力
澳大利亚八校联盟（Group of Eight）④	1999 年	澳大利亚研究型大学组织	具有强大的学术研究实力，同时注重全面综合的基础与专业教育
全球大学网络（Worldwide Universities Network）⑤	2000 年	研究型大学的国际网络	广阔的地域和文化视野；具有专业领域的科研能力
欧洲研究型大学联盟（League of European Research Universities）⑥	2002 年	欧洲研究型大学组织	科研产出多；声誉好及科研基金多；博士教育水平高；学科齐全程度高；卓越的学术研究能力
国际研究型大学联盟（International Alliance of Research Universities）⑦	2006 年	研究型大学的国际组织	高水平科研能力；全球化教学研究

资料来源：参见各研究型大学组织的官方网站。

上述研究型大学组织（联盟）对成员高校的要求体现了其对研究型大学的国际化界定。从中可以看出，研究型大学的基本要素有：强大的学术研究实力；较强的科研资源竞争优势；高水平的本科教育；广泛的研究生教育；国际竞争力的科研团队；出类拔萃的师资队伍；良好的社会服务能力；广阔的国际视野。这些基本要素在研究型大学履行人才培养、科学研究及社会服务三大职能的过程中起着关键性的作用。

① http://www.aearu.org/.

② http://www.apru.org/about/glance.htm.

③ http://www.universitas21.com/about.html.

④ http://www.go8.edu.au/chinese.

⑤ http://www.wun.ac.uk/about.

⑥ http://www.leru.org/index.php/public/about-leru/members/.

⑦ http://www.iaruni.org/about/principles.

综上所述，研究型大学是以一流的师资队伍、良好的科研设施、充裕的办学经费等优势要素为基础，通过高深知识的传播、应用和创新，实现高层次创新型人才、原创性科研成果及优质的社会服务的最大输出，进而推动国家和社会的持续进步。同时，随着大学的内外部环境、科学技术环境的不断变迁，研究型大学实际上是一个动态、发展的概念，它必将不断地被赋予丰富的时代内容。

三、研究型大学的功能定位

纵观世界科技、教育发展的历史与现状，高水平研究型大学在科技创新力与国际竞争力的提升中具有独特作用，这是因为高水平研究型大学在人才培养、科学研究和社会服务三大职能上具有强大的学术资源优势。①

1. 研究型大学是培养高层次人才的重要基地

从人才培养的角度看，研究型大学通过选择高质量的生源和从事创新人才的培养，造就从事高水平科学研究和为国家社会服务的精英型人才，承担着培养政治、经济、文化、科技等领域领袖的重任。以美国为例，2000 年，研究型大学在全部院校当中的比例不到 7%，却授予了 93%的博士学位、52%的硕士学位和 45%的学士学位。② 以中国为例，2004 年，中国科研实力最强的 36 所研究型大学培养博士生占全国普通高校的 66.35%，硕士生占 45.79%，本科生占 13.29%。③ 从这些数据可以看出，研究型大学在博士生培养方面的作用最为突出，同时还培养了大批本科生，为研究生教育提供了充足的后备人才队伍。

2. 研究型大学是知识和科技创新的源泉

与普通大学相比，研究型大学所特有的优势包括世界著名的教授和研究人员、前沿科学研究和最新进展、一流的研究设施和优良的学术氛围等，为科学研

① 参见许长青：《世界一流大学的理念与浙江大学的创建实践》，载《中国高教研究》，2004（10），32～35 页。

② Board National Science, *Science and Engineering Indicators 2004 Volume*, Arlington, VA, National Science Foundation, 2004.

③ 参见武书连、吕嘉、郭石林：《2004 中国大学评价》，载《科学学与科学技术管理》，2004（1），61～68 页。

究提供了得天独厚的条件。因此，实现原创性科研成果的最大输出，推动科学技术的创新和经济文化的发展，是研究型大学义不容辞的责任。从国际知识创新水平的重要标志——诺贝尔奖以及在《自然》（*Nature*）和《科学》（*Science*）等世界顶尖学术刊物上发表论文的情况来看，75%的诺贝尔奖获得者、60%的在《自然》和《科学》刊物上发表论文的第一作者，均来自世界排名前200名的研究型大学，这在一定程度上说明高水平研究型大学是世界知识创新体系的核心与主体。① 进入新世纪，我国高水平研究型大学已成为国家基础研究的主力军。在全国被科学引文索引（Science Citation Index，SCI）收录的科技论文中，由高校发表的占70%以上，20所研究型大学所发表的就占了全国总数的一半以上。②

3. 研究型大学是社会服务的重要组成部分

从社会服务的角度看，许多研究型大学利用自身知识创新和技术创新优势，积极开展与企业的合作，承担或共同进行科学技术的研究，解决高新科技难题，有力地促进了科技成果向现实生产力的转化，通过孵化高新技术企业来推动所在地区产业机构的调整和升级，带动了创新型经济的持续发展。麻省理工学院教师和毕业生独立创办的或通过该校转让专利许可建立的企业总数达4 000多个，其中80%的企业是以知识创新为基础的高新技术产业，主要有软件业、电子业和生物技术等。③

四、研究型大学的国际竞争趋势

1. 知识经济对研究型大学的智力需求

世界正在进入以高科技产业为核心的知识经济时代，高等教育作为21世纪知识经济的核心支撑，其作用变得越来越重要。④ 作为高等教育的旗舰，研究型大学是国家进行科学研究（尤其是原创性基础研究）和培养创新型精英人才的主要基地。据统计，迄今为止，足以影响人类生活方式的重大科研成果有70%诞生于世界一流的研究型大学。⑤ 美国战后经济增长的50%以上应归功于科学与技

① 参见何建坤等：《研究型大学技术转移——模式研究与实证分析》，北京，清华大学出版社，2007。

② 参见顾秉林、陈希：《发挥高校综合优势，扎实推进自主创新》，载《光明日报》，2006-01-06。

③ 参见王雁：《创业型大学：美国研究型大学模式变革的研究》，浙江大学博士学位论文，2005。

④ Castells，M.，*The Rise of the Network Society*，Oxford，Blackwells，2000.

⑤ 参见李寿德、李垣：《研究型大学的特征分析》，载《比较教育研究》，1999（1）。

术创新以及由此出现的高新技术产业，其创新的主要力量来自研究型大学。① 可见，代表高等教育顶尖水平的研究型大学拥有雄厚的智力和科研资源，充当了国际竞争的主力军。

2. 经济全球化对研究型大学全球化模式的推动

经济全球化的一个重要特征是人才、信息等资源在世界范围内的自由流动，并以此实现生产要素和人力资源在世界范围内的最佳配置。② 随着经济全球化不断深入，各国政治、经济、文化都相继走向了国际化，高水平研究型大学逐渐呈现出全球化模式（Emerging Global Model）③，主要表现为学生、教师、经费、技术等在世界范围内的自由流动④。与此同时，全球化模式导致了不同国家的研究型大学开始在世界教育大市场中进行面对面的直接竞争，如生源争夺战、名教授争夺战、管理精英争夺战、教育质量竞争、教育效益竞争、毕业生就业大战等。⑤ 面对激烈的国际竞争，许多研究型大学纷纷通过国际间合作交流和交换优质教育资源等途径来提升大学的办学水平以及开辟国外教育市场。⑥

3. 风靡全球的世界大学排名的激励

随着世界大学排行榜迅速风靡全球，那些过去只是与本国同类院校进行比较的大学，现在也跨越国界与国际同类院校进行互相比较了。尽管全球化竞争模式在排行榜出现之前已经在一些大学得到实践，但那些重要的世界大学排行

① 参见驻纽约总领事馆教育组：《研究型大学是国家经济创新的主要力量》，载《世界教育信息》，2000（4），14～16页。

② 参见谢海均：《高等教育国际化与学校德育——兼论学习型社会的理论与实践》，上海，上海三联书店，2005。

③ Mohrman，K.，Ma，W. and Baker，D.，"The Research University in Transition：The Emerging Global Model，" *Higher Education Policy*，2008（1），pp. 5-27.

④ Varghese，N.，"Globalization，Economic Crisis and National Strategies for Higher Education Development，" *International Institute for Educational Planning*，2009；Organisation for Economic Cooperation and Development，*Globalisation and Higher Education*，2007. Available at http://doc.utwente.nl/60264/1/Marginson07globalisation.pdf.

⑤ Zona，J. J.，*Competitive Strategy：Understanding Investment Decision-Marking in Higher Education*，Doctor，Boston College，Boston，2005.

⑥ 参见 Longbrake，J.，"International edcators call Yale's global university initiative outstanding，" *Yale News Release*，2007；侯光明：《中国研究型大学理论探索与发展创新》，20页，北京，清华大学出版社，2005。

榜通过排名指标体系进一步强化了全球化模式所体现的质量定义。① 比如，由上海交通大学世界一流大学研究中心发布的“世界大学学术排名”（Academic Ranking of World Universities，ARWU）的评价指标有发表情况、被引用情况以及获得学术奖励情况，尤其是在科学与技术领域②；《泰晤士报高等教育》（*Times High Education*，THE）的“世界大学排名”（World University Rankings）③ 非常重视同行评价；而《国际新闻周刊》（*Newsweek International*）对世界最具全球化特征大学的排名则侧重于大学教师和学生中外国公民的比例④。对研究型大学而言，虽然排名成为学校管理政策实施的驱动力还有待探讨，但它所带来的全球意识是不可否认的——排名已经成为发现国际竞争对手、寻找国际合作伙伴、制定赶超目标的工具，也是大学向投资者和社会公众证明自身实力的证据之一。

五、研究型大学国际竞争力的内涵解析

研究型大学竞争关系的成立起码需要四个要素：一是利益独立的竞争主体，即谁和谁在竞争；二是竞争客体，也就是能够使参与的竞争主体产生受益的、各方所共同争夺的利益表征对象或曰稀缺资源，即竞争什么；三是竞争手段，竞争主体在获取竞争客体的过程中所采取的方式，即怎样竞争；四是竞争结果，即利益最后是如何分配的。只有在这四个要素具备的情况下，竞争关系才能成立，才存在着竞争主体的竞争力大小问题。因此，可以从大学竞争主体、大学竞争客体、大学竞争手段以及大学竞争结果四方面对研究型大学国际竞争力的内涵进行深入分析（见图 1）。

从竞争主体看，研究型大学国际竞争主体指的是国际层次竞争的研究型大学，其具有世界一流的师生及科研团队，从事世界水平的科学研究，着力于开创性研究的培育，以赶超其他国际一流研究型大学。由于大学承担的职能不同，经过不断的历史分化和社会筛选，驱使大学逐渐形成了不同的类型（如研究型大

① 参见［美］菲利普·G·阿特巴赫、佩蒂·M·彼得森：《新世纪高等教育全球化挑战与创新理念》，青岛，中国海洋大学出版社，2009。

② http://www.arwu.org/Chinese/aboutARWU.jsp.

③ 英国《泰晤士报高等教育》和职业教育咨询公司 QS（Quacquarelli Symonds）于 2004—2009 年间合作发布世界大学排行榜（THE-QS World University Rankings）；但自 2010 年起，《泰晤士报高等教育》和 QS 独立发表各自的排名。

④ Levin R. C.，“The world's most global universities,” *Newsweek International*，2006.

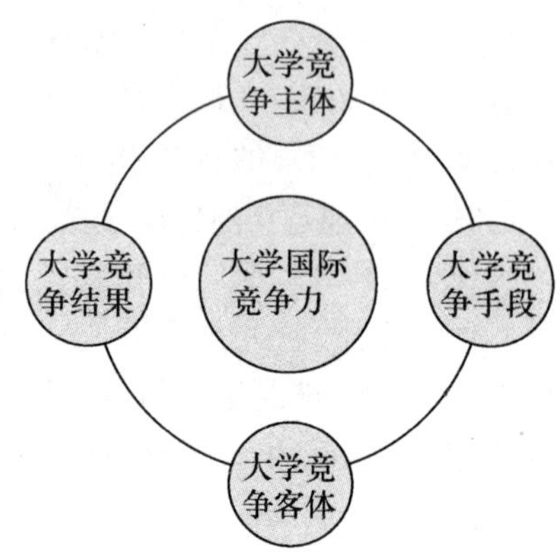

图1　研究型大学国际竞争力的内涵解析图

学、教学研究型大学、教学型大学）。① 大学竞争具有层次性②，同一层次的大学在对学生的素质要求、教育资源、学生就业去向、社会知名度等方面具有很大的可比性，因此竞争往往在同一层次的大学之间显得异常激烈，层次差异明显的大学则难以构成竞争关系。

从竞争客体看，研究型大学国际竞争客体是世界范围内总量一定的研究经费、优良的科研设施、世界著名的教授和研究人员、优秀的生源、毕业生的就业市场等。③ 生源是学校得以生存的基本条件，是教育成本的重要承担者；师资很大程度上可以决定一所学校的发展水平和发展态势，在保障创新型人才的培养中扮演着重要的角色；物质资源决定了高校的发展基础和发展能力，是研究型大学竞争力的支撑性要素。

从竞争手段看，研究型大学国际竞争手段主要体现在研究型大学在战略决策、科学研究及成果产业化、课程设置与讲授、人力资源开发、组织管理等方面的开放性、交流性和通用性④，主要分为以下几方面：第一，人才培养国际化。招收世界各国一流的学生，与国际著名研究型大学建立长期合作关系，采用纯外语教学或双语教学模式。第二，师资队伍国际化。聘请国际上学术一流的专家来

① 参见王建红：《大学核心竞争力研究的一个新视角——层次性问题》，载《现代教育论坛》，2009（2），42～45页。

② West, E. G., *Education and Competitiveness*, Kingston, Queen's University, 1993.

③ Marginson, S., "Competition and Markets in Higher Education: A Glonacal Analysis," *Policy Futures in Education*, 2004 (2), pp. 181–182; Marginson, S., "Dynamics of National and Global Competition in Higher Education," *Higher Education*, 2006 (1), pp. 1–39.

④ 参见喜多村和之：《大学教育の国际化》，东京，玉川大学出版部，1987。

校工作，从而最迅速、最简捷地接触到世界同类学科先进的教学方法和研究方法。第三，国际学术交流与合作研究。通过国际学术研讨会和国际合作项目，使师生跟踪前沿学科的最新进展和研究动态。

从竞争结果看，研究型大学国际竞争最终是学校的国际地位之争。风靡世界的研究型大学国际排名某种意义上是研究型大学国际竞争结果的一个具体表现，如英国《泰晤士报高等教育》的“世界大学排名”和上海交通大学世界一流大学研究中心发布的“世界大学学术排名”。显然，研究型大学的国际竞争结果反过来也会在很大程度上影响研究型大学国际竞争力的提升：大学获得学生或家长的认可，可以获得高质量的生源；获得教师的认可，可以吸引更优秀的教师和学术大师加盟；获得国家（社会）的认可，可以得到国家的财政支持和社会的捐赠等。

因此，研究型大学国际竞争力，从竞争主体的相互比较来看，是学校间相比较所显现出来的相对国际竞争优势；从竞争客体来看，是高等教育全球化背景下对生源、师资、投资以及毕业生就业市场份额等稀缺资源的吸引力；从竞争手段来看，是研究型大学在国际竞争中所拥有的各种能力的有机整合；从竞争结果来看，是学校地位的国际表现及最终获益能力。

第一章

研究型大学国际竞争力的要素构成及评价标准

随着全球化模式的不断深入，研究型大学要在愈演愈烈的国际竞争中立于不败之地，就必须增强自身的国际竞争力。但关于研究型大学国际竞争力的直接研究基本尚属空白，在查阅大量国内外文献的基础上，与之相关的已有研究主要可以分为国际竞争力、大学竞争力以及大学国际竞争力三个视角。本章试图从这三个视角构建研究型大学国际竞争力的理论框架及评价体系，旨在为研究型大学的竞争态势搭建一个信息分析平台。

第一节　研究型大学国际竞争力的相关研究

一、国际竞争力的相关研究

竞争是指两个或两个以上的行为主体为获取某种稀缺资源而展开的角逐。竞争力是指角逐过程中所表现出来的能力，是竞争主体间相比较而显现出来的某种优势能力、对竞争客体的吸引力及最终获益能力的总和。竞争关系的成立最起码需要三个要素，即利益独立的竞争主体、具有稀缺性的竞争对象和最终的竞争结果。①

从国家角度出发，世界经济论坛（World Economic Forum）认为国际竞争

① 参见张金昌：《国际竞争力评价的理论和方法研究》，中国社会科学院研究生院硕士学位论文，2001。

力是一国实现国民经济持续高速增长的能力，即决定一个国家生产力水平的一整套制度、政策和影响因素。① 瑞士国际管理发展学院（International Institute for Management Development）界定国际竞争力是经济学研究的一个领域，用于分析国家的现状条件及其政策为创造企业增加值和积累国民财富提供与维持良好环境的能力。②

从产业角度出发，波特（Michael E. Porter）认为产业国际竞争力是一国特定产业以其相对于别国更高的生产力向国际市场提供符合消费者需要的产品，并持续获得盈利的能力。③ 金碚指出，国际竞争力是指一个产业或企业能够比其他同类产业或企业更有效地向消费者或市场提供产品与服务的能力或综合素质。④

从企业角度出发，德佩鲁（Donatella Depperu）和切拉托（Daniele Cerrato）将企业竞争力定义一个企业为比其他企业制造出更好的产品，如价格、质量、技术含量等方面。⑤ 普拉哈拉德（C. K. Prahalad）和哈默尔（Gary Hamel）认为企业真正的竞争力是企业内部存在的一组独特的、难以仿制的、有价值的核心技术和技能。⑥ 可见，在市场经济中，企业竞争力最直观地表现为一个企业能够比其他企业更有效地向消费者（或者市场）提供产品或者服务，并且能够获得自身发展的能力或者综合素质。

此外，波特认为企业创造价值的过程可分解为一系列互不相同但又互相关联的经济活动，其总和构成企业的"价值链"（value chain）。企业的竞争优势来源于企业在设计、生产、营销、交货等过程及辅助过程中所进行的许多相互分离的活动。企业的价值链可以分为两大部分：下部是企业的基本活动，即一般意义上的"生产经营环节"，包括生产经营、市场销售、后勤服务等活动；上部为企业的辅助活动，包括企业的组织建设、人事管理、技术开发和采购管理等，这些活

① World Economic Forum, *The Global Competitiveness Report 2010－2011*. Available at http://www.worldcompetitiveness.com/Online/App/Index.htm.

② International Institute for Management Development, *The World Competitiveness Year 2010*. Available at http://www.worldcompetitiveness.com/OnLine/App/Index.htm.

③ Porter, M. E., *Competitiveness Advantage*, New York, Free Press, 1985.

④ 参见金碚：《竞争力经济学》，广州，广东经济出版社，2003。

⑤ Depperu, D. and Cerrato, D., "Analyzing International Competitiveness at the Firm Level: Concepts and Measures," *Quaderni del Dipartimento di Scienze Economiche e Sociali, Universita Cattolica del Sacro Cuore Piacenza*, 2005, p. 32.

⑥ Prahalad, C. K. and Hamel, G., "The Core Competence of Corporation," *Harvard Business Review*, 1990.

动使基本活动得以顺利进行（见图 1—1）。①

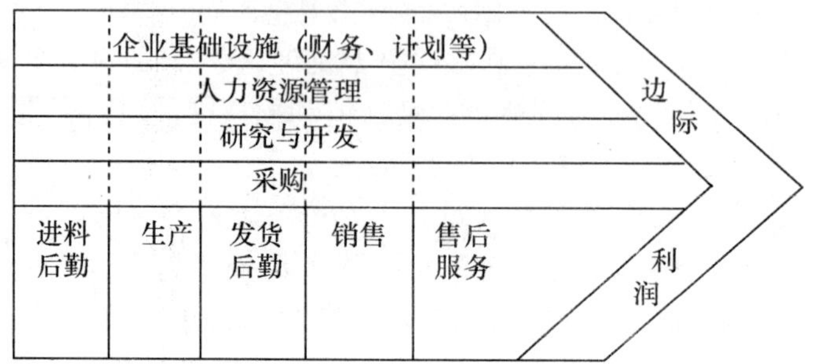

图 1—1　波特提出的企业竞争力的“价值链”模型

资料来源：［美］迈克尔·波特：《竞争优势》，37 页，北京，华夏出版社，1997。

二、大学竞争力的相关研究

现阶段大学竞争力的研究大多是借用国家竞争力和企业竞争力理论的部分研究成果，缺乏与高等教育理论的整合研究，没有对高等教育竞争力的内涵进行深刻剖析。总的来说，大学竞争力目前尚处在引入概念、嫁接模式、借用方法以及结构、要素的初步设计阶段，并没有形成系统的理论体系。在查阅大量文献的基础上，学者通常是从要素角度和能力角度两方面对大学竞争力进行阐释的。

1. 从要素角度解读大学竞争力

从要素角度来看，大学竞争力是大学获得相对优势并在竞争中生存与发展的关键性要素。其中，二因素论有：学术核心（学科和专业构成）和管理外壳（组织结构和管理体系）②；硬件（师资力量、资本存量、科学研究与开发能力、区位力、结构优化程度、聚集力）和软件（文化要素、制度要素、管理要素、开放要素、秩序要素）③。三因素论有：教师、管理和校长④；制度体系、学科体系

① 参见［美］迈克尔·波特：《竞争优势》，37 页，北京，华夏出版社，1997。
② 参见张卓：《研究型大学的基本特征和评价体系》，载《南京航空航天大学学报》（社会科学版），2002（2），44～49 页。
③ 参见孟丽菊：《大学核心竞争力的含义及概念塑型》，载《教育科学》，2002（6），59～60 页。
④ 参见王继华、文胜利：《论大学核心竞争力》，载《中国高教研究》，2001（4），83 页。

和文化体系①；大学精神、大学制度和学科建设机制②。四因素论有：人力资源、资金资源、高校地位和管理模式③；学生素质、师资队伍、科研活动和学科建设④；制度与机制要素、文化与精神要素、物质与财力要素、学科与管理要素⑤；学术能力（名师、学科竞争力、学问生产能力）、人才生产能力（人才生产规格、人才生产数量、人才生产质量）、管理能力（管理者、争取发展经费和空间、创建良好学术环境，提高办学效益）、文化力（校园精神、校园文化、校风）⑥。七因素论有：高校员工的数量、素质、结构、配置、激情、合作与竞争等。⑦

综上，从要素角度来看，大学竞争力可以分为三个层次：最外层是大学的各种竞争资源，是创造知识和培养人才的基础，主要分为人力资源（教学人员、科研人员、管理人员、校长、学生）、财力资源和物质资源；中间层是大学的各种运行要素，可以保证高校正常运营，主要包括组织结构（学科建设、结构优化程度）、能力系统（科研能力、教学能力）及管理模式（秩序要素）；最深层是大学的精神系统，是大学竞争力的本质和精髓所在，包括理念、文化及价值观等。

2. 从能力角度解读大学竞争力

从能力角度研究大学竞争力，主要分为以下几方面的能力：

一是知识能力。高校核心竞争力是识别和提供优势的知识体系，它以大学基础设施为依托，以大学精神为共同愿景，在办学理念、组织管理、学术梯队、校园文化及外部资源等竞争力诸要素协同作用下形成。⑧

二是创新能力。大学竞争力是指在已有的有关培养人才和科学研究的知识的基础上，不断增加知识总量，实现大学目标的创造性活动，包括知识创新、技术

① 参见施鲁莎：《论大学文化与高校核心竞争力》，载《盐城工学院学报》（社会科学版），2010（4），67～70页。

② 参见刘中亮：《论大学精神对高校核心竞争力的影响》，载《高教管理》，2010（4），33～35页。

③ 参见梁祥凤：《高校核心竞争力研究》，载《教育与现代化》，2005（4），25～31页。

④ 参见宋东霞、赵彦云：《中国高等教育学校竞争力发展研究》，载《教育发展研究》，2003（2），41～44页。

⑤ 参见张智、宗明华：《大学竞争力的内涵、指标与构筑》，载《昆明理工大学学报》（社会科学版），2005（3），7～11页。

⑥ 参见成长春：《赢得未来》，134～137页，北京，人民出版社，2006。

⑦ 参见马士斌：《“战国时代”：高校核心竞争力的提升》，载《学海》，2000（5），163～166页。

⑧ 参见林莉、刘元芳：《知识管理与大学核心竞争力》，载《科技导报》，2003（5），51～53页。

创新、管理创新、制度创新等。① 也有学者认为，大学竞争力是指大学利用所掌握的资源所创造出新的思想、方法和产品，并且把它们转化为社会价值、经济价值和财富的能力，主要体现为大学学术声誉、学术水平和学术成果。②

三是转化能力。大学的核心竞争力主要指一个大学在竞争和发展过程中与其他大学相比较所具有的吸引、争夺、拥有和控制、转化资源以及创造社会价值收益并为社会提供知识、人才和服务的能力。③ 也就是说，高等教育竞争力是指在全球经济发展环境下，高等教育自身的成长和发展能力，以及对经济发展和社会进步的贡献能力。④

四是整合能力。学者们指出，大学的竞争力就是大学以技术能力为核心，通过对战略对策、科学研究以及成果产业化、课程设置与讲授、人力资源开发、组织管理等的整合或通过其中某一要素的效用凸显而使学校获得持续竞争优势的能力。⑤ 大学以其资源和能力为基础，对学科建设、人才培养、科学研究、社会服务、组织管理、精神文化、人力和物质资源等竞争要素的既有优势和潜在优势进行战略整合，通过阶段性评估不断完善和升级转换，使学校获得持续竞争优势的能力。⑥ 研究型大学核心竞争力，是指研究型大学在长期形成的内在优势和获取外部资源渠道的基础上构建的，以核心学科为标志、以特色文化为内核的，能有效整合各类教育资源（人、财、物、知识信息），使学校获得长期竞争优势，并得到社会认可的、与同层次竞争对手相区别的能力或能力体系。⑦

三、大学国际竞争力的相关研究

高等教育领域的国际竞争是隐性和长期的，它对国际竞争力提升至关重要。

① 参见李璐岚：《论大学核心竞争力的内涵与特征》，载《漳州师范学院学报》（哲学社会科学版），2004（4），96～99页。

② 参见杨自杰：《学术竞争力——大学核心竞争力的核心》，载《学术论丛》，2009（22），104～105页。

③ 参见高宏：《试析大学核心竞争力》，载《中国高等教育评估》，2008（1），13～15页。

④ 参见杨广耀、刘志旺：《高等教育竞争力评价总体思路及评价指标体系》，载《科技情报开发与经济》，2007（19），203～205页。

⑤ 参见赖德胜、武向荣：《论大学的核心竞争力》，载《教育研究》，2002（7），42～46页。

⑥ 参见迟景明、马辉：《论核心竞争力与大学发展》，载《辽宁教育研究》，2003（5），15～18页。

⑦ 参见侯光明：《中国研究型大学理论探索与发展创新》，170页，北京，清华大学出版社，2005。

但是长期以来，研究者多致力于国家国际竞争力、产业国际竞争力、企业国际竞争力、科技国际竞争力等问题的研究，而对教育国际竞争力的研究较少，对教育国际竞争力的概念缺乏清晰的界定。在对国际竞争力及大学竞争力进行分析的基础上，大学国际竞争力以提升国际竞争能力①和大学国际知名度②为核心理念，通过教育国际贸易、联合办学以及国际学术交流等方式，强调在国际竞争中教育投入（人力资本和物质资源）的获取能力③以及科学研究、人才培养和社会服务的国际竞争水平④。大学国际竞争力是大学获得相对优势并在国际竞争中生存与发展的关键，是大学建立起来的一种资源与能力有机结合、传统与创新互补制约的系统。

四、研究型大学国际竞争力的概念界定

在对相关文献进行研究分析的基础上，本研究得出研究型大学国际竞争力从宏观上是指研究型大学群体在国家层面上与世界其他国家间在知识创新、人才培养、社会服务等方面的竞争能力⑤，从微观上是指一所研究型大学在学校层面上与其他大学之间在教育质量、科学研究、人力资本、管理水平、办学特色、国际声誉等方面的比较优势以及在高等教育国际化环境下直接参与国际竞争的基本能力。研究型大学国际竞争力注重强调研究型大学核心要素“科学研究”在国际范围的竞争能力、教育主体“教师和学生”的国际竞争地位以及教育投入“物质资源”的力度和范围。本研究中，研究型大学国际竞争力理论是借鉴国际竞争力、大学竞争力以及大学国际竞争力的理论研究成果，并结合研究型大学自身特点发展而成的，为高等教育研究提供了一个新的视角。

① 参见朱冬辉：《高等教育国际竞争力指标体系的建立及提升问题初探》，载《统计与信息论坛》，2005（6），25～28页。

② 参见汪金龙：《“入世”与我国高等教育的国际竞争力》，载《吉林教育科学·高教研究》，2001（1），7～11页。

③ 参见杨丽君、王萍：《高等教育国际竞争力的内涵及其评价意义》，载《湖南师范大学教育科学学报》，2007（2），79～82页。

④ 参见崔艳萍：《高等教育的国际融合与国际竞争力的提升》，载《中国高教研究》，2002（2），73～74页。

⑤ Marginson，S.，“Competition and Markets in Higher Education：A Glonacal Analysis，” *Policy Futures in Education*，2004（2），p. 199.

第二节　研究型大学国际竞争力的要素构成

一、研究型大学国际竞争力构成要素的三维解析

研究型大学国际竞争力是对竞争资源进行融合、渗透、整合，并与竞争能力相互作用产生的处于不断变化中的相对竞争优势。鉴于此，这里从资源维、能力维和时间维对研究型大学国际竞争力的构成要素进行剖析。

从资源维而言，研究型大学国际竞争力可以被看做竞争实力。竞争实力是研究型大学国际竞争力存在和发展的前提性要素。研究型大学必然要以人力资源为动力，以物质资源为基础，以国际声誉等无形资源为依托，来发挥其人才培养、科学研究及社会服务三大职能。竞争必然导致资源的占有和配置问题，研究型大学之间的国际竞争在很大程度上是通过对优势资源的竞争并进行合理运用来发挥其最大效益。①

从能力维来看，研究型大学国际竞争力可以被看做竞争能力。竞争能力是研究型大学国际竞争力的核心及关键，是研究型大学长期累积的结果，在竞争过程中体现为协调资源并将其发挥作用的技能。这种能力潜藏在研究型大学内部，在需要的时候可以正确处理各种已知或未知的矛盾与复杂问题，其表现的形式和力度取决于自身需求和外界环境。

从时间维来看，研究型大学国际竞争力可以被看做竞争活力，分为效应层、临界层和潜力层。研究型大学国际竞争过程是动态发展的，潜力层是未来研究型大学国际竞争力的基础和起点；临界层实际上是一种过渡状态，如果作出适当的引导和扩展，很快就能变成现实中的国际竞争力；效应层是研究型大学国际竞争力全面发挥功能，并能辐射到研究型大学的各个方面，全面给大学带来效益的状态。研究型大学国际竞争力的发展是这三个层次循环往复的一个系统过程，前者是后者的准备，后者是前者的发展趋势和结果。

研究型大学国际竞争力就是竞争实力、竞争能力和竞争活力的外化与综合体现，可以通过一系列评价体系进行测量。但研究型大学国际竞争力不是三者的简单相加，而是三者相互作用形成的有机系统，任何一个因素处理不好，都会影响

① 参见曲绍卫、杨峰：《论大学组织制度及其竞争力价值》，载《教育研究》，2007（3），41～45页。

到研究型大学国际竞争力水平。

二、研究型大学国际竞争力的价值链分析模型

价值链分析是确定组织竞争优势及寻找竞争途径以增强组织实力的分析过程，它为研究型大学提供了如何进行自身竞争优势分析的方法，并与竞争对手的价值链进行比较，从而揭示决定国际竞争优势的差异所在。波特的价值链分析模型是把组织作为一个整体来考虑，把组织与战略性相关的活动进行分解，通过考察这些活动本身及活动之间的相互关系来确定组织的竞争优势，从而确定组织的竞争力。①

研究型大学国际竞争价值链可以被分解为“投入——运行——产出”三个过程（见图1—2）：在投入方面，研究型大学要聚集一流的学术大师，吸引高质量的生源，吸纳充足的办学经费，购置先进的教学研究设施，构建完善的信息资源；在运行方面，研究型大学要赋予科学研究以优先地位，通过科学研究培养高水平创新型人才，在这个过程中必然离不开一流的教学能力、创新能力、组织管理能力，从而形成良好的校园文化氛围；从产出方面看，研究型大学要培养出高层次拔尖创新人才，产出高水平的科研成果，并促成高科技转移，促进产学研合作，具备很高的学术声誉和广泛的社会影响力。②

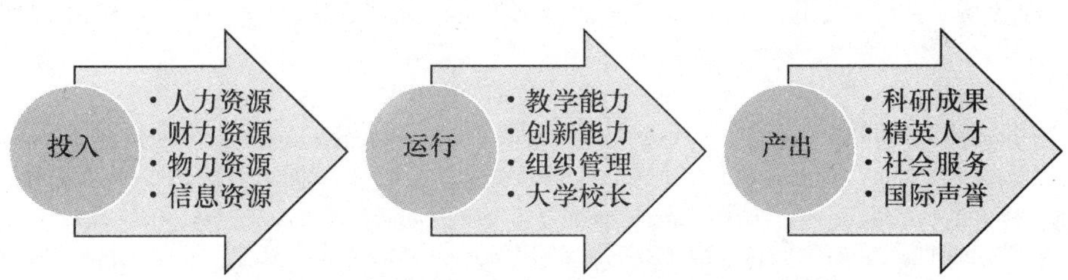

图1—2 研究型大学国际竞争力的价值链分析模型

纵观整个价值链，可以将研究型大学国际竞争力分解为人才培养、科学研究、社会服务、师资队伍、物质资源、组织管理、大学校长、国际声誉八

① 参见［美］迈克尔·波特：《竞争优势》，37页，北京，华夏出版社，1997。

② Dill, D. D. and Soo, M., “Academic Quality, League Tables, and Public Policy: A Cross-national Analysis of University Ranking Systems,” *Higher Education*, 2005 (4), pp. 495–533; Cowan, J., “Effectiveness and Efficiency in Higher Education,” *Higher Education*, 1985 (3), pp. 235–239.

大要素。①

人才培养是在教育思想和教育理论的指导下，对被选拔人才进行教育、培训，使其符合各种职业和岗位要求的知识、能力及素质结构的专门人才的过程。② 高水平研究型大学最大的成功之处就在于能培养出符合社会需要的大批精英人才，如政治领袖、经济泰斗、科技精英、学术大师、文学巨匠、企业总裁等。以美国为例，美国研究型大学占高等学校总数不足 4%，但却授予占全国总数 30%左右的学士学位以及 40%左右的硕士学位和 80%左右的博士学位，哈佛大学曾出过 7 位美国总统和 30 多位诺贝尔奖获得者，耶鲁大学曾为美国培育出 5 位总统和 13 位诺贝尔奖获得者。③

科学研究是不断探索未知、发现新现象和揭示新规律的过程，是产生新知识的主要途径。④ 联合国教科文组织用“R&D”（即“研究与开发”）来表示科学研究的概念。⑤ 科学研究的过程通常是学者们依据不同的研究方向，组成科研团队，建立研究基地，争取各种科研项目进行的知识创新活动。研究型大学是国家知识创新和技术创新的中心，是世界科学技术的重要发源地。作为探索的场所，研究型大学承担着科学研究的重任，其科学研究竞争力的高低直接决定着研究型大学的国际竞争力水平。同时，科研成果的取得也为研究型大学扩展社会服务这一功能提供了可能。

社会服务是指高校在保证正常的教学和科研等基本活动的前提下，依托高校的优势资源，将高校的智力资源直接地迅速地转化为社会生产力，向社会提供直

① Organisation for Economic Cooperation and Development, *Globalisation and Higher Education*, *2007*, Available at http://doc. utwente. nl/60264/1/Marginson07globalisation. pdf; Lombardi, J. V., *Quality Engines: The strategic principles for competitive universities in the twenty-first century*, The Center Reports, University of Florida, pristupljeno, 2001, p. 3; Lombardi, J., Craig, D., Capaldi, E. and Gater, D., “University Organization, Governance and Competitiveness,” *An Annual Report from the Lombardi Program on Measuring University Performance*, 2002.

② 参见《试论创建研究型大学的背景下的人才培养模式》，见 http://news. hzau. edu. cn/showarticle. php? aid=5176。

③ 参见王明洲：《论大学核心竞争力的构建》，载《吉林工程技术师范学院学报》（教育研究版），2003（10），15～18 页；王战军、孙锐：《研究型大学的发展与国际竞争力的提升》，载《中国高教研究》（教育研究版），2003（5），10～13 页。

④ 参见魏炳波：《研究型大学的学科建设与人才培养》，载《高校教育管理》，2010（4），7～9 页。

⑤ http://www. oecd. org/document/0,2340,en_2649_34487_25998799_1_1_1_1,00. html.

接的、服务性的、促进经济和社会发展的活动。① 研究型大学不仅是重大科学发现的诞生地，也是发明高新技术实现产业化的辐射源。② 研究型大学与知识经济社会的关系日益紧密，其社会服务的职能日益凸显，如出版物、学生、信息咨询、技术转移、衍生企业等。③ 事实上，研究型大学与社会在社会服务方面的表现是互动的，一方面，大学依据社会的需求，有针对性地对许多现实问题进行分析和研究，取得的研究成果直接服务于社会；另一方面，社会对大学的研究工作提供一定的科研经费和仪器设备，增加了大学科学研究的力度。

师资队伍不仅直接决定着研究型大学人才培养和科研产出的质量，而且间接影响着研究型大学生源和财源的多寡。国际著名的研究型大学能培养杰出人才，产生重大科技发明与理论发现，关键是有一流的师资。比如，美国麻省理工学院就拥有一支“大师”级的教师队伍，有诺贝尔奖获得者 12 人，菲尔兹奖获得者 6 人，科学院院士 186 人，工程院院士 60 人。④ 师资队伍状况也成为世界大学排行榜关注的焦点。比如，上海交通大学的“世界大学学术排名”⑤ 和英国《泰晤士报高等教育》⑥ 的大学排行指标体系就把师资力量作为研究型大学水平考核的一个重要指标。

物质资源是为研究型大学发展提供保障和支持的要素资源，影响着大学对其他资源的引进吸收能力和输出扩张能力，对研究型大学国际竞争力的成长和发展具有巨大的推动或制约作用。雄厚的资金、现代化的教学设施和实验设备、丰富的图书资源、发达的网络资源，以及数字化的文献资料，不仅为人力资本智能和潜能的发挥创造了非常好的条件，也为研究型大学创造了更大的发展空间和更多的发展机会。因此，只有拥有充裕的物质资源，研究型大学才能吸引一流的教师，为优秀学生提供资助，并有效地支持大学的教学活动和科研活动的开展。

组织管理是以学校战略目标为指导，以先进的管理理念和规范的管理制度为依托，通过各职能部门和院系管理机构的管理活动，使学校有机地高效运作。⑦

① 参见潘懋元：《高等教育学讲座》，北京，人民教育出版社，1993；眭依凡、汤谦凡：《我国高校社会服务 30 年发展实践研究》，载《中国高教研究》，2008（11），18～22 页。

② 参见吴松、沈紫金：《WTO 与中国高等教育的发展》，北京，北京理工大学出版社，2002。

③ Rorida, R., “Engine or infrastructure? The university role in economic development,” 1999. Available at http://creativeclass.com/rfcgdb/articles/5%20Engine%20or%20Infrastructure.pdf.

④ http://web.mit.edu/faculty/index.html.

⑤ http://www.arwu.org/.

⑥ http://www.timeshighereducation.co.uk/.

⑦ 参见伊继东、张绍宗、铁发宪：《高等教育评价理论与实践》，100 页，北京，科学出版社，2009。

研究型大学的组织管理是建立在对教育本质和办学规律深刻认识的基础上，以科学研究和精英人才为核心目标，建立层次清晰、分工明确、运行高效、支撑有力的组织管理，实现学术资源的合理布局和有效整合，最大限度地发挥人力、财力、物力、信息资源的效用的综合能力。组织管理决定了研究型大学运营的模式和规范，设计精巧严密的组织结构和管理制度不仅可以保证高校正常运营，更可以激励教师创造更多科研成果，并提高教学水平。

大学校长对研究型大学的发展具有独特而决定性的作用，是研究型大学行政管理工作的领导核心①，在很大程度上决定着研究型大学的凝聚力和发展潜力。当无数的价值取向处在冲突中时，作为冲突的协调者，研究型大学校长需要在创新与传统、效益与公平中作出抉择，把冲突降低到最低点，实现学校利益的最优化。因此，研究型大学大学校长必须是集学术权威及行政权力于一身的著名教授②，必须是懂得教育规律和科研规律的专家，这样才能具有国际视野、前沿意识以及学术前瞻性，进行科学的定位和制定长远的发展战略，创造性地发挥研究型大学的国际竞争优势。

国际声誉是大学精神、办学条件、大学行为、社会贡献等大学身份识别要素的客观表现在人们心目中形成的主观反映③，它虽然是一个主观指标，但却本质地、准确地反映着一所大学的国际地位和国际影响。国际声誉已日益成为判断研究型大学综合国际竞争力水平的重要尺度，它既是大学绩效和有效运行机制的综合反映④，又极大地影响着大学对教育资源的获取能力，如一流的师生、研究基金、政府拨款、社会捐赠等。⑤ 比如，2000 年，具有良好国际声誉的斯坦福大学和哈佛大学分别获得 5.8 亿美元的年度社会捐助和 188 亿美元的累计社会捐助资产，位居全美大学榜首。⑥

① 参见侯光明：《中国研究型大学理论探索与发展创新》，150 页，北京，清华大学出版社，2005。

② 参见史万兵、娄成武：《研究型大学的指标体系构建》，载《中国高教研究》，2003（6），37～38 页。

③ 参见王连森、陈国军：《声誉管理：大学发展的新课题》，载《山西财经大学学报》（高等教育版），2006（3），12～15 页；王连森、栾开政：《大学声誉形成机理与管理策略——基于利益相关者的分析》，载《现代大学教育》，2007（5），66～70 页。

④ 参见缪荣、茅宁：《公司声誉管理模型探讨》，载《管理现代化》，2003（3），20～23 页。

⑤ Cyrenne, P. and Grant, H., "University Decision Making and Prestige: An empirical study," *Economics of Education Review*, 2009 (2), pp. 237-248.

⑥ Lombardi, J. V., Craig, D. D. and Capaldi, E. D., *The Top American Research Universities*, Florida, The Center at the University of Florida, 2001.

第三节 建立研究型大学国际竞争力的评价标准

一、建立研究型大学国际竞争力的评价标准

研究型大学国际竞争力评价实质上是一种在全球范围内的比较性评估，即关于研究型大学这一竞争主体的竞争优势和竞争劣势的研究体系。不同国家的高等教育体系差异巨大，如何对研究型大学的教育质量进行全面系统的国际比较，成为构建研究型大学国际竞争力评价标准体系的一大难题。鉴于此，在系统解读研究型大学国际竞争力八大要素的基础上，本研究从其内涵的国际可比性、可操作性以及价值链分析三个角度对评价标准进行分析，从而构建研究型大学国际竞争力的评价标准体系，以促进研究型大学在国际化背景下全面发展。

基于内涵的国际可比性，本研究将研究型大学国际竞争力评价标准的国际可比性分为“强”、“弱”、“无”三个等级：“强”是指该评价标准在内涵上能够反映研究型大学的全球竞争力，且在技术层面上能够直接测量。“弱”是指该评价标准在不同的高等教育系统中具有不同的界定，但内涵相似，有可能在一定的技术处理的基础上进行测量。“无”是指该评价标准只能反映研究型大学的本国竞争力，或者在技术层面根本无法进行测量。

基于评价标准的可操作性，本研究将研究型大学国际竞争力评价标准的可量化性分为“是”、“否”两个等级：“是”指该评价标准可以直接被量化或者经过一定的技术处理之后可以被量化，即分为直接可量化和间接可量化两种情形。比如，学术声誉本身不可以被量化，但通过同行评议的方式就可以借助数字来反映研究型大学学术声誉水平的高低。“否”指该评价标准即使经过技术处理也不能被量化，通常是指定性的评估标准，如培养模式、办学经费渠道等。

基于竞争过程的价值链分析，本研究将研究型大学国际竞争力评价标准的价值链分析分为“投入”、“运行”、“产出”三个过程。“投入”是指研究型大学国际竞争力存在和发展的前提性要素，如人力资源、财力资源、物力资源、信息资源等；“运行”是指研究型大学在国际竞争过程中协调资源并将其发挥作用的技能，如教学能力、创新能力、组织管理等；“产出”是指研究型大学国际竞争过程中形成的竞争产物，如科研成果、精英人才、社会服务、国际声誉等。

二、人才培养

研究型大学人才培养国际竞争力集中体现为大学是否能够培养出合格的、优秀的、满足社会进步和经济发展需要的有用之才，特别表现在是否具有卓越的创新能力和社会贡献率。研究型大学人才培养国际竞争力由优秀生源吸引力、人才培养结构、人才培养模式、人才培养质量及人才培养国际化水平五部分组成（见表 1—1）。

表 1—1　　研究型大学人才培养的国际竞争力的评价标准体系

评价要素	评价标准	评价标准内涵界定	国际可比性	可量化性	价值链分析
优秀生源吸引力	生源充足程度	学生录取人数占报考人数的比例	强	是	投入
	录取学生优秀度	学生的录取成绩、高中优秀学生的比例等	强	是	投入
人才培养结构	学生规模	本科生/硕士生/博士生的人数	强	是	投入
	研究生比例	研究生占全日制学生的比例	强	是	投入
人才培养模式	培养模式	培养目标；教学理念；课程内容；教学方式	弱	否	运行
	科研支撑	将科研成果引入教学内容情况；学生参与科研实践情况	弱	否	运行
人才培养质量	学生质量	毕业生的就业率、起薪；获得国际奖项情况；发表国际论文情况	强	是	产出
	校友质量	学界精英、商界精英、政界精英的层次及数量	弱	是	产出
人才培养国际化水平	生源国际化	留学生人数、比例以及国家分布	强	是	投入
	办学国际化	跨国学分认可情况；引进国外先进课程情况；联合办学情况	弱	否	运行
	评估国际化	通过国际认证评鉴体系的学科专业情况；引进国际先进的课程评估办法的情况	强	是	产出

1. 优秀生源吸引力

研究型大学的优质生源从入口保证了精英人才的培养质量，在这些优秀生源基础上培养出来的精英人才是研究型大学人才培养能力的最终体现。优秀生源吸引力主要体现在两个方面：一是生源充足程度，通常用学生录取人数占报考人数的比例来衡量。一所研究型大学报考的人数越多，反映出学生对该校的热爱和向往程度越深。二是录取学生的优秀程度，用学生的录取成绩（如学术能力评估考试 SAT）、高中优秀学生的比例来衡量。① 通常入学成绩越高、高中优秀学生比例越高，表明研究型大学所录取的学生越优秀。

2. 人才培养结构

人才培养结构体现了大学在高等教育分类体系中的位置，不同类型的大学具有不同的目标定位，承担着不同的人才培养职能。研究型大学主要从事创新型人才的培养，重点放在硕士生和博士生的培养上，其人才培养结构的衡量标准有两个：一个是本科生/硕士生/博士生的人数②；另一个是研究生占全日制学生的比例。通常，研究生比例越高，说明该校的人才培养层次越高，即培养的创新型人才越多。

3. 人才培养模式

研究型大学是将教学与科研有效结合的大学，其人才培养模式相应地体现在培养模式和科研支撑两方面：首先，在培养模式方面，研究型大学在教学理念上，重视培养学生的创新能力；在课程内容上，强调建立跨学科及文理渗透的课程体系；在教学方式上，重视发挥学生的能动性和学术交流能力（如问题式教学、情境式教学、讨论式教学等），使学生在研讨中积累知识、培养能力和锻炼思维。③ 其次，在科研支撑方面，研究型大学的课程不断追踪当前该领域中最前沿的研究成果和研究动态，使学生了解和掌握该研究领域最新的科学理论知识，并鼓励学生尤其是研究生积极参与科研实践。④

① Marginson, S., "Competition and Markets in Higher Education: A Glonacal Analysis," *Policy Futures in Education*, 2004 (2), p. 186.

② 参见潘懋元、吴玫：《高等学校分类与定位问题》，载《黄河科技大学学报》，2005 (1)，5～9 页。

③ 参见王永生：《研究型大学建设本科教学改革的研究与实践》（下册），692 页，北京，北京交通大学出版社，2008。

④ Berdahl, R. M., *Research Universities: Their Value to Society Extends Well Beyond Research*, Association of American Universities, 2009, p. 8.

4. 人才培养质量

人才培养质量体现了大学对所培养的人才赋予的最大追加价值，集中体现为学生综合素养（人文素养、科学素养、专业素养的综合能力）的提高程度上。①研究型大学人才培养质量国际竞争力的衡量标准有两方面：一是本科毕业生的就业率及起薪（同行社会劳动力市场占有率以及就业层次）、获得国际奖项情况和发表国际论文情况；二是校友中成为学界精英（如诺贝尔奖、菲尔兹奖获得者）、商界精英（如世界500强公司高管、国际组织负责人等）、政界精英（如国家领袖）的层次及数量。

5. 人才培养国际化水平

人才培养国际化水平反映了研究型大学人才培养在国际竞争中的开放性、交流性以及通用性，体现为生源国际化、办学国际化、评估国际化三方面。② 在生源国际化方面，通常用留学生人数、比例以及国家分布等标准来衡量。研究型大学吸纳国外留学生，一方面可以树立大学的国际形象和国际影响，另一方面可以充分实现不同国家文化之间的交流，产生意外的创新和收获。在办学国际化方面，研究型大学注重引进国外先进课程和推进双语教学（如工商管理硕士（MBA）、公共管理硕士（MPA）等），并积极与海外高校联合办学，鼓励并资助学生出国交流，同时推广跨国学分认可工作。在评估国际化方面，许多研究型大学纷纷引进国际先进的课程评估办法和国际通用的认证评鉴体系（如工程技术评审委员会（ABET）、英国工商硕士协会（AMBA）等）分别对课程、学科专业进行评估。

三、科学研究

科学研究是研究型大学国际竞争力的核心所在。研究型大学科学研究国际竞争力水平主要体现在科研条件、科研能力、科研产出以及科研质量四个方面（见表1—2）。

① 参见宋东霞：《中国大学竞争研究》，北京，高等教育出版社，2005；Cameron，K.，“Measuring organizational effectiveness in institutions of higher education，” *Administrative Science Quarterly*，1978（4），pp. 604-632。

② 参见Horta，H.，“Global and National Prominent Universities：Internationalization，Competitiveness and the Role of the State，” *Higher Education*，2009（3），pp. 387-405；喜多村和之：《大学教育の国际化》，东京，玉川大学出版部，1987。

表 1—2　研究型大学科学研究的国际竞争力的评价标准体系

评价要素	评价标准	评价标准内涵界定	国际可比性	可量化性	价值链分析
科研条件	有形资源	科研经费	弱	是	投入
	无形资源	创新氛围	无	否	投入
科研能力	引领学科前沿的能力	突破性的原始创新成果；重要国际学术会议报告	强	是	运行
	承担重大课题的能力	国际国内重大课题项目和经费数	弱	是	运行
	国际科研交流能力	国际合作科研项目和经费数；组织和参加高水平学术会议	弱	是	运行
科研产出	基础研究成果	论文发表；新的理论	强	是	产出
	应用研究成果	专利授权；非专利技术创新	弱	是	产出
科研质量	科研获奖	国际性学术奖项获得情况	强	是	产出
	权威刊物论文发表	各学科领域权威学术刊物的论文发表情况	强	是	产出
	成果影响力	成果被引用的频次	强	是	产出
	成果效益	成果产生的社会效益或经济效益	弱	是	产出

资料来源：Geuna，A. and Martin，B. R.，"University Research Evaluation and Funding：an international comparison，" *Minerva*，2003（4），pp. 277－304.

1. 科研条件

科研条件是科研国际竞争力的资源要素，主要表现在科研经费、创新氛围等方面。科研经费是研究型大学科学研究发展的"生命线"，是科学研究的物质保证。与此同时，创造性来源于人的智慧和潜能在其兴趣点上的自由发挥。因此，研究型大学应充分利用自身的优势，在校园环境中营造学术自由的氛围①，使大学教师和科研人员置身于百家争鸣的学术气氛中，通过分析比较不同的思想方法和各种流派，耳闻目睹知识的日新月异，使他们的创新能力得到良好的发展。

2. 科研能力

科研能力是研究型大学国际竞争力分层的主要依据。② 研究型大学的教授或

① Lombardi，J.，Craig，D.，Capaldi，E. and Gater，D.，"University organization，governance and competitiveness，" *An Annual Report from the Lombardi Program on Measuring University Performance*，2002.

② Marginson，S.，"Dynamics of national and global competition in higher education，" *Higher Education*，2006（1），pp. 1－39.

学生往往将某些领域的尖端理论问题、科学的前沿问题和核心的技术开发作为研究的主要对象①，因此科研能力的高低通常用是否具有引领学科前沿、承担国际重大课题、国际科研交流的能力来衡量。引领学科前沿能力具体表现在能够产出突破性的原始创新成果、举办重要国际学术会议报告；承担国际重大课题能力具体体现在国际/国内重大课题项目和经费数等方面；国际科研交流能力体现在国际合作科研项目和经费数、组织和参加高水平学术会议情况等方面。在科学技术迅猛发展的今天，面对日益复杂的社会问题和尖端技术，单靠一个国家或一所高校的力量往往难以完成，这就需要在科研方面实现资源共享，进行广泛的国际合作。

3. 科研产出

科研产出反映了大学从事科研活动的直接成果，分为基础研究成果和应用研究成果。基础性研究集中于前沿的基础性学科，力图实现理论上和方法上的突破与进展，主要体现为构建和论证出新的研究理论，以及形成的具有重要意义的观点和思想等，衡量标准通常有科学专著出版情况、科研人员公开发表的论文数；而应用性研究则是面向应用领域和社会实际生活，把科研成果转化为现实生产力的研究，成果主要有获得的重大发明创造和突破的重大技术难题，衡量标准是大学的专利授权数量②、非专利技术创新等。这些国际领先水平的科研成果成为解决一个国家乃至世界的经济、科技、社会、人类发展等领域中重大问题的思想库和成果库。

4. 科研质量

科研质量反映了研究型大学科研成果的层次水平。在衡量科研成果时，只有研究型大学所解释的社会现象或经济现象得到了社会的认同，取得的发明创造切实推动了社会的进步，才能认为这样的研究型大学取得了高水平的科研成果。研究型大学科研质量的国际竞争力的评价标准主要体现在三个方面：在科研成果的获奖情况方面，主要用科研成果是否处于国际前沿、国际学术获奖情况（如诺贝尔奖、菲尔兹奖等）来衡量；在权威刊物论文发表情况方面，通常用《科学》(*Science*)、《自然》(*Nature*)、基本科学指标数据库（ESI）等发表或引用的论文情况来衡量；在成果影响力方面，常用学术影响力（如 SCI、SSCI、A&HCI

① 参见王生卫、李惠玲：《论大学的核心竞争力及其培育》，载《南方论刊》，2003 (9)，24～29 页。

② Association of American Universities, *University Research: Understanding Its Role*, 2007.

被引用情况等）；在成果效益方面，通常用成果产生的社会效益或经济效益来衡量。①

四、社会服务

社会服务是现代研究型大学社会价值的重要体现。研究型大学与社会之间这种有效的合作表现在研究型大学对社会的技术转移能力、引领社会能力、人才培训能力和咨询服务能力四个方面（见表1—3）。

表1—3　　研究型大学社会服务的国际竞争力的评价标准体系

评价要素	评价标准	评价标准内涵界定	国际可比性	可量化性	价值链分析
技术转移能力	专利出售	专利出售的数量及金额	强	是	产出
	技术转让	技术转让的数量及金额	强	是	产出
	产学研合作	产学研合作的项目及经费数	弱	是	产出
引领社会能力	文化引领	新思想、新理论、新知识、新技术等对社会的辐射	无	否	产出
	社区服务	图书馆、体育设施等资源共享；提供义务医疗、法律咨询及志愿者服务	弱	否	产出
人才培训能力	急需专业人才培训	为新兴产业培养急需的专业人才	弱	否	产出
	继续教育	为企业员工、社会人员提供继续教育	无	否	产出
咨询服务能力	政府咨询能力	为政府科学决策提供咨询服务的能力	无	否	产出
	企业咨询能力	为企业战略发展提供咨询服务的能力	无	否	产出

1. 技术转移能力

技术转移能力是研究型大学实现高新技术产业化的重要途径，是将大学中的

① Ma, R., Ni, C. and Qiu, J., "Scientific Research Competitiveness of World Universities in Computer Science," *Scientometrics*, 2008 (2), pp. 245-260.

技术产品化、商业化、产业化，最终实现其市场价值的过程①，通常用专利出售的数量及金额、技术转让的数量及金额、产学研合作项目及经费数等标准来衡量。专利保护和技术许可是研究型大学在新产品和生产过程产业化过程中保护其经济利益不受侵犯的主要方式，在高校将其研究成果转化为现实生产力的过程中发挥着举足轻重的作用。研究型大学为众多企业尤其是大型企业提供大量高科技产品，有效地解决现实技术问题和突破技术难关，增加企业产品的技术含量。与此同时，研究型大学通过高科技成果向产业转移，直接而迅速地把教学、科研、生产三者紧密结合，为经济和社会发展服务。比如，硅谷科学园区围绕斯坦福大学和加州大学伯克利分校两所研究型大学，分布着 3 000 多家高科技产业和许多研发机构；128 号公路的波士顿科研中心以麻省理工学院和哈佛大学为核心；北卡罗来纳三角园区是以三所著名研究型大学北卡罗来纳大学、北卡罗来纳州立大学和杜克大学为三个顶点构成的。②

2. 引领社会能力

引领社会能力是研究型大学的重要社会职能之一，主要表现在文化引领和社区服务两方面。研究型大学一般以知识服务于社会，其使命是在传承、传播、再解释、校准已有知识的基础上，发现和产生各种类型的新知识。③ 文化引领功能的实现主要是通过在办学和研究中所产生的新思想、新理论、新知识、新技术等对社会的辐射效应来完成的。像新文化运动、五四运动为社会提供了新思想，引导了社会变革④；像生物进化论在科学理论重构的同时，对人类科学世界观有很大影响；像因特网这样的重大研究成果，改变了人类生产、生活方式⑤，这些新思想、新发现都源于研究型大学。在社区服务方面，研究型大学积极向社区开放丰富的信息资源（如图书馆）和体育设施，为居民提供基本科学知识、心理健康常识、义务医疗、法律援助等志愿者服务，日益成为社区的科技、文化、体育活

① 参见章琰：《大学技术转移的双重过程分析》，载《科学学与科学技术管理》，2004（7），27～30页；雷朝兹、黄应刚：《中外大学技术转移比较》，载《研究与发展管理》，2003（5），45～52页。

② Walshok，M. L.，*Knowledge without Boundaries：What America's Research Universities Can Do for the Economy，the Workplace，and the Community*（Jossey Bass Higher and Adult Education Series），San Francisco，Jossey-Bass Publishers，1995.

③ 参见杨力行：《我国研究型大学的管理体系研究》，载《探索与争鸣》，2003（12），147～149页。

④ 参见沈祖芸：《社会转型期大学如何发挥文化引领作用》，载《中国教育报》，2006-11-07。

⑤ 参见郭传杰：《研究型大学要充分发挥文化引领功能》，载《中国教育报》，2008-03-03。

动中心。①

3. 人才培训能力

人才培训能力是研究型大学将自身的知识和智力资源向社会转移的有效途径之一。研究型大学往往针对市场需求和商业信息，依托丰富的教学资源和一流的师资力量，通过培训和培养各级各类专业技术人才，使之具有较强的创新能力、组织能力、管理能力以及领导能力。② 研究型大学对人才培训方面的支持主要体现在两个方面：为各产业部门培养急需专业的人才，例如MBA、MPA以及继续教育学院的一些培训项目；为企业员工、社会人员提供继续教育，倡导终身教育理念。

4. 咨询服务能力

随着社会的快速发展，社会面临越来越多且更加复杂的问题，研究型大学作为社会的智囊团和思想库，结合国家及区域发展需求，为解决社会经济发展中存在的各种问题提供科学的决策依据，因此咨询服务也是研究型大学实现自身社会价值的有效途径之一。研究型大学在培养、开发年轻人的智力和技能的同时，积聚各行各业的人才和力量，形成有创造力的“智慧社区”，积极为政府、企业提供良好的政策咨询、技术咨询和法律咨询，使他们的学术价值和思想价值通过充当高级咨询顾问的角色得以实现。鉴于此，研究型大学的咨询服务能力主要体现在政策咨询、技术咨询和法律咨询等方面。

五、师资队伍

师资队伍是研究型大学成功的关键③，在学术研究、科技创新、人才培养中起着中流砥柱的作用。研究型大学师资队伍的国际竞争力可以从师资队伍结构、师资队伍质量、师资队伍培训、师资队伍国际化水平四方面进行评价（见表1—4）。

① 参见王本东：《中美研究型大学社会服务的特点分析及比较研究》，载《科学学与科学技术管理》，102～104页；熊晓亮：《论我国研究型大学社会服务职能的践履》，山东师范大学硕士学位论文，2009；赵鑫：《研究型大学社会服务职能运行机制研究》，浙江大学硕士学位论文，2010。

② 参见王生卫、李惠玲：《论大学的核心竞争力及其培育》，载《南方论刊》，2003（9），24～29页。

③ 参见刘念才、Jan Sadlak：《世界一流大学：战略·创新·改革》，51页，上海，上海交通大学出版社，2009。

表 1—4　　研究型大学师资队伍的国际竞争力的评价标准体系

评价要素	评价标准	评价标准内涵界定	国际可比性	可量化性	价值链分析
师资队伍结构	专任教师队伍	专任教师总数；年龄结构；学位结构；职称结构	强	是	投入
	专职科研队伍	专职科研人员总数；年龄结构；学位结构；职称结构	强	是	投入
	学缘结构	获得非本校学历教师的比例；获得国外学历教师的比例	强	是	投入
师资队伍质量	国际著名学术奖项获得者	诺贝尔奖、菲尔兹奖等奖项获得者	强	是	产出
	国际荣誉头衔获得者	各领域高引用科学家、科学院和工程院院士、国际权威期刊编委等荣誉头衔获得者	强	是	产出
师资队伍培训	师资入职培训	信息技术、科研项目申请、国际化能力等方面的培训	弱	否	运行
	师资发展提高	学术休假、中青年教师进修制度等	弱	否	运行
师资队伍国际化水平	外籍师资情况	聘请外国专家、外籍师资的数量及比例	强	是	投入
	师资海外经历	具有海外学位、进修及工作经历的师资数量及比例	弱	是	投入
	国际学术交流	举办和参加国际会议人次；参与国际合作科研项目及经费数	弱	是	运行

1. 师资队伍结构

师资队伍结构体现了研究型大学师资的基本组成单元和基本组织结构，是大学人力资本竞争力形成的基础。师资队伍结构的国际竞争力主要体现在三个方面：一是专任教师队伍，有单纯的数量标准，包括大学专任教师总数；有反映结构的标准，包括年龄结构（老、中、青结构）、学位结构（博士、硕士、本科）和职称结构（教授、副教授、讲师、助教）。[①] 二是专职科研队伍，有单纯的数量标准，包括大学专职科研人员总数，有反映结构的标准，包括年龄结构（老、

① 参见宋东霞：《中国大学竞争力研究》，北京，高等教育出版社，2005。

中、青结构)、学位结构（博士、硕士、本科）和职称结构（研究员、副研究员)。[①] 三是学缘结构，是指获得非本校毕业教师的比例以及获得国外学历的教师比例。通常来说，数量充裕、年龄结构合理、学位水平高、职称层次和学缘结构布局合理的师资队伍具有强劲的竞争实力和发展潜力。

2. 师资队伍质量

师资队伍质量是研究型大学是否具有国际竞争力的根本标志，谁拥有一流的师资，谁就能独领某一领域的前沿优势。比如：当大家谈到麻省理工学院时，会想到控制专家维纳；谈到斯坦福大学时，会想到为计算机科学和应用作出重大贡献的专家科努斯；谈到加州理工学院时，会想到航空航天领域的大师冯·卡门[②]……师资队伍质量的国际竞争力主要表现在两个方面：一是国际著名学术奖项获得者，即世界级杰出科学家和划时代科技成果的发明者，如诺贝尔奖获得者、菲尔兹奖获得者等，其反映了师资的科研水平；二是国际荣誉头衔获得者，即国际著名学者，如各领域高引用科学家、科学院和工程院院士、国际权威期刊编委等，其反映了师资的国际影响力。

3. 师资队伍培训

师资队伍培训是研究型大学提升师资队伍国际化水平的有效途径。师资力量的增强不能仅仅依靠经济手段来盲目吸引知名学者与优秀毕业生，更应注重对现有师资力量的培训和提高，充分开发现有人力资源的潜能。研究型大学师资队伍培训主要体现在两个方面：一是师资入职培训情况，如信息技术培训、科研项目申请培训以及国际化能力培训等，使刚刚进入教学（科研）岗位的教师迅速适应研究型大学的工作环境；二是师资发展提高，如学术休假制度和中青年教师进修制度等。学术休假制度是研究型大学教师在职发展的重要制度形式，其在提高教师队伍士气，缓解教师职业倦怠，提升教师教学水平，促进科研创新能力等方面有明显的功效。[③] 中青年教师进修制度使年轻教师不断丰富和更新自己的知识体系，掌握本学科的前沿知识和尖端科技，达到在学术上不断进步和创新的目标。

4. 师资队伍的国际化水平

师资队伍的国际化水平反映了研究型大学师资队伍在国际竞争中的开放性、

①② 参见宋东霞：《中国大学竞争力研究》，北京，高等教育出版社，2005。
③ 参见杨晓辉：《中日大学教师学术休假制度比较》，载《教学育人：学术理论》，2006（9），95～96页。

交流性以及通用性。① 研究型大学师资队伍的国际化体现为外籍教师情况、本土教师海外经历以及国际学术交流情况三方面，具体表现在：研究型大学聘请外国专家、外籍教师的数量及比例；具有海外学位、进修及工作经历的师资数量及比例；举办和参加国际性会议人次和参与国际合作科研项目及经费数。② 一流的研究型大学往往会在全球范围聘用在各个科学领域享有盛名的专家学者，或者以访问学者的形式招揽在某个领域有突出贡献的人才进行短期访问或讲学。③《泰晤士报高等教育》的“世界大学排名”中名列前茅的大学，如伦敦政治经济学院、瑞士联邦理工学院—苏黎世、香港大学均有超过 80%的教师是外籍教师。④

六、物质资源

物质资源是研究型大学国际竞争力的支撑性要素。研究型大学的物质资源主要由大学的财力资源、物力资源、信息资源三部分构成（见表 1—5）。

表 1—5　　研究型大学物质资源的国际竞争力的评价标准体系

评价要素	评价标准	评价标准内涵界定	国际可比性	可量化性	价值链分析
财力资源	办学经费实力	经费总量；人均经费占有量	强	是	投入
	办学经费渠道	政府拨款、学费收入、社会服务收入、社会捐赠等渠道	弱	否	投入
物力资源	教学设施	教学仪器；实验设备；大学校舍；办公设备；体育设施	弱	是	投入
	科研设施	研究基地；科研仪器	强	是	投入
信息资源	图书资源	图书资料；期刊馆藏；电子数据库；文献信息整合力度及丰裕系数	强	是	投入
	信息技术	信息设备及开发利用的程度；国际互联网流量；网络课程设置	弱	是	投入

① 参见喜多村和之：《大学教育の国际化》，东京，玉川大学出版部，1987。

② 需要特别指出的是，这里的师资不仅包括教师和科研人员，还包括行政管理人员。

③ 参见陈学飞：《北京高校引进国外智力工作文集》（第一辑），1～15 页，北京，北京市高等教育学会引进国外智力研究会，2004。

④ 参见［美］菲利普·G·阿特巴赫、佩蒂·M·彼得森：《新世纪高等教育全球化挑战与创新理念》，青岛，中国海洋大学出版社，2009。

1. 财力资源

财力资源是研究型大学发展的“生命线”，它的多寡决定了高等学校办学效能以及对优秀人才的吸引能力。一些美国著名研究型大学就是通过吸引大量资金而发展起来的，如麻省理工学院在二战期间的崛起、斯坦福大学二战后的飞跃发展，以及哈佛大学实力的提升都与二战前后联邦政府资金的大量注入分不开。[①] 衡量研究型大学财力资源的国际竞争力时要考虑两个方面：一是大学的经费实力，即办学经费的绝对数额，既包括经费总量，又包括人均经费占有量。雄厚的财力资源能为大学的发展提供更有效的物质支持，是大学各项活动得以顺利开展的前提条件。二是大学筹措办学经费的灵活性，即大学办学经费的来源渠道，如政府拨款、学费收入、社会服务收入及社会捐赠等。[②] 经费来源渠道越多，说明大学与社会的交融越多，某一种经费对大学的约束就越小，从而经费来源风险就越小；相反，如果大学的经费来源渠道非常单一，那么大学受这种经费来源的约束就会越大。

2. 物力资源

物力资源体现了研究型大学的办学保障能力和科研基础能力，一流的教学设施和科研设施是培养高层次、高质量、高水平人才的必备要素，是开展重大基础性研究和重大科技攻关课题的基础。这里的教学设施主要是指教学仪器、实验设备、大学校舍、办公设备以及体育设施等；科研设施主要是指研究基地状况及其科研仪器的先进程度等。以实验室为例，英国剑桥大学的卡文迪什实验室，从创建至今在这里从事物理学研究的科学家，已经有20位获得诺贝尔奖，如今它已成为全球重要的物理学研究中心之一。[③] 再如，美国斯坦福大学的直线加速中心、同步辐射实验室等，在物理、计算机技术和集成电路研究等许多方面位居世界榜首。[④] 正是这些高水平的实验室，使研究型大学成为培育诺贝尔奖获得者的摇篮，成为重大发明、发现的发祥地，同时也为这些研究型大学树立了全球荣誉

① 参见［美］克拉克·科尔：《大学的功用》，36～40页，南昌，江西教育出版社，1993。

② Marginson, S., “Competition and Markets in Higher Education: A Glonacal Analysis,” *Policy Futures in Education*, 2004 (2), p. 198.

③ 参见冯端：《实验室是培养创新人才的摇篮——从卡文迪什实验室看实验室的作用》，载《实验室研究与探索》，2008 (10)，1～5页。

④ 参见赵文华、黄缨、刘念才：《美国在研究型大学中建立国际实验室的启示》，载《清华大学教育研究》，2004 (2)，57～62页。

和声望。

3. 信息资源

信息资源是研究型大学师生吸收国外前沿科研成果、获取外界信息、接受先进思想的有效媒介，研究型大学信息化水平直接体现了大学与整个社会、整个世界的连接程度和融合程度，它已经渗透到了研究型大学的教学、科研甚至管理等各个方面。研究型大学的信息资源主要包括两部分内容：一是作为大学基础环境竞争力的图书资源，它包括图书资料、期刊馆藏、电子数据库以及文献信息整合力度及丰裕系数等；二是以电子计算机和网络通信为基础的信息技术，它包含信息设备及开发程度、国际互联网流量、网络课程设置等。

七、组织管理

组织管理能力的高低有力地决定着研究型大学的国际竞争力。美国斯坦福大学荣誉校长杰拉德·卡斯帕尔指出："大学要成为成功的竞争者，需要可靠的经费，也需要有能够实现长远目标的管理和治理结构，组织结构和管理运作的灵活性也许是大学进行变革的唯一机会。"① 研究型大学组织管理的国际竞争力由发展战略、配置资源、组织机构、运行机制四部分构成（见表1—6）。

表1—6　　研究型大学组织管理的国际竞争力的评价标准体系

评价要素	评价标准	评价标准内涵界定	国际可比性	可量化性	价值链分析
发展战略	发展战略	发展战略规划及其实施	弱	否	运行
资源配置	资源配置	对人力、财力、物力等方面的资源配置	无	否	运行
组织结构	组织结构	纵向、横向组织结构，学术、行政组织结构等	无	否	运行
运行机制	运行机制	劳动人事分配机制，教学、科研等运行机制	无	否	运行

1. 发展战略

发展战略的实施往往决定了研究型大学的发展方向、运作方法、前进路径，为确定办学规模、学科布局、人才培养规格等提供依据，由战略规划和战略实施

① 教育部中外大学校长论坛小组：《中外大学校长论坛集》，北京，中国人民大学出版社，2007。

两部分组成。[①] 研究型大学发展战略水平体现在，发展规划是否符合大学发展规律、是否突出大学办学特色、是否能够跟踪动态及时调整战略、发展战略的实施效率及贯彻执行程度等方面。研究型大学制定发展战略时，首先要明确自身在整个高等教育体系中的位置，为大学发展进行合理定位，突出大学的发展特色，做好科学发展布局。组织管理效能高的研究型大学能做出有利于研究型大学国际竞争力发展的合理规划，使日常管理服从于大学的发展方向和发展模式，并以此为依据，对高校的各种资源进行优化组合，达到使其高效运行的目标。

2. 资源配置

资源配置是研究型大学对所拥有资源进行开发利用的一种综合协调的能力，其国际竞争力主要体现在人力资源配置、财力资源配置及物力资源配置三个方面。从经济学角度来看，只有实现了要素的最优结合，才会得到利润的最大化。资源配置的份额会影响研究型大学的学科发展速度和发展方向，资源的有效分配过程是研究型大学凝练核心国际竞争力的必经之路。虽然研究型大学有着丰富的物质资源，但毕竟是有限的，如何使资源高效地转化进而提升大学的国际竞争力，必须通过对各种人力、物力、财力等资源进行优化配置和有机整合，以实现学校价值的最大化。

3. 组织结构

组织结构是研究型大学内部各构成部分间所确立的组织秩序和权力框架，是大学为了实现办学目标和办学理念，在职务范围、责任、权力方面进行分工协作所形成的结构体系。[②] 高效的组织结构，可以理顺上级主管部门与学校的关系，以及学校与院系之间的职责范围和职能分工，从而全力保障各院系的自主权。[③] 通常，研究型大学组织结构的国际竞争力主要由三部分组成：一是纵向层次结构，具体评价标准为各管理层次的构成和管理幅度的大小；二是横向部门结构，具体评价标准是各管理部门的构成，如教学组织、科研组织、后勤组织等的构成；三是职能职权结构，具体指各管理部门的职能分工和权力框架。[④] 衡量研究型大学组织结构的合理性，主要从学术权力与行政权力配置是否合理，是否适应

① 参见刘献君：《论高校战略管理》，载《高等教育研究》，2006（2），1～7页。

② 参见张夏莹：《高水平研究型大学组织结构与管理优化研究》，浙江大学硕士学位论文，2007。

③ 参见伊继东、张绍宗、铁发宪，《高等教育评估理论与实践》，86页，北京，科学出版社，2009。

④ 参见吴培良、郑明身：《工业企业组织设计》，北京，中国人民大学出版社，1993。

大学的内外环境，是否有利于协调人际关系等方面进行判断。

4. 运行机制

运行机制是实现研究型大学“投入——运行——产出”良性循环的桥梁和纽带，决定了大学组织内部的框架及其运作方式是否科学①，其水平的高低体现在两方面：一是行政管理机制，具体是指人事聘任机制、评估考核机制和薪酬激励机制；二是学术运行机制，通常指教学运行机制、科研运行机制及学生事务管理。完善的用人机制和学术运行机制，充分调动了员工的积极性和创造性，营造宽松的学术氛围和积极向上的特色校园文化，为高水平的科学研究和高层次的人才培养搭建平台。因此，研究型大学是否能够吸引、留住和有效使用人才，并不只是取决于该校是否出手大方，而在于能否构建使人才脱颖而出的师资队伍建设机制以及使人才充分发挥作用的学术运行机制。

八、大学校长

作为研究型大学的最高行政长官，校长是学校的灵魂，其对一所大学的创建、平稳运行、革故鼎新、进步发展都具有决定性的影响。研究型大学校长的国际竞争力的评价标准主要体现在大学校长的选拔任用、办学理念、素质水平三方面（见表1—7）。

表1—7　研究型大学校长的国际竞争力的评价标准体系

评价要素	评价标准	评价标准内涵界定	国际可比性	可量化性	价值链分析
选拔任用	选拔任用	选拔范围、选拔标准、遴选模式等	无	否	运行
办学理念	办学理念	办学思想、教育理念、发展战略等	弱	否	运行
素质水平	素质水平	学术水平、管理能力、开拓精神、社会活动能力等	弱	否	运行

1. 选拔任用

选拔任用是为了判断候选人是否能够胜任研究型大学校长这一角色，领导大学向前发展，因此需要对品行、学识、办学理念、领导能力、精力、事业心等进

① 参见朱缨：《规划·质量·趋势——基于学校发展的研究型大学校长评价思路》，载《江苏高教》，2008（4），44～47页。

行全面的考察，重点是素质和能力的考察[①]，具体体现在大学校长的选拔范围、选拔标准和遴选模式三个方面。在选拔研究型大学校长时，必须考虑到候选人的人格、学识、能力、威望，以及与研究型大学校长相适应的管理才能、创新精神、研究水平，或者具备这些潜在特质的素质依据。研究型大学的遴选模式通常包括"公开招聘、民主评议、委员会集中、组织审查、国家任命"等步骤。[②]

2. 办学理念

办学理念是研究型大学管理和运行的哲学基础，也是发展远景与方向的指导原则，其实质是对大学精神、性质、功能和使命的基本认识。[③] 研究型大学的复杂程度不亚于一个跨国公司，校长对制定大学远景规划、为实现学校发展目标而进行的有效管理，以及对学校科学研究和人才培养质量的控制[④]，都起着领导作用。研究型大学校长只有用一个明确的办学理念，把有着不同思维方式和认知结构的师生凝聚起来，才能将自己独具特色的教育思想和教育理念付诸实践[⑤]，但这需要很高的管理技巧和能力。

3. 素质水平

研究型大学的校长往往具备以下几方面的素质：一是学术水平。学术性是研究型大学的生命力所在，大学校长只有具有较高的知识水平和学术背景，才能对知识分子的工作特点、性质以及成长有切身的了解[⑥]，并且赢得学术界的尊重，广纳海内外学术大师前来任职。二是管理能力。研究型大学的校长必须是出色的管理者，既能运筹帷幄，做好全面规划，又能协调内外，达到整体和谐，善于果断处理各种重大事务。三是开拓精神。研究型大学校长在管理过程中，需要能够准确把握时代的脉搏，判断学校组织变革的方向[⑦]，必须具备改革创新的开拓精

① 参见朱缨：《规划·质量·趋势——基于学校发展的研究型大学校长评价思路》，载《江苏高教》，2008（4），44～47页。

② 参见娄成武、史万兵：《研究型大学管理模式研究》，179～203页，北京，高等教育出版社，2005。

③ 参见陈子辰：《研究型大学与研究生教育研究》，5页，杭州，浙江大学出版社，2006。

④ 参见朱缨：《规划·质量·趋势——基于学校发展的研究型大学校长评价思路》，载《江苏高教》，2008（4），44～47页。

⑤ 参见娄成武、史万兵：《研究型大学管理模式研究》，179～203页，北京，高等教育出版社，2005。

⑥ 参见李巧针：《解析美国研究型大学校长的权力基础》，载《大学·研究与评价》，2009（7），95～100页。

⑦ 参见范国睿：《学校管理的理论与实务》，181页，上海，华东师范大学出版社，2004。

神，勇于接受新事物、研究新情况、总结新经验。四是社会活动能力。研究型大学校长不仅要妥善地处理大学与政府、社会之间的关系，还要依靠社会力量，组织社会资源，多渠道筹集办学经费，改善办学条件。

九、国际声誉

国际声誉的形成是公众认知变化的心理过程，由于心理惯性的影响，良好的研究型大学国际声誉必须经过较长时期的努力才会形成。通常，研究型大学的国际声誉由两部分组成：一是大学身份识别，通过学术声誉来体现大学的国际地位；二是大学通过沟通和交流等渠道向社会公众传导的讯息，通过社会声誉来体现大学的国际影响（见表1—8）。学术声誉是社会声誉创立的基础，社会声誉是学术声誉创立的媒介，二者相互影响，互为依存关系，缺一不可。

表1—8　　研究型大学国际声誉的国际竞争力的评价标准体系

评价要素	评价标准	评价标准内涵界定	国际可比性	可量化性	价值链分析
学术声誉	学术声誉	师资、学科、科研、教学等方面的声誉	强	是	产出
社会声誉	社会声誉	大学同行、用人单位、新闻媒体等的评价	弱	是	产出

1. 学术声誉

学术声誉是指研究型大学以科研水平为核心对学术界产生影响的深度、广度和美誉度。① 追求学术卓越是研究型大学的核心理念，学术声誉主要取决于人才培养质量、科研成果水平和社会服务的层次与范围。研究型大学学术声誉的价值体现形式可以分解为三部分：一是师资力量，具体体现为全球范围内人力资源的吸引力。高水平的师资队伍是反映研究型大学学术声誉的根本标志，其对教学、科研、管理等方面具有决定性作用。二是学科水平，具体体现在学科的完整性、特色性以及创新性三个维度。学科水平是研究型大学学术声誉不可或缺的体现形式，是否拥有良好的学科及专业结构，决定着传统学科的生命力及新兴学科的生长力，决定着大学是否适应科学发展及时代需求。三是学术水平，由科研水平和教学水平两部分组成，它是研究型大学学术声誉中最显性的体现形式。科学研究

① 参见刘创、刘红英：《学术声誉：大学评价体系建构的基点》，载《中国高教研究》，2006（6），36～37页。

在很大程度上决定了研究型大学的学术水平，而人才培养是研究型大学的根本任务。

2. 社会声誉

社会声誉是研究型大学在长期办学过程中给社会各界留下的综合印象的知晓程度和认可程度①，即大学与学生及家长、兄弟院校、企事业单位、政府、新闻界等在社会交往中自然形成的知名度与美誉度②。社会声誉作为一种明确的信号，总是能吸引社会的注意力与兴趣，影响着社会公众对研究型大学的态度和行为，这种不可比拟的“磁性”与“共振”效应主要体现在大学同行评价、用人单位评价和新闻媒体评价三方面③：一是大学同行评价，主观表现为学术界的知名专家和学者对研究型大学进行的整体层面及部分层面的评价判断。二是用人单位评价，主要反映大学的人才培养质量和社会及用人单位对某所大学的信任程度，通过社会及用人单位对毕业生的满意度等来考察。研究型大学之所以为社会所认可，在很大程度上是因为它培养的毕业生在某一区域或行业成为不可小觑的中坚力量。三是新闻媒体评价，主要体现在国内外媒体对于研究型大学报道时优先选用正面典型材料的大学以及大学出现频率、出场顺序等。这从侧面给予了大学社会声誉高低评价的客观指标，已经成为师生在众多研究型大学就职或入学时择优选择的重要标尺。通常情况下，社会声誉的调查对象主要是社会各阶层的代表人士，由他们来评价研究型大学的“社会贡献”、“社会影响”和“社会知名度”等。④

十、研究型大学国际竞争力评价标准的汇总分析

要建立一个全面的关于研究型大学国际竞争力研究的信息平台和分析平台，

① 参见林荣日：《中国研究型大学综合实力评价指标体系设计》，载《中国高等教育评估》，2002（2），17～20页；吴剑平等：《一流大学评价的基本问题探讨》，载《教育发展研究》，2002（12），46～47页。

② Shenkar，O. and Yuchtman-Yaar，E.，“Reputation，Image，Prestige and Goodwill：An Interdisciplinary Approach to Organizational Standing，” *Human Relations*，1997（11），pp. 1361-1381.

③ 参见袁立莉：《论社会声誉对现代大学发展的影响》，载《黑龙江教育》（高教研究与评估），2008（1），6～7页。

④ 参见邱均平、张洋、佘以胜：《2005年中国大学排行榜是如何产生的》，载《高教发展与评估》，2005（7），74～84页。

必然要求其评价标准不仅在内涵层面上具有国际可比性，还要在技术层面上具有可操作性。综观以上研究型大学国际竞争力八大要素的评价标准及其内涵，可以从国际可比性、可量化性以及价值链分析三个角度作进一步剖析。

1. 研究型大学国际竞争力评价标准的国际可比性分析

本研究共涉及研究型大学国际竞争力评价标准 56 个，其中 24 个具有强国际可比性，占全部标准的 42.86%，23 个具有弱国际可比性，占全部标准的 41.07%，9 个不具有国际可比性，占全部标准的 16.07%（见表 1—9、表 1—10）。

表 1—9　　研究型大学国际竞争力评价标准的国际可比性分析

国际可比性：强（24 项）
人才培养方面（7 项）：生源充足程度、录取学生优秀度、学生规模、研究生比例、学生质量、生源国际化、评估国际化 科学研究方面（5 项）：引领学科前沿的能力、基础研究成果、科研获奖、权威刊物论文发表、成果影响力 社会服务方面（2 项）：专利出售、技术转让 师资队伍方面（6 项）：专任教师队伍、专职科研队伍、学缘结构、国际著名学术奖项获得者、国际荣誉头衔获得者、外籍师资情况 物质资源方面（3 项）：办学经费实力、科研设施、图书资源 国际声誉方面（1 项）：学术声誉
国际可比性：弱（23 项）
人才培养方面（4 项）：培养模式、科研支撑、校友质量、办学国际化 科学研究方面（5 项）：有形资源、承担重大课题的能力、国际科研交流能力、应用研究成果、成果效益 社会服务方面（3 项）：产学研合作、社区服务、急需专业人才培训 师资队伍方面（4 项）：师资入职培训、师资发展提高、师资海外经历、国际学术交流 物质资源方面（3 项）：办学经费渠道、教学设施、信息技术 组织管理方面（1 项）：发展战略 大学校长方面（2 项）：办学理念、素质水平 国际声誉方面（1 项）：社会声誉
国际可比性：无（9 项）
科学研究方面（1 项）：无形资源 社会服务方面（4 项）：文化引领、继续教育、政府咨询能力、企业咨询能力 组织管理方面（3 项）：资源配置、组织结构、运行机制 大学校长方面（1 项）：选拔任用

表 1—10　研究型大学国际竞争力评价标准的国际可比性分布情况

国际可比性	评价标准数量	评价标准占比
强	24	42.86%
弱	23	41.07%
无	9	16.07%
总数	56	100%

2. 研究型大学国际竞争力评价标准的可量化性分析

本研究共涉及研究型大学国际竞争力评价标准 56 个，其中 36 个具有可量化性，占全部标准的 64.29%，20 个不具有可量化性，占全部标准的 35.71%（见表 1—11、表 1—12）。

表 1—11　研究型大学国际竞争力评价标准的可量化性分析

可量化性：是（36 项）
人才培养方面（8 项）：生源充足程度、录取学生优秀度、学生规模、研究生比例、学生质量、校友质量、生源国际化、评估国际化 科学研究方面（10 项）：有形资源、引领科学前沿的能力、承担重大课题的能力、国际科研交流能力、基础研究成果、应用研究成果、科研获奖、权威刊物论文发表、成果影响力、成果效益 社会服务方面（3 项）：专利出售、技术转让、产学研合作 师资队伍方面（8 项）：专任教师队伍、专职科研队伍、学缘结构、国际著名学术奖项获得者、国际荣誉头衔获得者、外籍师资情况、师资海外经历、国际学术交流 物质资源方面（5 项）：办学经费实力、教学设施、科研设施、图书资源、信息技术 国际声誉方面（2 项）：学术声誉、社会声誉
可量化性：否（20 项）
人才培养方面（3 项）：培养模式、科研支撑、办学国际化 科学研究方面（1 项）：无形资源 社会服务方面（6 项）：文化引领、社区服务、急需专业人才培训、继续教育、政府咨询能力、企业咨询能力 师资队伍方面（2 项）：师资入职培训、师资发展提高 物质资源方面（1 项）：办学经费渠道 组织管理方面（4 项）：发展战略、资源配置、组织结构、运行机制 大学校长方面（3 项）：选拔任用、办学理念、素质水平

表 1—12　　研究型大学国际竞争力的可量化性分布情况

可量化性	评价标准数量	评价标准占比
是	36	64.29%
否	20	35.71%
总数	56	100%

3. 研究型大学国际竞争力评价标准的价值链分析

本研究共涉及研究型大学国际竞争力评价标准 56 个，其中 18 个是投入过程的评价标准，占全部标准的 32.14%，16 个是运行过程的评价标准，占全部标准的 28.57%，22 个是产出过程的评价标准，占全部标准的 39.29%（见表 1—13、表 1—14）。

表 1—13　　研究型大学国际竞争力评价标准的价值链分析

价值链分析：投入（18 项）
人才培养方面（5 项）：生源充足程度、录取学生优秀度、学生规模、研究生比例、生源国际化 科学研究方面（2 项）：有形资源、无形资源 师资队伍方面（5 项）：专任教师队伍、专职科研队伍、学缘结构、外籍师资情况、师资海外经历 物质资源方面（6 项）：办学经费实力、办学经费渠道、教学设施、科研设施、图书资源、信息技术
价值链分析：运行（16 项）
人才培养方面（3 项）：培养模式、科研支撑、办学国际化 科学研究方面（3 项）：引领学科前沿的能力、承担重大课题的能力、国际科研交流能力 师资队伍方面（3 项）：师资入职培训、师资发展提高、国际学术交流 组织管理方面（4 项）：发展战略、资源配置、组织结构、运行机制 大学校长方面（3 项）：选拔任用、办学理念、素质水平
价值链分析：产出（22 项）
人才培养方面（3 项）：学生质量、校友质量、评估国际化 科学研究方面（6 项）：基础研究成果、应用研究成果、科研获奖、权威刊物论文发表、成果影响力、成果效益 社会服务方面（9 项）：专利出售、技术转让、产学研合作、文化引领、社区服务、急需专业人才培训、继续教育、政府咨询能力、企业咨询能力 师资队伍方面（2 项）：国际著名学术奖项获得者、国际荣誉头衔获得者 国际声誉方面（2 项）：学术声誉、社会声誉

表 1—14 研究型大学国际竞争力评价标准的价值链分析分布情况

价值链	评价标准数量	评价标准占比
投入	18	32.14%
运行	16	28.57%
产出	22	39.29%
总数	56	100%

4. 构建研究型大学国际竞争力评价标准体系

在高等教育国际化竞争趋势下，研究型大学如何在国际竞争中明确各自的定位，逐步确立各自的竞争优势，践行自主创新的理念，从而成为世界一流大学，是构建研究型大学国际竞争力评价标准的意义所在。从人才培养、科学研究、社会服务、师资队伍、物质资源、组织管理、大学校长、国际声誉等视角，重新审视研究型大学的发展定位和发展潜能，整合现有的资源和能力，成为许多研究型大学在日趋激烈的国际竞争中谋求新的生存和发展之道的有效途径，也为我国建设世界一流的研究型大学提供了一个国际化的分析平台。

鉴于上述内涵的国际可比性和可操作性分析，本研究选取具有强国际可比性且可量化性的评价标准，构建研究型大学国际竞争力评价标准体系（见表 1—15）。如该表所示，该体系共涵盖 24 个评价标准，涉及人才培养、科学研究、社会服务、师资队伍、物质资源、国际声誉 6 个评价要素，其中 12 个是投入过程的评价标准，1 个是运行过程的评价标准，11 个是产出过程的评价标准。

表 1—15 研究型大学国际竞争力评价标准体系

评价要素	评价标准	国际可比性	可量化性	价值链分析
人才培养	生源充足程度	强	是	投入
	录取学生优秀度	强	是	投入
	学生规模	强	是	投入
	研究生比例	强	是	投入
	学生质量	强	是	产出
	生源国际化	强	是	投入
	评估国际化	强	是	产出

续前表

评价要素	评价标准	国际可比性	可量化性	价值链分析
科学研究	引领学科前沿的能力	强	是	运行
	基础研究成果	强	是	产出
	科研获奖	强	是	产出
	权威刊物论文发表	强	是	产出
	成果影响力	强	是	产出
社会服务	专利出售	强	是	产出
	技术转让	强	是	产出
师资队伍	专任教师队伍	强	是	投入
	专职科研队伍	强	是	投入
	学缘结构	强	是	投入
	国际著名学术奖项获得者	强	是	产出
	国际荣誉头衔获得者	强	是	产出
	外籍师资情况	强	是	投入
物质资源	办学经费实力	强	是	投入
	科研设施	强	是	投入
	图书资源	强	是	投入
国际声誉	学术声誉	强	是	产出

第四节　对我国研究型大学国际竞争力评价的建议

一、明确研究型大学国际竞争力的提升对整个国家和高校本身的重要意义

从国家层面上来说，研究型大学是培养各类高层次创新型人才的摇篮，是创新、传播与应用科学技术的主流载体。提升研究型大学的国际竞争力是建设创新型国家和构建产学研创新体系的保证，对我国综合国力的提升具有十分重要的意义。从高校层面上来说，研究型大学只有不断凝练自身特色，发挥自身优势，提高自身的国际竞争能力，才能在日趋激烈的国际竞争中求得生存和发展；反之，将被历史和社会淘汰。因此，提升大学国际竞争力也是研究型大学自身发展的内在要求。由此可见，研究型大学作为高等教育中水平最高的组织，对其国际竞争力的提升战略及对策研究是学校本身乃至国家发展过程中战略性的重大理论问题

和实际问题，具有重要的意义。

二、以研究型大学国际竞争力评价标准为标杆提升我国研究型大学国际竞争力

研究型大学的国际竞争过程可以被看做是一种用国际质量标准、国际理念来衡量教育质量和科研质量，并向国际先进标准看齐的长期战略。研究型大学国际竞争力的评价标准必须协调好自身的内在稳定性和外在时效性：内在稳定性，即消除偶然因素对评价结果的不利影响，在一定时间范围内其国际竞争力水平应基本保持稳定；外在时效性使研究型大学国际竞争力的评价体系能及时反映出我国高校人才培养、科学研究及社会服务“质与量”的表现形式和内涵的动态变化。需要特别指出的是，研究型大学“国际化”竞争不是“同质化”，在引进和学习国外先进的教育管理理念的同时，也要结合我国研究型大学国际竞争力评价标准的本土化特色。鉴于此，我国研究型大学应将国际理念和要求融入到其评估工作中去，对竞争主体的竞争优势和劣势进行科学客观的比对分析，从而有针对性地提升自身的国际竞争力。

第二章

研究型大学的国际竞争力指标

随着高等教育资源的全球化配置和流动，研究型大学间的国际化竞争日趋激烈。虽然理论上从人才培养、科学研究、社会服务、师资队伍、物质资源、组织管理、大学校长、国际声誉这八个方面展开对研究型大学国际竞争力的评价，可以达到全面、深入和系统的评价效果，但是不难发现这样的评价缺乏现实可操作性。大学排名作为高等教育全球化竞争的一个象征①，受到各国各地区政府和大学的重视，并通过对竞争资源进行融合、渗透和整合，积极提高相对竞争优势，以在大学排名中有更佳表现；同时，大学排名也为高等教育评价提供了一个不同的视角。因此，采用目前普遍衡量大学竞争力的大学排名指标来分析、构建评价大学国际竞争力的指标体系更具有现实意义。

第一节　研究型大学国际竞争力与大学排名

一、大学排名与大学国际竞争

一百多年来，大学排名蓬勃发展，在实际中产生了广泛影响，已成为一个专业性的研究领域和一种迅速发展的、全球化的现象。经济合作与发展组织（Organization for Economic Cooperation and Development，OECD）的报告指出：

① Hazelkorn，E.，"The Impact of League Tables and Ranking Systems on Higher Education Decision Making，" *Higher Education Management and Policy*，2007，19（2），pp. 87-110.

“大学排名反映了新的、充满竞争的高等教育环境，是高等教育变革的驱动器。虽然这些变化会是积极的还是消极的仍有争论，但高等教育机构实际上非常关心排名对其声誉、国际范围内招生与吸引博士后的能力、形成学术合作关系、确保毕业生就业机会等的影响。”① 大学排名是一种能有效地比较不同大学的方法，它为学生（即教育消费者）、大学和相关领域的政策制定者提供信息。② 尤其对大学而言，大学排名是大学吸引精英人才、赢得充裕经费和资源的结果与平台之一。

大学之间的竞争从来没有停止过，将来也不会停止。正如研究者所说，世界各地大学在对优秀学生、高质量教师、办学资源以及学校知名度等诸多方面的争夺和竞争越来越激烈。③ 即使在荷兰、芬兰等历史上注重大学平衡发展的国家，学校之间也开始争夺国内外优秀学生、研究经费、高素质教师，以提高各自的竞争实力。实际上，在大学全球化的竞争过程中，“排名就如同贫困一样，会一直相伴在我们左右”④。全世界对中国上海交通大学的“世界大学学术排名”（ARWU）和英国《泰晤士报高等教育》的“世界大学排名”的关注也可以看做高等教育国际竞争日益加剧的一个信号。⑤ 在实践中，虽然“我们没有必要被各种不同的大学排名体系、标准和评价所左右。然而，在今天无论你怎么无视排名，一个好的排名位置确实非常重要，特别是当学生和研究者需要选择到另一个国家继续学业或工作的时候”⑥。可见，在大学排名中的位次对国际竞争中的研究型大学具有一定的参考价值和重要性。

① OECD, “How Do Rankings Impact on Higher Education?” December 2007, Retrieved August 23, 2009 from: http://www.oecd.org/dataoecd/8/27/39802910.pdf.

② Dill, D. and Soo, M., “Academic Quality, League Tables, and Public Policy: A Cross-national Analysis of University Ranking Systems,” *Higher Education*, 2005, 49 (4), pp. 495-533.

③ 参见詹姆斯·费尔韦瑟：《论全球化背景下的大学知名度、学生研究及大学教学的相互关系》，载《北京大学教育评论》，2009，7（1），2～3页。

④ Dill, D., “Convergence and Diversity: The Role and Influence of University Rankings,” 2006, pp. 1-22, Retrieved March 15, 2010 from: http://www.unc.edu/ppaq/docs/Kassel_Paper_Final_US.pdf.

⑤ Federkeil, G., “Rankings and Quality Assurance in Higher Education,” *Higher Education in Europe*, 2008, 2 (3), pp. 219-231.

⑥ “University of Aarhus Advances in Shanghai Ranking,” Retrieved July 2, 2009 from: http://www.au.dk/en/news/archive/2008/120808.

二、大学排名概述

据资料记载，大学排名最早可追溯到 1870 年的美国。① 1870—1890 年期间美国教育局委员会发布了大学分类的年度统计数据报告。有研究者认为，大学排名活动起源于对研究生专业的排名②，且不少学者，如苏（M. Soo）和迪尔（D. D. Dill）③ 以及韦伯斯特（T. J. Webster）④ 等认为，世界上第一个关于研究生质量的排名于 1925 年诞生于美国，即由时任迈阿密大学校长的休斯（Raymond Hughes）研究发布的《美国研究生院研究》（*A Study of the Graduate Schools of America*），他以声誉为指标对 36 所大学的 26 个学科进行了排名。大学排名自出现发展至今，已不再是零星的个别事件，而是由领域学科排名、综合性排名、国家地区排名、全球性排名等构成的大学排名体系。

总体上，大学排名在不同国家和地区的发展状况差别很大，在中东和北非、中亚以及南部非洲地区，除了少数特例，大多数国家都没有大学排名；但是，不论是在发达国家还是发展中国家，大学排名越来越流行，越来越受到大家的关注。⑤ 迄今，共有波兰、斯洛伐克、俄罗斯、乌克兰、澳大利亚、中国大陆、中国香港、中国台湾、日本、新西兰、泰国、阿根廷、加拿大、美国、印度、巴基斯坦、尼日利亚、日本、意大利、荷兰、西班牙、英国等二十多个发达国家或发展中国家与地区都在开展各种类型的大学排名实践活动及相关的研究。⑥可见大学排名早已不是仅仅流行于发达国家的“游戏”，而是已成为高等教育领域内的一道独特的风景线和一种严肃的科学研究。

近年来，随着高等教育全球化和国际化进程的加速，在大学排名的利益相关者的诸多需求中，全球性大学排名应运而生，世界上相继出现了多个全球性大学

① Webster, T. J., “A Principal Component Analysis of the U. S. News and World Report Tier Rankings of Colleges and Universities,” *Economics of Education Review*, 2001, 20 (3), pp. 235-244.

② Bogue, E. and Hall, K., *Quality and Accountability in Higher Education: Improving Policy, Enhancing Performance*, United States of America, Praeger Publishers, 2003, pp. 51-73.

③ Soo, M and Dill, D. D., “The CHE University Ranking Germany, Public Policy for Academic Quality Research Program,” 2007, Retrieved March 6, 2010 from: www. unc. edu/ppaq.

④ Webster, T. J., “A Principal Component Analysis of the U. S. News and World Report Tier Rankings of Colleges and Universities,” *Economics of Education Review*, 2001, 20 (3), pp. 235-244.

⑤⑥ Salmi, J. and Saroyan, A., “League Tables as Policy Instruments: Uses and Misuses,” *Higher Education Management and Policy*, 2007, 19 (2), pp. 31-68.

排名。自香港《亚洲周刊》(*Asiaweek*) 1997—2000年期间发布了“亚洲最好的大学”(Asia's Best Universities) 排名之后，除了上述所提及的国家型排名之外，不少国家(地区)发布了全球性的大学排名。如中国，为了定量分析我国大学在世界大学体系中的位置，找出与世界一流大学的主要差距，有必要对一些具有国际可比性的指标进行定量化比较和排名①，上海交通大学高等教育研究院于2003年起研究发布了全球第一个多指标的大学排名：ARWU于2007年进一步发布了世界大学学科领域排名(ARWU-FIELD)，2009年发布了世界大学学科排名(ARWU-SUBJECT)。紧随ARWU排名之后，2004年11月，英国《泰晤士报高等教育》(*Times Higher Education*，THE)② 和职业教育咨询公司(QS) 联合发布了“世界大学排名”(THE-QS World University Rankings，THE-QS)。但自2010年起，这两家公司分别独立发表排名，《泰晤士报高等教育》采用了一套新的指标体系进行排名；而QS的排名则维持原有方法。2004年起，西班牙网络计量研究中心(Centre for Scientific Information and Documentation，CINDOC-CSIC) 的“CINDOC-CSIC网络计量学实验室”研究发布了以网络计量学方法为基础的“全球大学网络数据排行榜”(Webometrics Ranking of World's Universities，WR)。2007年，中国台湾的财团法人高等教育评鉴中心(Higher Education Evaluation and Accreditation Council of Taiwan，HEEACT) 发布了“世界大学科研论文质量评比”(Performance Ranking of Scientific Papers for World Universities)。

除了这些全球性大学排名之外，迄今还有其他多个单指标的或学科的全球性排名发布，如武汉大学中国大学评价中心发布了世界科研机构(包括大学、研究院所)的分22个学科专业科研竞争力排名和世界大学科研竞争力排名等。

三、大学排名与研究型大学国际竞争力评价

随着经济全球化，国际化逐步成为研究型大学的重要特征之一。③ 当今的高水平研究型大学不仅名师荟萃、人才辈出、成果卓著、经费充足、设施一流，而

① Liu，N. C. and Cheng，Y.，“The Academic Ranking of World Universities—Methodologies and Problems，” *Higher Education in Europe*，2005，30 (2)，pp. 127-136.

② 在2008年前称为《泰晤士报高等教育增刊》(*Times Higher Education Supplement*)，后改名为《泰晤士报高等教育》。

③ 参见贾永堂、沈红：《世界研究型大学形成与发展的特点及其对我国建设研究型大学的启示》，载《科技导报》，2003 (2)，31～35页。

且还广泛参与国际事务，面向世界办学。一所大学要想成为高水平研究型大学，就必须走国际化道路，具备参与国际竞争的实力。迄今，与研究型大学的国际竞争力的问题已成为大众和研究者广泛关注的热点问题甚至是核心问题之一，研究成果相当丰富。本书第一章已经在这些研究的基础上对人才培养、科学研究、社会服务、师资队伍、物质资源、组织管理、大学校长、国际声誉八大要素进行了分析。此外，《面向创新型国家的研究型大学建设研究》一书的研究者提出研究型大学应具备十项基本特征：追求卓越目标，服务国家战略；办学理念清晰，发展定位明确；学科门类齐全，学术声誉卓著；教学资源丰富，教学水平先进；科研经费充裕，科研成果斐然；教师素质超群，学术大师会聚；生源质量优良，创新人才辈出；国际交流广泛，学术氛围浓厚；促进文化发展，引领社会进步；管理科学规范，杰出校长掌舵。其中，中外共同关心的研究型大学特征包含科研竞争力强，有丰富的学术产出，重视研究生教育，有优秀的师资队伍等。①

从大学排名来看，研究型大学的大部分特征都能通过各种具体的大学排名指标体现出来。尤其是中外共同关注的研究型大学的特征，从现有大学排名特别是全球性排名中基本上都能找到相应的评价指标。比如，从分布在 11 个国家和地区的 13 个以大学整体为对象的大学排名来看，国际期刊索引出版物与引用情况、国际国内科研项目数量、专利、师均科研经费、获本领域内最高学历教师比例、生师比、国际学生比例、研究生比例、生均经费、学位授予数（博士、硕士、学士学位）、图书资源、设施和设备、教学和科研以及住宿场地、就业率等指标，具有较高的使用频次。② 换言之，可以通过大学排名的指标体系来表征和评价研究型大学的一些突出特征。甚至有研究者认为，就本质而言，大学排名指标体系就是大学竞争力的社会评价指标的一种体现。③ 当然不能否认，也有非常多的关于研究型大学的软实力的内容没有或难以通过排名指标体现出来。不过，从技术操作等层面看，从大学排名的视角评价研究型大学的国际竞争力具有很好的可行性和有效性。但值得注意的是，评价研究型大学国际竞争力的方法还有很多，大学排名是其中众多方法之一、视角之一。

① 参见刘念才、周玲：《面向创新型国家的研究型大学建设研究》，21 页，北京，中国人民大学出版社，2007。

② 参见谢亚兰：《大学排名指标体系及影响研究》，上海交通大学博士学位论文，2010。

③ 参见曲绍卫：《大学竞争力研究——基于新制度经济学分析框架》，23 页，北京，教育科学出版社，2008。

总之，随着研究型大学间国际竞争的加剧和高等教育国际化的快速发展，关于研究型大学国际竞争力评价指标的思考与研究日益迫切。为构建可操作、可量化、可国际比较的研究型大学国际竞争力评价指标体系，本章主要从大学排名指标体系的视角出发，对研究型大学国际竞争力进行诠释和分析，构建研究型大学的国际竞争力指标体系，在此基础上针对研究型大学评价和发展提出建议。

第二节　大学排名指标及其全球可比性

一、大学排名指标的全球可比性判断标准

研究型大学参与国际竞争无法回避全球比较。因此，通过对已有大学排名指标的梳理、分类和分析，提炼出全球可比的排名指标，来构建研究型大学国际竞争力的指标体系，是本章的研究目标，也是探索研究型大学国际竞争力内涵要素和表现形式的重要方法。大学排名指标的选取要求是非常高的，不同类型的大学排名要具有符合本排名目的、对象与范围的排名指标。如国家型大学排名在一定程度上都具有一定的能反映本国高等教育特征的指标，而全球性大学排名的指标则首先必须是无论在技术上还是内涵上都能测量或反映全球大学的质量的指标。根据大学排名的柏林原则，“并不是所有的国家和教育体系在对高等教育机构的‘质量’认定上都有共同的价值取向……”① 因此，从已有大学排名中筛选出全球可比的基于相似的价值取向和判断的指标是非常困难的，而且这样的指标，从理论上讲应该也是不多的。

大学排名指标类型多样、内涵丰富，无论是国家型大学排名还是全球性大学排名中，都存在具有不同程度全球可比性的指标。本章根据排名指标的全球可比性差异，将排名指标分为全球可比指标、全球基本可比指标、基本不可比指标和完全不可比指标这四类，并用全球可比和基本可比指标来构建研究型大学的国际竞争力指标体系。四类指标的具体含义如下：

全球可比指标是指那些能反映大学全球竞争力的指标。如国际奖项获得者、被国际文献数据库索引的论文以及国际科研项目、经费等都是测量或评价一所大

① “Berlin Principles on Ranking of Higher Education Institutions,” 2006, Retrieved December 20, 2008 from: www.ihep.org/assets/files/…/a～f/BerlinPrinciplesRanking.pdf.

学在全球竞争中成功与否的标准。另外，那些自身便能反映一所大学的国际化程度的指标，如国际学生的比例、国际教师的比例和来自外国机构的资源等都可被看做全球竞争的结果，也属于全球可比指标。

全球基本可比指标是指那些在不同的高等教育系统中具有相似意义的指标。这些指标能在不同国家统计计算且不会引起太大疑惑和争议。这些指标中大多数在各国高等教育统计都有使用，比如学生数与结构、教授或教职人员、授予学位数、毕业生就业率、总的科研收入和产出以及各种资源等。尽管全球基本可比指标在一定程度上与大学的国际竞争力相关，但它们并不能详细描述大学的全球竞争力，因为这些指标主要是基于各国的统计，因此较为片面，这也是这些指标区别于全球可比指标的最主要的方面。另外，全球基本可比指标并不能直接拿来进行全球比较，这是由于这些指标在各国的界定与统计方法等技术手段层面还是存在不容忽视的差异的。全球基本可比主要是指一些指标有可能在全球范围内进行统一的统计或者至少能进行非常相似的统计。

基本不可比指标是指，一些指标尽管在不同国家的差别不是非常巨大，但与全球基本可比指标不同，由于它们与高等教育机构质量的相关性而受到不同高等教育系统的严重影响。比如，美国的《世界新闻与报道排名》（*U. S. News and World Report*）采用了一些基于美国高等教育现状和反映美国人对质量认知的观点的指标，包括"录取率"、"毕业率"、"保持率"、"全职教师的比例"、"校友捐赠率"。然而，这些指标很难用于全球比较中，即这些指标很难全球可比。以"录取率"为例，在许多欧洲大陆国家，几乎人人都可以上大学，因此"录取率"指标对这些国家而言就没意义。而且，我们不难发现，在许多国家的大学，学生的"毕业率"和"保持率"以及"全职教师的比例"几乎都接近100%。而校友捐赠在世界上大多数地方尚远未受到重视。另外一个例子就是，"硕士点数（硕士专业数）"这个指标仅仅只被中国大陆的两个国家型排名所采用。在中国大陆，研究生专业的设置须通过教育部的认可，因此，这个指标一定程度上能反映大学在研究生专业上的实力。相比较而言，其他国家的大学则能自行设置研究生学科专业。还有，各类声誉调查频繁地被用于各类大学排名，但实际上大多数国家型排名仅仅只调查本土的居民。因此，此类调查结果不可避免地依赖于特定国家的平均标准，故很难全球可比。

完全不可比指标是指那些仅仅只能反映大学在本国竞争力的指标。包括学生在本国入学考试上的表现（成绩）、各类国家认可的研究中心与基地或实验室以及学科专业或研究成果等、获得国家奖项者、院士数、来自国家机构的竞争资源以及那些任何只能在一个国家或少数几个国家获得的指标均属于完全不可比指标。必须指出的是，这其中有些指标可能其他一些国家也在使用，但这些指标制定的潜在标准及其所基于的信息资源通常差别巨大。比如，美国的院士和其他发展中国家的院士，在绝大多数情况下是不可直接比较的。这也反映了，由于一个国家的教育系统存在于这个国家特定的政治、经济、文化体系中，也会被这些因素所牵制，并表现出其独特性，不具有可比性。

二、关于排名指标全球可比性的思考

对于大学排名指标的全球可比性分析，不仅要对排名指标的自身价值和选取背景有清楚的认识，还需要考虑以下因素：

一是数据获取渠道。通常来说，全球可比的指标可通过两条途径获得：第一条是创造一个全球性标准测试或评价标准。比如，人们可用标准化的测试来测量或评价录取学生或毕业生的学术表现，开展全球科研评价，或者开展深入细致的且无偏见的全球学者或者雇主调查。然而，所有这一切都需要花费巨大的人力和财力，因此实际上是很难付诸实践的。另外一条则是使用那些可由大学自身独立提供的统一标准的数据。数据采集的困难通常是排名开展者考虑是否使用一个指标的重要因素。

二是技术处理层面。即使能从比较公正、客观的渠道获得相关数据，实际上真正要将国际可比或者基本可比的指标运用到排名中也还会遇到一些在技术层面非常复杂的问题。比如，指标涉及的相关方面是否需要标准化处理、如何标准化处理以及标准化处理的思想和依据。具体到每个指标，相关问题也会有所不同。

与学生相关的许多指标的内涵在世界各国都是存在差异的。例如，培养的学生数这个指标从绝对数字来看在世界范围内都是可比的，但实际上缺乏直接比较的基础，因为数字的含义由于每个国家的大学对学生毕业的要求不同而差距甚远。如荷兰本科生的学习年限至少是三年①，而瑞典的学生修满 120 学分即可毕业②。同样的情况也存在于研究生培养中，英国和美国许多大学中的硕士都是一年制且不是学历教育，而我国当前的硕士生教育仍为学历教育且至少是两年制。

① Weert de, E., and Boezerooy, P., *Higher Education in the Netherlands: Country Report, 2007*，见 http://doc.utwente.nl/60259/.

② Deen, J., *Higher Education in Sweden: IHEM Country Report, 2008*, Retrieved March 8, 2010 from: http://doc.utwente.nl/60265/1/Kaiser07issues.pdf.

培养的博士生数则更难以直接进行全球比较。再如毕业率，该指标的内涵在不同国家完全是不一样的。在我国大学几乎不存在毕业率这一项指标，而在美国则是体现美国高等教育体制特征的一个相当重要的指标。因此，如果将培养的学生数、毕业率等指标用于评价世界范围内的大学竞争力，还需要做许多方法和内容上的处理。

此外，在排名、评价和各类评估活动中采用比较多的一类指标是与教师相关的指标。例如一所大学教授的比例、获得博士学位的教师比例等，这些指标的绝对数量似乎在世界范围内也是可比的，但实际上由于不同国家和大学对教师取得教授资格的要求是不同的，因此这些指标在不同国家甚至不同高校之间都是不可直接比较的。如德国的学术教师大致分为教授、助理教授、科研教师和博士教师等①，而瑞典的学术人员则只分为教授（包括访问教授）和讲师（包括高级讲师和访问讲师）两大类②。再如生师比这个指标，虽然受到多个排名的高度关注，但实际上由于各国大学教师的组成相距甚远，所以用这个指标进行全球比较也应当慎重对待。比如，德国等许多国家的高校教师有相当一部分是兼职教师，而有的国家则没有兼职教师。③ 可见，各国与教师相关的指标在内涵上是有差异的，若要进行全球比较，就必须先做一定的标准化处理。

三是指标的理论价值。众所周知，全球性排名出现于全球化的时代，它们的巨大影响力来源于全球范围内高等教育机构之间对优秀生源、杰出研究者和大量经费等各类资源的激烈竞争。基于这样一个事实，所以用于全球性排名的指标须能测量一所大学的全球竞争力或表现，而不是它们的普通竞争力或者综合表现。如将能在国外获得工作或者职位的毕业生的比例用于全球比较或许比简单的毕业生的就业率更有价值。因此，选取排名指标既要考虑指标对于评价大学质量和国际竞争力的效果以及当前历史时期对大学质量的要求，更要考虑指标内涵的全球可比性以及对于大学发展的重要意义。此外，还要考虑排名指标本身所承载和反映的各国高等教育系统甚至是国家文化的特质。不同国家和地区的文化差异是高等教育多元化发展的主要原因之一，而高等教育内的文化要素是不具有全球可比性的，这也是许多排名指标不具有全球可比性的主要原因。

① Kaulisch, M., and Huisman, J., *Higher Education in Germany*, *Country Report*, CHEPS, 2007, Retrieved March 8, 2010 from: http://doc.utwente.nl/60265/1/Kaiser07issues.pdf.

② Deen, J., *Higher Education in Sweden*: *IHEM Country Report*, *2007*, from: http://doc.utwente.nl/60265/1/Kaiser07issues.pdf.

③ 参见许庆豫、葛学敏：《国别高等教育制度研究》，117～119页，徐州，中国矿业大学出版社，2004。

最后值得注意的是，即使一些指标可用来对全球大学进行评价和比较，但并不意味着这些指标就反映了研究型大学的国际竞争力。并且，仅仅是全球可比和基本可比的指标还不能完整地反映出研究型大学的国际竞争力。研究型大学的办学理念、办学特色和社会服务等难以量化，但关系大学国际竞争力的主要方面，还需要进一步加强研究。

三、大学排名的选取

根据排名目标与对象的差异，排名可分为大学排名，即将大学作为一个整体进行比较的排名，以及对学科或学院进行比较的排名。由于本研究以研究型大学国际竞争力为焦点，即以整体实力为焦点，因此本研究选取的样本排名主要为大学排名。大学排名按照对象的分布范围，可分为全球性大学排名和国家型大学排名。

随着国家型大学排名的逐渐发展，ARWU、THE-QS、WR、THE 和 HEEACT 等全球性大学排名纷纷登场，赢得了各界广泛关注，对世界高等教育的发展产生了重要影响。这些全球性大学排名在排名目的、指标设计与权重分配、数据采集与处理以及排名结果的公布四个方面均存在明显差异。由于它们对全球大学都进行了实践性的评估与比较，所以这些排名中的指标是我们获得全球可比性指标的重要来源和基础。对全球性大学排名的概述和指标分析主要在下一节展开。

虽然全球性大学排名成为近年来的热点，但国家型排名依旧不可替代并发展迅速。除遍布几乎每个发达国家外，它们逐渐开始流行于发展中国家和地区。[①] 本研究根据排名信息的可准确获取性、国家与地区代表性以及学术性三个标准来选取样本。

首先，从技术层面来说，信息可准确获取性指排名的信息必须能准确获取，尤其是关于指标的内容和对指标的解释的相关信息。只有在排名的任何信息都可准确获取的前提下，才能对排名的指标及相关信息做准确的判断和解读，因此，这是排名被选择作为样本的首要条件。如果排名的信息不能完整地获取，或者有的排名没有对相关信息作出完整的解释和说明，则该排名不被选入样本中。

① Salmi, J., and Saroyan, A., "League Tables as Policy Instruments: Uses and Misuses," *Higher Education Management and Policy*, 2007, 19 (2), pp. 31-68.

其次，众所周知，迄今许多国家和地区有多个排名发布，因此选择样本排名时则必须考虑排名所属的国家和地区。排名非常多，有的国家和地区有几个甚至十几个排名，虽然不同的排名有可能存在差异，但在同一国家或地区发布的排名在指标选择上一定程度上都是反映本国（地区）教育体制或者与本国（地区）教育特征有关的，因此选择多个在同一个国家或地区发布的排名来分析指标体系的特征意义不大，同时也会导致样本缺乏国家或地区代表性。因此，本研究在样本选择时，对全球性排名样本单独选取，而对国家（地区）型排名，基本原则是同一个国家或地区的排名不超过 2 个，同时考虑样本尽可能地覆盖较大范围的国家和地区。

另外，在信息可准确获取的基础上，考虑样本排名的国家与地区分布后，如果一个国家有多个排名符合选择的标准，则进一步以排名之间的非重复性和排名的学术性为选择标准筛选排名。排名的非重复性指如果两个排名的指标相似程度特别高甚至相同，则只选择其中一个。排名的学术性指排名的评价内容与大学学术的相关程度或者关注程度。由于主要偏重为学生提供有关生活等方面所需信息的排名与大学学术的相关程度较低或者对大学学术关注较少，因此不被包括在样本中。比如美国《普林斯顿评论》（*The Princeton Review*）发布的“最好的 357 所大学”（The Best 357 Colleges Ranking）。该排名基于网上调查和发放纸质版材料的问卷调查，通过 80 个问题对学生个人情况、学校的学术/管理、校园生活、同学的态度和意见、最佳职业生涯/工作安排服务、最佳课堂经验对学生进行调查研究。基于这些调查结果，最后根据学校的学术/管理、学生种族构成、学校所在城市的生活、政治、生活质量、校外活动、社会活动等分别进行排名。正如排名者所言，一所大学不可能在所有方面都是最好的，学术很重要，但学校所在位置、规模、校园文化以及学生学习成本等因素也很重要。虽然有涉及大学学术的指标，但该排名更多的是关注学校为学生提供的非学术性资源。因此，从排名内容讲，跟其他排名相比，相差较大，故该排名不被选入样本中。总之，基于排名的学术性标准，如果排名的指标偏重评价大学的非学术性方面的表现，则这样的排名不予选取。

基于上述三条标准，经过筛选，共选择了分布在中国、美国、加拿大、英国、德国、波兰、哈萨克斯坦、乌克兰、罗马尼亚、斯洛伐克以及中国台湾地区的 13 个国家型大学排名作为研究样本（见表 2—1）。

表 2—1　世界各国大学排名指标体系分析样本

编号	排名名称简写	排名名称全称	排名机构	排名对象	排名目的
1	Perspektywy 排名	Perspektywy University Ranking（2009）	The Perspektywy Education Foundation，published by “Perspektywy” & “Rzeczpospolita”	波兰大学	为公众了解大学提供信息[a]
2	CHE 排名	CHE Excellence Ranking（2008）	Center for Higher Education Development & Die Zeit	德国大学	为学生择校提供信息[b]
3	Kazakhstan 排名	Ranking of Leading Higher Education Institutions of Kazakhstan（2007）	Ministry of Education and Science of the Republic of Kazakhstan，National Accreditation Center	哈萨克斯坦大学	帮助公众了解排名信息；促进高校之间的竞争；提高高校质量[c]
4	Maclean's 排名	Maclean's Medical-Doctoral Universities Ranking（2009）	Maclean's	加拿大大学	为学生择校提供信息[d]
5	Romanian NC 排名	Ranking the Universities from the Scientific Research Contribution Perspective（2007）	National Council for Research in Higher Education-CNCSIS	罗马尼亚大学	为相关政府部门制定政策提供依据；为公众提供信息；帮助大学参与竞争；为帮助大学进入世界一流提供信息[e]
6	U. S. News 排名	America's Best Colleges—National Universities and Liberal Arts Colleges（2009）	U. S. News and World Report	美国大学	为学生择校提供信息[f]
7	The Center 排名	The Top American Research Universities（2009）	The Center for Measuring University Performance	美国大学	为政府提供信息；帮助大学改善提高自身及参与竞争[g]
8	Slovak 排名	Slovak Ranking（2007）	Academic Ranking and Rating Agency—ARRA	斯洛伐克大学	对斯洛伐克大学的质量进行国内和国际比较[h]
9	Ukrainian 排名	Ranking of the Ukrainian Higher Education Institutions（2007）	System Capital Management with support of Rinat Akhmetov's Foundation for Development of Ukraine	乌克兰大学	提高乌克兰大学的水平（尤其是在认证中的表现）[i]

续前表

编号	排名名称简写	排名名称全称	排名机构	排名对象	排名目的
10	The Complete 排名	University League Tables（2009－2010）	The Independent Supported by Pricewaterhousecoopers	英国大学	为学生择校提供信息[j]
11	Sunday Times 排名	Sunday Times University Guide Table（2009）	The Sunday Times	英国大学	为学生择校提供信息[k]
12	Netbig 排名	中国大学排行榜（2009）	Netbig（网大）	中国大学	为大学参与竞争、政府制定相关决策、公众与学生择校提供信息[l]
13	Wuhan 排名	中国高校综合竞争力评价（重点大学）（2007）	武汉大学中国科学评价研究中心	中国大学	找出高校的优势和差距，明确改进重点和发展方向，为有关政府部门、大学、公众和学生提供相关信息[m]

资料来源：a：http://www. perspektywy. org/index. php? option=com_content&task=blogcategory&id=8&Itemid=51.

b：http://www. che-ranking. de/cms/? getObject=487&getLang=de.

c：Ministry of Education and Science of the Republic of Kazakhstan，National Accreditation Center，*Ranking of Leading Higher Education Institutions of Kazakhstan*，Kazakhstan，Astana，National Accreditation Center of MES RK，2007.

d：http://oncampus. macleans. ca/education/2009/11/05/our-19th-annual-rankings/.

e：National Council for Research in Higher Education-CNCSIS，*Ranking the Universities from the Scientific Research Contribution Perspective*，IREG-3 Proceedings，2007，pp. 254－274.

f：http://www. usnews. com/articles/education/best-colleges/2009/08/19/methodology-ranking-category-definitions. html.

g：http://mup. asu. edu/index. html.

h：Academic Ranking and Rating Agency，Bratislava，Slovakia，*Ranking of Slovak Higher Education Institutions：Three Years of Experience*，IREG-3 Proceedings，2007，pp. 102－113.

i：System Capital Management，"Ranking of Ukrainian Higher Education Institutions by the Level of Satisfaction with Education，Compass Opinion of employers and graduates 2009，" *System Capital Management*，2009，pp. 1－107.

j：http://www. thecompleteuniversityguide. co. uk/.

k：http://www. timesonline. co. uk/tol/life_and_style/education/sunday_times_university_guide/.

l：http://www. netbig. com/.

m：参见邱均平、赵蓉英、余以胜：《中国大学评价的理念与实践》，见 http://gjzx. ysu. edu. cn/AddReadNum. asp? newsid=1266。

第三节　大学排名指标分析

一、全球性大学排名概览

大学排名的一个重要发展就是由国家型排名向全球性排名的演进。全球性大学排名的出现是大学排名发展史上的一个里程碑。近年来，随着高等教育全球化和国际化进程的加速，在大学排名的利益相关者的诸多利益诉求中，全球性大学排名应运而生，世界上相继出现了多个全球性大学排名。

自香港《亚洲周刊》(*Asiaweek*) 1997—2000 年期间发布了“亚洲最好的大学”排名之后，除了上述国家型排名之外，不少国家发布了全球性的大学排名。

为了定量分析我国大学在世界大学体系中的位置，找出与世界一流大学的主要差距，有必要对一些具有国际可比性的指标进行定量化比较和排名[①]，2003 年，上海交通大学高等教育研究所（现为高等教育研究院）研究发布了全球第一个多指标的大学排名，即“世界大学学术排名”，并于 2007 年进一步发布了世界大学学科领域学术排名，2009 年发布了学科排名。[②] ARWU 自发布以来，指标体系保持稳定，共包含 4 个一级指标和 6 个二级指标，其中：教育质量包括获诺贝尔奖和菲尔兹奖的校友的折合数（10%）；教师质量包括获诺贝尔奖和菲尔兹奖的教师的折合数（20%）及各学科领域被引用率最高的教师数量（20%）；科研成果包括平均每年发表在《自然》和《科学》刊物上的论文折合数（20%），被科学引文索引（SCIE）、社会科学引文索引（SSCI）、艺术与人文引文索引（A&HCI）收录的论文数量（20%）；以及师均表现，即上述五项指标得分的师均数量（10%）。

另外，2004 年起，西班牙网络计量研究中心的“CINDOC-CSIC 网络计量学实验室”研究发布了“全球大学网络数据排行榜”（Webometrics Ranking of

① Liu, N. C, and Cheng, Y., “Academic Ranking of World Universities, Methodologies and Problems,” *Higher Education in Europe*, 2005, 30 (2), pp. 127-136.

② Institute of Higher Education of Shanghai Jiao Tong University, *Academic Ranking of World Universities*, 2003, Retrieved May 20, 2008 from: http://ed. sjtu. edu. cn/rank/2003/2003main. htm.

World's Universities，WR)。① 该排名以网络计量学方法为基础，通过设置八个指标对全球范围内的大学进行比较，包括权重为25%的网页数、权重为12.5%的丰富文件数（PDF、PPT、DOC、PS)、权重为12.5%的论文数和英语网页数、权重为50.0%的链接数（被其他网站引用）与链接数（引用其他网站）和子域数以及访问数。

2007年开始，HEEACT发布了“世界大学科研论文质量评比”。② 台湾的“世界大学科研论文质量评比”采用了3个一级指标（含8个二级指标），分别为：学术生产力，包括近11年论文数（1988—2008年）（权重10%）和当年论文数（2008年）（权重10%)；学术影响力，包括近11年论文被引次数（1998—2008年）（权重10%)、近两年论文被引次数（2007—2008年）（权重10%）和近11年论文平均被引次数（1998—2008年）（权重10%)；学术卓越性，包括近两年H指数③（2007—2008年）（权重20%)、高被引文章数（1998—2008年）（权重15%）和高影响期刊论文数（2008年）（权重15%)。

除了这些全球性排名之外，迄今还有其他多个单指标的或学科的全球性排名发布，如武汉大学中国大学评价中心发布了世界科研机构（包括大学、研究院所）的分22个学科专业科研竞争力排名和世界大学科研竞争力排名。前者的指标体系为论文发表数（权重25%)、论文被引用数（权重25%)、高引用论文数（权重25%)、热门论文数（权重15%）和高被引论文占有率（权重10%)；后者的指标体系包括论文发表数（权重20%)、论文被引次数（权重25%)、高被引论文数（权重25%)、进入排行榜学科数（权重5%)、热门论文数（权重15%）和高被引论文占有率（权重10%)。④

二、全球性大学排名的指标比较分析

无论是从人才培养、科学研究还是从主客观的角度看，以上各全球性排名采用的指标体系差异显著。以下将选择ARWU、THE-QS、THE三大全球性排名

① http://www.webometrics.info/.

② Higher Education Evaluation and Accreditation Council of Taiwan，*Performance Ranking of Scientific Papers for World Universities 2007*，Retrieved December 20，2008 from：http://ranking.heeact.edu.tw/en-us/2007/Page/Methodology.

③ H指数是指研究者论文数量及其论文被引用的次数，常用于评估研究人员的学术产出数量与学术产出水平。

④ http://rccse.whu.edu.cn/BigClass.asp? BName=大学评价 andTemplate=1.

的指标体系进行多维度的比较分析。

在分析排名指标的维度上，已有研究中，如埃舍尔（A. Usher）和萨维诺（M. Savino）将排名指标分为科研指标、声誉、开始特征指标、输入指标（包括教师和资源）、过程和输出指标①；而迪尔（D. D. Dill）等则将评价指标划分为投入指标、过程指标和产出指标以及声誉四种类型②。为了多角度剖析、挖掘现有排名的指标体系的特征，本研究选取了四个维度对指标进行分类分析：第一，从指标的评价内容的角度，将样本排名涉及的指标划分为人才培养、科学研究、人力资源、物质资源和声誉指标。第二，从投入、产出分析思路，将指标划分为投入指标和产出指标两类。经济学家瓦西里・列昂惕夫（Wassily W. Leontief）创建的研究经济系统各个部分间表现为投入与产出的相互依存关系的经济数量方法已被移植进入教育领域尤其是高等教育领域，于是教育经济学学科领域内产生了大量对“高等教育投入产出效益”等的分析与研究。本研究借用投入产出分析思路对排名指标进行分析，其中产出指标包含声誉指标，不过统计过程中声誉指标单独进行统计。第三，从指标的数据来源特征角度，将指标划分为主观指标和客观指标。第四，从指标评价的对象与学校规模的关系的角度，将指标划分为绝对指标和相对指标两类，其中相对指标包含声誉指标，不过统计过程中声誉指标单独进行统计。

从评价内容来看，大学排名的对象是大学，人才培养和科学研究是大学的两大重要职能，也是较具有可测量、可比性的项目。人力资源和物质资源是人才培养和科学研究的必备基础。声誉则是关乎大学包含人才培养和科学研究成果积累的整体形象。因此，可以通过人才培养、科学研究、人力资源、物质资源和声誉指标这一维度，对大学排名的指标进行特征分析。具体来说，人才培养指标包含教育产出、毕业生表现指标和学生评价指标等指标内容。科学研究指标包含出版物与专利、科研经费与项目指标等指标内容。人力资源指标包括教师结构和教师获奖情况等指标内容。物质资源指标包括基础设施、经费与资助等指标内容。声誉指标包括雇主评价、同行评价、社会影响和总体声誉等指标内容。另外，大学排名的指标从理论上必须涉及大学的第三大职能即社会服务，但从排名的实际出发，一方面，现有排名对大学的社会服务职能评价不多，与之相关的指标也不

① Usher, A., and Savino, M., “A Global Survey of University Ranking and League Tables,” *Higher Education in Europe*, 2007, 32 (1), pp. 5-15.

② Dill, D. D., and Soo, M., “Academic Quality, League Tables, and Public Policy: A Cross National Analysis of University Ranking Systems,” *Higher Education*, 2005, 49 (4), pp. 495-533.

多；另一方面，鉴于种种原因，难以以定量的指标评价大学的社会职能并对之进行排名。因此，在指标分类时，不对相关指标作单独划分。

从投入产出分析看，投入指标涉及人才培养、科学研究、人力资源与物质资源的方方面面。人才培养指标方面，除“教育产出”、“毕业生表现”和“学生评价”3个二级类指标所包含的指标内容属于产出指标外，其他二级类指标如“教育条件”所包含的指标内容都属于投入指标。科学研究方面，除“出版物与专利”所包含的指标内容属产出指标外，其他指标如“科研经费与项目”等都属于投入指标。而人力资源和物质资源所包含的指标都属于投入指标。关于声誉的指标都归为产出指标。

从指标数据来源来看，客观指标指以客观事实为依据的评价指标，而主观指标来自人们对社会现象的主观感受，反映了人们的心理状态、情绪、愿望和满意程度等。在本研究中，所有的声誉指标都属于主观指标，另外还有教育产出中的“学生满意度”指标属于主观指标。除此之外，所有的指标都属于客观指标。

从绝对、相对关系来看，绝对指标主要指与规模有关的指标，即那些表现学校当时的发展规模与数量情况的指标；而相对指标则指与学校规模无关、反映对比关系的，包括人均、平均、比例之类的指标，以此反映评估对象的发展程度、结构、强度、普遍程度或比例关系等。

基于上述指标分类方法与划分维度，对采用不同指标体系的排名的指标个数与权重进行多维度的统计与比较分析，找出排名在指标体系上的共性和差异之处。统计结果如表2—2和表2—3所示。

三大全球性排名设置的关于科学研究的指标占全球性排名总指标个数的33.6%，占总指标权重的36.6%，均为各类型指标之首。其次是人才培养指标。全球性排名设置的关于物质资源的指标仅占总指标个数的4.0%，权重更是只有0.8%；师资队伍的指标，占各类型排名总指标个数的17.6%。三大全球性排名声誉指标个数比例虽只有16.0%，但其权重比例却高达28.2%。

表2—2　　三大全球性排名各类型指标个数与权重分布情况总计

指标类别	指标个数	指标权重
	全球性排名中各类型指标的个数比例（%）	全球性排名中各类型指标的权重比例（%）
人才培养指标	28.8	17.0
科学研究指标	33.6	36.6

续前表

指标类别	指标个数	指标权重
	全球性排名中各类型指标的个数比例（%）	全球性排名中各类型指标的权重比例（%）
师资队伍指标	17.6	17.5
物质资源指标	4.0	0.8
声誉指标	16.0	28.2
投入指标	57.6	34.3
产出指标总量	42.4	65.7
绝对指标	28.0	42.6
相对指标总量	72.0	57.4
主观指标	16.0	28.2
客观指标	84.0	71.8

从投入产出角度看，三大全球性排名的产出指标的个数比例为42.4%，低于投入指标57.6%的个数比例，但从权重来看，产出指标的权重比例为65.7%，则远高于投入指标的34.3%。从指标是否与学校规模有关的角度看，三大全球性排名分别设置了28.0%的绝对指标和72.0%的相对指标（其中声誉为16.0%），对应的权重也是相对指标高于绝对指标。从主客观的角度看，指标个数方面，三大全球性排名仅仅设置了16.0%的主观指标，剩下84.0%都为客观指标；权重方面，三大全球性排名的客观指标的权重是主观权重的2.5倍。

表2—3　三大全球性排名各类型指标个数与权重分布情况统计

	ARWU排名			THE-QS排名			THE排名		
	指标个数	占指标总数比例（%）	指标权重	指标个数	占指标总数比例（%）	指标权重	指标个数	占指标总数比例（%）	指标权重
人才培养	1.2	20.0	11.2	2	33.3	25.0	4	30.8	14.8
科学研究	2.4	40.0	44.4	1	16.7	20.0	5	38.5	45.5
师资队伍	2.4	40.0	44.4	1	16.7	5.0	1	7.7	3.0
物质资源	0	0	0	0	0	0	1	7.7	2.3
声誉	0	0	0	2	33.3	50.0	2	15.4	34.5
投入指标	2.4	40.0	44.4	3	50.0	30.0	9	69.2	28.5

续前表

		ARWU 排名			THE-QS 排名			THE 排名		
		指标个数	占指标总数比例(%)	指标权重	指标个数	占指标总数比例(%)	指标权重	指标个数	占指标总数比例(%)	指标权重
产出指标	总量	3.6	60.0	55.6	3	50.0	70.0	4	30.8	71.5
	其中:声誉	0	0	0	2	33.3	50.0	2	15.4	34.5
绝对指标		5	83.3	90.0	0	0	0	2	15.4	37.8
相对指标	总量	1	16.7	10.0	6	100	100	11	84.6	62.2
	其中:声誉	0	0	0	2	33.3	50.0	2	15.4	34.5
主观指标		0	0	0	2	33.3	50.0	2	15.4	34.5
客观指标		6	100	100	4	66.7	50.0	11	84.6	65.5

如表 2—3 所示，全球性排名的指标体系特征明显。首先，从最小指标的绝对数量看，全球性排名采用的指标的绝对数量都非常少，以上三大排名的最小指标个数分别为 6 个、6 个和 13 个。

从人才培养与科学研究等的角度看，ARWU 排名重视科学研究和师资队伍指标，80.0%的指标个数和 88.8%的指标权重均赋予这两类指标。THE-QS 排名则关注人才培养指标和声誉指标，其中声誉指标权重更是占到 50.0%。THE 排名在科学研究指标方面赋予 38.5%的指标个数和 45.5%的权重，权重为 3 个排名中最高。三大排名中只有 THE 排名赋予物质资源指标 2.3%的微弱权重，其他 2 个排名均未设置物质资源指标。

从投入产出的角度看，在权重比例方面，三大排名的产出指标均高于投入指标，尤其是 THE 的排名产出指标与投入指标的权重比例分别为 71.5%与 28.5%。

从绝对与相对的角度看，三大全球性排名表现出了较大差异。ARWU 排名将 83.3%的指标个数和 90.0%的权重赋予绝对指标。THE-QS 排名则只设置相对指标，而无绝对指标。THE 排名相对指标权重与绝对指标权重分别为 62.2%和 37.8%。

从主客观的角度看，ARWU 排名全部为客观指标，THE-QS 排名客观指标与主观指标权重各占 50.0%，THE 排名客观指标与主观指标权重分别为 65.5%和 34.5%。从指标个数上看，三大排名的客观指标均远远高于主观指标。

可以看出，已有全球性排名采用的指标数量和类型都是比较有限的。全球性排名相对重视科学研究、客观指标和产出指标。

三、国家型大学排名的指标比较分析

本研究选取了 10 个国家的 13 个国家型大学排名作为研究样本。经过统计，这 13 个大学排名中共包含 309 个原始指标。这些指标中，有许多指标所描述的意思与内涵非常相似但名称与表述相差甚远。为了便于应用，要对这些指标进行统一比较和分析后进行归类。基于这些指标所描述的内容，我们将这些指标分为 83 个分类指标。具体分类方法和结果为：

与人才培养有关的指标，划分为新生质量、教育条件、学生规模与结构、教育产出、毕业生表现和学生评价 6 个二级类指标。其中，新生质量包括国家入学标准考试或测试成绩、优秀学生的比例（高中）和录取率 3 个三级类指标。教育条件包括班级规模、生师比、硕士学位点数、博士点数、国际合作教育项目、国家级重点学科数、国家级精品课程/教材/教学研究、获国际认证或者优秀认证、加入欧洲学分转换系统、教授与学生的互动、跨学科教学与学习、社会实践、暑期学校、特色专业、外语授课情况、学科专业结构、学位选择、学习年限和预期毕业年限、招生与考试透明度 19 个三级类指标。学生规模与结构包括本科生比例、研究生比例、全日制学生比例、国际学生比例、交换生比例、不同性别学生比例、获资助赴国外学习的学生的比例、学外语学生数、学生规模 9 个三级类指标。教育产出包括保持率、毕业率（含本科生毕业率和博士生毕业率等）、学位授予数（博士、硕士和学士学位）、国家统一考试中表现、毕业生获荣誉情况、学生获奖情况 6 个三级类指标。毕业生表现包括毕业考试成绩、就业率和毕业生获荣誉情况（校友获诺贝尔奖和菲尔兹奖）3 个三级类指标。学生评价包括满意度和校友捐赠率 2 个三级类指标。

与科学研究有关的指标，划分为出版物与专利、科研经费与项目、研究实验室/中心/基地 3 个二级类指标。其中，出版物与专利包括国际出版图书、国内出版图书、国际国内出版图书、国际期刊索引出版物与引用情况、国内期刊索引出版物与引用情况、国内优秀科研成果和专利 7 个三级类指标。科研经费与项目包括国际科研项目数、国内科研项目数、科研项目总数、国际科研经费、师均科研经费和总科研经费 6 个三级类指标。研究实验室/中心/基地则包含研究实验室等和博士后流动站数量 2 个三级类指标。

与人力资源有关的指标，划分为教师结构、教师获奖情况 2 个二级类指标。其中，教师结构包括博士后人数、国际教师比例、进修教师比例、科研人员比例、全职教师比例、获本领域最高学历教师比例和教授平均年龄 7 个三级类指标。教师获奖情况包括获国家主要奖项的教师、院士（国家级学术机构会员）和优秀科研团队 3 个三级类指标。

与物质资源有关的指标，划分为基础设施、经费与资助和其他经费 3 个二级类。其中，基础设施包含图书资源、设施和设备、电脑及网络资源、教学和科研以及住宿场地/用房 4 个三级类指标。经费与资助包含年均教育总经费和生均经费 2 个三级类指标。其他经费则包含教师薪酬、奖学金和助学金、用于学生的其他资源、私人资助经费（捐赠）以及来源于学校与商业合作的资金。

声誉方面的指标划分为雇主评价、同行评价、社会影响和总体声誉 4 个二级类指标。其中，同行评价进一步划分为大学管理者评价和学者评价 2 个三级类指标。

将上述 83 个分类指标按照定义进一步划分为全球可比、基本可比、基本不可比和完全不可比这四类指标，分类结果如表 2—4 所示。统计结果发现，13 个排名的 309 个指标中有 28.2 个指标为全球可比指标，占全部指标的 9.1%，150.5 个指标为基本可比指标，占全部指标的 48.7%，两项所占比例共计 57.8%。然而，共有 130.4 个指标为基本不可比或完全不可比指标，占全部指标的 42.2%。在权重分配上（见表 2—5），全球可比指标和基本可比指标的权重与基本不可比指标和完全不可比指标的权重占 13 个排名总权重的比例几乎均等。

表 2—4　　基于全球可比性的指标研究结果

<table>
<tr><td colspan="3">全球可比指标（6 项）</td></tr>
<tr><td>● 国际期刊索引出版物与引用情况
● 国际出版图书</td><td>● 国际科研经费
● 国际科研项目数</td><td>● 国际学生比例
● 国际教师比例</td></tr>
<tr><td colspan="3">全球基本可比指标（39 项）</td></tr>
<tr><td>● 科研总经费
● 科研项目总数
● 专利
● 国内科研项目数
● 师均科研经费
● 国内期刊索引出版物与引用情况
● 国内出版图书
● 国际国内出版图书
● 班级规模
● 生师比
● 博士点数</td><td>● 研究生比例
● 优秀学生的比例（高中）
● 交换生比例（对外/对内）
● 学位授予数（博士、硕士、学士学位）
● 就业率
● 满意度
● 毕业考试成绩
● 学生规模（新生人数、在校生、近年学生人数变化、总数）
● 不同性别学生比例</td><td>● 教授平均年龄
● 博士后人数
● 科研人员比例
● 教师薪酬
● 生均经费
● 图书资源
● 奖学金和助学金
● 教学、科研和住宿场地/用房
● 来源于学校与商企业合作的资金
● 私人资助经费（捐赠）</td></tr>
</table>

● 博士后流动站数 ● 获国际认证或者优秀认证	● 国际合作教育项目 ● 本科生比例 ● 全日制学生比例 ● 获本领域最高学历教师比例	● 设施和设备 ● 年均教育总经费 ● 电脑及网络资源
基本不可比指标（15 项）		
● 保持率 ● 毕业率（本科生毕业率、博士生毕业率等） ● 录取率 ● 校友捐赠率 ● 学外语学生数	● 硕士学位点数 ● 学习年限和预期毕业年限 ● 全职教师比例 ● 进修教师比例 ● 大学管理者评价	● 总体声誉 ● 雇主评价 ● 学者评价（国内） ● 社会影响 ● 用于学生的其他资源
完全不可比指标（23 项）		
● 科研经费（国内） ● 研究实验室/中心/基地 ● 国内优秀科研成果 ● 国家入学标准考试或测试成绩 ● 学生获奖情况 ● 暑期学校 ● 外语授课情况	● 获资助赴国外学习的学生的比例 ● 国家级重点学科数 ● 特色专业 ● 国家级精品课程/教材/教学研究 ● 毕业生获荣誉情况 ● 加入欧洲学分转换系统 ● 教授与学生的互动 ● 跨学科教学与学习	● 学科专业结构 ● 学位选择（双学位） ● 招生与考试的透明度 ● 社会实践 ● 国家统一考试中表现（就学期间） ● 获国家主要奖项的教师 ● 院士（国家级学术机构会员） ● 优秀科研团队

表 2—5　　各类型指标的频次与权重分布情况

	频次		权重	
	指标数量*	占总数的比例（%）	指标权重	占总权重的比例（%）
类型 1：全球可比指标	28.2	9.1	127.0	9.8
类型 2：全球基本可比指标	155.5	50.3	535.8	41.2
类型 3：基本不可比指标	51.0	16.5	313.5	24.1
类型 4：完全不可比指标	74.4	24.1	323.9	24.9
总数	309.1	100.0	1 300.2	100.0

说明：指标数量出现小数，是因为在归类的过程中根据指标所测量内容，若干指标被拆分为几个指标。

虽然从国家型排名中挑选出了许多全球可比和基本可比的指标，然而，深入思考发现，全球可比和基本可比的指标中，尚有许多指标并不适用于全球性排名，因为它们与大学质量之间的关系可能非常薄弱（或者说这些指标与高等教育质量之间的相关性非常弱），如“教师薪酬”、“学士学位授予数”和“教授的平均年龄”等。为此，我们进一步提炼出一些被排名使用频次较高的指标，这些被更多认可的指标应当能够更好地反映研究型大学的国际竞争力和办学质量。

表2—6给出了全球可比和基本可比指标中至少被3个及3个以上国家型排名使用的指标。其中，“生师比”是这些排名中最为常用的指标，被7个国家的9个排名所使用；其次是“国际期刊索引出版物与引用情况”和“获本领域最高学历教师比例”，二者均为6个国家的7个排名所使用；83个分类指标中，有8个指标被4个及4个以上国家使用过，9个指标被3个国家使用过。这些提炼出来的指标中，“生师比”和“国际学生比例”则同时被英国的全球性排名THE-QS所使用。而“国际期刊索引出版物与引用情况”则被ARWU、HEEACT和THE-QS三大全球性排名同时使用。因此，我们也可以大胆地假设其他指标将来也更有可能用于全球性排名中。

与此同时，尽管全球可比和基本可比指标在本章的界定中比其他类型的指标拥有更好的全球可比性和有效性，特别是那些已经被若干全球性排名使用的指标，但它们仍然是存在缺陷的。例如，基于文献计量学的指标如“国际期刊索引出版物与引用情况”（主要是基于Thomson Citation Indexes）就对那些非英语语言国家的大学不利①；再如“生师比”也被认为不能充分地测量与反映教学质量②。

表2—6　　使用频次较高的全球可比指标与全球基本可比指标及其出现频次

指标名称	国家数	排名数
生师比	7	9
国际期刊索引出版物与引用情况	6	7
获本领域最高学历教师比例	6	7
生均经费	6	6
图书资源	5	6
国际学生比例	5	5
研究生比例	4	5

① Van Raan, A., "Fatal Attraction: Conceptual and Methodological Problems in the Ranking of Universities by Bibliometric Methods," *Scientometrics*, 2005, 62 (1), pp. 133-143.

② Marginson, S., "Global University Rankings: Implications in General and for Australia," *Journal of Higher Education Policy and Management*, 2007, 29 (2), pp. 131-142.

续前表

指标名称	国家数	排名数
设施和设备	4	4
博士点数	3	4
教学、科研和住宿场地/用房	3	4
就业率	3	4
满意度	3	4
国际科研项目数	3	3
国内科研项目数	3	3
师均科研经费	3	3
学位授予数（博士、硕士、学士学位）	3	3
专利	3	3

四、研究型大学国际竞争力指标体系

综合上述对有代表性的全球性大学排名和国家型大学排名的指标进行的梳理、分析和分类，结合研究型大学国际竞争力的内涵要素分析，我们对被使用频次和被赋予权重较高的指标进行总结归纳，并在此基础上构建了研究型大学国际竞争力指标体系，体系共包含 4 个一级指标和 21 个二级指标（见表 2—7）。此外，结合以上对已有排名指标中的全球可比和基本可比指标的权重的分析，我们对研究型大学国际竞争力指标体系中的指标也赋予相应的权重。

表 2—7　　研究型大学国际竞争力指标体系

一级指标	一级指标权重（%）	指标序号	二级指标	二级指标权重（%）
科学研究	45.0	1	国际论文数（WOS、SCOPUS 等数据库收录的论文）	10.0
		2	国际论文篇均被引数（WOS、SCOPUS 等数据库收录的论文）	10.0
		3	高水平国际论文数（如 Q1 论文数，即前 25%的论文数）	5.0
		4	师均高水平国际论文数（如 Q1 论文数，即前 25%的论文数）	5.0

续前表

一级指标	一级指标权重（%）	指标序号	二级指标	二级指标权重（%）
科学研究	45.0	5	国际权威刊物论文数（如《自然》和《科学》所收录的论文数）	5.0
		6	重要学术著作数（如著名出版社出版的、被重要刊物引用的著作等）	5.0
		7	重要专利授权数（如WIPO专利、美国专利、欧洲专利、日本专利等*）	5.0
人才培养	25.0	8	本科生与专任教师比	5.0
		9	博士学位授予数量	5.0
		10	学历教育中国际学生比例	5.0
		11	著名校友（如诺贝尔奖和菲尔兹奖获得者、世界500强企业高管等）	5.0
		12	就业率（六个月之内就业）	5.0
师资队伍	20.0	13	获国际著名奖项教师数（如诺贝尔奖、菲尔兹奖教师获得者等）	7.0
		14	各学科领域拔尖学者数量（如高被引科学家、国际著名刊物编委等）	7.0
		15	获本领域最高学位的教师比例	3.0
		16	获得海外博士学位的教师比例	3.0
物质资源	10.0	17	办学总经费	2.0
		18	科研总经费	2.0
		19	师均科研经费	2.0
		20	生均培养经费	2.0
		21	生均图书量（含电子图书等）	2.0
合计	100.0			100.0

* 世界知识产权组织（World Intellectual Property Organization，WIPO），资料来源：http://www.wipo.int/；美国专利及商标局（United States Patent and Trademark Office，PTO或USPTO），资料来源：http://www.uspto.gov/；日本专利局（Japanese Patent Office，JPO），资料来源：http://www.jpo.go.jp/；欧洲专利局（European Patent Office，EPO），资料来源：http://www.epo.org/。

科学研究方面，包括美国科学信息情报所（ISI Web of Knowledge，ISI）期刊引用论文数，平均每年发表在《自然》和《科学》刊物上的论文折合数，被SCIE、SSCI、A&HCI收录的论文数量，高引用论文数，师均发表WOS（Web of Science）论文数，师均发表WOS论文被引用次数，各学科领域被引用率最高的教师数量，专利授权数，师均科研总经费，国外出版的著作数等在内的指标的被使用频次以及被赋予的权重都较高。

人才培养方面，包括生师比、全日制学生中研究生的比例、毕业生就业率、授予博士学位数、国际学生比例、获诺贝尔奖和菲尔兹奖的校友的折合数等在内的指标的被使用频次以及被赋予的权重都较高。

师资队伍方面，包括具有博士学位的教师的比例、专业领域内拥有最高学历的教授的比例、国际教师比例等在内的指标的被使用频次以及被赋予的权重都较高。

物质资源方面，包括生均图书量、图书总量、科研总经费、生均培养经费、办学总经费等在内的指标的被使用频次以及被赋予的权重都较高。

研究型大学国际竞争力指标体系中的各项指标的具体内涵如表2—8所示。可以看出，21个二级指标能够较全面地评价和衡量研究型大学国际竞争力的内涵和特征。由于还考虑了这些指标的数据可获取性和可比性，因此，本指标体系可以较好地用于对研究型大学国际竞争力进行衡量。

表2—8　研究型大学国际竞争力指标体系内涵

指标序号	二级指标	二级指标内涵
1	国际论文数（WOS、SCOPUS等数据库）	指WOS和SCOPUS数据库所收录的论文数量
2	国际论文篇均被引数（WOS、SCOPUS等数据库）	指WOS和SCOPUS数据库所收录论文的平均被引用次数
3	高水平国际论文数（如Q1论文数，即前25%的论文数）	指发表在排名前25%的期刊上的论文数
4	师均高水平国际论文数（如Q1论文数，即前25%的论文数）	指平均每位教师或科研人员发表在前25%期刊上的论文数等
5	国际权威刊物论文数（如《自然》和《科学》所收录的论文数）	指发表在《自然》和《科学》等国际权威刊物上的论文数等
6	重要学术著作数（如著名出版社出版的、被重要刊物引用的著作数等）	指由著名出版社出版的著作，以及被重要刊物引用的著作数等

续前表

指标序号	二级指标	二级指标内涵
7	重要专利授权数（如 WIPO 专利、美国专利、欧洲专利、日本专利等）	指 WIPO 专利、美国专利、欧洲专利、日本专利等机构授予的专利数量
8	本科生与专任教师比	指在校本科生数量与全职专任教师数量之比
9	博士学位授予数量	指已经培养的博士数量总量
10	学历教育中国际学生比例	指学历教育中在校学生中国际学生（指本国以外的留学生）数量占在校学生总数的比例
11	著名校友（如诺贝尔奖、菲尔兹奖获得者，世界 500 强企业高管等）	指获诺贝尔奖和菲尔兹奖以及在世界 500 强企业中任职的高层次管理者的校友数量
12	就业率（六个月之内就业）	指在六个月内就业的学生数量占当年度内毕业的学生总数的比例
13	获国际著名奖项教师数（如诺贝尔奖、菲尔兹奖教师获得者等）	指获得诺贝尔奖和菲尔兹奖等国际著名奖项的教师数量
14	各学科领域拔尖学者数量（如高被引科学家、国际著名刊物编委等）	指各学科领域内被高引用的科学家的数量，以及在国际著名刊物担任编委的学者的数量
15	获本领域最高学位的教师比例	指在各领域（学科等）内获得最高学历如获得博士学位的教师数量占教师总量的比例
16	获得海外博士学位的教师比例	指拥有博士学位的全职教师中，在本国以外的国家的大学获得博士学位的教师数占教师总量的比例
17	办学总经费	指一所大学当年的总的办学经费，即当年教育经费支出总额
18	科研总经费	指一所大学获得的和投入的科研总经费，包括通过各种途径获得的科研经费，如捐赠经费、研究合同合作经费、国内和外国政府以及非政府组织提供的经费

续前表

指标序号	二级指标	二级指标内涵
19	师均科研经费	指一所大学的全职教师人均获得的科研经费
20	生均培养经费	指全日制学生人均培养经费，也即当年生均教育经费支出额
21	生均图书量（含电子图书等）	指全日制学生人均可使用的图书量，包括电子图书等相关资料

说明：（1）针对以上所有指标的统计结果都是在一定时间段内的结果。（2）具体到每个指标的统计技术比如一些指标中涉及的统计时间段、数据归一化处理等需要具体讨论，该指标体系中仅提供指标内容。

第四节　对研究型大学国际竞争力指标体系构建的建议

一、构建具有高度国际可比性和可操作性的研究型大学国际竞争力指标体系

研究型大学国际竞争力的指标体系要具有高度的国际可比性和可操作性。从大学排名指标的全球可比性分析和指标选取中可以看出，真正可以用来在全球范围内评价大学尤其是研究型大学国际竞争力的指标实际上非常有限。随着高等教育国际化的深入发展，如何对大学进行科学的国际比较，已经成为全球研究型大学普遍面临的问题。因此，积极开发反映研究型大学国际竞争力的、具有高度国际可比性和可操作性的大学评价指标意义重大。在加强关于研究型大学国际竞争力内涵、要素、国际比较等方面理论研究的同时，积极进行全球基本可比指标的实践探索，加强全球高等教育的数据库建设。

二、注重个性与共性的统一，侧重产出指标和国际化指标

研究型大学的国际竞争力中既有高等教育共性的部分，也有体现大学特色和优势的个性部分。因此，构建的国际竞争力指标体系也要坚持个性与共性相统

一，不能因为过于注重共性追求而忽视特色建设，也不能因为过于保留特色而被排挤到高等教育体系边缘。研究型大学国际竞争力的指标体系的核心是评价和衡量研究型大学的国际竞争力，因此各类型指标均要与研究型大学的国际化相结合，将研究型大学放在全球层面、国际背景下进行比较。

第三章

研究型大学师资队伍的国际竞争力

师资队伍是一所大学的重要组成部分，是一所大学的主要学术源泉，也是大学竞争力的体现。正如美国哈佛大学前校长科南先生（J. B. Conot）所说："大学的荣誉不在于它的校舍和人数，而在于它一代一代教师的质量。一所大学要站住脚，教师一定要出色。"① 对于研究型大学而言，更是如此。师资队伍的质量直接影响大学发展的方方面面，包括学生整体的发展、教学水平的优异、提供社会服务及吸引各种资源的能力等。② 可以说，师资队伍的质量是衡量研究型大学国际竞争力的标准，是研究型大学国际竞争力的重要组成要素。本章将从师资队伍的视角探讨研究型大学的国际竞争力。

第一节　师资队伍国际竞争力的重要性

一、师资队伍国际竞争力的内涵

教师是大学中人的范畴。教师质量是决定学校质量的最重要的因素。教师质量也决定了"学校其他所有投入的产出效能"③。对研究型大学而言，师资队伍

① http://baike.baidu.com/view/10504.htm.

② 参见［美］詹姆斯·杜德斯达：《21世纪的大学》，123页，北京，北京大学出版社，2005。

③ Steven G. Rivkin, Eric A. Hanushek and John F. Kain, "Teachers, Schools, and Academic Achievement," NBER Working Paper No. 6691, 2001.

更是其成功的关键。① 因此，在研究型大学竞争力建设的研究中，很多专家学者都提出了提高师资竞争力的口号。

对师资队伍国际竞争力的界定，目前比较有代表性的主要有以下几类：第一，从绝对优势的角度，师资竞争力被定义为大学人力资本，即指大学对优秀人力资本吸引、培养、运用的能力。“大学人力资本的引进吸收能力构成了大学人力资本竞争力的基础，大学人力资本的最优化开发和运用能力构成了大学人力资本竞争力的核心。”② 第二，从相对优势的角度，一所大学师资队伍的核心竞争力就是“这所学校独有的、比兄弟学校强大的、具有持久力的师资优势”③。第三，综合前两者的观点，师资队伍核心竞争力是指“那些对大学师资队伍取得竞争优势地位起关键作用的要素集合以及要素之间的相互联系”④。

这些概念虽然各有侧重，但都强调了师资竞争力是指师资的竞争优势。要更好地把握师资竞争力的内涵，还需要从师资竞争力的评价研究着手。

从实践方面看，评价师资队伍的国际竞争力多见于大学排名和大学评价上。然而，这些排名和评价研究对师资的评价方法、内涵等也有不同诠释。例如，在上海交通大学学术排名（ARWU）指标体系和墨尔本大学墨尔本研究所澳大利亚大学评价指标体系中，教师质量都被分配了40%的权重。不同的是，ARWU排名用获奖教师和高引用教师数量来评定教师质量，而墨尔本研究所的排名用教师科研成果来评定（见表3—1和表3—2）。又如，我国教育部颁发的《普通高等学校本科教学工作水平评估方案（试行）》侧重用教师队伍的结果来评价教师质量，而美国康奈尔大学注重其他人的观点来对师资质量进行评估（见表3—3和表3—4）。

表3—1　　上海交通大学学术排名中教师质量指标及权重

一级指标	二级指标	权重（%）
教师质量	获诺贝尔奖和菲尔兹奖的教师的折合数	20
	各学科领域被引用率最高的教师数量	20

资料来源：http://www.arwu.org/Chinese/aboutARWU.jsp.

① 参见刘念才、Jan Sadlak：《世界一流大学：战略·创新·改革》，51页，上海，上海交通大学出版社，2009。

② 宋东霞：《中国大学竞争力研究》，39～40页，北京，高等教育出版社，2005。

③ 黄朗青：《创新管理提升学校师资队伍核心竞争力》，载《当代教育论坛》，2008（2）。

④ 胡卓君：《提升大学师资队伍的核心竞争力》，载《当代教育论坛》，2004（9）。

表 3—2　　墨尔本研究所大学排名中教师质量指标及权重

一级指标	二级指标	权重（%）
学术人员的国际地位/质量	研究出版物的数量和质量	40
	研究成果被引用次数	
	研究收入	
	学术地位被认可程度	

资料来源：参见刘念才、Sadlak，J.：《世界一流大学：特征・评价・建设》，上海，上海交通大学出版社，2007。

表 3—3　《普通高等学校本科教学工作水平评估方案（试行）》师资评价指标体系

一级指标	二级指标	主要观测点	参考权重（%）
师资队伍	师资队伍数量与结构	生师比	30
		整体结构状态与发展趋势	40
		专任教师中具有硕士学位、博士学位的比例	30
	主讲教师	主讲教师资格	30
		教授、副教授上课情况	30
		教学水平	40

资料来源：http://www.moe.edu.cn/publicfiles/business/htmlfiles/moe/s3879/index.html.

表 3—4　　康奈尔大学教学评价手册教师质量评价指标

评价主体	评价指标	权重（%）
学生评价	教学水平	30
	教学能力	
	课堂组织能力	
	课堂师生互动	
	课堂氛围	
同行评价	研究能力	60
	研究设计的领域	
	学术共同体的参与度	
	师生关系	
	教学态度	

资料来源：http://www.cte.cornell.edu/resources/teh/teh.html.

从理论研究方面看，很多专家都提出了评价师资竞争力的指标体系，但有的学者提出的评价标准比较模糊，认为教师队伍的质量应体现在大学的学术水平①

① 参见曲绍卫：《大学竞争力研究：基于新制度经济学分析框架》，40 页，北京，教育科学出版社，2008。

或者是师资的学科分布状况、学科带头人和管理机制等方面①。有的将师资竞争力分解成具体的可操作的评价指标体系，例如宋东霞认为师资竞争力应该从大学人力资本规模竞争力（包括反映数量和结构的指标）、大学人力资本质量竞争力（包括反映学位结构和学术水平的指标）、大学人力资本效率竞争力（包括反映培养能力、教学实效和科研实效的指标）、大学人力资本吸引力竞争力（包括反映人才引进的指标）几个维度进行评价。② 张卫良提出师资竞争力的评价应从师资的学术水平（包括学术带头人的学术水平，师资队伍的产出能力，教师的师德水准、治学态度、教书育人、团结协作、创新精神，重大课题攻关能力，创新团队数等）；队伍结构（包括高水平创新人才的比例，教师队伍的学历结构、年龄结构、知识结构、职称结构、学缘结构，教学科研人员的比例，实验人员的比例，教辅人员的比例等）和师资培训（包括国外攻博人数、国外访问学者、国内攻博人数、国内访问学者、校内攻博人数、校内攻硕人数、参加短训班的人员、国内外合作科研人员等）等几个方面进行评价。③ 而邱均平等认为一流的师资队伍只是个定性指标，该指标可以在人才培养和科学研究方面分解为两个定量指标：一个是外国留学生占研究生的比例，世界一流大学外国留学生占研究生的比例在20％以上；另一个是发表在国际顶级学术期刊的论文数量，世界一流大学在《自然》和《科学》上发表的论文数量居世界大学前 30 名。④

无论是实践运用还是理论研究，对师资队伍国际竞争力的评价主要集中在教师质量和教师结构两方面。然而师资队伍的国际竞争力不是一个静态的概念，它是不断发展的。就师资而言，“对现代教师在学识上的修养，已经不可能要求他在职前就对自己所要教授的专门学科，一次性地达到完整把握……但是，有进行职后继续学习的能力等要求却显得更为重要了”⑤。终身教育的理念不应该只在教师培养中体现，在师资竞争力的形成和发展中也尤为重要。另外，“第二次世界大战以来，教育目的中的世界意识在不断增强，现在许多国家的教育制度已经开始面向当代世界性课题”⑥。培养国际化的学生成为许多国家和大学的教育目标之一。因此，作为教育目标的执行者——教师首先必须国际化，只有国际化的

① 参见胡卓君：《提升大学师资队伍的核心竞争力》，载《当代教育论坛》，2004（9）。
② 参见宋东霞：《中国大学竞争力研究》，124～129 页，北京，高等教育出版社，2005。
③ 参见张卫良：《大学核心竞争力理论与实践研究》，青岛，中国海洋大学出版社，2006。
④ 参见邱均平、杨瑞仙、丁敬达：《一流大学与科研机构学科竞争力评价研究报告 2009》，20 页，北京，科学出版社，2009。
⑤ 叶澜：《新编教育学教程》，11 页，上海，华东师范大学出版社，2006。
⑥ 唐玉光、房剑森：《高等教育改革论》，288 页，桂林，广西师范大学出版社，2002。

师资才有可能培养出国际化的学生。而且，随着国际化和全球化的加剧，国际化的需要已经渗透到教师的教学、科研、职业培训各个方面，是反映教师质量的重要指标之一。

综上所述，师资队伍的国际竞争力可以从师资队伍结构、师资队伍质量、师资队伍培训、师资队伍国际化水平这四个方面进行评价。而且师资队伍国际化水平是其中最能反映竞争力的指标，同时其国际化的表现也渗透于其他三项指标中。也就是说，师资队伍的国际竞争力从宏观上是指在国家和学校层面上与其他国家和大学在师资队伍国际化和吸引国际学术大师方面的竞争力，从微观上是指师资队伍对大学职能的执行力以及自身发展提升和国际交流的能力。

二、师资队伍是研究型大学国际竞争力的核心

师资是大学的主体，是大学发展不可或缺的部分。师资既是大学的竞争主体，也是大学的竞争客体。从大学竞争主体而言，“师资是大学竞争力的要素”①。教师队伍素质的高低直接决定大学办学水平和各项职能的发挥，而且在很大程度上是其是否具有竞争力或有多大竞争力的决定因素。② 大学的水平就是人的水平，大学的质量就是人的质量，大学的特色就是人的特色，大学的理念既来自于人也体现于人。教师是大学最核心的人力资源，是大学核心竞争力的要素。③

在每一个特定的领域，杰出学者和教师的供给数量都是不多的，因此聘用优秀教师的选择余地是相当有限的。④ 可见，从大学竞争客体角度来看，师资，特别是一流的师资，本身也是一种稀缺资源，是大学建设的争夺对象，也是大学竞争力的支撑性要素。“师资队伍是大学竞争力的重要基础，是大学竞争力中最关键和最主要的支撑部分，一流的师资队伍也是大学竞争力的发展动力所在，渗透在大学教学、科研、社会服务的每一环节之中，既是一种现存的状态，更是一种发展的方向。”⑤

① 王冀生：《大学文化是大学核心竞争力之所在》，载《评价与管理》，2006（4）。

② 参见卢春兰、卢再球：《加强“双师型”师资队伍建设，提升高职院校核心竞争力》，载《企业家天地》，2009（5）。

③ 参见张卫良：《大学核心竞争力理论与实践研究》，青岛，中国海洋大学出版社，2006。

④ 参见陆登庭：《一流大学的特征及成功的领导与管理要素：哈佛的经验》，载《国家高级教育行政学院学报》，2002（5）。

⑤ 万格：《中国研究型大学竞争力态势及提升研究》，哈尔滨工业大学硕士学位论文，2009。

因此，高水平的师资队伍是高校竞争力的衡量指标之一。① 一支高水平的教授队伍本身就是大学竞争力的衡量指标②，决定了大学竞争力地位，同时极大影响着一国大学教育整体竞争力的提升和发展，是大学发展的根本所在③。而对于追求一流的研究型大学而言，强大的师资队伍更是关键和核心，"一流的大学取决于一流的学术水平，更取决于一流的师资队伍"④。

三、国际学术大师是师资队伍国际竞争力的关键

《辞海》对大师的解释是："指有巨大成就而为人所宗仰的学者或艺术家。"⑤ 刘道玉认为大师至少要具备四个条件：学术上博大精深，博古通今；作出创造性的贡献，其成果对科学技术发展具有革命性作用；必须是一个学派的首领；道德人品堪为人师。⑥ 崔平提出："只有具有创造能力并作出创造性贡献的人才是真正的大师。"⑦ 李忆华等认为学术大师是指在学术上有很深的造诣，为大家所尊敬的人。⑧ 大学教师的最高境界是称为学术大师。大师应该是经师与人师的统一，也就是"道德文章，堪为师表"。大师不仅有渊博的知识，有原创性、奠基性、开拓性、前沿性的学术成就，还能做到文以载道，是知识和品格完美结合的代表，是知行统一的典范。⑨

可见，国际学术大师必定是在学术上进行原创性的学术工作和研究工作，并有国际领先的首创的科研成果，在行为上是世人的标杆。但在教师的选择中，难以对道德行为进行测量，因此，在本研究中对国际学术大师的确认主要以教师的学术工作为标准。诺贝尔奖和菲尔兹奖的获奖教师、高引用的教师等是本研究中所指的国际学术大师，此外担任各学科的科学引文索引（SCIE）及社会科学引

① 参见单伟、张庆普：《基于隐性知识的高校核心竞争力分析》，载《哈尔滨工业大学学报》（社会科学版），2006（1）。

② 参见陈运超：《浅论大学的竞争力》，载《江苏高教》，2000（6）。

③ 参见宋东霞：《中国大学竞争力研究》，39页，北京，高等教育出版社，2005。

④ 赵娟：《保持大学核心竞争力矩阵结构的平衡——基于伯顿·克拉克矩阵的视角》，西北师范大学硕士学位论文，2009。

⑤ 夏征农：《辞海》，706页，上海，上海辞书出版社，1989。

⑥ 参见刘道玉：《什么样的人可以称为大师》，载《同舟共进》，2008（3）。

⑦ 崔平：《老师与大师——中国"学术大师"确认潜规则的现代破产与未来显规则》，载《学术界》，2009（4）。

⑧ 参见李忆华、龙冲：《学术大师人格魅力溯源》，载《西北医学教育》，2004（4）。

⑨ 参见刘欣：《造就德才兼备的学术大师——大学精神的核心体现》，载《新西部》，2009（12）。

文索引（SSCI）刊物的主编及编委的教师也是国际学术大师的代表。这是因为期刊编委及编委会成员一直被誉为期刊的“守门人”，在稿件评审及选拔体系的控制作用及科学的集体活动中占据着有利的战略位置。① 作为期刊的学术领导机构，编委是提高期刊学术质量、增强期刊竞争力的重要保障；同时由学科领域的权威、专家、学科带头人组成，极大影响着学科领域的发展方向。

国际学术大师是师资队伍中的领军人物，他们既是高层次人才特质的一种延续，更体现出他们在专业领域中发挥着领头羊的作用，具有独特的人格魅力、深远的战略眼光和卓越的组织领导能力，能够吸引、凝聚、感召、率领一个或多个科学家联合作战。② 因此，拥有世界级学术权威和大师是一流研究型大学的一个重要标志。③ 当今世界，几乎所有的世界一流大学都拥有一定数量的诺贝尔奖获得者，拥有一定数量的国家科学院院士、工程院院士等一流的学科带头人和学术队伍。这是这些大学成功的重要秘诀，是大学发展的最核心资源。④ 所以，国际学术大师是师资竞争力的关键，也是测量和评价师资竞争力的关键因素。另外，目前对于师资队伍国际竞争力的研究主要集中在对师资竞争力的界定和评价方法的研究，但缺少对师资本身竞争力的特征分析，对实际的师资招聘和建设缺乏指导意义。因此，本章节将采用国际学术大师这个视角，从定量的角度出发，对研究型大学师资队伍的国际竞争力作深入分析，并为我国研究型大学师资队伍建设提出可行性参考。

第二节 研究方法

一、国际学术大师的界定

国际学术大师的特征林林总总，结合师资竞争力的评价指标和当前研究型大

① Tibor Braun，Ildiko Diospatonyi，Erika Zador and Sandor Zsindely，“Journal Gatekeepers Indicator—Based Top Universities of the World，of Europe and of 29 Countries—A Pilot Study，” *Scientometrics*，2007，71（2）.

② 参见刘少雪：《面向创新型国家建设的科技领军人才成长研究》，北京，中国人民大学出版社，2009。

③ 参见王怀宇、沈红：《美国研究型大学教授发展的诸力分析》，载《比较教育研究》，2003（3）。

④ 参见宋东霞：《中国大学竞争力研究》，39页，北京，高等教育出版社，2005。

学建设的实践，本章拟从国际学术大师的海外经历和学术话语权两个角度出发，对国际学术大师的国际竞争力进行研究。

首先，有关海外经历对国际学术大师成就影响的研究并不多见，但一些学者在对高科技人才流动的研究中发现，在美国，“这些出生在欧洲的移民的技术水平远远高于欧洲本土劳工的技术水平，而且在这些移民中获得博士学位的比例也高于美国本土劳动力的平均水平”①。“在英国获得博士学位的科学家，迁移到美国的论文引用率和质量都高于留在英国的科学家。”② 可见，海外经历即使不是决定成就的因素，也是非常重要的影响因子。

本章选择海外经历的研究角度有两个原因。第一，在全球化和信息化的时代，“高等教育机构也加入到了跨国流动的行列之中”③，高等教育的国际化是不可逆转的趋势，要想发展高等教育、建设世界一流大学、提高大学国际竞争力，靠闭门造车是不可能实现的。《中国教育改革和发展纲要》就指出，高等学校要“进一步扩大教育对外开放，加强国际教育交流与合作”，而高等教育国际化的一个关键就是教师的国际化。综合国内外学者研究以及高校在师资队伍国际化方面的措施，普遍认同的实现师资队伍的国际化途径主要有：招聘国外留学生，招聘国外知名学者教授，派遣本校教师出国培训、访问、考察等。可见教师的海外经历是师资队伍国际化的体现之一。第二，就人才本身而言，人才流动是国际化与全球化的必然趋势。一方面，21 世纪的竞争，主要是人才的竞争，就高等教育领域而言，在高等学校招募和保有高质量的教学人员在全世界都是优先的事情。一个高质量和高技能的高等教育工作队伍能支撑高等教育系统的国家和全球竞争力。学术是一个国际职业，高等教育的师资队伍正逐渐多民族化。从海外招聘的教学人员正成为组成大学师资队伍的重要元素。④ 各类高层次人才，特别是国际学术大师是各个国家、各个学校竞相争夺的对象。另一方面，根据库克人才创造力周期理论，在某个岗位上，人的创造力高峰一般维持 3～5 年，若在创造力衰退之前适时地更换岗位，则能使其发挥最大的创造力。由此可见，流动性是人才的一个特性。把握国际学术大师海外经历的特征，有助于国家和大学制定合理的

① Saint, P. G., "The Brain Drain: Some Evidence from European Expatriates in the United States," IZA Discussion Paper Series, Institution for the Study of Labor, Washington, DC, 2004.

② Pierson, A. S. and Cotgreave, P., "Citation Figures Suggest That the UK Brain Drain is a Genuine Problem," *Nature*, 2000.

③ 菲利普·阿尔特巴赫：《跨越国界的高等教育》，载《比较教育研究》，2005 (1)。

④ UUK, "Talent Wars: the International Market for Academic Staff," in *Universities UK Policy Briefing*, London, Universities UK, 2007.

师资招聘和发展政策，提高师资队伍的国际竞争力水平。

根据目前国家和大学所实施的师资国际化的措施，本章中的海外经历指一年及以上的海外教育经历、海外工作经历和海外访问经历等。

其次，本章也试图以期刊编委的学术话语权来界定国际学术大师。期刊编委的学术话语权引领着学科发展的方向和潮流，也是学科发展国际化的风向标，因此编委的话语权亦是师资队伍竞争力的有力说明。

学术期刊作为学术成果的传播载体，能够更及时地追踪前沿。在客观上学术期刊具有评价和引导功能，无论对匡正学术风气还是对提升研究水准，其作用都不可或缺，在学术话语权构建中的影响力更是不可低估。① 一流的学术期刊之所以能够突破狭隘的文献传播功能的局限，引领某一或某些学科领域学术发展的方向，归根到底取决于办刊人自身的学术素养和刊物所依托的相关研究领域的一流学者，其中的办刊人直接涉及的就是编辑、编委人员。

因此，本章选择期刊编委的原因在于：期刊编委作为期刊的学术领导机构，由学科领域的权威、专家、学科带头人组成，极大影响着学科领域的发展方向；其编委成员有全心致力于期刊建设的，他们在决定编辑方针、报道重点，以及撰稿、审稿、推荐稿件方面，尤其是在科研成果的评价与选择的控制体系中，占据着有利的战略性地位。② 期刊编委是提高期刊学术质量，增强期刊竞争力的重要保障。另外，通过期刊发掘、培养、推荐作者和编审者，在人才培养方面还起着特殊的作用。期刊编委是直接影响着学术话语传播的特殊群体。

关于以编委来研究教师及所在大学在相关学科领域的学术话语权，国内这方面的研究相对较少，但在国外已有较多类似研究。早在20世纪80年代，《科学计量学》的主编布劳温（Tibor Braun）就开始致力于以部分学科领域国际期刊的编委人数作为科学指标，分析编委人数与期刊的影响因子、编委的发文数和论文被引频次等其他科学计量指标，以及编委数量与期刊质量之间的关系等方面的研究。③ 同时还有其他学者分别选取财经类、统计类、会计学、商学以及教育心理学等期刊进行了类似的研究。充分说明期刊编委的话语权在反映师资竞争力方

① 参见邱均平等编著：《中国学术期刊评价研究报告——RCCSE权威、核心期刊排行榜与指南》，北京，科学出版社、龙门书局，2009。

② Tibor Braun，Ildiko Diospatonyi，Erika Zador，Sandor Zsindely，"Journal Gatekeepers Indicator—Based Top Universities of the World，of Europe and of 29 Countries—A Pilot Study，" *Scientometrics*，2007，71（2）。

③ Zsindely，S.，Schubert，A. and Braun，T.，"Editorial Gatekeeping Patterns in International Reference to Science Journals，A New Science Indicator，" *Scientometrics*，1982，4（1），pp. 57－68.

面的重要作用。

二、海外经历样本的选择及数据的采集

1. 海外经历研究样本选择

诺贝尔奖官方网站（http://nobelprize.org/）、维基百科（http://zh.wikipedia.org/）记录了历届诺贝尔奖科学家和菲尔兹奖数学家的基本信息，包括获奖时间、基本的教育信息和工作情况，截止到 2011 年 1 月，获诺贝尔化学、经济学、生理或医学、物理学奖的科学家与菲尔兹奖的获得者一共有 681 人，其中现有教师人数为 217 人，教师比例为 31.9%（见表 3—5）。

表 3—5　　诺贝尔奖与菲尔兹奖中师资样本　　单位：人

学科领域	诺贝尔奖				菲尔兹奖	总计
	化学	经济学	生理或医学	物理学		
总人数	166	67	205	195	48	681
教师人数	46	37	50	58	26	217
师资比例(%)	27.7	55.2	24.4	29.7	54.2	31.9

资料来源：http://nobelprize.org/；http://zh.wikipedia.org/.

汤姆森高引用科学家数据库（http://hcr3.isiknowledge.com/formBrowse.cgi）记录了 40 多个国家和地区的 21 个领域的高引用科学家的相关信息，涉及的专业领域有：农业科学、生物学与生物化学、化学、临床医学、计算机科学、生态与环境、经济与管理、工程学、地球科学、免疫学、材料科学、数学、微生物学、分子生物学与遗传学、神经科学、药理学、物理学、动植物科学、心理学与精神病学、社会科学、空间科学等。数据库中对高引用科学家的相关信息记录包括个人基本的教育经历、职业经历、获奖经历、科研成果等。截止到 2011 年 1 月，数据库共收录高引用科学家 6 528 人，其中教师人数 4 601 人，占总人数的 70.5%（见表 3—6）。

表 3—6　　高引用科学家中师资样本　　单位：人

学科领域	总人数	教师人数	师资比例（%）
农业科学	287	178	62.0
生物学与生物化学	236	137	58.1

续前表

学科领域	总人数	教师人数	师资比例（%）
化学	272	217	79.8
临床医学	235	148	63.0
计算机科学	361	265	73.4
生态与环境	335	255	76.1
经济与管理	338	318	94.1
工程学	230	172	74.8
地球科学	337	217	64.4
免疫学	340	180	52.9
材料科学	292	223	76.4
数学	346	324	93.6
微生物学	354	199	56.2
分子生物学与遗传学	314	183	58.3
神经科学	317	214	67.5
药理学	291	175	60.1
物理学	310	216	69.7
动植物科学	332	242	72.9
心理学与精神病学	284	210	73.9
社会科学	355	285	80.3
空间科学	362	243	67.1
总计	6 528	4 601	70.5

资料来源：http://hcr3.isiknowledge.com/formBrowse.cgi.

2. 海外经历数据的采集与统计

诺贝尔奖和菲尔兹奖获得者教师身份的认定按诺贝尔奖官网、维基百科等有关网站公布的诺贝尔奖和菲尔兹奖获得者现在所在单位和职位确定；高引用科学家则按照汤姆森高引用科学家数据库提供的高引用科学家的工作通讯地址为其工作单位以确定其教师身份。离退休以及去世的科学家不在统计之列。本章主要从教师的海外经历来分析具有国际竞争力的教师的特征，包括海外教育经历、海外工作经历、海外访问经历。海外教育经历既包括学位教育经历，也包括一年及以上的海外访学经历、国际交流学习经历；一年及以上的博士后经历属于海外工作经历范畴；海外访问经历亦指一年及以上的访问。但这些师资在海外的名誉任职，包括客座教授、名誉顾问、学术委员、名誉访问教授等不计入海外经历。

本章将对这些国际大师海外经历的单位，特别是学校进行统计。在统计大学人数时，海外经历涉及两所或两所以上大学的，每所大学都记 1 次。

三、期刊编委样本选择及数据采集

本节选择以机械工程学科 SCIE 期刊编委和经济学科 SSCI 期刊编委为例，在对编委进行标准职务分类的基础上，从期刊编委的维度来分析。

1. 学术话语权样本选择

通过美国科学信息情报所（ISI Web of Knowledge，ISI）数据库平台检索到期刊列表，利用搜索引擎进行检索，同时输入期刊名称以及期刊的国际标准刊号（International Standard Serial Number，ISSN），查找并确认各期刊的官方网站，直接获取或检索“editorial board/editorial contact/editorial information”等关键词，获取各期刊的现任编委成员（即为 2009—2010 年年度在任）名单及其所在单位等相关信息。

然后根据以下标准对信息进行分类：首先，依据统计时间，统计对象界定为现任编委成员（编委信息统计时间为 2009 年 10—12 月，即在各期刊官方网页上目前明确列出的编委成员名单），现任基本指在 2009—2010 年年度担任该期刊的编委，其中也包括有年份跨度（如 2009—2013 年）。

其次，具体统计对象均为在期刊中起主要作用即主要负责期刊核心编辑工作的成员。因此，如“Editor Assistant”、“Editor Secretary”、“Assistant to the Editors”、“Editorial Staff”、“Board of Governors”、“Board of Directors”、“Honorary Board”、“Journal Coordinator”等人员均不统计在内。需要说明的是，部分“Founding Editor”并非为期刊的现任主编，也不将此类编委统计在内，但如果期刊的“Founding Editor”已列入“Editorial Board”名单中，或该期刊的“Founding Editor”就是现任主编，则按其具体实际职务进行常规统计。

接着，根据不同编委的职务性质和职能分工，即各编委在刊物编辑活动中的实际资格，将编委成员主要划分为三大类（例如机械工程 SCIE 期刊编委职务分类，见表 3—7）：第一，主编是学术期刊的灵魂人物，其学术水平和学术眼光在很大程度上决定了刊物的水平和质量，因此将其划分为一类编委，如“Editor-in-Chief”、“Chief Editor”、“Joint Chief Editor”等；第二，副主编类主要协助主编，负责期刊日常管理各方面活动，同时有区域性编委负责该期刊不同区域的编辑活动，为期刊本身的长期发展提供了动力，将其划分为二类编委，如

"Deputy Editor"、"Associate Editors"、"Managing Editors" 等；第三，第三类编委即编委会成员，其来源的国家和地区更为广泛，所在机构也更加多元化，他们帮助期刊审理筛选稿件、推荐文章，并为期刊发展提出宝贵意见等，通过这些编委和顾问，有效提高期刊的社会和学术影响力，如"Editorial Board"、"Advisory Board"、"Advisory Editors" 等。三种不同类型编委分工协作，各司其职，有利于学术期刊稳定发展，并为科研成果传播和学科长远发展提供坚实平台。

表 3—7　　机械工程类 SCIE 期刊编委标准职务分类

类别		每类编委可能出现的职务（共 45 种）	出现的频次*
第一类主编类（共 6 种）		Editor-in-Chief	49
		Editors	41
		Executive Editor	2
		Chair	1
		Chief Editor	1
		Senior Technical Editor	1
第二类副主编类（共 24 种）	常规副主编（共 13 种）	Associate Editors	29
		Editors	7
		Editor Emeritus	7
		Assistant Editor	4
		Honorary Editors-in-Chief	4
		Managing Editor	3
		Deputy Editor	2
		Executive Editor	2
		Deputy Editor-in-Chief	1
		Editor-at-Large	1
		Executive Associate Editor	1
		Vice-Editor	1
		Vice-Editor-in-Chief	1
	专项副主编（共 11 种）	Book Review Editor（Review Editor）	11
		Regional Editor	5
		Associate Technical Editor	3
		Technical Editor	3
		Receiving Editor	2
		Subject Editor	2
		Associate Regional Editor	1
		Contributing Editor	1
		Electronic Publishing Editor	1
		French Language Editor	1
		Special Issue Editor	1

续前表

类别	每类编委可能出现的职务（共45种）	出现的频次*
第三类编委、顾问类（共15种）	Editorial Board (Members)	37
	Editorial Advisory Board	17
	Advisory Board	5
	Board of Editors	2
	Consulting Editors	2
	Honorary Editorial Advisory	2
	International Advisory Board	2
	International Editorial Advisory Board	2
	Advisory Editorial Board	1
	Advisory Group	1
	Editorial Advisor	1
	Editorial Reviewing Board	1
	Honorary Editorial Board	1
	International Advisory Editorial Board	1
	Reviewing Committee	1

说明：* 数据为各职务在105种期刊中出现的频次，出现相同频次的职务按首字母顺序排序。
资料来源：根据机械工程类SCIE期刊的105种期刊官方网站上的相关编委信息整理所得。

2. 学术话语权数据的采集和统计

按常规情况统计：同一编委在一种期刊担任不同层次职务时，按较高职务统计为1人次；同一编委在不同期刊担任不同层次职务时，按不同期刊分别统计人次；而同一编委在一种期刊同时在不同机构时，如两个不同机构，各机构编委人次均为0.5人次；三个机构，则编委人次各为0.33人次。

权重方法：依据编委职务标准分类，在各期刊编委人次统计的基础上，按照每种期刊编委的总权重为2，即各期刊一类编委的总权重为1，二类编委的总权重为0.5，三类编委的总权重为0.5进行分别统计，一种期刊各机构的权重则为该类编委的总权重除以该类编委的总人次。最后，获得的各机构总权重即为该机构在该学科领域所拥有的SCIE及SSCI期刊三种类型编委权重之和。

第三节　国际学术大师的海外经历分析

一、获诺贝尔奖和菲尔兹奖中的教师队伍现状

获诺贝尔奖和菲尔兹奖的教师（以下简称“获奖教师”）共217人，现分布在91所大学工作，依据2010年ARWU排名，这些大学在大学排名中的分布以

及教师在大学中的分布情况如表 3—8 所示。

表 3—8　　获奖教师数及所在大学分布情况

ARWU 排名名次	大学数（所）	教师数（人）
1～50	40	160
51～100	24	27
101～200	15	18
201～300	5	5
301～400	4	4
其他*	3	3
总计	91	217

说明：* 指 500 名之后的大学。
资料来源：http://www.arwu.org.

从表 3—8 中可以看到，世界排名前 50 大学吸引了 73.7%的获奖教师，世界排名前 100 的大学吸引了 86.2%的获奖教师。可以说，顶尖的国际学术大师主要集中在顶尖的世界一流大学。聚集获奖教师最多的前 10 所大学分别是麻省理工学院、哈佛大学、斯坦福大学、芝加哥大学、普林斯顿大学、加州大学伯克利分校、剑桥大学、哥伦比亚大学、加州大学圣塔芭芭拉分校、加州理工学院（见表 3—9）。

表 3—9　　获奖教师当前工作集聚前十所大学

序号	大学名称	区域	ARWU 排名名次	教师人数
1	麻省理工学院	美洲	4	13
2	哈佛大学	美洲	1	13
3	斯坦福大学	美洲	3	11
4	芝加哥大学	美洲	9	10
5	普林斯顿大学	美洲	7	9
6	加州大学伯克利分校	美洲	2	9
7	剑桥大学	欧洲	5	9
8	哥伦比亚大学	美洲	8	8
9	加州大学圣塔芭芭拉分校	美洲	32	6
10	加州理工学院	美洲	6	6

资料来源：http://www.arwu.org.

上述十所大学基本上在世界大学排名中位居前十位，且主要集中在美国。这至少反映了两个问题：一是教师中的精英群体有集聚现象；二是欧美几所富足的精英大学具有吸引和留住杰出人才的能力。正如祖克（L. G. Zucher）和达比（M. RDarby）提到的，杰出人才会向有着更多同仁的国家或地区聚集，例如美国的研究型大学系统为这些杰出人才的创新提供了温床。数十年来，美国已经吸引了全世界最优秀的人才来攻读博士学位，而这些优秀人才中的杰出分子留了下来，为美国社会的发展作出了突出贡献。①

二、获奖教师的海外经历分析

根据维基百科和诺贝尔奖官方网站提供的信息，获奖教师中有 65.4%的人有过海外经历，然而由于信息不全，实际上这一比例可能更高。不同海外经历比例详见表 3—10。

表 3—10　获奖教师中具有海外经历的教师比例

经历	比例（%）
海外教育经历	21.4
海外工作经历	50.0
海外访问经历*	20.0

说明：*诺贝尔奖和菲尔兹奖的海外访问经历教师比例＝有一年及以上海外访问经历教师总数/诺贝尔奖与菲尔兹奖师资总数。

1. 海外教育经历

诺贝尔奖与菲尔兹奖师资中有海外教育经历信息的有 45 人，分布在大约 30 所大学，由于同一名教师可以在不同的学校学习和工作，因此每所大学记一次，以下其他海外经历分析同样处理。从获奖教师在海外接受教育的经历来看，接收获奖教师最多的前十所大学分别是剑桥大学、加州大学伯克利分校、哈佛大学、芝加哥大学、牛津大学、麻省理工学院、麦吉尔大学、普林斯顿大学、卡内基梅隆大学以及科罗拉多大学—波尔得（见表 3—11）。

① Zucher, L. G. and Darby, M. R., "Star Scientist, Innovation and Regional and National Immigration," The 2nd Annual Kauffman Foundation/Max Planck Institute Research Conference on Entrepreneurship, California, 2007.

表 3—11　　获奖教师海外教育经历集中的前十所大学

序号	大学名称	区域	ARWU 排名名次	教师所占比例(%)
1	剑桥大学	欧洲	5	10.4
2	加州大学伯克利分校	美洲	2	10.4
3	哈佛大学	美洲	1	8.3
4	芝加哥大学	美洲	9	6.3
5	牛津大学	欧洲	10	6.3
6	麻省理工学院	美洲	4	4.2
7	麦吉尔大学	美洲	61	4.2
8	普林斯顿大学	美洲	7	4.2
9	卡内基梅隆大学	美洲	58	2.1
10	科罗拉多大学—波尔得	美洲	32	2.1

说明：教师所占比例是指该类海外经历大学拥有的教师数与该类海外经历教师样本总数的比值。
资料来源：http://www.arwu.org.

这十所大学均是世界大学学术排名前 100 的研究型大学，说明在教育的选择上，科研实力越强的大学对有研究倾向的学生更具吸引力。为进一步分析海外教育经历与工作选择之间的关系，本章拟运用 SPSS16.0 软件对海外教育经历聚集的排名与当前工作聚集的排名进行相关性分析，由于获奖教师信息不全，在此以海外教育比较集中的前十所大学为样本，比较其在聚集师资的工作单位排名情况，结果显示两者的相关系数为 0.768（见表 3—12）。如同约翰逊（J. M. Johnson）和瑞格斯（M. Regets）所说，美国能吸引国外的科学家和工程师与美国高等教育吸引、资助和留住国外的科学与工程专业的研究生的能力密切相关。[①]

表 3—12　　获奖教师海外教育经历与当前工作聚集的关系分析

		海外教育排名	当前工作排名
海外教育排名	Pearson 相关性	1	.768*
	显著性（双侧）		.000
	N	17	17
当前工作排名	Pearson 相关性	.768*	1
	显著性（双侧）	.000	
	N	17	17

说明：* 按双侧检验，相关系数的显著性检验值小于 0.01。

① Johnson, J. M. and Regets, M., "International Mobility of Scientists and Engineers to the United States-Brain Drain or Brain Circulation?" National Science Foundation (June), NSF 98-316, 1998.

2. 海外工作经历

海外工作经历包括博士后工作经历，但由于维基百科和诺贝尔奖官网提供的信息对此没有更详细的记录，因此笼统地记作海外工作经历，不具体区分。诺贝尔奖与菲尔兹奖师资中有一年及以上海外工作经历的有 105 人，这些海外工作单位涉及大约 45 所大学。从获奖教师在海外工作的经历来看，接收获奖教师数量最多的十所大学分别是剑桥大学、哈佛大学、伊利诺伊大学—香槟、斯坦福大学、哥本哈根大学、曼彻斯特大学、芝加哥大学、洛克菲勒大学、华盛顿大学—圣路易斯以及不列颠哥伦比亚大学（见表 3—13）。

表 3—13　　获奖教师海外工作经历集中的前十所大学

序号	大学名称	区域	ARWU 排名名次	教师所占比例（%）
1	剑桥大学	欧洲	5	9.1
2	哈佛大学	美洲	1	7.3
3	伊利诺伊大学—香槟	美洲	25	5.5
4	斯坦福大学	美洲	3	3.6
5	哥本哈根大学	欧洲	40	3.6
6	曼彻斯特大学	欧洲	44	3.6
7	芝加哥大学	美洲	9	3.6
8	洛克菲勒大学	美洲	34	3.6
9	华盛顿大学—圣路易斯	美洲	30	3.6
10	不列颠哥伦比亚大学	美洲	36	3.6

说明：教师所占比例是指该类海外经历大学拥有的教师数与该类海外经历教师样本总数的比值。
资料来源：http://www.arwu.org.

这十所大学均是世界大学学术排名前 50 的研究型大学，运用 SPSS16.0 软件对海外工作经历排名与当前工作单位排名情况进行分析，同上，以海外工作经历集中的前十所大学为样本，结果如表 3—14 所示。两者的相关系数为 0.733。可见海外工作经历对工作的选择也能产生影响，但这类海外工作经历的选择可能是对教育选择的一种延续，正如科沃克（V. Kwok）和利兰（H. E. Leland）发现，许多优秀的本科生在国外完成更高学位教育以后，选择在完成学位的国家工作而不是回国。①

① Kwok, V. and Leland, H. E., "An Economic Model of Brain Drain," *American Economic Review*, 1982 (1).

表 3—14　　　　获奖教师海外工作经历与当前工作聚集的关系分析

		海外工作排名	当前工作排名
海外工作排名	Pearson 相关性	1	.733*
	显著性（双侧）		.010
	N	11	11
当前工作排名	Pearson 相关性	.733*	1
	显著性（双侧）	.010	
	N	11	11

说明：* 按双侧检验，相关系数的显著性检验值小于 0.01。

3. 海外访问经历

诺贝尔奖与菲尔兹奖师资中有一年及以上国际访问经历的有 41 人，分布在约 20 所大学。从获奖教师海外访问的经历来看，接收获奖教师数量最多的十所大学分别是巴黎高等师范学校、哈佛大学、牛津大学、东京大学、多伦多大学、伯明翰大学、斯坦福大学、海德堡大学、汉堡大学以及加州大学伯克利分校（见表 3—15）。

表 3—15　　　　获奖教师海外访问经历集中的前十所大学

序号	大学名称	区域	ARWU 排名名次	教师所占比例（%）
1	巴黎高等师范学校	欧洲	71	11.8
2	哈佛大学	美洲	1	11.8
3	牛津大学	欧洲	10	5.9
4	东京大学	亚太	20	5.9
5	多伦多大学	美洲	27	5.9
6	伯明翰大学	欧洲	99	5.9
7	斯坦福大学	美洲	3	5.8
8	海德堡大学	欧洲	63	5.8
9	汉堡大学	欧洲	151～200	5.8
10	加州大学伯克利分校	美洲	2	5.8

说明：教师所占比例是指该类海外经历大学拥有的教师数与该类海外经历教师样本总数的比值。
资料来源：http://www.arwu.org.

以海外访问经历集中的前十所大学为样本，通过 SPSS16.0 软件对海外访问经历排名与当前工作单位排名情况进行分析（见表 3—16），两者的相关系数为 0.556。可见，海外访问是丰富阅历、增进交流和合作的有效途径，虽然在单位的选择上更加广泛，但这样的经历也可能成为这些教师职业迁移的重要影响因子，因为就科学家职业迁移的原因而言，主要有两方面，“一方面能探寻更多的解决问题的途径，另一方面能扩大自己的科学视野"①。

表 3—16　　获奖教师海外访问经历与当前工作聚集的关系分析

		海外访问排名	当前工作排名
海外访问排名	Pearson 相关性	1	.556*
	显著性（双侧）		.020
	N	17	17
当前工作排名	Pearson 相关性	.556*	1
	显著性（双侧）	.020	
	N	17	17

说明：* 按双侧检验，相关系数的显著性检验值小于 0.01。

三、高引用科学家中教师队伍的现状

高引用科学家中有教师（以下简称"高引用教师"）4 601 名，分布在 573 所大学，其中 23 名同时在两所大学任职，因此每所大学各记一次，依据 2010 年 ARWU 排名，这些大学在大学排名中的分布以及教师在大学中的分布情况如表 3—17 所示。

表 3—17　　高引用教师数及所在大学分布情况

ARWU 排名名次	大学数（所）	教师数（人次）
1～50	50	2 354
51～100	49	688
101～200	95	735
201～300	83	290
301～400	76	223
401～500	55	107
其他	165	227
总计	573	4 624

资料来源：http://www.arwu.org.

世界排名前 50 的大学聚集了 50.9%的高引用教师，世界排名前 100 的大学聚集了 65.8%的高引用教师。与诺贝尔奖和菲尔兹奖中的师资队伍相比，高引用教师的数量多，分布的学校也更广。但与诺贝尔奖和菲尔兹奖中的师资队伍分布情况相当，半数以上的高引用教师集中在世界排名前 100 的研究型大学中。从

① Ioannidis, J. P. A., "Global Estimates of High-level Brain Drain and Deficit," *The Journal of the Federation of American Societies for Experimental Biology*, 2004.

当前工作经历来看，聚集高引用教师最多的前 10 所大学是：哈佛大学、斯坦福大学、加州大学伯克利分校、麻省理工学院、普林斯顿大学、加州大学圣迭戈分校、密歇根大学—安娜堡、耶鲁大学、宾夕法尼亚大学以及加州大学洛杉矶分校（见表 3—18）。

从表 3—18 中可以看出，高引用教师集中度较高的大学也是在世界大学学术排名非常靠前的十所研究型大学，但与诺贝尔奖和菲尔兹奖获奖教师的集中不同的是，在世界排名非前十的大学中也集中了比较大数量的高引用科学家。

表 3—18　　高引用教师当前工作集聚的前十所大学

序号	大学名称	区域	ARWU 排名名次	教师人数
1	哈佛大学	美洲	1	194
2	斯坦福大学	美洲	3	152
3	加州大学伯克利分校	美洲	2	94
4	麻省理工学院	美洲	4	90
5	普林斯顿大学	美洲	7	74
6	加州大学圣迭戈分校	美洲	14	71
7	密歇根大学—安娜堡	美洲	22	70
8	耶鲁大学	美洲	11	70
9	宾夕法尼亚大学	美洲	15	66
10	加州大学洛杉矶分校	美洲	13	64

资料来源：http://www.arwu.org.

四、高引用教师的海外经历分析

根据汤姆森高引用科学家数据库提供的信息，高引用教师中有 32.8%的人有过海外经历。这一比例低于诺贝尔奖与菲尔兹奖教师的海外经历比例，这可能与高引用科学家中美国科学家占半数以上的比例有关。不同海外经历比例详见表 3—19。

表 3—19　　高引用教师中有海外经历的教师比例

经历	比例（%）
海外教育经历	19.2
海外工作经历	52.1
海外访问经历*	67.1

说明：* 海外访问经历教师比例＝有一年及以上海外访问经历教师总数/有一年及以上访问经历教师总数。

1. 海外教育经历

高引用教师中提供教师经历的样本为 2 681 人，其中有海外教育经历的 515 人，分布在大约 160 所大学。从高引用教师在海外接受教育的经历来看，接收高引用教师比例最高的前十所大学包括牛津大学、加州大学伯克利分校、剑桥大学、哈佛大学、斯坦福大学、麻省理工学院、康奈尔大学、纽约大学、芝加哥大学、伊利诺伊大学—香槟（见表 3—20）。

表 3—20　　高引用教师海外教育经历集中的前十所大学

序号	大学名称	区域	ARWU 排名名次	教师所占比例（%）
1	牛津大学	欧洲	10	5.6
2	加州大学伯克利分校	美洲	2	4.8
3	剑桥大学	欧洲	5	4.1
4	哈佛大学	美洲	1	3.9
5	斯坦福大学	美洲	3	3.8
6	麻省理工学院	美洲	4	3.4
7	康奈尔大学	美洲	12	2.7
8	纽约大学	美洲	31	2.5
9	芝加哥大学	美洲	9	2.2
10	伊利诺伊大学—香槟	美洲	25	2.2

说明：教师所占比例是指该类海外经历大学拥有的教师数与该类海外经历教师样本总数的比值。
资料来源：http://www.arwu.org.

在这 160 所大学中，有 145 所大学是目前高引用师资工作的大学。运用 SPSS16.0 软件对海外教育经历排名与当前工作单位排名进行分析，两者的相关系数为 0.498（见表 3—21）。这与获奖教师情况一致，且高引用科学家与诺贝尔奖和菲尔兹奖获奖教师在教育上的追求也相似，都倾向于把世界一流大学作为其研究学习地。

表 3—21　　高引用教师海外教育经历与当前工作聚集的关系分析

		海外教育排名	当前工作排名
海外教育排名	Pearson 相关性	1	.498*
	显著性（双侧）		.000
	N	145	145
当前工作排名	Pearson 相关性	.498*	1
	显著性（双侧）	.000	
	N	145	145

说明：* 按双侧检验，相关系数的显著性检验值小于 0.01。

2. 海外工作经历

高引用教师中有工作信息的 2 801 人，其中有一年及以上海外工作经历的教师 1 084 人，分布在大约 200 所大学。此外，由于汤姆森数据库提供的数据分类清晰，我们还发现其中有 330 人有海外博士后经历，占样本的 30.4%，说明博士后经历是海外工作经历中比较主要的形式。从高引用教师在海外工作的经历来看，接收高引用教师比例最高的前十所大学分别是哈佛大学、多伦多大学、麻省理工学院、剑桥大学、加州大学伯克利分校、牛津大学、斯坦福大学、加州理工学院、康奈尔大学以及不列颠哥伦比亚大学（见表 3—22）。

表 3—22　　高引用教师海外工作经历集中的前十所大学

序号	大学名称	区域	ARWU 排名名次	教师所占比例（%）
1	哈佛大学	美洲	1	6.7
2	多伦多大学	美洲	27	4.3
3	麻省理工学院	美洲	4	3.8
4	剑桥大学	欧洲	5	3.4
5	加州大学伯克利分校	美洲	2	3.3
6	牛津大学	欧洲	10	2.9
7	斯坦福大学	美洲	3	2.8
8	加州理工学院	美洲	6	2.6
9	康奈尔大学	美洲	12	2.0
10	不列颠哥伦比亚大学	美洲	36	2.0

说明：教师所占比例是指该类海外经历大学拥有的教师数与该类海外经历教师样本总数的比值。
资料来源：http://www.arwu.org.

其中有约 134 所大学是当前高引用教师工作的大学，运用 SPSS16.0 软件进行分析，结果显示相关系数为 0.546（见表 3—23）。这与获奖教师海外工作经历情况基本相似。

表 3—23　　高引用教师海外工作经历与当前工作聚集的关系分析

		海外工作排名	当前工作排名
海外工作排名	Pearson 相关性	1	.546*
	显著性（双侧）		.000
	N	134	134
当前工作排名	Pearson 相关性	.546*	1
	显著性（双侧）	.000	
	N	134	134

说明：* 按双侧检验，相关系数的显著性检验值小于 0.01。

3. 海外访问经历

高引用教师中有一年及以上访问经历的 779 人，其中有海外访问经历的教师 523 人，分布在大约 190 所大学。从高引用教师海外访问的经历来看，接收高引用教师比例最高的前十所大学分别是牛津大学、剑桥大学、澳大利亚国立大学、哈佛大学、斯坦福大学、不列颠哥伦比亚大学、多伦多大学、加州大学伯克利分校、伦敦大学帝国学院以及康奈尔大学（见表 3—24）。

表 3—24　　高引用教师海外访问经历集中的前十所大学

序号	大学名称	区域	ARWU 排名名次	教师所占比例（%）
1	牛津大学	欧洲	10	5.6
2	剑桥大学	欧洲	5	5.2
3	澳大利亚国立大学	亚太	59	4.8
4	哈佛大学	美洲	1	4.8
5	斯坦福大学	美洲	3	3.0
6	不列颠哥伦比亚大学	美洲	36	2.6
7	多伦多大学	美洲	27	2.6
8	加州大学伯克利分校	美洲	2	2.2
9	伦敦大学帝国学院	欧洲	26	1.9
10	康奈尔大学	美洲	12	1.9

说明：教师所占比例是指该类海外经历大学拥有的教师数与该类海外经历教师样本总数的比值。
资料来源：http：//www.arwu.org.

与获奖教师海外访问经历相比，高引用教师有海外访问经历的人数更多，涉及的学校也更多，其中大约 103 所大学是当前高引用教师工作的大学，通过 SPSS16.0 的分析，其相关系数为 0.214（见表 3—25）。与获奖教师情况相比，集中度较高的大学依旧是排名靠前的一流大学，这可能与高引用教师访问交流的目的还是以促进研究为主有关。

表 3—25　　高引用教师海外访问经历与当前工作聚集的关系分析

		海外访问排名	当前工作排名
海外访问排名	Pearson 相关性	1	.214*
	显著性（双侧）		.030
	N	103	103
当前工作排名	Pearson 相关性	.214*	1
	显著性（双侧）	.030	
	N	103	103

说明：* 按双侧检验，相关系数的显著性检验值小于 0.01。

五、我国国际学术大师的情况分析

获奖教师样本中没有国籍属于中国的教师，在获奖教师的海外经历中，也没有在中国大学留学或在中国大学工作一年以上的教师。而在高引用教师样本中，目前仅 34 人在中国大学工作，且在中国大陆大学的只有 5 人，分布在 5 所大学，这 5 所大学分别是：上海交通大学、东华大学、中国科学技术大学、北京航空航天大学、复旦大学。然而数据库中只有其中 2 人的信息，这 2 名教师中有一人有海外经历（博士后工作）。样本中没有在中国大学留学的教师；有 5 名教师在中国大学有海外工作经历，但都是中国香港的大学；有 2 名在中国大学有海外访问经历，也是在中国香港和中国台湾的大学。

在获奖教师和高引用教师队伍中，不乏华人的身影，但在中国大学工作的少之又少；且这些国际学术大师无论是留学还是跨国工作、访问，选择中国大学的也是微乎其微。中国的理论研究者和实践工作者，也指出了中国大陆师资队伍中的一些不足之处：

1. 教育思想落伍，教学质量不高

从教育历史传统看，我国教育具有重视德育的优良传统，偏重于人伦和社会方面的教育，与西方教育相比，显然忽视了自然现象方面各种事物知识的教育。在教学认识论和方法论上，重内省而轻外求，重整体的把握；从教育价值取向来看，表现在中国教育传统中的社会性价值取向和当前的工具性或者是功利性价值取向；从现实教育观念与行为看，重共性，轻个性，重主宰，轻主体，重结果，轻过程，重灌输，轻探索，重逻辑，轻形象；从办学模式看，我国长期以来通行的专业教育、文理分割培养模式亦严重限制了人的学术视野，难以适应当今自然科学研究的特点和趋势，极不利于科学创新①，也影响到我国高等教育的质量，不仅大量优秀学生流向了国外的大学，对留学生的吸引力也不足，我国名牌大学研究生中留学生的比例，“离美国一流研究型大学差距很大”②。

① 参见顾家山：《诺贝尔科学奖与科学精神》，合肥，中国科学技术大学出版社，2009。

② 刘念才、程莹、刘莉、赵文华：《我国名牌大学离世界一流有多远》，载《高等教育研究》，2002 (2)。

2. 科研意识不足，科研质量不高

首先，科研意识不足，表现在“浮夸现象严重；虚假科研情况严重；由于科研中的不正之风比较严重，导致一些真才实学者得不到应有的经费和条件的支持，浪费了宝贵的科研资源；科研投入不足”①。

其次，“官本位”思想严重。“官本位”是中国历史上具有根深蒂固影响的一种不符合时代精神的落后文化产物。“官本位”使科学研究带上行政化的色彩，并不可避免地影响到高层次人才在学术方面的发展。② 而且，在整个社会崇尚“官本位”的大环境下，完全制止或避开官本位又是不可能的。当前，一线科研人员的实际待遇无法落实，往往是担任了行政职务后才能真正享受到相关待遇，造成了只要手中无权，一线科研人员职称再高也兑现不了应有待遇的怪现象。③

由此导致我国研究型大学的科研质量不高，我国名牌大学在国际比较中，在诺贝尔奖、《自然》和《科学》论文、科研经费等方面离美国一流研究型大学的差距很大。④

3. 管理制度滞后，国际化程度不高

人才培养与任用制度缺乏，人才流失严重；科技体制不健全、不完善；科技激励机制不够；长期传统的计划经济体制对科技发展的影响⑤，这些都成为制约我国研究型大学与国际接轨的制度因素。除了影响到我国研究型大学的具有国际水平的科学研究，更重要的是，还影响我国研究型大学招聘具有国际水准的师资队伍。世界一流大学对全球优秀人才都具有非常强的吸引力，而中国的情况虽然有所好转，但这种吸引力还非常弱。⑥

① 张建英：《中美大学核心竞争的比较研究》，载《教育评论》，2004（3）。

② 参见乔新生：《中国“官本位”扼杀世界级科学家》，载《瞭望东方周刊》，2004，http://news.sina.com.cn/c/2004-06-02/11483379498.shtml。

③ 潘晨光：《中国人才发展报告 No.2》，36页，北京，社会科学文献出版社，2006。

④ 参见刘念才、程莹、刘莉、赵文华：《我国名牌大学离世界一流有多远》，载《高等教育研究》，2002（2）。

⑤ 参见顾家山：《诺贝尔科学奖与科学精神》，合肥，中国科学技术大学出版社，2009。

⑥ 参见宋东霞：《中国大学竞争力研究》，北京，高等教育出版社，2005。

第四节 国际学术大师的学术话语权分析

一、机械工程学科教师中担任期刊编委的情况分析

1. 机械工程学科 SCIE 期刊编委的总体分布情况

机械工程学科 SCIE 期刊共 105 种（截至 2010 年 3 月），检索到编委信息的 95 种期刊中，编委名单完整的有 80 种（占总期刊数的 76.2%）。95 种期刊的编委人次共计 2 592 人次。按标准职务分类统计后，从编委的不同类别看，一类编委 120 人次（占总人次的 4.6%），二类编委 559 人次（21.6%），三类编委 1 913 人次（73.8%）（见表 3—26 和图 3—1）。从编委的机构分布看，1 993.5 人次分布在大学（占总人次的 76.9%），566.5 人次分布在大学以外的其他机构（21.9%），32 人次单位不明（1.2%）（见表 3—26 和图 3—2）。

表 3—26　　机械工程学科 SCIE 期刊编委总体分布情况

	编委人次	比例（%）	在大学	比例（%）	在其他机构	比例（%）	信息不明	比例（%）
一类编委	120	4.6	103.5	86.3	14.5	12.1	2	1.6
二类编委	559	21.6	464.5	83.1	90.5	16.2	4	0.7
三类编委	1 913	73.8	1 425.5	74.5	461.5	24.1	26	1.4
总人次	2 592	100.0	1 993.5	76.9	566.5	21.9	32	1.2

资料来源：根据机械工程学科 SCIE 期刊官方网站上的编委信息及本章第二节中的权重方法统计整理后所得。

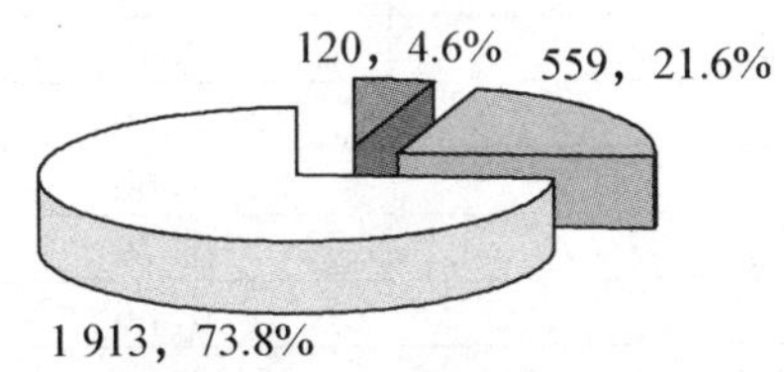

图 3—1　机械工程学科 SCIE 期刊编委类别分布图

从编委的期刊分布看，平均每种期刊的编委总人次为 27.3 人次，其中一类编委平均人次为 1.3，二类编委平均人次为 5.9，三类编委平均人次为 20.1。总体上超过四分之三的编委成员来自大学，一类编委来自大学的就占 86.3%，说明

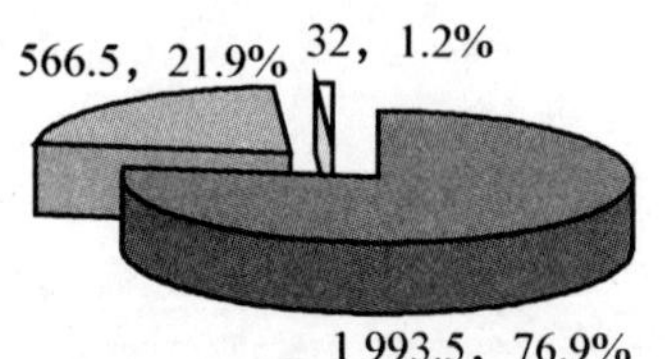

图 3—2　机械工程学科 SCIE 期刊编委机构分布图

资料来源：根据机械工程学科 SCIE 期刊官方网站上的编委信息整理后统计所得。

大学作为人才密集、学科发展、资源丰富的平台，是机械工程学科 SCIE 期刊编委的主要来源。

机械工程学科 SCIE 期刊编委 2 592 人次，来自 54 个不同国家和地区，1 993.5人次来自大学的编委则分布在世界上 600 多所不同的大学。依据权重方法获得大学的各类编委排名，从国家/地区层面看，美国位居第一，占总体比重的 40.2%，其次是英国，占 20.1%。亚太地区，日本表现突出，位列总名次第三，其次是韩国、澳大利亚以及新加坡（见表 3—27）。

表 3—27　　机械工程学科 SCIE 期刊编委国家/地区总体分布情况（部分）

排名	国家/地区	权重	比例（%）
1	美国	62.32	40.2
2	英国	31.19	20.1
3	日本	10.10	6.5
4	韩国	6.90	4.4
5	德国	6.72	4.3
6	加拿大	5.51	3.6
7	中国大陆	4.73	3.0
8	澳大利亚	2.49	1.6
9	新加坡	2.26	1.5
10	意大利	1.85	1.2
11	中国香港	1.79	1.2
12	以色列	1.66	1.1
13	中国台湾	1.60	1.0
14	荷兰	1.58	1.0
	其他 40 个国家和地区	14.40	9.3
	总共 54 个国家和地区	155.10	100.0

说明：表中仅列出了 54 个国家或地区中比重在 1.0%以上的 14 个国家和地区。

资料来源：根据机械工程学科 SCIE 期刊官方网站上的编委信息及本章第二节中的权重方法统计整理后所得。

中国大陆在机械工程学科 SCIE 期刊编委的排名中位居第七，占总体比重的 3.0%，另外中国香港、中国台湾以及澳门地区分别占 1.2%、1.0%和 0.1%，如果将大陆地区与港澳台三地比重相加，那么中国总体上的比重将达到 5.3%，仅次于日本，位居第四。从机械工程学科 SCIE 期刊编委的比重方面看，中国在机械工程学科领域占有一定优势。

2. 机械工程学科 SCIE 期刊不同类型编委在大学的具体分布情况

机械工程学科 SCIE 期刊编委 2 592 人次，总人次近 77%的编委来自大学。其中来自大学的一类编委 103.5 人次，二类编委 464.5 人次，三类编委 1 425.5 人次。这些编委一方面致力于期刊的建设和编辑活动，另一方面他们是所在大学机械工程领域的教师，为人才培养、科研成果以及学科发展发挥着重要作用。在国际上的重要期刊担任编委，更有利于提升该校相关学科领域的国际竞争力和影响力。因此这里将重点分析教师在 SCIE 期刊担任编委的分布情况。

教师担任机械工程学科 SCIE 期刊主编即一类编委的有 103.5 人次，分布在世界 81 所不同大学。表 3—28 中列出的 15 所大学就占约 37.2%的编委。从表中还可以看出，机械工程学科 SCIE 期刊的一类编委大部分来自美国和英国的一流大学比如密歇根大学、卡内基梅隆大学，以及较占优势的理工科大学比如佐治亚理工学院、韩国科学技术院以及日本的东京工业大学。

表 3—28　　机械工程学科 SCIE 期刊一类编委在大学的分布情况

序号	学校	权重	比例（%）	国家
1	拉夫堡大学	4.00	5.0	英国
2	弗吉尼亚理工学院	2.00	2.5	美国
3	格拉斯哥大学	3.00	3.7	英国
4	佐治亚理工学院	2.50	3.1	美国
5	密歇根大学	2.33	2.9	美国
6	麦吉尔大学	2.00	2.5	加拿大
7	谢菲尔德大学	2.00	2.5	英国
8	宾夕法尼亚州立大学	2.00	2.5	美国
9	韩国科学技术院	1.75	2.2	韩国
10	东京工业大学	1.50	1.9	日本
11	得克萨斯大学—奥斯汀	1.50	1.9	美国
12	新加坡国立大学	1.33	1.7	新加坡
13	赖斯大学	1.33	1.7	美国
14	卡内基梅隆大学	1.33	1.7	美国
15	曼彻斯特城市大学	1.25	1.6	英国

续前表

序号	学校	权重	比例（%）	国家
	其他 66 所大学	50.42	62.8	
	总共 81 所大学	80.24	100.2%	

说明：表中仅列出了 81 所大学中一类编委的比重占 1.5%以上的 15 所大学。

资料来源：根据机械工程学科 SCIE 期刊官方网站上的编委信息及本章第二节中的权重方法统计整理后所得。

教师担任机械工程学科 SCIE 期刊的副主编类编委即二类编委的有 464.5 人次，分布在 252 所不同大学（见表 3—29）。表中列出的 18 所大学的二类编委比重超过总比重的 1/3。从表中还可以看出，相比一类编委，机械工程学科 SCIE 期刊的二类编委占总比重在 1.0%以上的，来自英国一流大学的相对较多，比如曼彻斯特大学、牛津大学等。表现较为突出的还有新加坡国立大学和加拿大的不列颠哥伦比亚大学。同样，理工科类的一流大学仍然占优势。

表 3—29　　机械工程学科 SCIE 期刊二类编委在大学的分布情况

排名	学校	权重	比例（%）	国家/地区
1	曼彻斯特大学	0.98	3.5	英国
2	宾夕法尼亚州立大学	0.93	3.3	美国
3	牛津大学	0.71	2.5	英国
4	利兹大学	0.55	2.0	英国
5	新加坡国立大学	0.55	2.0	新加坡
6	乔治华盛顿大学	0.54	1.9	美国
7	不列颠哥伦比亚大学	0.53	1.9	加拿大
8	加州大学欧文分校	0.53	1.9	美国
9	伦敦城市大学	0.50	1.8	英国
10	巴斯大学	0.50	1.8	英国
11	佐治亚理工学院	0.49	1.8	美国
12	香港科技大学	0.49	1.8	中国香港
13	清华大学	0.48	1.7	中国大陆
14	普渡大学	0.44	1.6	美国
15	南安普顿大学	0.38	1.4	英国
16	弗吉尼亚理工学院	0.35	1.3	美国
17	悉尼大学	0.30	1.1	澳大利亚
18	九州大学	0.30	1.1	日本
	其他 234 所大学	18.40	65.8	
	总共 252 所大学	27.95	100.2	

说明：表中仅列出了 252 所大学中二类编委的比重占 1.0%以上的 18 所大学。

资料来源：根据机械工程学科 SCIE 期刊官方网站上的编委信息及本章第二节中的权重方法统计整理后所得。

教师担任机械工程学科 SCIE 期刊的编委、顾问类即三类编委的有 1 425.5 人次，分布在 538 所不同大学（见表 3—30）。表中列出的 15 所大学的三类编委比重接近总比重的五分之一。从表中还可以看出，相比一类编委和二类编委，机械工程学科 SCIE 期刊的三类编委占 1.0%以上的 15 所大学中，除部分是英国和美国的一流大学以外，表现较为突出的还有中国大陆的上海交通大学、清华大学以及中国台湾地区的台湾成功大学。说明中国机械工程领域的专家学者在担任机械工程学科 SCIE 期刊的编委成员活动中表现活跃。

表 3—30　　　　机械工程学科 SCIE 期刊三类编委在大学的分布情况

排名	学校名称	权重	比例（%）	国家/地区
1	上海交通大学	0.73	1.6	中国大陆
2	清华大学	0.61	1.3	中国大陆
3	布鲁内尔大学	0.61	1.3	英国
4	拉夫堡大学	0.59	1.3	英国
5	台湾成功大学	0.59	1.3	中国台湾
6	克拉克森大学	0.57	1.2	美国
7	曼彻斯特大学	0.57	1.2	英国
8	密歇根大学	0.56	1.2	美国
9	威斯康星大学	0.55	1.2	美国
10	韩国科学技术院	0.53	1.2	韩国
11	普渡大学	0.52	1.1	美国
12	剑桥大学	0.50	1.1	英国
13	首尔国立大学	0.50	1.1	韩国
14	宾夕法尼亚州立大学	0.49	1.1	美国
15	堪萨斯州立大学	0.44	1.0	美国
	其他 523 所大学	37.30	81.7	
	总共 538 所大学	45.66	99.9	

说明：表中仅列出了 538 所大学中三类编委的比重占 1.0%以上的 15 所大学。

资料来源：根据机械工程学科 SCIE 期刊官方网站上的编委信息及本章第二节中的权重方法统计整理后所得。

3. 机械工程学科 SCIE 期刊编委与其他学科指标的相关关系分析

《美国新闻和世界报道》(*U. S. News and World Report*，U. S. News 排名）通过长期的评比实践确定了包括同行评价和学校声誉、师资质量、在校生的回返率和毕业率等 7 项评比标准，采用数量化的计分方法获得大学排名。2010 年《美国新闻和世界报道》对美国大学研究生院机械工程领域前 100 名大学的排名，实际涉及 110 所大学（少数为同一大学不同校区）。统计后发现其中 86.4%的大学（95 所）有教师担任机械工程学科 SCIE 期刊编委（1 993.5 人次）。在教师担任机械工程学科 SCIE 期刊编委依据不同权重分配的基础上，获得以 SCIE 期刊编委为指标的大学排名。以美国大学研究生院机械工程领域的前 100 名大学为样本，运用 SPSS16.0 软件分析两种大学排名之间的关系，相关系数为 0.366（见表 3—31）。

表 3—31　　机械工程领域 SCIE 编委排名与 U. S. News 的大学排名相关关系

			编委排名	U. S. News 排名名次
Spearman 相关系数	编委排名 2010	相关性系数	1.000	.366*
		显著性（单侧）	.	.000
		N	95	95
	U. S. News 2010	相关性系数	.366*	1.000
		显著性（单侧）	.000	.
		N	95	110

说明：* 按双侧检验，相关系数的显著性检验值小于 0.01。

英国《泰晤士报高等教育》（THE）的大学排名以科研质量、录取标准、学生调查以及就业率为指标对大学进行学科专业方面的排名，公布的机械工程专业的大学排名中涉及英国的 57 所大学。其中 68.4%的大学（39 所）有教师担任机械工程学科 SCIE 期刊编委。以这 57 所大学为样本，运用 SPSS16.0 软件分析 SCIE 期刊编委排名与《泰晤士报高等教育》2010 年大学排名结果的关系，相关系数为 0.357（见表 3—32）。可以看出，大学教师担任机械工程领域 SCIE 期刊编委的人次与大学在该领域的实力和影响力存在一定联系。

表 3—32　　机械工程领域 SCIE 编委排名与 THE 的大学排名相关关系

			编委排名	THE 排名名次
Spearman 相关系数	编委排名 2010	相关性系数	1.000	.357*
		显著性（双侧）	.	.026
		N	39	39
	THE 2010	相关性系数	.357*	1.000
		显著性（双侧）	.026	.
		N	39	57

说明：* 按双侧检验，相关系数的显著性检验值小于 0.01。

二、经济学科教师中担任期刊编委的情况分析

1. 经济学科 SSCI 期刊编委的总体分布情况

经济学科 SSCI 期刊共 288 种（截至 2009 年 10 月 11 日），检索到编委信息的 265 种期刊中，编委名单完整的有 259 种（占总期刊数的 89.9%）。265 种期刊的编委共计 9 067 人次，按照标准职务分类统计后，一类编委 371 人次，占 4.1%，二类编委 3 753 人次，占 41.4%，三类编委 4 943 人次，占 54.5%。编委所在国家信息完整的有 8 405 人次，在国家信息完整的基础上即在 8 405 人次中，有单位信息的总人次为 7 977 人次，包括在大学的 7 143.5 人次以及在大学以外其他单位的 833.5 人次（见表 3—33）。

表 3—33　　三类编委总体统计情况

	编委人次	信息完整人次	在大学	比例（%）	在其他机构	比例（%）	信息不明	比例（%）
一类编委	371	344	302	87.8	34	9.9	8	2.3
二类编委	3 753	3 483	3 081.5	88.5	286.5	8.2	115	3.3
三类编委	4 943	4 578	3 760	82.1	513	11.2	305	6.7
总人次	9 067	8 405	7 143.5	85.0	833.5	9.9	428	5.1

说明：单位信息不明的编委，是在有国家信息的前提下进行统计的。
资料来源：根据经济学科 SSCI 期刊官方网站上的编委信息整理统计后所得。

从编委的期刊分布看，平均每种期刊的编委总人次约 34.2 人次，其中一类编委平均人次为 1.4，二类编委平均人次为 14.2，三类编委的平均人次为 18.6。编委人次最多的为 141 人次。265 种期刊编委人次主要分布在 34±18 人次之间。

从机构分布来看，一类编委的 87.8%、二类编委的 88.5%，以及三类编委的 82.1%都分布在大学，总体上来自大学的期刊编委比例达到 85.0%。

265 种期刊编委所在国家信息完整的有 8 405 人次，有单位信息的 7 797 编委人次中，91.6%的编委（7 143.5 人次）是来自全世界的 900 多所大学，包括一类编委 302 人次、二类编委 3 081.5 人次、三类编委 3 760 人次。大学教师是经济学科 SSCI 期刊编委的主要来源，起着不可替代的作用。

2. 经济学科 SSCI 期刊不同类型编委在大学的具体分布情况

一类编委 344 人次，其中在大学的有 302 人次，分布在 192 所不同大学。表 3—34 列出的 12 所大学就占一类编委总权重的近五分之一。从表中还可以看

出，一类编委权重较高的大都分布在传统意义上的世界顶尖大学，如英国的牛津大学、剑桥大学和美国的加州大学伯克利分校、哈佛大学以及麻省理工学院等。牛津大学的一类编委最多，除了学校的综合实力雄厚，最直接的原因就是该校经济类 SSCI 期刊最多，办刊人及编委成员大都直接来自本校。一类编委人次排在前 23 名的大学基本都在美国和英国。

表 3—34　　经济学科 SSCI 期刊一类编委的（部分）学校分布情况

排名	学校名称	权重	比例（%）	国家
1	牛津大学	4.50	2.4	英国
2	加州大学伯克利分校	4.00	2.1	美国
3	剑桥大学	3.25	1.7	英国
4	曼彻斯特大学	3.00	1.6	英国
5	华威大学	3.00	1.6	英国
6	格拉斯哥大学	2.83	1.5	英国
7	乔治梅森大学	2.50	1.3	美国
8	哈佛大学	2.50	1.3	美国
9	印第安纳大学	2.50	1.3	美国
10	西北大学	2.33	1.2	美国
11	纽约大学	2.17	1.2	美国
12	澳大利亚国立大学	2.17	1.2	澳大利亚

说明：表中仅列出了 192 所大学中编委权重的比重在 1.2%以上的 12 所大学。

资料来源：根据经济学科 SSCI 期刊官方网站上的编委信息及本章第二节中的权重方法统计整理后所得。

二类编委 3 483 人次，其中在大学的有 3 081.5 人次，分布在 576 所不同大学。表 3—35 列出的前 15 所大学，不到总数的 3%，但是二类编委的权重占据了二类编委总权重的 23.1%。576 所大学中有 421 所大学的二类编委人次仅在 1～5人次之间。非常明显的是，超过二类编委人次总权重 1.2%的 15 所大学，基本都为各国极具竞争力的研究型大学。除英国的伦敦政治经济学院（有二类编委 56.5 人次）和牛津大学两所大学，澳大利亚国立大学以及加拿大多伦多大学以外，其余 11 所全部分布在美国，足以体现美国大学在二类编委中的比重和影响力。在众多一流大学中，表现最为突出的是杜克大学，其次是在经济学科占据优势的伦敦政治经济学院。

表 3—35　　　　经济学科 SSCI 期刊二类编委的（部分）学校分布情况

排名	学校名称	权重	比例（%）	国家
1	杜克大学	2.71	2.1	美国
2	伦敦政治经济学院	2.51	1.9	英国
3	密歇根大学	2.19	1.7	美国
4	普林斯顿大学	2.12	1.6	美国
5	哈佛大学	2.06	1.6	美国
6	波士顿大学	2.06	1.6	美国
7	澳大利亚国立大学	2.00	1.5	澳大利亚
8	多伦多大学	1.98	1.5	加拿大
9	斯坦福大学	1.93	1.5	美国
10	芝加哥大学	1.92	1.5	美国
11	西北大学	1.88	1.5	美国
12	加州大学伯克利分校	1.74	1.3	美国
13	牛津大学	1.67	1.3	英国
14	纽约大学	1.55	1.2	美国
15	耶鲁大学	1.53	1.2	美国

说明：表中仅列出了 576 所大学中编委权重的比重在 1.2%以上的 15 所大学。

资料来源：根据经济学科 SSCI 期刊官方网站上的编委信息及本章第二节中的权重方法统计整理后所得。

同样，三类编委 4 578 人次，人次更多，分布更为广泛，其中在大学的有 3 760 人次，分布在全世界 753 所不同的大学。表 3—36 列出的 19 所大学占大学总数的 2.5%，但三类编委的权重之和就接近三类编委总权重的三分之一。而三类编委人次较多、权重较高的，仍然是英国和美国的顶尖一流大学即牛津大学和哈佛大学。表中列出的还有英国的伦敦政治经济学院以及澳大利亚国立大学，其他则全部是美国众多一流大学。大部分学校（589 所）基本只有 1～5 人次三类编委，足以体现一流大学尤其是一流的研究型大学在经济学科中的实力和竞争力。

表 3—36　　　　经济学科 SSCI 期刊三类编委的（部分）学校分布情况

排名	学校名称	权重	比例（%）	国家
1	牛津大学	2.90	3.0	英国
2	哈佛大学	2.69	2.8	美国
3	斯坦福大学	2.63	2.7	美国
4	宾夕法尼亚大学	2.17	2.2	美国
5	伦敦政治经济学院	2.15	2.2	英国

续前表

排名	学校名称	权重	比例（%）	国家
6	纽约大学	2.11	2.2	美国
7	麻省理工学院	2.05	2.1	美国
8	哥伦比亚大学	1.91	2.0	美国
9	加州大学伯克利分校	1.74	1.8	美国
10	加州大学洛杉矶分校	1.57	1.6	美国
11	伦敦大学学院	1.52	1.6	英国
12	澳大利亚国立大学	1.41	1.4	澳大利亚
13	普林斯顿大学	1.39	1.4	美国
14	芝加哥大学	1.30	1.3	美国
15	耶鲁大学	1.12	1.1	美国
16	威斯康星大学	0.99	1.0	美国
17	康奈尔大学	0.97	1.0	美国
18	密歇根大学	0.95	1.0	美国
19	加州大学圣迭戈分校	0.93	1.0	美国

说明：表中仅列出了753所大学中编委权重的比重在1.0%以上的19所大学。

资料来源：根据经济学科SSCI期刊官方网站上的编委信息及本章第二节中的权重方法统计整理后所得。

3. 经济学科SSCI期刊编委与其他学科指标的相关关系分析

经济学科的大学排名所反映的是不同大学在经济领域的综合实力以及影响力：排名越靠前的学校，经济学科的实力越强，显然其国际竞争力也更大，因此有必要将编委的机构排序与经济学科部分其他排名进行对比或相关分析。

在获取各类编委在各大学分布的权重数据基础上，通过累计，得出以编委权重为指标的大学总体排名（以下简称EB Rank排名，列入编委排名的总计948所大学），另外列出两种全球性经济学科大学排名，即上海交通大学“世界大学学术排名”2010年的经济学科全球排名（以下简称ARWU ECO排名）和美国康涅狄格大学2010年的“经济学院全球排名”（以下简称IDEAS排名）作为对比。IDEAS排名所列出的大学为前205位，ARWU ECO排名公布的是前100位，因此比较对象定为同时被列入三种排名的80所大学。

用SPSS16.0软件分析EB Rank、ARWU ECO和IDEAS三种排名之间的相关关系，结果见表3—37。以上三种排名都是大学经济学科的全球性排名，EB Rank排名是基于本研究的基础数据即经济学科SSCI期刊编委在大学的人次分布，指标单一，但样本量较大，针对性较强；ARWU EOC主要以获得诺贝尔奖和菲尔兹奖的校友折合数、高引用论文总数等主要核心指标给予权重针对大学的学术及科研进行排名，而康涅狄格大学的经济学排名则主要是70个国家的数百名研究者合作，建立“经济学论文库”（Research Papers in Economics），凡是在“经济学论文库”注册过的，其单位信息及论文都有数据记录，因此通过该数据库的论文数量得出经济学科的全球排名。通过表3—37中的相关分析可以看出，2010年EB Rank排名与ARWU ECO和IDEAS排名结果的相关系数分别为0.74和0.71，编委人次与学校的经济学科科研学术成果、论文数量三者之间具有较强的相关性，一定程度上进一步证实了研究型大学在科研方面的优势。

表3—37　经济学科SSCI编委排名与其他大学排名相关关系

			EB Rank	ARWU 2010	IDEAS 2010
Spearman相关系数	EB Rank	相关性系数	1.000	.741*	.714*
		显著性（双侧）	.	.000	.000
		N	80	80	80
	ARWU	相关性系数	.741*	1.000	.602*
		显著性（双侧）	.000	.	.602*
		N	80	80	80
	IDEAS	相关性系数	.714*	.602*	1.000
		显著性（双侧）	.000	.000	.
		N	80	80	80

说明：*按双侧检验，相关系数的显著性检验值小于0.01。

三、中国大陆担任学科SCIE/SSCI期刊编委的教师情况分析

1. 中国大陆的机械工程学科SCIE期刊编委分布情况

总体上，中国大陆机械工程学科SCIE期刊的编委大部分分布在国内有相对影响力的研究型大学，尤其是在理工科占优势的大学，比如清华大学、上海交通大学以及浙江大学等（见表3—38）。

表3—38　中国大陆机械工程学科SCIE期刊编委的大学分布情况

排名	学校名称	权重	比例（%）
1	清华大学	1.08	0.7
2	华东理工大学	1.05	0.7
3	上海交通大学	0.73	0.5

续前表

排名	学校名称	权重	比例（%）
4	大连理工大学	0.37	0.2
5	西安交通大学	0.25	0.2
6	北京航空航天大学	0.19	0.1
7	浙江大学	0.13	0.1
8	北京大学	0.13	0.1
9	北京工业大学	0.12	0.1
10	南京航空航天大学	0.09	0.1
11	天津科技大学	0.08	0.1

说明：表中仅列出了28所大学中编委的总比重占0.1%以上的11所大学。

资料来源：根据机械工程学科SCIE期刊官方网站上的编委信息及本章第二节中的权重方法统计整理后所得。

从不同类型的编委分布情况看，中国机械工程学科SCIE期刊的一类编委比重较小，中国大陆有一类编委的大学是华东理工大学和大连理工大学，比重分别为1.2%和0.4%，另有中国香港地区的香港理工大学（0.3%）和中国台湾地区的台湾大学（0.4%）。相比一类编委，中国大陆的机械工程学科SCIE期刊二类编委更多来自国内一流大学，比如清华大学、浙江大学、北京大学等。中国港澳台地区的机械工程学科SCIE期刊二类编委也都来自当地实力最强的研究型大学，比如香港科技大学、香港大学等。机械工程学科SCIE期刊三类编委来源更为广泛，来自国内包括清华大学、上海交通大学、北京大学、浙江大学、同济大学等27所不同大学。大部分为国内一流的研究型大学，以及国内在机械工程领域较占优势的理工类大学。中国港澳台三地的机械工程学科SCIE期刊三类编委也都是来自当地实力最强的研究型大学。

2. 中国大陆的经济学科SSCI期刊编委分布情况

总体上，在经济学科SSCI期刊9 067人次中，华人/华裔编委仅占4%（339人次）。其中，华人主编8人次，2人来自中国大陆，1人来自香港地区，其他全部来自美国。中国经济学科SSCI期刊编委近一半来自香港的高校，其他则来自中国大陆及台湾地区。

中国大陆表现最为突出的是北京大学，该校会聚了林毅夫、张维迎、周春生、周其仁、姚洋、赵耀辉、蔡洪滨以及龚六堂等大批卓越的经济学家，他们基本都是在20世纪80—90年代从海外一流大学（哈佛大学、斯坦福大学、芝加哥大学、普林斯顿大学等）博士毕业。排名靠前的中国大陆高校有北京大学、武汉大学等，有教师担任经济学科 SSCI 期刊编委的还有国内其他 15 所大学（大部分为综合性大学，另有三所财经类大学，以及中欧国际工商学院和长江商学院）。

表 3—39　　中国大陆经济学科 SSCI 期刊编委在大学的分布情况

排名	学校名称	总人次	总权重
1	北京大学	10.83	0.51
2	武汉大学	1.83	0.35
3	中央财经大学	1.33	0.34
4	清华大学	6.5	0.16
5	长江商学院	1	0.13
6	中欧国际工商学院	3	0.07
7	中南财经政法大学	1	0.06
8	同济大学	1	0.04
9	北京林业大学	1	0.03
10	上海财经大学	1.5	0.02
11	北京师范大学	2	0.02
12	复旦大学	1	0.02
13	中国科技大学	1	0.02
14	华中科技大学	1	0.01
15	山东大学	1	0.01
16	上海交通大学	1	0.01
17	中山大学	1	0.01

资料来源：根据经济学科 SSCI 期刊官方网站上的编委信息及本章第二节中的权重方法统计整理后所得。

第五节　对我国研究型大学师资队伍国际竞争力的建议

一、多途径建设高层次师资队伍

将引进和培育国际学术大师相结合的多途径建设机制是我国高等教育改革的重要环节。通过世界一流大学建设，我国研究型大学的科研环境和条件有了很大的改善，也聘请了许多国际知名学者和世界著名大学的毕业生，然而真正能在国内大学工作研究的学者还是少之又少。因此，完善管理体制、加强硬件支持、优化配套投入政策、营造学术氛围，以保障吸引并保留国际学术大师；同时，也要从教师队伍的科研能力、创新意识、创新能力、外语能力等多方面促进已有人才的持续发展。

二、注重师资队伍的多元化

在通过多途径建设高层次师资队伍的过程中，把师资队伍的多元化建设作为工作重心。研究型大学的师资队伍竞争力不仅简单地体现在高层次的奖项获得和学术话语权的掌握上，更深刻地反映在多元化的师资结构和学术经历上。面对国际上激烈的人才竞争，我国政府和高校应本着“英雄不问出处”的态度，大力引进高层次海外人才，积极在宏观和微观层面发展多元文化，建设吸引、容纳和培育多元化师资队伍的环境；同时，积极开拓渠道，增加我国教师到海外交流、访问、进修、学习的机会，扩大教师的国际视野，增强教师在国际上的话语权。

第四章

研究型大学科学研究的国际竞争力

科学研究是研究型大学的基本职能，也是研究型大学区别于其他类型高校的根本特征。科学研究国际竞争力在研究型大学诸多国际竞争力中最具显示度。本章通过分析和探讨世界各国研究型大学在学科领域和学科的表现，以了解我国目前的水平和在全球范围内所处的位置，明确我国研究型大学科研情况与世界一流水平的差距，为我国研究型大学科学研究的国际竞争力提供重要的数据参考，对提升我国研究型大学科研的国际竞争力具有重要意义。

第一节　研究型大学科学研究的国际竞争力

一、科学研究在研究型大学的地位和作用

研究型大学是以知识的传播、生产和应用为中心，以产出高水平的科研成果和培养高层次精英人才为目标，在社会发展、经济建设、科教进步和文化繁荣中发挥重要作用的大学。[①] 科学研究作为大学的一项职能，在研究型大学的地位尤为突出，在研究型大学形成过程中发挥着不可替代的作用，是研究型大学的灵魂和内在特质。早在中世纪时期，教学职能代表大学的唯一职能，大学只承担保存和传授知识的工作。直到19世纪初柏林大学的出现，打破了中世纪以来大学仅

① 参见王战军：《什么是研究型大学——中国研究型大学建设基本问题研究（一）》，载《学位与研究生教育》，2003（1），9页。

传授知识的传统，将教学与科研相统一，科学研究作为大学的一项新职能确立下来。德国大学的学术研究水平也因此迅速提升，很快跃升至世界领先行列。科学研究职能的确立意味着大学不再仅仅继承和重复陈旧知识，而开始探索新知，促进了大学从教学型大学向研究型大学的转变。

受德国大学思想的影响，1876 年，美国第一所现代研究型大学——约翰·霍普金斯大学成立，创始人吉尔曼提出："大学的最重要的使命是研究生教育或称作高级教育，大学教育的目标是最自由地促进有益知识的发展，鼓励研究和提高学者的学术水平。"① 通过借鉴德国大学的理念和经验，约翰·霍普金斯大学成功地在美国创建了第一所研究生院，将研究生教育与高校学术知识的探索相结合，形成了一套比较完备和成熟的研究生教育体系。研究生院制度的产生本质上实现了科学研究与教学的统一，把科学研究融入人才培养过程当中，通过招收优秀的师资和生源、开展原创性研究等方式促进了研究型大学的进一步发展。

1. 科学研究是研究型大学区别于其他大学的根本特征

科学研究作为研究型大学的基本职能，是研究型大学区别于其他类型大学的根本特征，也是衡量研究型大学综合实力的核心指标。研究型大学在师资水平、生源质量、经费投入、成果层次等方面都高于其他类型大学的标准。研究型大学拥有高水平的师资队伍，其中大批是世界顶尖水平的学术大师和教授，能够产出一流的科研成果。加州大学伯克利分校至少有 20 位教授获得过诺贝尔奖；牛津大学的教师队伍中，有 80 多名皇家学会会员，120 余名英国科学院院士。据统计，东京大学在 2005 年财年，用于科研、教育的经费 798.30 亿元，占总运营经费的 35.8%。② 牛津大学在"2004—2006 财年中的研究拨款及合同经费占大学年度总经费的基本上稳定在 35%左右"③。作为国家知识创新体系的重要组成部分，全世界 75%的诺贝尔科学奖、60%的《自然》和《科学》论文（第一作者单位）是处在前 200 名的研究型大学获得和发表的。如果包括作为参与单位的大学的话，则占总数的 80%左右。研究型大学产出的高水平科研成果之所以比一般大学多，一方面在于研究型大学建设资金投入很大，其中科研支出所占比例高，另一方

① 参见王英：《约翰·霍普金斯大学早期办学理念分析》，载《河北大学学报》（哲学社会科学版），2005（1），131 页。

② 参见柴立和、彭晓峰：《东京大学的交叉学科及其启示》，载《国际学术动态》，2003（6），18 页。

③ 刘娅：《美国高等教育机构经费收支结构研究——以部分研究型大学为例》，载《高教探索》，2008（3），65 页。

面与重视高水平、大规模的研究生教育也密不可分。

2. 研究型大学的科学研究与人才培养

“大学将科研、教学和培养科学后继人才的工作结合在一起，这一点是别处没有的。科研工作是进行科学培养工作和提高科学后继人才素质的前提。”[①] 研究生教育是研究型大学的重要组成部分。研究生课程侧重于训练和培养学生的科研能力，通过各种形式的科研活动，让学生在研究中学习，培养他们的探索和研究能力，以及独立从事学术研究的能力与素养，使他们成为知识的发现者、评价者和应用者。

美国研究型大学很早就开始重视本科生科研工作。早在 1969 年，麻省理工学院成立“本科生研究机会计划”（Undergraduate Research Opportunities Program，UROP），通过该计划帮助学生与教师确立研究项目，组织和资助学生参与科研活动。20 世纪 90 年代以来，本科生科研活动不断发展和完善，并逐步融入以研究为本的本科教育。据博耶委员会 2001 年的调查，几乎所有的研究型大学都设立了本科生研究计划。斯坦福大学重构本科生前两年的教育，成立“斯坦福预备研习计划”，设置以研习为主的通识类课程和其他研讨课程，为学生参与科研做准备。[②] 暑期还专门设有为升入大二学生开设的假期研讨课，授课教师专注于指导和帮助学生确定一个研究领域。学生还可以在博士、博士后助教的指导下进行大量讨论，通过研讨式学习逐步提高科研能力。

3. 研究型大学的科学研究与社会服务

研究型大学强大的科研实力和人才优势为其开展社会服务奠定了良好的基础。20 世纪 60 年代以来，斯坦福大学依托自身科技、人才和商业创新的优势成立“硅谷”，使之逐渐发展成为当今大学科技园区的典范。随后一些研究型大学也纷纷鼓励大学技术和人才与产业界合作，形成了一批以大学为中心的高科技工业园区，并以这些园区为核心吸引了大批高科技企业，如以哈佛大学和麻省理工学院为中心的“波士顿——坎布奇科学工业综合体”、加州大学伯克利分校及其周围的海湾地区经济体。[③]

① 胡建华：《大学科学研究的性质、地位、作用之比较分析》，载《高等教育研究》，2006（5），32 页。

② 参见杨鑫利：《美国研究型大学本科生科研发展概述》，载《高等教育研究》，2004（4），106 页。

③ 参见王本东：《中美研究型大学社会服务的特点分析及比较研究》，载《科学学与科学技术管理》，2007（S1），103 页。

二、科学研究竞争力在研究型大学诸多竞争力中最具显示度

随着经济全球化时代的来临和知识经济的发展，研究型大学的重要性日益彰显，所面临的竞争也越来越激烈。研究型大学的国际竞争力可以体现在师资队伍竞争力、人才培养竞争力、科学研究竞争力、社会服务竞争力等诸多方面，其中科学研究竞争力在各项竞争力中最具显示度。

当前，全球性大学排名及其传递的信息已成为大学竞争力的直观体现。因为高等教育人才培养的效果不易测量与评价，在全球范围内比较则更加困难，而科学研究的国际标准较为统一，成果易于量化，数据也相对容易获取，所以许多大学排名较少采用与人才培养相关的指标，而更多地将目光投向科学研究。各主要全球性大学排名都大量采用了科学研究及其相关的指标（见表 4—1）。汤森路透“基本科学指标数据库”（Essential Science Index，ESI）、台湾高等教育评鉴委员会、荷兰莱顿大学科学技术中心采用的全部是基于论文的科研指标，“世界大学学术排名”（Academic Ranking of World Universities，ARWU）的科研指标占90%，《泰晤士报高等教育》（THE）的“世界大学排名”的科研指标占 65%，QS 公司的排名如果考虑学术同行评价指标的话，科研指标也达到 60%。因此，科研国际竞争力已成为大学国际竞争力的最直接体现。

表 4—1　　具有代表性的全球性大学排名主要指标

排名名称	主要指标		反映科研实力和表现的指标权重（%）
汤森路透“基本科学指标数据库”①	总被引次数、论文数、篇均被引次数、高被引论文、热门论文等		100
上海交通大学“世界大学学术排名”②	获诺贝尔奖和菲尔兹奖的教师折合数（权重 20%） 各学科领域被引用次数最高的科学家数（权重 20%） 在《科学》和《自然》发表论文的折合数（权重 20%） 被科学引文索引（SCIE）和社会科学引文索引（SSCI）收录的论文数（权重 20%） 师均得分（权重 10%）		90
《泰晤士报高等教育》“世界大学排名”③	教学（权重30%）	声誉调查（权重 15%） 博士生师比（权重 6%） 本科生师比（权重 4.5%） 师均收入（权重 2.25%） 博士生、本科生比（权重 2.25%）	65

续前表

<table>
<tr><th>排名名称</th><th colspan="2">主要指标</th><th>反映科研实力和表现的指标权重（%）</th></tr>
<tr><td rowspan="3">《泰晤士报高等教育》“世界大学排名”[③]</td><td>研究（权重62.5%）</td><td>声誉调查（权重19.5%）
科研投入经费（权重5.25%）
研究人员人均论文数（权重4.5%）
国家科研经费占科研总经费（权重0.75%）
被引次数（权重32.5%）</td><td rowspan="3">65</td></tr>
<tr><td>国际化程度（权重5%）</td><td>国际教师、国内教师比（权重3%）
国际学生、国内学生比（权重2%）</td></tr>
<tr><td>企业科研经费（权重2.5%）</td><td>师均企业科研经费（权重2.5%）</td></tr>
<tr><td>QS公司“世界大学排名”[④]</td><td colspan="2">学术同行评价（权重40%）
雇主评价（权重10%）
生师比（权重20%）
师均被引次数（权重20%）
国际教师比例（权重5%）
国际学生比例（权重5%）</td><td>20～60
（含学术同行评价）</td></tr>
<tr><td rowspan="3">台湾高等教育评鉴委员会“世界大学科研论文质量排名”[⑤]</td><td>科研生产力（权重20%）</td><td>过去11年论文数（权重10%）
当年论文数（权重10%）</td><td rowspan="3">100</td></tr>
<tr><td>科研影响力（权重30%）</td><td>过去11年论文总被引次数（权重10%）
过去2年总被引次数（权重10%）
过去11年篇均被引次数（权重10%）</td></tr>
<tr><td>科研卓越性（权重50%）</td><td>过去2年h指数[⑦]（权重20%）
过去11年高被引论文数（权重15%）
当年高影响期刊论文数（权重15%）</td></tr>
<tr><td>荷兰莱顿大学科学技术中心“文献计量学指标世界大学排名”[⑥]</td><td colspan="2">论文数
学科专业化指数
标准化篇均被引次数
国际合作论文比例
单个机构论文比例</td><td>100</td></tr>
</table>

①http://esi.isiknowledge.com/home.cgi.

②http://www.arwu.org.

③http://www.timeshighereducation.co.uk/world-university-rankings.

④http://www.topuniversities.com/university-rankings.

⑤http://ranking.heeact.edu.tw/en—us/2010%20by%20Subject/Page/Indicators.

⑥http://www.cwts.nl/hm/bibl_rnk_wrld_univ_full.html.

⑦h指数统计各学科被引次数世界前1%的论文。

资料来源：根据各机构网站信息整理而得。

第二节　研究方法

一、大学选择

本文的研究对象是参加 ARWU 排名的 1 200 多所大学，包括教师或校友获得诺贝尔奖或菲尔兹奖的所有大学、拥有学科领域高引用教师的所有大学、近 10 年来以第一作者单位在《自然》或《科学》杂志上发表论文的所有大学，以及各个国家年度发表国际论文数量 500 篇以上的大学。

二、数据收集与整理

汤森路透科技集团开发的科学引文索引（SCIE）和社会科学引文索引（SSCI）收录了数、理、化、农、林、医、生命科学、材料等 170 多个学科的 7 000 多种核心期刊，以及心理学、经济学、社会学等 50 多个学科的 2 000 多种核心期刊。两大数据库学科覆盖面广、数据源稳定，拥有一套专门的期刊甄选标准，是国际上各种科研评价的最常用数据源。本研究从 SCIE 和 SSCI 数据库中检索 2005—2009 年（数据库年）ARWU 排名涉及的 1 200 余所大学的论文，并下载了这些大学在 2005—2009 年间被 SCIE 和 SSCI 收录的文献类型为“文章”（Article）和“会议论文”（Proceeding Paper）的论文。

三、学科领域和学科选择

《期刊引用报告》（*Journal Citation Report*，JCR）是由汤森路透科技集团研发的期刊评价与分析工具。JCR 将 SCIE 和 SSCI 收录的期刊划分到 230 多个不同的学科条目（Subject Category）。本研究将这些学科条目归并至不同的学科领域或学科。在学科领域层面，本研究选择数学与自然科学（简称理科），工程、技术与计算机科学（简称工科），生命科学与农学（简称生命），临床医学与药学（简称医科），社会科学（简称社科）共 5 个学科领域进行分析。这里给出每个领域包括的学科条目（见表 4—2）。在学科层面，本研究选择了自然科学、工程和社会科学领域的13个学科：数学、物理学、化学、地球科学、机械工程、电力电子与通信工程、土木工程、化学工程、计算机科学、材料科学、经济学、心理学和社会学。这里给出每个学科下辖的学科条目（见表4—3）。选择这些学科的原因，一是这些学科发展较为成熟，学科口径比较清晰，大致相当于我国2011年最新公布的《学位授予和人才培养学科目录（2011年）》① 一级学科，因而排除生命、医学类等交叉比较显著的学科；二是上述学科的国际可比性较好，因此人文艺术、政治、法律等有关学科被排除在外。

表4—2　　各学科领域包含的学科条目

学科领域	学科条目
理科	声学；天文学与天体物理学；分析化学；应用化学；无机与核化学；医药化学；化学，综合；有机化学；物理化学；结晶学；电化学；地球化学与地球物理；地理物理；地质学；地球科学，交叉；科学史与科学哲学（SCIE）；计算生物学；数学；应用数学；数学，其他；气象学与大气科学；矿物学；海洋学；光学；古生物学；应用物理；原子分子物理；凝聚态物理；流体与等离子物理；数学物理；物理，综合；核物理；粒子物理；光谱学；统计与概率；热力学；水资源
工科	农业工程；自动化与控制系统；细胞与组织工程；计算机，人工智能；计算机，控制论；计算机硬件；计算机信息系统；计算机，交叉应用；计算机软件；计算机理论；建筑建造技术；能源与燃料；宇航工程；生物医学工程；化学工程；土木工程；电力电子工程；环境工程；地质工程；工业工程；船舶工程；机械工程；工程，综合；海洋工程；石油工程；成像科学与摄影技巧；仪器科学；生物材料；陶瓷材料；材料科学，表征与测试；薄膜材料；合金材料；材料科学，综合；木材材料；纺织材料；力学；冶金工程；显微方法；矿物加工；纳米科学技术；核科学技术；运筹学与管理科学；高分子科学；遥感技术；机器人技术；电信学；运输科学与技术；制造工程（SCIE）；制造工程（SSCI）；运输
生命	农业经济与政策；乳制品与动物科学；农学，综合；农艺学；解剖学与形态学；生物化学研究方法；生物化学与分子生物学；生物多样性保护；生物学；生物物理；生物技术与应用微生物学；细胞生物学；发展生物学；生态学；昆虫学；环境科学；进化生物学；水产学；食品科学与技术；林学；遗传学；园艺学；免疫学；湖泽学；水生生物学；微生物学；真菌学；神经科学；鸟类学；寄生虫学；病理学；生理学；种植科学；生殖生物学；土壤科学；毒物学；滤过性微生物学；动物学；环境研究

① http://www.moe.gov.cn/publicfiles/business/htmlfiles/moe/moe_834/201104/xxgk_116439.html.

续前表

学科领域	学科条目
医科	敏感症；男科学；麻醉学；心血管系统；临床神经学；紧急护理医学；口腔外科；皮肤病学；紧急医学；内分泌学与新陈代谢；肠胃与肝脏病学；老年学与老年医学；卫生护理科学与服务；血液学；传染病研究；全科医学；医学伦理学；医学信息学；医学实验室技术；医学，内科；法医学；医学，研究实验；神经成像学；护理学（SCIE）；护理学（SSCI）；营养学；妇产科医学；肿瘤学；眼科学；整形外科；耳鼻喉学；小儿科；血管病；药学与药理学；公众、环境与职业卫生（SCIE）；公众、环境与职业卫生（SSCI）；辐射医学与医学成像；康复医学（SCIE）；康复医学（SSCI）；呼吸系统疾病；风湿病学；运动科学；物质滥用（SCIE）；物质滥用（SSCI）；外科；移植学；热带医学；泌尿学；兽医学；老年学；卫生政策与服务
社科	教育，科学学科；人类学；区域研究；商学；金融学；传播与新闻学；犯罪学与刑罚学；人口统计学；经济学；教育学与教育研究；特殊教育学；伦理学；人种研究；家庭研究；地理学；历史学（SSCI）；科学史与科学哲学（SSCI）；社会科学史；运动休闲管理；工业关系与劳动力研究；图书馆与情报学；国际关系；法学；管理学；规划与发展；政治学；公共管理；社会问题；社会科学，定量方法；社会工作；社会学；城市研究；妇女研究

表 4—3　　各学科对应的学科条目

学科	学科条目
数学	数学；应用数学；数学，其他；统计与概率
物理学	声学；天文学与天体物理学；光学；应用物理；原子分子物理；凝聚态物理；流体与等离子物理；数学物理；物理，综合；核物理；粒子物理
化学	分析化学；应用化学；无机与核化学；医药化学；化学，综合；有机化学；物理化学；结晶学；电化学；光谱学
地球科学	地球化学与地球物理；地理物理；地质学；地球科学，交叉；气象学与大气科学；矿物学；海洋学；古生物学
机械工程	机械工程
电力电子与通信工程	自动化与控制系统；电力电子工程；机器人技术；电信学
土木工程	土木工程；建筑建造技术
化学工程	化学工程
计算机科学	计算机，人工智能；计算机，控制论；计算机硬件；计算机信息系统；计算机，交叉应用；计算机软件；计算机理论；成像科学与摄影技巧
材料科学	生物材料；陶瓷材料；材料科学，表征与测试；薄膜材料；合金材料；材料科学，综合；木材材料；纺织材料

续前表

学科	学科条目
经济学	商学；金融学；经济学；工业关系与劳动力研究；管理学
心理学	行为科学；精神病学；应用心理学；生物心理学；临床心理学；发展心理学；教育心理学；实验心理学；计算心理学；心理学，综合；心理分析学；社会心理学
社会学	人类学；人口统计学；家庭研究；社会问题；社会学；妇女研究

四、指标选择及统计

对论文产出表现的评价包括数量和质量两个方面。本研究选择论文数和高质量论文（即 Q1 论文）比例两个指标来评价大学科研产出的规模和质量。

科学论文是科研成果的重要载体，论文数量能够反映科研规模。SCIE 和 SSCI 论文数反映机构获得国际学术界认可的科研产出规模。本书所指的论文数是指一所大学被 SCIE 和 SSCI 收录的某个学科领域或某个学科的论文数量。统计时把发表在多个学科条目期刊上的论文按照期刊所属学科条目进行相应拆分，即把属于多个学科条目的期刊按所涉及学科条目数的倒数拆分到期刊，最终得到的是折合后的论文数。

JCR 提供的期刊影响因子能够一定程度地反映该期刊论文的平均影响。JCR 将每个学科条目内的期刊按影响因子从大到小排列并等分为四组，第一组是期刊影响因子最高的前 25%期刊，简称 Q1 期刊，其后依次是影响因子处于第 2 个 25%区间的期刊（Q2 期刊）、第 3 个 25%区间的期刊（Q3 期刊）和最低 25%的期刊（Q4 期刊）。发表在 Q1 期刊的论文称为 Q1 论文，一所大学发表的 Q1 论文占总数的比例即为 Q1 论文比例。发表在各学科领域或各学科高影响因子刊物上的论文数量可以在一定程度上表征一个机构的高水平研究情况，而发表在高影响因子刊物上的论文数量占论文总数的比例可以反映这个机构科研活动的水平结构。而如果采用总被引次数的话，虽然也能够反映机构的科研质量或影响，但是由于引用活动本身的时滞性，“总被引次数”指标难以用于评价出版时间较近的出版物。值得注意的是，为避免由少量刊载在跨领域期刊上的论文对某一领域的统计结果产生歪曲，计算某个学科领域或某个学科的 Q1 论文比例时，对某个学科领域或某个学科的论文数都设置了底限，要求一所大学在某个学科领域或某个学科的论文数必须超过全世界在该领域发文最多的三所大学的平均值的 10%或 50 篇。

第三节 研究型大学科研表现的国际比较
——大学层面

一、论文数和Q1论文比例世界200强大学的国家和地区分布

通过统计2005—2009年论文数和Q1论文比例位居世界前200名的大学，得到论文数世界200强大学、Q1论文比例世界200强大学以及论文数和Q1论文比例世界200强大学的国家和地区分布情况（见表4—4）。

欧美十国①在论文数世界百强大学中占70所，在论文数世界200强大学中占139所。这些国家在国际论文质量上的优势更为明显，97所大学进入Q1论文比例世界百强，184所大学进入世界200强。值得一提的是，论文数和Q1论文比例同时进入世界百强的大学共有47所，全部来自西欧和北美国家；同时进入世界200强的大学有107所，其中欧美十国占100所。

美国在Q1论文比例进入世界百强的大学占74所，进入世界200强的大学占109所，均超过半数，高于论文数的表现。论文数和Q1论文比例同时进入世界百强和200强大学中，美国同样高居世界之首，分别占38所（81%）和62所（58%）。英国在论文数量和Q1论文比例上的优势十分明显，仅次于美国，各有5所和15所大学的论文数和Q1论文比例同时进入世界百强和200强。

从发表国际论文的数量来看，亚太六国和地区分别有16所和28所大学进入世界百强和200强。其中进入世界百强的大学中，日本占8所，澳大利亚占4所，韩国2所。进入世界200强的大学中，日本有10所，澳大利亚7所，韩国5所。从Q1论文比例来看，只有1所中国香港的大学进入世界百强，6所大学进入世界200强，其中澳大利亚2所，韩国、新加坡、中国台湾和中国香港各1所。此外，只有来自澳大利亚的2所高校和新加坡的1所高校在论文数和Q1论文比例上同时进入世界200强。可见，亚太六国和地区的科学研究在国际科学界的显示度和国际地位正逐步提高，虽然论文产出的优势已十分明显，但论文质量仍有待提高。

① 2009年GDP排名世界前20的西欧和北美国家，资料来源：http://data.worldbank.org/indicator/NY.GDP.MKTP.CD? order=wbapi_data_value_2009+wbapi_data_value+wbapi_data_value-last&sort=desc.

表 4—4　　论文数和 Q1 论文比例进入世界 200 强大学的国家和地区分布

国家和地区		论文数		Q1 论文比例		论文数和 Q1 论文比例同时进入	
		前 100 名	前 200 名	前 100 名	前 200 名	前 100 名	前 200 名
欧美十国	美国	43	70	74	109	38	62
	英国	6	16	8	26	5	15
	加拿大	5	11	1	6	1	4
	意大利	4	8	0	1	0	0
	德国	3	12	2	8	0	3
	法国	2	4	5	11	1	3
	荷兰	2	7	2	11	1	6
	瑞士	2	3	5	7	1	3
	比利时	2	4	0	2	0	2
	西班牙	1	4	0	3	0	2
	小计	70	139	97	184	47	100
亚洲六国和地区	日本	8	10	0	0	0	0
	澳大利亚	4	7	0	2	0	2
	韩国	2	5	0	1	0	0
	新加坡	1	2	0	1	0	1
	中国台湾	1	2	0	1	0	0
	中国香港	0	2	1	1	0	0
	小计	16	28	1	6	0	3
金砖四国（不含中国）	巴西	1	4	0	0	0	0
	俄罗斯	1	1	0	0	0	0
	印度	0	0	0	0	0	0
	小计	2	5	0	0	0	0
其他国家	瑞典	3	4	0	3	0	1
	以色列	1	3	1	3	0	2
	丹麦	1	2	0	3	0	1
	其他	2	6	1	1	0	0
	小计	7	15	2	10	0	4
中国大陆		5	13	0	0	0	0
总计		100	200	100	200	47	107

说明：对论文数大于或等于 2 500 篇的大学计算 Q1 论文比例。

作为新兴经济体的“金砖四国”，其经济实力和国际影响力与日俱增，其大学的科学研究国际竞争力也日益受到关注。从发表国际论文的数量来看，巴西和俄罗斯各有 1 所大学进入世界百强，分别有 4 所和 1 所大学进入世界 200 强，印度则 1 所都没有。在 Q1 论文比例上还未出现世界 200 强的学校。

瑞典、以色列、丹麦等国共有 7 所大学进入论文数世界百强，15 所大学进入世界 200 强。从 Q1 论文比例来看，分别有 2 所和 10 所大学进入世界百强和 200 强。以色列分别有 1 所和 3 所，奥地利各有 1 所大学，瑞典和丹麦各有 3 所大学进入世界百强和 200 强。论文数和 Q1 论文比例同时进入世界 200 强的大学中，瑞典和丹麦各占 1 所，以色列 2 所，还没有出现论文数和 Q1 论文比例同时进入世界百强的学校。

与欧美十国相比，中国大陆还存在很大差距。从发表国际论文的数量来看，中国大陆有 13 所大学进入世界 200 强，仅次于美英两大科技强国。但是，中国大陆还没有大学在 Q1 论文比例上能够跻身世界 200 强，论文质量尚待提高。而与亚太六国和地区相比，中国大陆的论文产量很大，但论文质量的表现仍然落后于澳大利亚、韩国、新加坡、中国台湾和中国香港，仅高于日本。

二、我国大学的科研表现

1. 我国大学论文数和 Q1 论文比例及其世界排名

通过统计和分析 2005—2009 年我国论文数或 Q1 论文比例进入世界 200 强的大学发现，这些大学全部是“985 工程”高校，平均论文数达 11 000 余篇。近 5 年来，浙江大学的论文总数高达 18 500 余篇，位列全国之首，排在世界第 31 位。清华大学、北京大学、上海交通大学、复旦大学的论文数量已跻身世界百强，南京大学和中国科学技术大学已经接近百强水平，这 7 所高校全部是“985 工程”第一批重点建设的大学。从 Q1 论文比例来看，中国科学技术大学的 Q1 论文比例最高，达 41.4%，但仅排在世界第 373 名，北京大学、复旦大学、清华大学、南京大学和中山大学的 Q1 论文比例排在第 401～500 名之间，其他学校的世界排名基本处于第 500 名之外（见表 4—5）。

2. 我国大学的论文数和 Q1 论文比例增长情况

通过分析 2005—2009 年我国论文数或 Q1 论文比例占世界 200 强大学的论文数和 Q1 论文比例增长情况可以发现，我国这些大学的论文数和 Q1 论文比例都呈显著上升趋势。从论文数世界 200 强大学的论文数增长情况来看，这些大学的论文产出上升十分明显，并超过世界 200 强高校平均增长率（26.0%）。四川大学、哈尔滨工业大学、华中科技大学、中山大学、上海交通大学成为论文数世界 200 强大学中数量增长最快的前 5 所大学。我国虽然还没有出现 Q1 论文比例世界 200 强的高校，但这些大学的 Q1 论文比例都在不断提高，并且增速大大超过 Q1 论文比例世界 200 强大学的平均水平（0.2%）（见表 4—6）。

表 4—5　　2005—2009 年我国大学论文数和 Q1 论文比例的世界排名

学校名称	论文数（篇）	世界排名	Q1 论文比例（%）	世界排名
浙江大学	18 531	31	31.2	506
清华大学	16 872	39	36.7	448
北京大学	16 233	46	38.5	424
上海交通大学	15 181	49	30.1	520
复旦大学	11 029	99	37.7	436
南京大学	10 760	103	36.4	451
中国科学技术大学	10 568	108	41.4	373
四川大学	8 490	158	22.2	560
山东大学	8 386	164	27.8	539
华中科技大学	8 133	172	24.3	553
吉林大学	8 066	174	31.7	502
哈尔滨工业大学	7 876	181	28.7	531
中山大学	7 704	186	34.7	473

说明：(1) 只列出论文数或 Q1 论文比例进入世界 200 强的大学。(2) 只对论文数大于或等于 2 500 篇的大学计算 Q1 论文比例。

表 4—6　　2005—2009 年我国大学的论文数和 Q1 论文比例增长情况

学校名称	论文数		Q1 论文比例
	增长率(2009 年/2005 年)(%)	增长率排名	增长率(2009 年/2005 年)(%)
四川大学	168.1	1	3.4
哈尔滨工业大学	147.9	2	61.5
华中科技大学	123.0	3	44.8
中山大学	114.8	4	17.5
上海交通大学	89.2	5	14.4
山东大学	79.7	8	39.9
复旦大学	75.2	10	27.8
吉林大学	58.3	19	38.9
浙江大学	56.7	21	29.6
北京大学	42.9	31	20.6
中国科学技术大学	32.7	49	33.7
清华大学	32.6	50	27.6
南京大学	26.7	72	48.9
世界 200 强增长率均值	26.0	—	0.2

说明：(1) 只列出论文数或 Q1 论文比例进入世界 200 强的大学。(2) 增长率排名是指在论文数世界 200 强大学中的排名。(3) 只对论文数大于或等于 2 500 篇的大学计算 Q1 论文比例。

第四节　研究型大学科研表现的国际比较
——学科领域层面

一、各学科领域论文数和Q1论文比例世界百强大学国家和地区分布

这里我们统计了2005—2009年数学与自然科学（理科），工程、技术与计算机科学（工科），生命科学与农学（生命），临床医学与药学（医科），社会科学（社科）五大学科领域的论文数和Q1论文比例世界百强大学，得到各领域的论文数世界百强大学、Q1论文比例世界百强大学以及论文数和Q1论文比例同时进入世界百强大学的国家和地区分布（见表4—7a、表4—7b）。

欧美十国在这五个学科领域的论文数世界百强大学都超过50所，其中生命和医科领域分别占70余所，社科领域89所；而在Q1论文比例上，五大学科领域的世界百强大学都超过70所。论文数和Q1论文比例同时进入世界百强的大学中，除工科占70%左右，其他四个学科领域都在95%以上。

美国在五个学科领域都占据绝对领先地位，尤其是在生命、医科和社科领域。英国和加拿大各学科领域的发展比较均衡，都出现论文数和Q1论文比例同时进入世界百强的大学。

与其他学科领域相比，亚太六国和地区在工科领域的表现比较好，世界百强大学最多，其中论文数世界百强大学25所，Q1论文比例世界百强大学12所。理科和医科领域只有澳大利亚的大学进入Q1论文比例世界百强，其中理科1所，医科2所。生命领域还没有大学进入Q1论文比例世界百强。社科领域内，只有中国香港的1所大学进入Q1论文比例世界百强，日本、韩国、中国台湾发表的论文数量和Q1论文比例都没有进入世界百强的学校。从论文数和Q1论文比例同时进入世界百强的情况来看，理科1所，工科8所，医科2所，其中理科和医科领域的学校全部来自澳大利亚，工科领域则分布在澳大利亚（2所）、新加坡（1所）、中国台湾（3所）、中国香港（2所）。相比亚太其他国家和地区，澳大利亚的学科领域发展比较均衡。

巴西和印度的表现都不错。从论文数来看，巴西在理科、工科、生命和医科领域内有大学进入世界百强，印度的工科和俄罗斯的理科也有若干所大学进入世界百强。而在Q1论文比例上，巴西、印度、俄罗斯都还没有跻身世界百强的大学。

表 4—7a　　各学科领域论文数和 Q1 论文比例世界百强大学国家和地区分布

国家和地区		理科（SCI）			工科（ENG）			生命（LIFE）		
		论文数	Q1 论文比例（%）	论文数和 Q1 论文比例同时进入	论文数	Q1 论文比例（%）	论文数和 Q1 论文比例同时进入	论文数	Q1 论文比例（%）	论文数和 Q1 论文比例同时进入
欧美十国	美国	32	71	32	27	50	19	42	59	27
	英国	8	9	5	6	2	1	6	13	6
	加拿大	4	6	3	6	3	1	7	2	2
	意大利	4	1	0	3	1	0	2	0	0
	德国	4	3	0	1	1	0	5	5	2
	法国	6	1	0	1	8	1	1	9	1
	荷兰	0	2	0	2	4	1	3	3	2
	瑞士	2	2	2	2	2	2	2	6	2
	比利时	1	0	0	2	2	1	2	0	0
	西班牙	3	3	1	0	3	0	1	0	0
	小计	64	98	43	50	76	26	71	97	42
亚太六国和地区	日本	9	0	0	8	0	0	7	0	0
	澳大利亚	2	1	1	3	5	2	3	0	0
	韩国	1	0	0	5	0	0	1	0	0
	新加坡	2	0	0	2	1	1	1	0	0
	中国台湾	1	0	0	4	3	3	1	0	0
	中国香港	0	0	0	3	3	2	0	0	0
	小计	15	1	1	25	12	8	13	0	0
金砖四国（不含中国）	巴西	1	0	0	1	0	0	3	0	0
	俄罗斯	2	0	0	0	0	0	0	0	0
	印度	0	0	0	4	0	0	0	0	0
	小计	3	0	0	5	0	0	3	0	0
其他国家	以色列	0	1	0	1	3	1	1	2	1
	瑞典	2	0	0	1	2	0	4	1	0
	丹麦	0	0	0	1	1	1	2	0	0
	其他	3	0	0	2	1	0	3	0	0
	小计	5	1	0	5	7	2	10	3	1
中国大陆		13	0	0	15	5	1	3	0	0
总计		100	100	44	100	100	37	100	100	43

说明：（1）对理科领域论文数大于或等于 1 500 篇的大学计算 Q1 论文比例。（2）对工科领域论文数大于或等于 600 篇的大学计算 Q1 论文比例。（3）对生命领域论文数大于或等于 1 000 篇的大学计算 Q1 论文比例。

表 4—7b　各学科领域论文数和 Q1 论文比例世界百强大学的国家和地区分布（续）

国家和地区		医科（MED）			社科（SOC）		
		论文数	Q1 论文比例（%）	论文数和 Q1 论文比例同时进入	论文数	Q1 论文比例（%）	论文数和 Q1 论文比例同时进入
欧美十国	美国	49	65	43	59	81	52
	英国	5	19	4	14	5	2
	加拿大	7	2	1	7	4	3
	意大利	3	0	0	0	0	0
	德国	5	0	0	0	0	0
	法国	1	4	1	0	1	0
	荷兰	6	6	4	7	4	2
	瑞士	1	0	0	0	2	0
	比利时	1	1	0	2	0	0
	西班牙	0	0	0	0	1	0
	小计	78	97	53	89	98	59
亚太六国和地区	日本	3	0	0	0	0	0
	澳大利亚	4	2	2	6	0	0
	韩国	2	0	0	0	0	0
	新加坡	0	0	0	1	0	0
	中国台湾	1	0	0	0	0	0
	中国香港	1	0	0	2	1	0
	小计	11	2	2	9	1	0
金砖四国（不含中国）	巴西	1	0	0	0	0	0
	俄罗斯	0	0	0	0	0	0
	印度	0	0	0	0	0	0
	小计	1	0	0	0	0	0
其他国家	以色列	1	0	0	0	0	0
	瑞典	3	0	0	0	0	0
	丹麦	2	0	0	0	0	0
	其他	4	1	1	0	0	0
	小计	10	1	1	2	1	1
中国大陆		0	0	0	0	0	0
总计		100	100	56	100	100	60

说明：（1）对医科领域论文数大于或等于 1 000 篇的大学计算 Q1 论文比例。（2）对社科领域论文数大于或等于 200 篇的大学计算 Q1 论文比例。

与其他学科领域相比，以色列、瑞典、丹麦等国在生命（10 所）和医科领域（10 所）进入论文数世界百强的学校最多，在理科和工科领域分别有 5 所，社科领域只有 2 所。瑞典在理科领域有 2 所大学进入论文数世界百强，生命领域 4 所，医科领域 3 所。丹麦在生命和医科领域分别出现 2 所。从 Q1 论文比例来看，这些国家在工科领域的表现最好，以色列有 3 所大学进入世界百强，瑞典和丹麦也分别有 2 所和 1 所。值得一提的是，以色列在理科、工科、生命和社科领域也都有若干所大学进入 Q1 论文比例世界百强，而社科领域的 2 所论文数百强大学也全部来自以色列。此外，在论文数和 Q1 论文比例同时进入世界百强的大学中，这些国家在工科领域有 2 所，生命、医科和社科分别有 1 所。其中以色列在工科、生命和社科领域分别占 1 所，丹麦在工科领域有 1 所。

中国大陆各学科领域的论文数世界百强大学很多，其中理科领域有 13 所，工科领域 15 所，生命领域 3 所，但医科领域和社科领域还没有进入世界百强的大学。Q1 论文比例上，只有工科领域出现 5 所世界百强大学。

二、我国大学的学科领域科研表现

1. 我国大学各学科领域论文数和 Q1 论文比例及其世界排名

通过统计 2005—2009 年我国五大学科领域发表国际论文数量和 Q1 论文比例的世界百强大学，给出了这些大学的论文数和 Q1 论文比例在各学科领域的世界排名（见表 4—8）。从发表国际论文的数量来看，北京大学在理科领域发表的国际论文数量超过 7 800 篇，排在世界第 11 位，其次为清华大学（7 589 篇）、浙江大学（7 292 篇）、南京大学（7 054 篇）和中国科学技术大学（6 958 篇）。工科领域发表文章最多的 5 所大学依次为：清华大学、上海交通大学、浙江大学、哈尔滨工业大学和西安交通大学。清华大学居世界第 1，达 7 084 篇，上海交通大学（5 982 篇）居世界第 2，浙江大学（5 082 篇）和哈尔滨工业大学（4 463 篇）分别排在第 4 和第 10 位。我国在生命领域进入世界百强的 3 所大学依次为：浙江大学、中国农业大学和北京大学。浙江大学 2005—2009 年在生命领域发表的论文总数达 3 834 篇，排在第 45 位，中国农业大学发表 3 539 篇，北京大学发表 2 641 篇。

表 4—8　2005—2009 年我国大学在各学科领域论文数和 Q1 论文比例的世界排名

学校名称	论文数	Q1 论文比例
清华大学	理（12）、工（1）	—
北京大学	理（11）、工（50）、生（96）	—
复旦大学	理（46）	工（94）
上海交通大学	理（52）、工（2）	—
南京大学	理（14）	工（85）
浙江大学	理（13）、工（4）、生（45）	—
中国科学技术大学	理（15）、工（45）	工（83）
哈尔滨工业大学	工（10）	—
西安交通大学	工（32）	—
大连理工大学	理（87）、工（49）	—
东南大学	工（92）	—
华中科技大学	工（58）	—
吉林大学	理（39）、工（77）	—
兰州大学	理（77）	—
南开大学	理（47）	工（17）
山东大学	理（58）、工（91）	—
四川大学	理（73）、工（71）	—
天津大学	工（46）	—
中国农业大学	生（55）	—
中南大学	工（38）	—
厦门大学	—	工（53）

说明：只统计论文数或 Q1 论文比例进入世界百强的大学。

从 Q1 论文比例来看，中国高校只在工科领域拥有进入世界百强的大学，除中国科学技术大学以外，南开大学（54.0%）、厦门大学（49.5%）、中国科学技术大学（46.9%）、南京大学（46.8%）和复旦大学（45.8%）都是综合性大学，这些大学在工科领域发表的论文数相比清华大学、上海交通大学等工科强势大学显著要少，都未能进入世界百强。但这些学校主要发展计算机科学等新兴工科，起点较高，与国际接轨的程度也更高，而传统工科由于论文总数很多，虽然 Q1 论文数量并不少，但 Q1 论文比例还不高。

根据上述情况可知，我国研究型大学在工科领域的表现很好，甚至有 1 所大学（中国科学技术大学）同时进入论文数和 Q1 论文比例的世界百强行列。在理科领域进入论文数世界百强的学校比较多，在生命领域也有若干所，但医学和社科领域还没有。在 Q1 论文比例上，除工科领域以外，理科、生命、医学和社科都没有世界百强大学。未来我国研究型大学应继续保持工科领域的优势，努力提升理工类学科的论文质量，并同时提高生命、医学和社科类学科的论文数量与质量。

2. 我国大学各学科领域的论文数和Q1论文比例增长情况

通过统计和分析2005—2009年我国各学科领域的论文数和Q1论文比例世界百强大学，得到这些大学在理科、工科和生命领域的论文数或Q1论文比例增长情况（见表4—9）。这些大学在三个领域的国际论文发表数量和Q1论文比例都呈上升趋势。理科领域内，四川大学、大连理工大学、兰州大学等大学的论文数量增长非常快，已超过理科百强大学的平均水平（21.3%）。工科领域内，入选高校论文数和Q1论文比例的增长率都分别超过世界百强大学的平均水平，其中东南大学、大连理工大学、四川大学、华中科技大学、哈尔滨工业大学、西安交通大学等大学的论文数上升迅速，厦门大学、复旦大学等高校的Q1论文比例也在快速增长。生命领域内，中国农业大学、北京大学和浙江大学的论文数已跻身世界百强，论文数增长率也超过世界百强大学的平均水平。

表4—9　我国部分大学在各学科领域论文数和Q1论文比例的增长情况

学校名称	理科（SCI）	工科（ENG）		生命（LIFE）
	论文数增长率（2009年/2005年）（%）	论文数增长率（2009年/2005年）（%）	Q1论文比例增长率（2009年/2005年）（%）	论文数增长率（2009年/2005年）（%）
四川大学	116.1	145.9	—	—
大连理工大学	71.3	174.2	—	—
兰州大学	70.8	—	—	—
复旦大学	50.0	—	40.9	—
上海交通大学	49.0	55.6	—	—
吉林大学	40.5	85.3	—	—
山东大学	38.3	82.9	—	—
中国科学技术大学	27.6	48.4	28.4	—
浙江大学	26.3	73.7	—	73.4
清华大学	16.7	39.8	—	—
北京大学	15.5	62.1	—	37.7
南开大学	15.3	—	26.9	—
南京大学	10.2	—	25.3	—

续前表

学校名称	理科（SCI）	工科（ENG）		生命（LIFE）
	论文数增长率（2009 年/2005 年）（%）	论文数增长率（2009 年/2005 年）（%）	Q1 论文比例增长率（2009 年/2005 年）（%）	论文数增长率（2009 年/2005 年）（%）
华中科技大学	—	122.2	—	—
天津大学	—	50.1	—	—
哈尔滨工业大学	—	115.4	—	—
西安交通大学	—	104.1	—	—
中南大学	—	108.3	—	—
东南大学	—	259.2	—	—
厦门大学	—	—	93.2	—
中国农业大学	—	—	—	137.3
世界百强增长率均值	21.3	46.7	8.4	16.9

说明：只列出在理科、工科、生命领域的论文数或 Q1 论文比例进入世界百强大学的高校在相应指标上的增长情况。

第五节　研究型大学科研表现的国际比较
——学科层面

一、各学科科研表现的国际比较

通过统计和分析 2005—2009 年数学、物理学、化学、地球科学、机械工程、电力电子与通信工程、土木工程、化学工程、计算机科学、材料科学、经济学、心理学和社会学 13 个学科在论文数和 Q1 论文比例同时进入世界百强大学的国家和地区分布，得到各学科在相应指标上的前 5 名国家和地区（见表 4—10）。

除化学工程由英国位列第一以外，美国在 12 个学科都高居榜首。英国有 8 个学科位列世界第二，2 个学科位列第三。加拿大的物理学、电力电子与通信工程、经济学排在世界第二，地球科学和社会学世界第三。意大利的数学世界第二。法国的数学世界第四，化学世界第五。西班牙的化学和化学工程世界第三，物理学世界第四，心理学世界第五。荷兰的地球科学和心理学世界第三，经济学和社会学世界第四。

表 4—10 各学科论文数和 Q1 论文比例同时进入世界百强国家和地区的前五位

<table>
<tr><th>学科</th><th>第一</th><th>第二</th><th>第三</th><th>第四</th><th>第五</th></tr>
<tr><td>数学</td><td>美国(23)</td><td colspan="2">英国(3)
意大利(3)</td><td colspan="2">中国香港(2)
法国(2)</td></tr>
<tr><td>物理学</td><td>美国(33)</td><td colspan="2">英国(3)
加拿大(3)</td><td>西班牙(2)</td><td>中国台湾(1)</td></tr>
<tr><td>化学</td><td>美国(16)</td><td>英国(5)</td><td colspan="2">西班牙(2)
瑞士(2)</td><td>法国(1)</td></tr>
<tr><td>地球科学</td><td>美国(39)</td><td>英国(7)</td><td colspan="3">加拿大(2)
瑞士(2)
荷兰(2)</td></tr>
<tr><td>机械工程</td><td>美国(13)</td><td>英国(9)</td><td>中国大陆(7)</td><td>印度(5)</td><td>加拿大(4)</td></tr>
<tr><td>电力电子与通信工程</td><td>美国(27)</td><td>加拿大(7)</td><td>中国香港(4)</td><td>中国台湾(3)</td><td>瑞士(2)</td></tr>
<tr><td>土木工程</td><td>美国(13)</td><td colspan="3">英国(6)
中国大陆(6)
韩国(6)</td><td>印度(4)</td></tr>
<tr><td>化学工程</td><td>英国(6)</td><td>中国大陆(4)</td><td colspan="3">印度(3)
西班牙(3)
澳大利亚(3)</td></tr>
<tr><td>计算机科学</td><td>美国(29)</td><td colspan="2">中国香港(4)
澳大利亚(4)</td><td>加拿大(3)</td><td>以色列(2)</td></tr>
<tr><td>材料科学</td><td>美国(12)</td><td>中国大陆(6)</td><td>英国(5)</td><td>中国台湾(3)</td><td>韩国(2)</td></tr>
<tr><td>经济学</td><td>美国(53)</td><td>加拿大(5)</td><td>英国(4)</td><td>荷兰(3)</td><td>中国香港(2)</td></tr>
<tr><td>心理学</td><td>美国(47)</td><td>英国(9)</td><td>荷兰(7)</td><td>加拿大(5)</td><td>西班牙(1)</td></tr>
<tr><td>社会学</td><td>美国(53)</td><td>英国(9)</td><td>加拿大(4)</td><td colspan="2">荷兰(2)
以色列(2)</td></tr>
</table>

在亚太国家和地区，中国大陆的土木工程、材料科学和化学工程位列世界第二，机械工程世界第三。中国香港的计算机科学世界第二，电力电子与通信工程世界第三，数学世界第四，经济学世界第五。中国台湾的电力电子与通信工程和材料科学世界第四，物理学世界第五。印度的化学工程世界第三，机械工程世界第四，土木工程世界第五。澳大利亚的计算机科学世界第二，化学工程世界第三。

1. 数学科研表现的国际比较

美国在数学同时进入论文数和 Q1 论文比例世界百强的大学共有 23 所，其他有大学同时进入世界百强的国家和地区包括：英国、意大利、法国、中国香港、瑞士、加拿大和德国、以色列、比利时、新加坡和中国大陆。

通过统计 2005—2009 年数学的论文数世界百强大学和 Q1 论文比例世界百强大学，得到该学科论文数和 Q1 论文比例世界百强大学的国家和地区分布。这里给出部分国家和地区的情况（见图 4—1）。美国处于一枝独秀的地位，论文数百强大学 31 所，Q1 论文比例百强大学 46 所。中国大陆的论文数百强大学有 16 所，仅次于美国，Q1 论文比例百强大学也有 2 所。此外，法国、意大利和西班牙等欧洲国家在论文数和 Q1 论文比例上也有较好的表现。

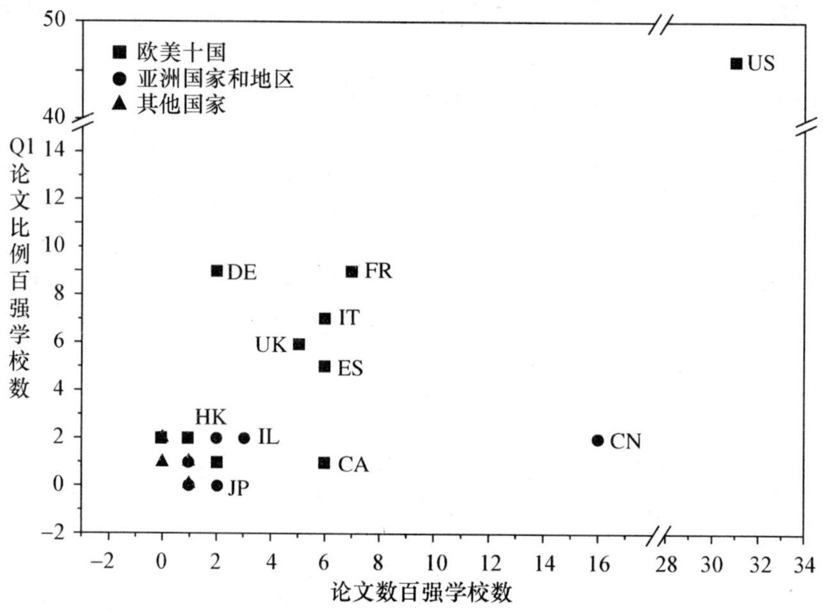

图 4—1　各国和地区论文数百强学校数和 Q1 论文比例百强学校数——数学

说明：(1) 对数学论文数大于或等于 150 篇的大学计算 Q1 论文比例。(2) 美国—US；英国—UK；中国大陆—CN；德国—DE；法国—FR；加拿大—CA；中国香港—HK；西班牙—ES；以色列—IL；意大利—IT；日本—JP。

2. 物理学科研表现的国际比较

美国在物理学同时进入论文数和 Q1 论文比例世界百强的大学共有 33 所，其他有大学同时进入世界百强的国家和地区包括：英国、加拿大、西班牙、瑞士、德国、澳大利亚和中国台湾。

通过统计 2005—2009 年物理学的论文数世界百强大学和 Q1 论文比例世界百强大学，得到该学科论文数和 Q1 论文比例世界百强大学的国家和地区分布。这里给出部分国家和地区的情况（见图 4—2）。美国处于绝对领先地位，论文数百强大学 34 所，Q1 论文比例百强大学 58 所。英国和德国的表现都较好。从论文数来看，中国大陆和日本表现较好，各有 9 所大学跻身世界百强，但都没有出现 Q1 论文比例世界百强学校。而英国和德国在 Q1 论文比例世界百强大学数量上的优势较为明显，英国 11 所，德国 6 所。意大利、加拿大、西班牙、澳大利亚、瑞士等欧美国家也至少有 2 所大学进入 Q1 论文比例世界百强的行列。

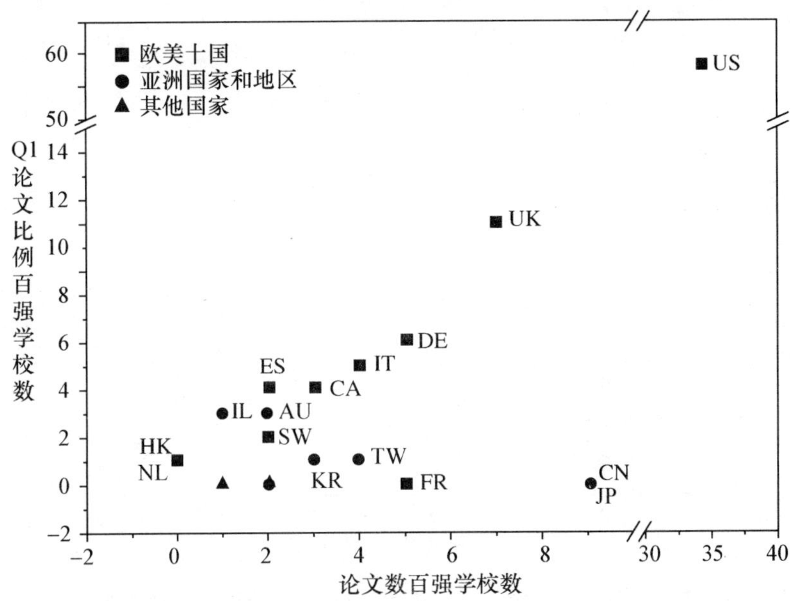

图 4—2　各国和地区论文数百强学校数和 Q1 论文比例百强学校数——物理学

说明：(1) 对物理学论文数大于或等于 500 篇的大学计算 Q1 论文比例。(2) 美国—US；英国—UK；中国大陆—CN；日本—JP；德国—DE；法国—FR；意大利—IT；中国台湾—TW；加拿大—CA；韩国—KR；西班牙—ES；澳大利亚—AU；瑞士—SW；以色列—IL；中国香港—HK；荷兰—NL。

3. 化学科研表现的国际比较

美国在化学同时进入论文数和 Q1 论文比例世界百强的大学共有 16 所，其他有大学同时进入世界百强的国家包括：英国、西班牙、瑞士、加拿大、德国、法国。

通过统计 2005—2009 年化学的论文数世界百强大学和 Q1 论文比例世界百强大学，得到该学科论文数和 Q1 论文比例世界百强大学的国家和地区分布。这里给出部分国家和地区的情况（见图 4—3）。美国处于绝对领先地位，尤其是有 54 所大学进入 Q1 论文比例世界百强。从论文数来看，中国大陆进入世界百强的大学有 17 所，仅次于美国，日本也有 10 所大学跻身世界百强行列。欧美国家在 Q1 论文比例世界百强大学上的表现较好，其中英国 18 所，西班牙 8 所，荷兰 5 所。加拿大、瑞士、德国、法国也至少有 2 所大学。亚洲国家和地区中，只有中国香港的 2 所大学跻身 Q1 论文比例世界百强。

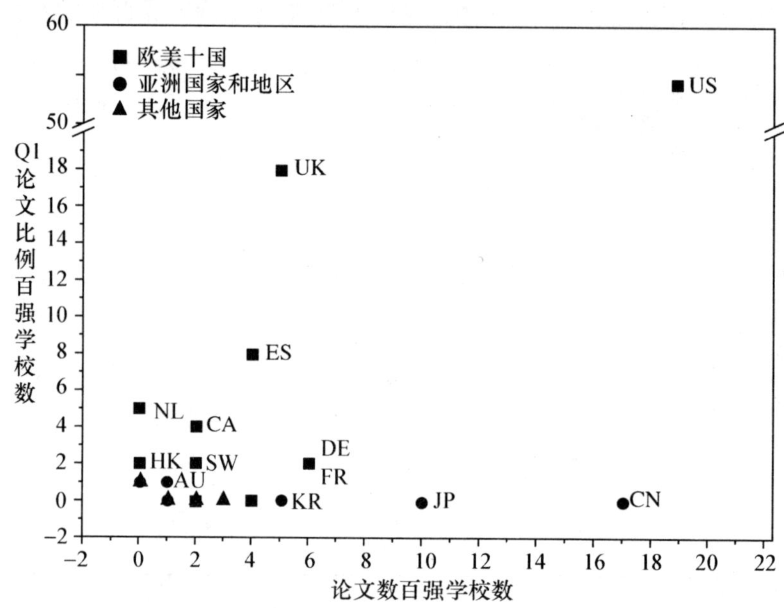

图 4—3　各国和地区论文数百强学校数和 Q1 论文比例百强学校数——化学

说明：(1) 对化学论文数大于或等于 350 篇的大学计算 Q1 论文比例。(2) 美国—US；英国—UK；中国大陆—CN；日本—JP；德国—DE；法国—FR；韩国—KR；加拿大—CA；瑞士—SW；中国香港—HK；西班牙—ES；荷兰—NL；澳大利亚—AU。

4. 地球科学科研表现的国际比较

美国在地球科学同时进入论文数和 Q1 论文比例世界百强的大学共有 39 所，其他有大学同时进入世界百强的国家包括：英国、瑞士、加拿大、德国、荷兰、法国、澳大利亚、瑞典和芬兰。

通过统计 2005—2009 年地球科学的论文数世界百强大学和 Q1 论文比例世界百强大学，得到该学科论文数和 Q1 论文比例世界百强大学的国家和地区分布。这里给出部分国家和地区的情况（见图 4—4）。美国遥遥领先于其他国家和地区，论文数百强大学 41 所，Q1 论文比例百强大学 65 所。从论文数来看，英国和加拿大分别有 12 所和 7 所大学进入世界百强。德国、法国、瑞士、澳大利亚和荷兰等国有 2～4 所大学进入论文数世界百强。亚洲国家和地区的表现也不错，日本有 6 所大学进入世界百强，中国大陆 3 所，中国台湾 2 所，韩国 1 所。欧美国家在 Q1 论文比例上的优势非常明显。英国和德国各有 12 所和 6 所 Q1 论文比例世界百强大学。其他国家，如加拿大、法国、瑞士、澳大利亚和荷兰也至少有 2 所 Q1 论文比例世界百强学校。而亚洲国家和地区中，只有以色列 1 所大学跻身 Q1 论文比例世界百强。

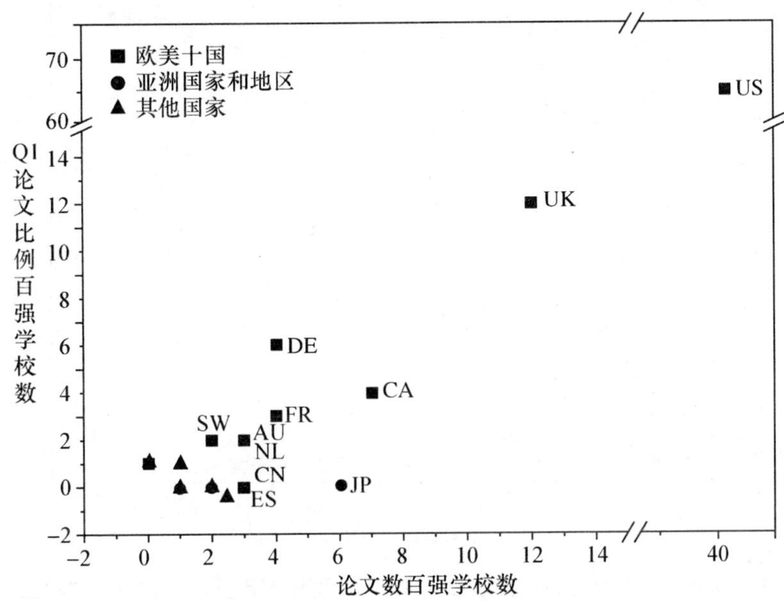

图 4—4 各国和地区论文数百强学校数和 Q1 论文比例百强学校数——地球科学

说明：（1）对地球科学论文数大于或等于 200 篇的大学计算 Q1 论文比例。（2）美国—US；英国—UK；加拿大—CA；日本—JP；德国—DE；法国—FR；澳大利亚—AU；荷兰—NL；中国大陆—CN；西班牙—ES；瑞士—SW。

5. 机械工程科研表现的国际比较

美国在机械工程同时进入论文数和 Q1 论文比例世界百强的大学共有 13 所，其他有大学同时进入世界百强的国家和地区包括：英国、中国大陆、印度、加拿大、意大利、瑞士、法国、澳大利亚、瑞典、中国台湾、中国香港、新加坡、日本等。

通过统计 2005—2009 年机械工程的论文数世界百强大学和 Q1 论文比例世界百强大学，得到该学科论文数和 Q1 论文比例世界百强大学的国家和地区分布。这里给出部分国家和地区的情况（见图 4—5）。需要指出的一点是，由于各大学在机械工程发表的论文数量不大，因此 Q1 论文比例世界百强大学是从发表论文数量超过 50 篇的大学中筛选而来的。美国处于绝对领先地位，论文数和 Q1 论文比例百强大学各占 21 所。英国的优势比较明显，论文数百强大学 14 所，Q1 论文比例百强大学 11 所。亚洲国家和地区在机械工程上的国际显示度比较高，中国大陆有 8 所大学进入论文数世界百强，韩国 7 所，印度和日本各 5 所。在 Q1 论文比例进入世界百强大学上，印度 8 所，中国大陆 7 所，中国台湾 4 所。

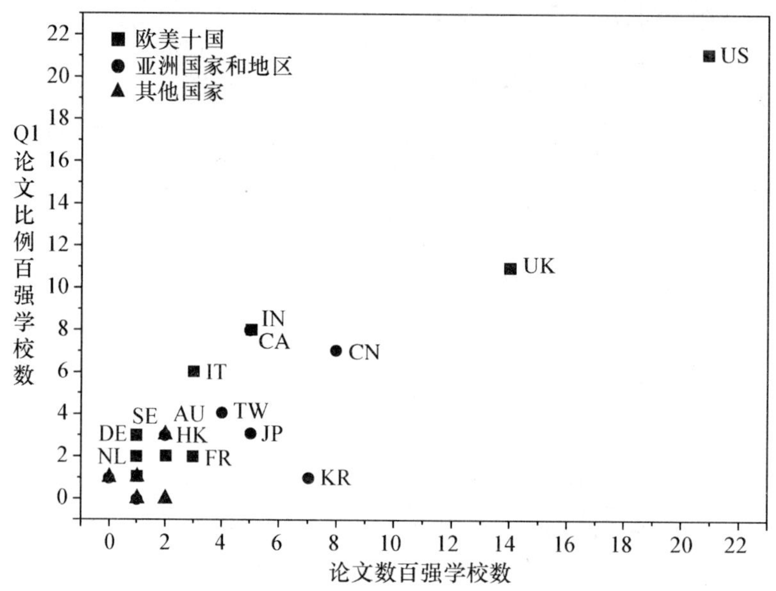

图 4—5　各国和地区论文数百强学校数和 Q1 论文比例百强学校数——机械工程

说明：(1) 对机械工程论文数大于或等于 50 篇的大学计算 Q1 论文比例。(2) 美国—US；英国—UK；中国大陆—CN；韩国—KR；印度—IN；加拿大—CA；中国台湾—TW；日本—JP；意大利—IT；中国台湾—TW；德国—DE；法国—FR；澳大利亚—AU；中国香港—HK；瑞典—SE；荷兰—NL。

6. 电力电子与通信工程科研表现的国际比较

美国在电力电子与通信工程同时进入论文数和 Q1 论文比例世界百强的大学共有 27 所，其他有大学同时进入世界百强的国家和地区包括：加拿大、中国香港、中国台湾、英国、瑞士、瑞典、荷兰、意大利、澳大利亚等。

通过统计 2005—2009 年电力电子与通信工程的论文数世界百强大学和 Q1 论文比例世界百强大学，得到该学科论文数和 Q1 论文比例世界百强大学的国家和地区分布。这里给出部分国家和地区的情况（见图 4—6）。美国处于绝对领先地位，拥有 28 所论文数世界百强大学和 52 所 Q1 论文比例世界百强大学。加拿大的优势也比较明显，论文数百强大学 11 所，Q1 论文比例百强大学 10 所。中国台湾和中国香港的表现也不俗，中国香港有 5 所大学进入论文数世界百强，4 所大学进入 Q1 论文比例百强；中国台湾有 7 所论文数世界百强大学，3 所 Q1 论文比例世界百强大学。中国大陆、韩国、日本虽然拥有 6 所以上论文数世界百强大学，但都没有学校进入 Q1 论文比例世界百强行列。

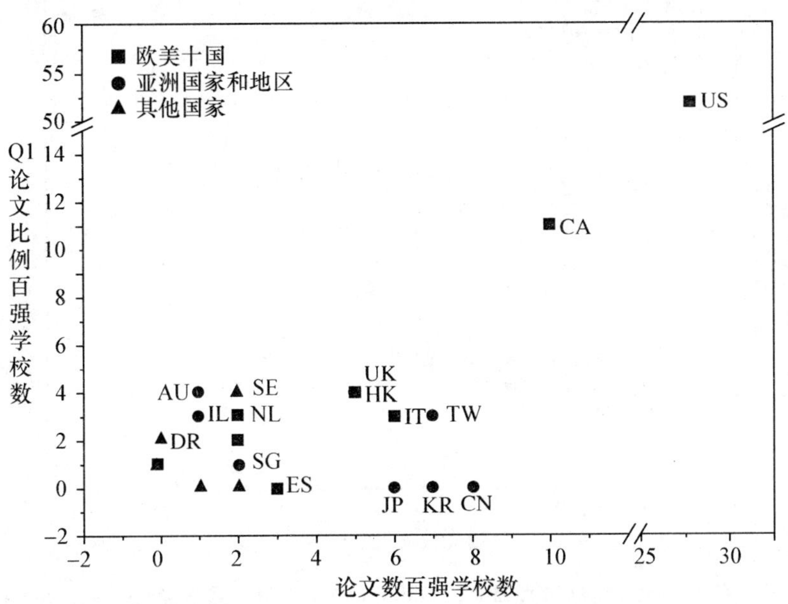

图 4—6 各国和地区论文数百强学校数和 Q1 论文比例百强学校数——电力电子与通信工程

说明：(1) 对电力电子与通信工程论文数大于或等于 150 篇的大学计算 Q1 论文比例。(2) 美国—US；加拿大—CA；英国—UK；中国香港—HK；中国台湾—TW；意大利—IT；中国大陆—CN；韩国—KR；日本—JP；西班牙—ES；瑞典—SE；荷兰—NL；澳大利亚—AU；以色列—IL；丹麦—DK；新加坡—SG。

7. 土木工程科研表现的国际比较

美国在土木工程同时进入论文数和 Q1 论文比例世界百强的大学共有 13 所，其他有大学同时进入世界百强的国家和地区包括：英国、中国大陆、韩国、中国台湾、印度、中国香港、意大利、澳大利亚、瑞士、荷兰等。

通过统计 2005—2009 年土木工程的论文数世界百强大学和 Q1 论文比例世界百强大学，得到该学科论文数和 Q1 论文比例世界百强大学的国家和地区分布。这里给出部分国家和地区的情况（见图 4—7）。美国处于绝对领先地位，论文数百强大学 29 所，Q1 论文比例百强大学 17 所。英国的优势比较明显，有 6

所大学进入论文数世界百强，11 所大学进入 Q1 论文比例世界百强。加拿大有 9 所大学进入论文数世界百强，但只有 2 所大学跻身 Q1 论文比例世界百强。亚洲国家和地区的土木工程较为强势。中国大陆和韩国各有 7 所和 6 所大学进入 Q1 论文比例百强，印度也有 5 所，中国台湾和中国香港各有 4 所和 3 所。

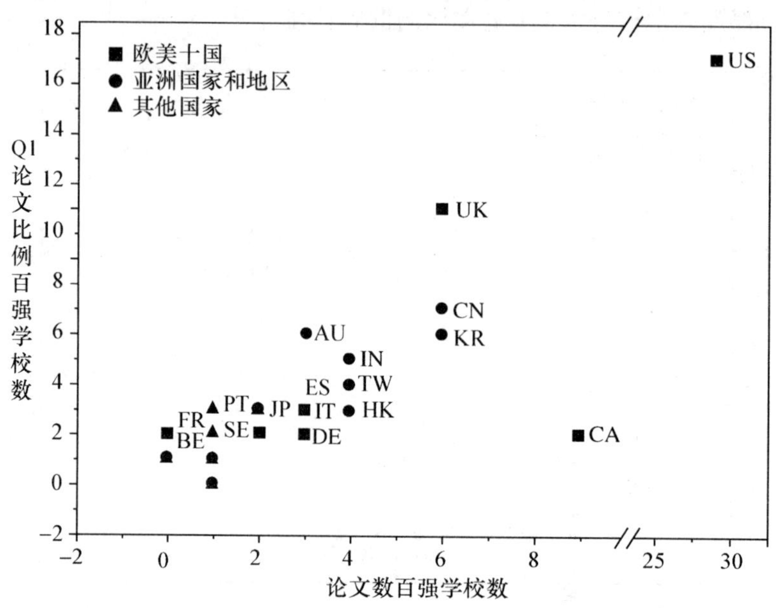

图 4—7　各国和地区论文数百强学校数和 Q1 论文比例百强学校数——土木工程

说明：(1) 对土木工程论文数大于或等于 50 篇的大学计算 Q1 论文比例。(2) 美国—US；加拿大—CA；英国—UK；中国大陆—CN；韩国—KR；印度—IN；中国台湾—TW；中国香港—HK；澳大利亚—AU；意大利—IT；西班牙—ES；德国—DE；日本—JP；葡萄牙—PT；瑞典—SE；法国—FR；比利时—BE。

8. 化学工程科研表现的国际比较

英国在化学工程同时进入论文数和 Q1 论文比例世界百强的大学共有 6 所，其他有大学同时进入世界百强的国家和地区包括：中国大陆、印度、澳大利亚、西班牙、美国、意大利、荷兰、希腊、法国、中国香港等。

通过统计 2005—2009 年化学工程的论文数世界百强大学和 Q1 论文比例世界百强大学，得到该学科论文数和 Q1 论文比例世界百强大学的国家和地区分布。这里给出部分国家和地区的情况（见图 4—8）。中国大陆所拥有的论文数世界百强大学（10 所）最多，在 Q1 论文比例上也有 12 所大学进入世界百强。美国拥有的 Q1 论文比例世界百强大学最多，达 19 所。英国、西班牙、意大利、法国等欧美国家都至少有 6 所大学进入 Q1 论文比例世界百强。印度的化学工程比较强，拥有 6 所论文数世界百强学校和 3 所 Q1 论文比例世界百强学校。中国香港有 1 所论文数世界百强学校，2 所 Q1 论文比例世界百强学校。日本和韩国各有 7 所和 5 所大学进入论文数世界百强，但只有日本 1 所大学进入 Q1 论文比例世界百强。

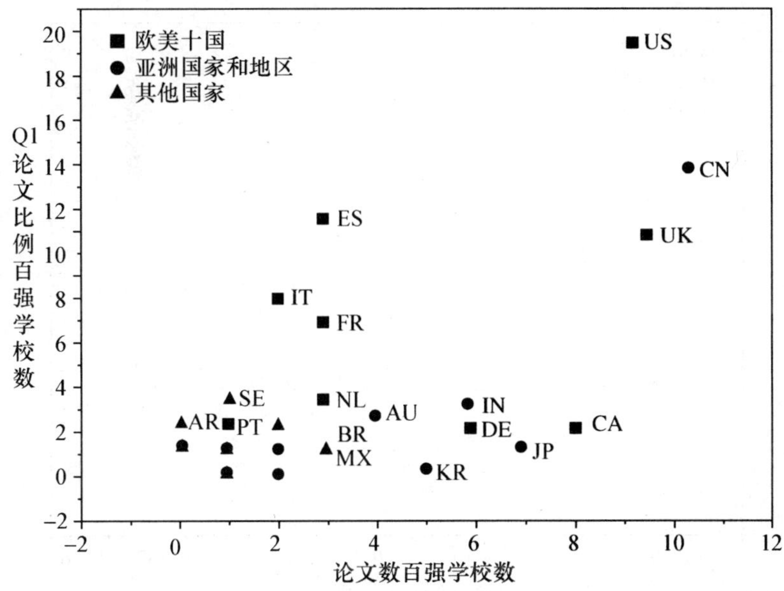

图 4—8　各国和地区论文数百强学校数和 Q1 论文比例百强学校数——化学工程

说明：(1) 对化学工程论文数大于或等于 60 篇的大学计算 Q1 论文比例。(2) 美国—US；中国大陆—CN；英国—UK；加拿大—CA；日本—JP；印度—IN；德国—DE；法国—FR；韩国—KR；西班牙—ES；澳大利亚—AU；荷兰—NL；巴西—BR；墨西哥—MX；意大利—IT；瑞典—SE；葡萄牙—PT；阿根廷—AR。

9. 计算机科学科研表现的国际比较

美国在计算机科学同时进入论文数和 Q1 论文比例世界百强的大学共有 29 所，其他有大学同时进入世界百强的国家和地区包括：中国香港、加拿大、瑞士和以色列。

通过统计 2005—2009 年计算机科学的论文数世界百强大学和 Q1 论文比例世界百强大学，得到该学科论文数和 Q1 论文比例世界百强大学的国家和地区分布。这里给出部分国家和地区的情况（见图 4—9）。美国遥遥领先于其他国家和地区，拥有 34 所论文数世界百强学校，以及 2/3 以上的 Q1 论文比例百强学校。

英国和加拿大表现不错，分别拥有 7 所论文数世界百强大学，并且各有 4 所和 3 所大学进入 Q1 论文比例世界百强。瑞士和德国分别有 3 所大学进入 Q1 论文比例世界百强。中国香港的计算机科学发展十分强劲，分别拥有 5 所论文数和 Q1 论文比例世界百强大学。中国大陆在论文发表数量上的表现也比较好，有 8 所大学进入论文数世界百强，但只有 1 所大学进入 Q1 论文比例世界百强。

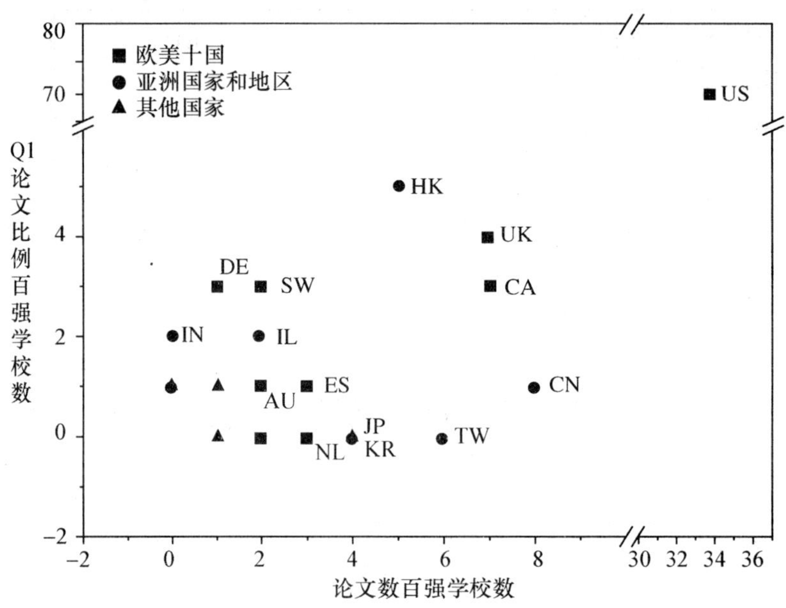

图 4—9　各国和地区论文数百强学校数和 Q1 论文比例百强学校数——计算机科学

说明：(1) 对计算机科学论文数大于或等于 80 篇的大学计算 Q1 论文比例。(2) 美国—US；英国—UK；加拿大—CA；中国大陆—CN；中国香港—HK；中国台湾—TW；日本—JP；韩国—KR；西班牙—ES；荷兰—NL；瑞士—SW；以色列—IL；德国—DE；印度—IN；澳大利亚—AU。

10. 材料科学科研表现的国际比较

美国在材料科学同时进入论文数和 Q1 论文比例世界百强的大学共有 12 所，其他有大学同时进入世界百强的国家和地区包括：中国大陆、英国、澳大利亚、中国台湾、瑞士、韩国、荷兰、法国、新加坡等。

通过统计 2005—2009 年材料科学的论文数世界百强大学和 Q1 论文比例世界百强大学，得到该学科论文数和 Q1 论文比例世界百强大学的国家和地区分布。这里给出部分国家和地区的情况（见图 4—10）。中国大陆所拥有的论文数世界百强大学（19 所）最多，在 Q1 论文比例上也有 8 所大学进入世界百强。美国拥有的 Q1 论文比例世界百强大学最多，达 36 所。英国和法国的表现都比较强，分别有 9 所和 6 所大学进入 Q1 论文比例世界百强。亚洲国家和地区中，日本有 9 所论文数世界百强大学，韩国 8 所，印度 4 所。Q1 论文比例上，中国台湾有 4 所大学进入世界百强，日本 3 所，韩国 2 所。

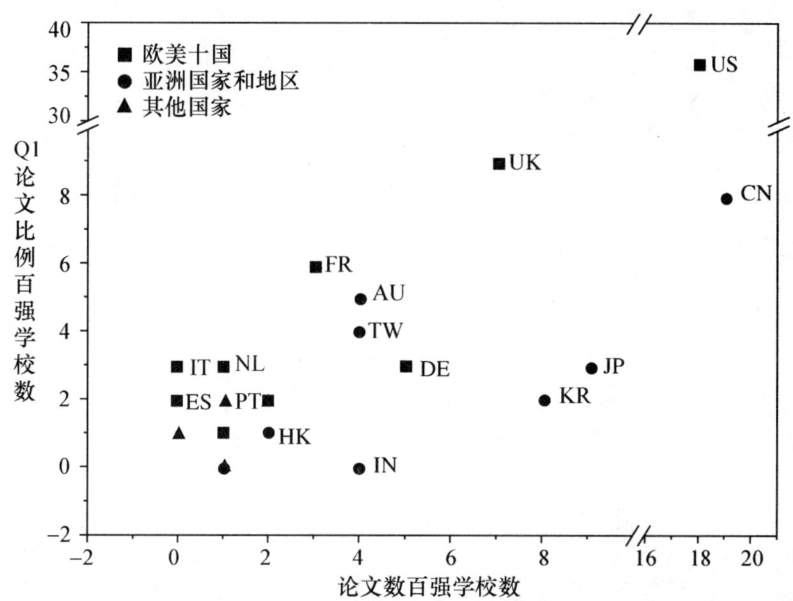

图 4—10　各国和地区论文数百强学校数和 Q1 论文比例百强学校数——材料科学

说明：(1) 对材料科学论文数大于或等于 170 篇的大学计算 Q1 论文比例。(2) 美国—US；中国大陆—CN；英国—UK；日本—JP；韩国—KR；德国—DE；澳大利亚—AU；中国台湾—TW；法国—FR；印度—IN；意大利—IT；荷兰—NL；葡萄牙—PT；瑞典—SE；中国香港—HK。

11. 经济学科研表现的国际比较

美国在经济学同时进入论文数和 Q1 论文比例世界百强的大学共有 53 所，其他有大学同时进入世界百强的国家和地区包括：加拿大、英国、荷兰和中国香港。

通过统计 2005—2009 年经济学的论文数世界百强大学和 Q1 论文比例世界百强大学，得到该学科论文数和 Q1 论文比例世界百强大学的国家和地区分布。这里给出部分国家和地区的情况（见图 4—11）。美国遥遥领先于其他国家和地区，处于绝对领先地位，拥有一半以上的论文数世界百强学校，以及 2/3 以上的 Q1 论文比例世界百强学校。英国和加拿大的表现也很强。英国有 12 所论文数世界百强大学，5 所 Q1 论文比例世界百强大学。加拿大分别拥有 7 所论文数和 Q1

论文比例世界百强学校。荷兰也有不俗的表现，拥有 6 所论文数世界百强大学和 3 所 Q1 论文比例世界百强大学。亚洲国家和地区中，中国香港表现最强，拥有 4 所论文数世界百强大学和 3 所 Q1 论文比例世界百强大学。中国大陆没有大学进入论文数世界百强，但有 1 所 Q1 论文比例世界百强学校。以色列的 1 所大学进入 Q1 论文比例世界百强。

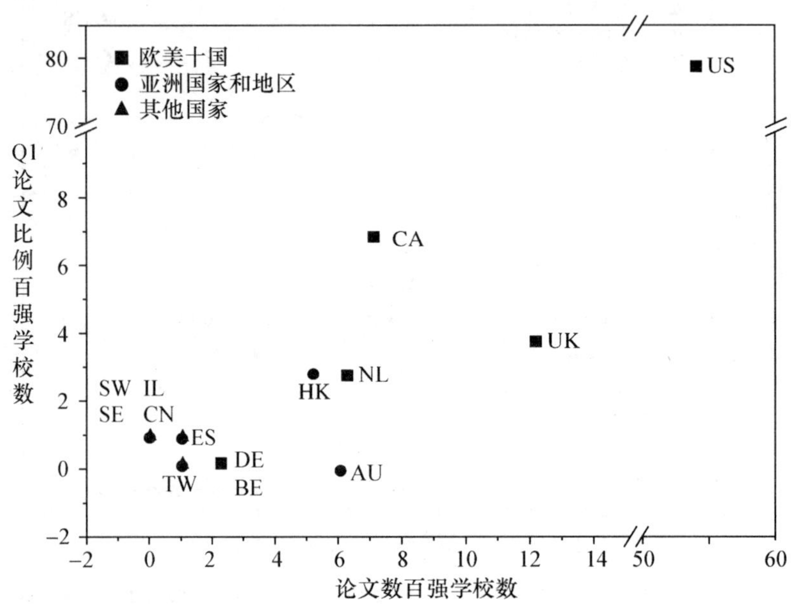

图 4—11　各国和地区论文数百强学校数和 Q1 论文比例百强学校数——经济学

说明：(1) 对经济学论文数大于或等于 120 篇的大学计算 Q1 论文比例。(2) 美国—US；英国—UK；加拿大—CA；荷兰—NL；澳大利亚—AU；中国香港—HK；德国—DE；比利时—BE；以色列—IL；中国大陆—CN；瑞典—SE；瑞士—SW；中国台湾—TW；西班牙—ES。

12. 心理学科研表现的国际比较

美国在心理学同时进入论文数和 Q1 论文比例世界百强的大学共有 47 所，其他有大学同时进入世界百强的国家包括：英国、荷兰、加拿大、澳大利亚、西班牙、瑞典、芬兰。

通过统计 2005—2009 年心理学的论文数世界百强大学和 Q1 论文比例世界百强大学，得到该学科论文数和 Q1 论文比例世界百强大学的国家分布。这里给出部分国家的情况（见图 4—12）。美国遥遥领先于其他国家，处于绝对领先地位，拥有 59 所论文数世界百强大学和 61 所 Q1 论文比例世界百强大学。英国次之，拥有 10 所论文数世界百强大学和 12 所 Q1 论文比例世界百强大学。荷兰和加拿大的心理学都很强，分别有 7 所大学论文数进入世界百强，以及 8 所和 6 所 Q1 论文比例世界百强学校。澳大利亚也有 5 所论文数世界百强学校和 2 所 Q1 论文比例世界百强学校。德国、瑞士、丹麦等欧洲国家也有若干所世界百强大学。

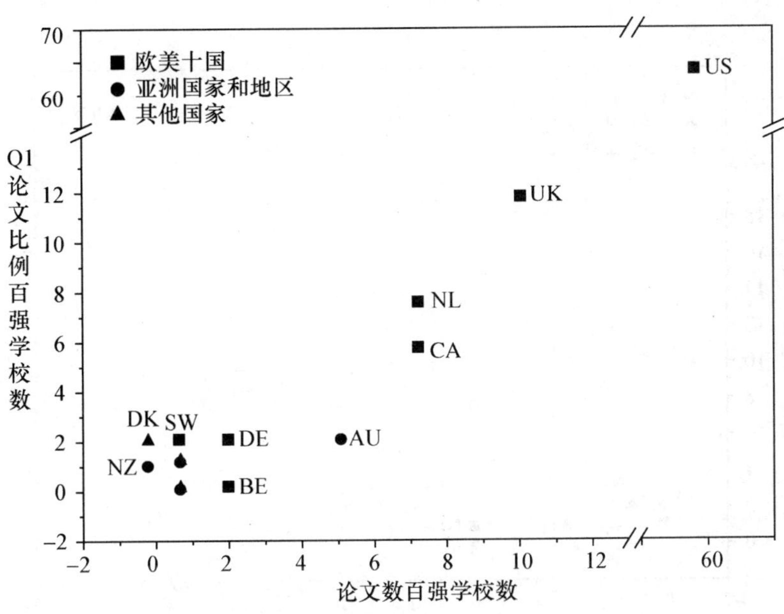

图 4—12　各国论文数百强学校数和 Q1 论文比例百强学校数——心理学

说明：(1) 对心理学论文数大于或等于 250 篇的大学计算 Q1 论文比例。(2) 美国—US；英国—UK；荷兰—NL；加拿大—CA；澳大利亚—AU；德国—DE；比利时—BE；瑞士—SW；丹麦—DK；新西兰—NZ。

13. 社会学科研表现的国际比较

美国在社会学同时进入论文数和 Q1 论文比例世界百强的大学共有 53 所，其他有大学同时进入世界百强的国家包括：英国、加拿大、荷兰、以色列、南非。

通过统计 2005—2009 年社会学的论文数世界百强大学和 Q1 论文比例世界百强大学，得到该学科论文数和 Q1 论文比例世界百强大学的国家分布。这里给出部分国家的情况（见图 4—13）。美国遥遥领先于其他国家，处于绝对领先地位，拥有 62 所论文数世界百强大学和 66 所 Q1 论文比例世界百强大学。英国拥有 12 所论文数世界百强大学和 18 所 Q1 论文比例世界百强大学。加拿大拥有 6 所论文数世界百强大学和 7 所 Q1 论文比例世界百强大学。荷兰也有 6 所论文数世界百强大学和 1 所 Q1 论文比例世界百强大学。亚洲国家中，只有以色列的 3 所大学进入论文数世界百强和 1 所大学进入 Q1 论文比例世界百强。非洲只有南非跻身世界百强，南非有论文数世界百强大学 1 所，Q1 论文比例世界百强大学 2 所。

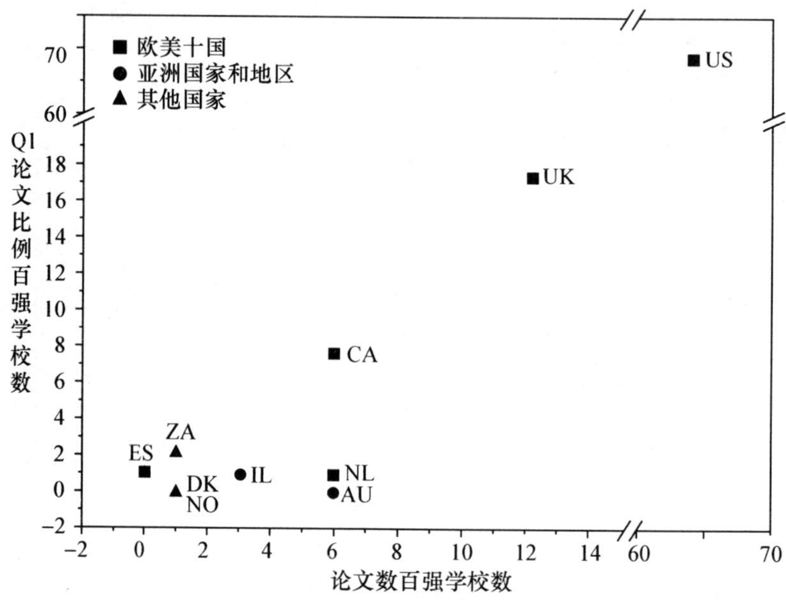

图 4—13　各国论文数百强学校数和 Q1 论文比例百强学校数——社会学

说明：(1) 对社会学论文数大于或等于 50 篇的大学计算 Q1 论文比例。(2) 美国—US；英国—UK；加拿大—CA；荷兰—NL；澳大利亚—AU；以色列—IL；南非—ZA；西班牙—ES；丹麦—DK；挪威—NO。

二、各国和地区的学科科研表现

1. 美国的学科科研表现

通过统计 2005—2009 年主要国家和地区在 13 个学科的论文数世界百强大学数、Q1 论文比例世界百强大学数以及论文数和 Q1 论文比例同时进入世界百强大学数，这里专门给出美国的学科表现情况（见表 4—11、图 4—14）。

表 4—11　　美国各学科在论文数和 Q1 论文比例的表现　　单位：所

学科	论文数和 Q1 论文比例同时进入世界百强大学数	论文数世界百强大学数	Q1 论文比例世界百强大学数
经济学	53	55	75
社会学	53	62	66
心理学	47	59	61
地球科学	39	41	65
物理学	33	34	58
计算机科学	29	34	70
电力电子与通信工程	27	28	52
数学	23	31	46
化学	16	19	54
机械工程	13	21	21
土木工程	13	29	17
材料科学	12	18	36
化学工程	2	9	19

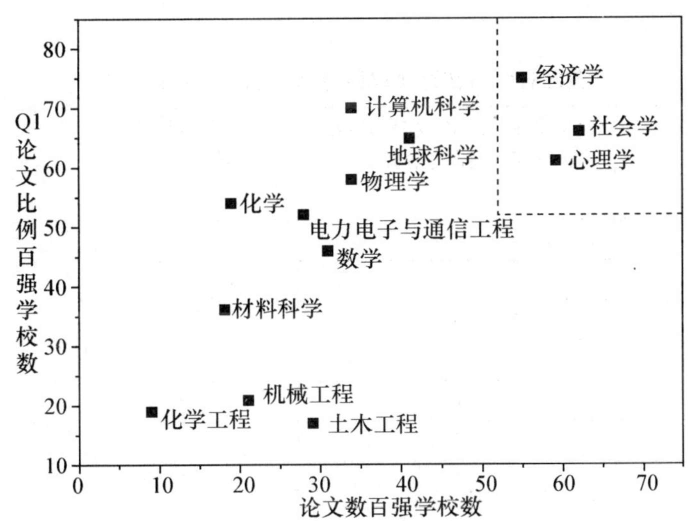

图 4—14　美国各学科论文数百强学校数和 Q1 论文比例百强学校数

美国的 13 个学科都有进入世界百强的大学，其中表现最好的学科是经济学、心理学和社会学等社科类学科，其次是数学、物理学和地球科学，在传统工科的优势最不明显。经济学、心理学和社会学的论文数世界百强大学和 Q1 论文比例世界百强大学都超过 50 所。论文数世界百强学校最多的学科是社会学（62 所），Q1 论文比例世界百强学校最多的是经济学（75 所）。化学工程的论文数和 Q1 论文比例世界百强大学都最少，分别为 9 所和 19 所。

2. 英国的学科科研表现

通过统计 2005—2009 年主要国家和地区在 13 个学科的论文数世界百强大学数、Q1 论文比例世界百强大学数以及论文数和 Q1 论文比例同时进入世界百强大学数，这里专门给出英国的学科表现情况（见表 4—12、图 4—15）。

英国的 13 个学科都有进入世界百强的大学，其中化学、地球科学、机械工程、心理学和社会学的表现最好。从论文数来看，机械工程进入世界百强的学校最多（14 所）；从 Q1 论文比例来看，化学和社会学进入世界百强的学校最多（18 所）；电力电子与通信工程在论文数和 Q1 论文比例上进入世界百强的学校最少（分别为 5 所和 4 所）。其次，物理学、土木工程、化学工程和材料科学的表现比较好。Q1 论文比例世界百强大学最少的学科是电力电子与通信工程和计算机科学，为 4 所；论文数世界百强大学最少的学科是电力电子与通信工程、化学和数学，均为 5 所。

表 4—12　　英国各学科在论文数和 Q1 论文比例的表现　　单位：所

学科	论文数和 Q1 论文比例同时进入世界百强大学数	论文数世界百强大学数	Q1 论文比例世界百强大学数
心理学	9	10	12
社会学	9	12	18
机械工程	9	14	11
地球科学	7	12	12
土木工程	6	6	11
化学工程	6	9	9
化学	5	5	18
材料科学	5	7	9
经济学	4	12	5
数学	3	5	6
物理学	3	7	11
电力电子与通信工程	2	5	4
计算机科学	0	7	4

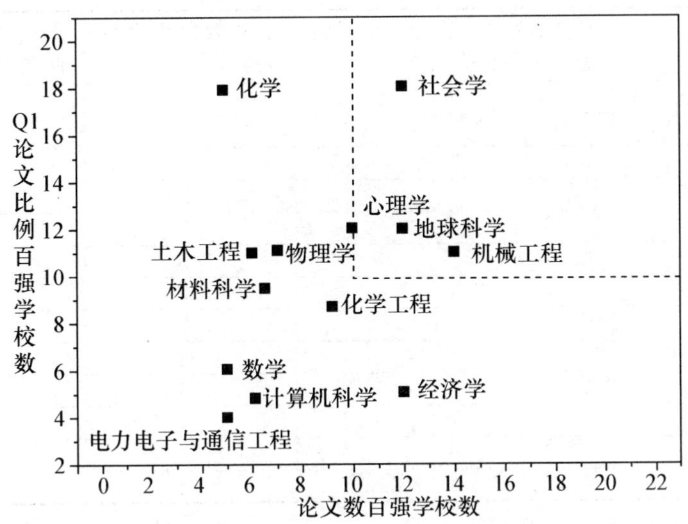

图 4—15 英国各学科论文数百强学校数和 Q1 论文比例百强学校数

3. 加拿大的学科科研表现

通过统计 2005—2009 年主要国家和地区在 13 个学科的论文数世界百强大学数、Q1 论文比例世界百强大学数以及论文数和 Q1 论文比例同时进入世界百强大学数，这里专门给出加拿大的学科表现情况（见表 4—13、图 4—16）。

加拿大的 13 个学科都有进入世界百强的大学，其中表现最为强劲的是经济学、心理学、社会学等社会科学学科和电力电子与通信工程、机械工程等工科学科。土木工程在论文数上进入世界百强的学校最多（9 所）；电力电子与通信工程在 Q1 论文比例上进入世界百强的学校最多（11 所）。其次表现较好的是地球科学和计算机科学，这两个学科在 Q1 论文比例进入世界百强的大学超过 2 所，而论文数世界百强大学达到 7 所。此外，土木工程、化学工程和数学在论文数的表现较好，但 Q1 论文比例世界百强大学不超过 2 所。化学、物理学和材料科学的 Q1 论文比例世界百强大学超过 2 所，但论文数世界百强大学不超过 2 所。其中，材料科学在论文数上进入世界百强的学数最少（2 所），数学学科在 Q1 论文比例上进入世界百强的大学最少（1 所）。

表 4—13　　加拿大各学科在论文数和 Q1 论文比例的表现　　单位：所

学科	论文数和 Q1 论文比例同时进入世界百强大学数	论文数世界百强大学数	Q1 论文比例世界百强大学数
电力电子与通信工程	7	10	11
经济学	5	7	7
心理学	5	7	6
机械工程	4	5	8
社会学	4	6	7
物理学	3	3	4
计算机科学	3	7	3
地球科学	2	7	4
化学	1	2	4
数学	1	6	1
化学工程	1	8	2
土木工程	0	9	2
材料科学	0	2	2

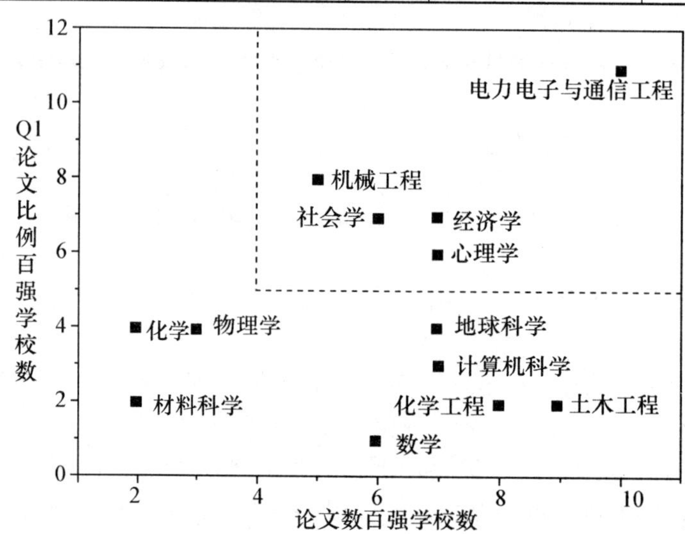

图 4—16　加拿大各学科论文数百强学校数和 Q1 论文比例百强学校数

4. 德国的学科科研表现

通过统计 2005—2009 年主要国家和地区在 13 个学科的论文数世界百强大学数、Q1 论文比例世界百强大学数以及论文数和 Q1 论文比例同时进入世界百强大学数，这里专门给出德国的学科表现情况（见表 4—14、图 4—17）。

除社会学以外，德国在另外 12 个学科都有进入世界百强的大学。德国的数学、物理学、化学和地球科学等理科学科和化学工程、材料科学等工科学科表现最好。从论文数来看，化学和化学工程进入世界百强的学校最多，为 6 所材料科学和物理系列为 5 所；从 Q1 论文比例来看，数学进入世界百强的学校最多，为 9 所；地球科学和物理学校为 6 所。相较而言，电力电子与通信工程和经济学表现一般，经济学有 2 所论文数世界百强大学，但在 Q1 论文比例方面没有世界百强大学，而电力电子与通信工程只有 1 所 Q1 论文比例世界百强大学。

表 4—14　　德国各学科在论文数和 Q1 论文比例的表现　　单位：所

学科	论文数和 Q1 论文比例同时进入世界百强大学数	论文数世界百强大学数	Q1 论文比例世界百强大学数
地球科学	2	4	6
化学	1	6	2
数学	1	2	9
物理学	1	5	6
土木工程	1	3	2
材料科学	1	5	3
化学工程	1	6	2
机械工程	0	1	3
电力电子与通信工程	0	0	1
计算机科学	0	1	3
经济学	0	2	0
心理学	0	2	2
社会学	0	0	0

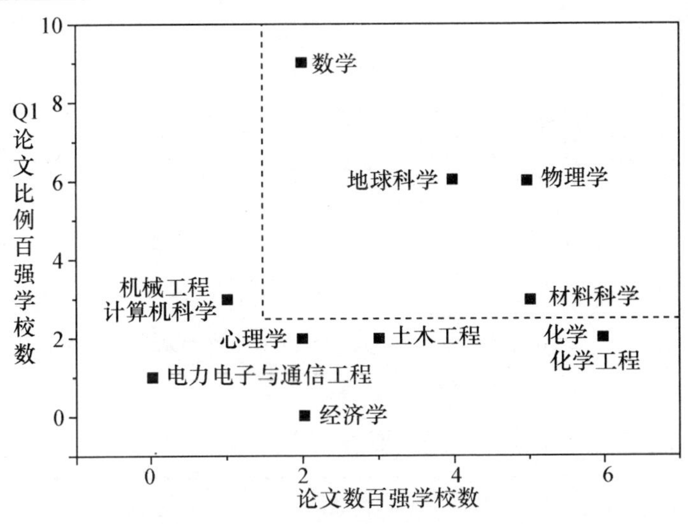

图 4—17　德国各学科论文数百强学校数和 Q1 论文比例百强学校数

5. 意大利的学科科研表现

通过统计 2005—2009 年主要国家和地区在 13 个学科的论文数世界百强大学数、Q1 论文比例世界百强大学数以及论文数和 Q1 论文比例同时进入世界百强大学数，这里专门给出意大利的学科表现情况（见表 4—15、图 4—18）。

意大利的 11 个学科（地球科学和经济学除外）都有进入世界百强的大学。意大利的数学、机械工程、物理学、电力电子与通信工程、土木工程表现相对最好。数学和电力电子与通信工程在论文数上进入世界百强的大学都最多（6 所）。数学和化学工程在 Q1 论文比例上进入世界百强的学校都最多（7 所）。但是，意大利的社会学没有进入论文数世界百强的大学，化学、计算机科学、心理学也没有进入 Q1 论文比例世界百强的大学。

表 4—15　　意大利各学科在论文数和 Q1 论文比例的表现　　单位：所

学科	论文数和 Q1 论文比例同时进入世界百强大学数	论文数世界百强大学数	Q1 论文比例世界百强大学数
数学	3	6	7
机械工程	3	3	6
土木工程	3	3	3
化学工程	2	2	7
电力电子与通信工程	1	6	3
化学	0	4	0
物理学	0	4	5
地球科学	0	0	0
材料科学	0	0	3
计算机科学	0	2	0
经济学	0	0	0
心理学	0	1	0
社会学	0	0	1

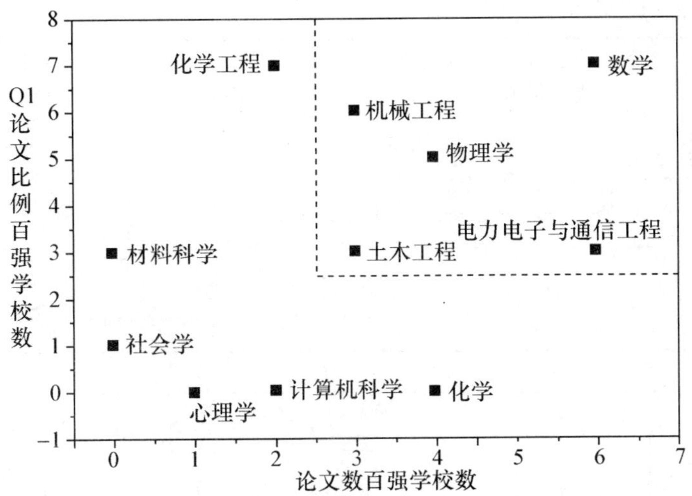

图 4—18 意大利各学科论文数百强学校数和 Q1 论文比例百强学校数

6. 法国的学科科研表现

通过统计 2005—2009 年主要国家和地区在 13 个学科的论文数世界百强大学数、Q1 论文比例世界百强大学数以及论文数和 Q1 论文比例同时进入世界百强大学数，这里专门给出法国的学科表现情况（见表 4—16、图 4—19）。

法国的 9 个学科有进入世界百强的大学，这些学科分别是：数学、物理学、化学、地球科学、机械工程、土木工程、化学工程、材料科学和经济学。其中，数学的表现最好，有 7 所论文数世界百强大学和 9 所 Q1 论文比例世界百强大学。其次，材料科学和化学工程的表现不错，均有 6 所 Q1 论文比例世界百强大学。化学则有 6 所大学进入论文数世界百强。物理学、土木工程、机械工程和经济学的表现尚待提高，尤其是物理学没有大学进入 Q1 论文比例世界百强，土木工程还没有论文数世界百强大学。

表 4—16　　法国各学科在论文数和 Q1 论文比例的表现　　单位：所

学科	论文数和 Q1 论文比例同时进入世界百强大学数	论文数世界百强大学数	Q1 论文比例世界百强大学数
数学	2	7	9
机械工程	2	3	2
化学工程	2	3	6
化学	1	6	2
地球科学	1	4	3
材料科学	1	3	6

续前表

学科	论文数和 Q1 论文比例同时进入世界百强大学数	论文数世界百强大学数	Q1 论文比例世界百强大学数
物理学	0	5	0
电力电子与通信工程	0	0	0
土木工程	0	0	2
计算机科学	0	0	0
经济学	0	1	1
心理学	0	0	0
社会学	0	0	0

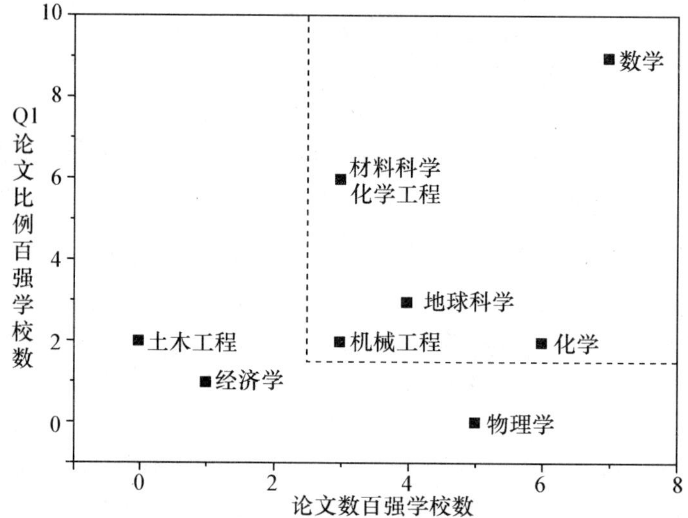

图 4—19　法国各学科论文数百强学校数和 Q1 论文比例百强学校数

7. 荷兰的学科科研表现

通过统计 2005—2009 年主要国家和地区在 13 个学科的论文数世界百强大学数、Q1 论文比例世界百强大学数以及论文数和 Q1 论文比例同时进入世界百强大学数，这里专门给出荷兰的学科表现情况（见表 4—17、图 4—20）。

荷兰的 13 个学科都有进入世界百强的大学。经济学、心理学和社会学等社会科学学科的优势非常明显，其中心理学的论文数和 Q1 论文比例世界百强学校数都最多（分别为 7 所和 8 所），经济学和社会学则分别有 6 所大学进入论文数世界百强。电力电子与通信工程、化学工程、土木工程和地球科学等理工类学科的论文数和 Q1 论文比例方面的世界百强大学都超过 2 所。化学、材料科学、数学、机械工程在 Q1 论文比例方面的表现较好，其中化学的 Q1 论文比例世界百强大学有 5 所，材料科学 3 所，数学和机械工程分别为 2 所。数学、物理学和化学还没有大学进入论文数世界百强，计算机科学还没有 Q1 论文比例世界百强大学。

表 4—17　　荷兰各学科在论文数和 Q1 论文比例的表现　　单位：所

学科	论文数和 Q1 论文比例同时进入世界百强大学数	论文数世界百强大学数	Q1 论文比例世界百强大学数
心理学	7	7	8
经济学	3	6	3
地球科学	2	3	2
电力电子与通信工程	2	2	3
土木工程	2	2	2
化学工程	2	3	3
社会学	2	6	1
机械工程	1	1	2
材料科学	1	1	3
化学	0	0	5
数学	0	0	2
物理学	0	0	1
计算机科学	0	3	0

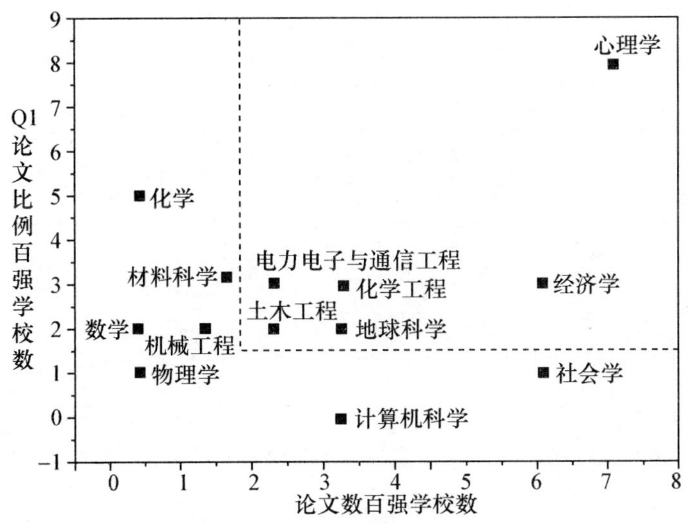

图 4—20　荷兰各学科论义数百强学校数和 Q1 论文比例百强学校数

8. 西班牙的学科科研表现

通过统计 2005—2009 年主要国家和地区在 13 个学科的论文数世界百强大学数、Q1 论文比例世界百强大学数以及论文数和 Q1 论文比例同时进入世界百强大学数，这里专门给出西班牙的学科表现情况（见表 4—18、图 4—21）。

西班牙的 13 个学科都有进入世界百强的大学。数学、化学和化学工程的表现很好，数学在论文数上进入世界百强的大学最多（6 所），化学工程在 Q1 论文比例上进入世界百强的学校最多（10 所），化学在论文数和 Q1 论文比例上进入世界百强大学的学校分别是 4 所和 8 所。物理学分别有 4 所 Q1 论文比例世界百强大学和 2 所论文数世界百强大学。土木工程的论文数和 Q1 论文比例世界百强大学都有 3 所。机械工程、计算机科学、经济学和心理学都只有 1 所 Q1 论文比例世界百强大学。材料科学和社会学还没有论文数世界百强大学，地球科学和电力电子与通信工程都没有 Q1 论文比例世界百强大学。

表 4—18　　西班牙各学科在论文数和 Q1 论文比例的表现　　单位：所

学科	论文数和 Q1 论文比例同时进入世界百强大学数	论文数世界百强大学数	Q1 论文比例世界百强大学数
化学工程	3	3	10
化学	2	4	8
物理学	2	2	4
土木工程	2	3	3
数学	1	6	5
机械工程	1	1	1
心理学	1	1	1
地球科学	0	3	0
电力电子与通信工程	0	3	0
材料科学	0	0	2
计算机科学	0	3	1
经济学	0	1	1
社会学	0	0	2

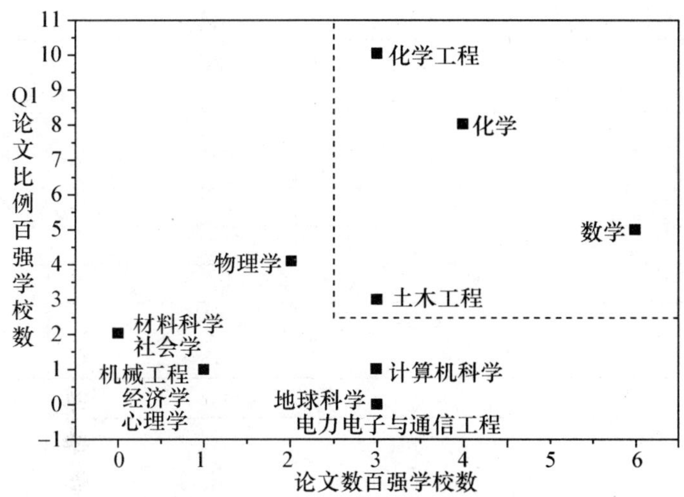

图 4—21　西班牙各学科论文数百强学校数和 Q1 论文比例百强学校数

9. 瑞士的学科科研表现

通过统计 2005—2009 年主要国家和地区在 13 个学科的论文数世界百强大学数、Q1 论文比例世界百强大学数以及论文数和 Q1 论文比例同时进入世界百强大学数，这里专门给出瑞士的学科表现情况（见表 4—19、图 4—22）。

瑞士的 13 个学科都有进入世界百强的大学。物理学、计算机科学、化学、地球科学、机械工程、土木工程、材料科学和电力电子与通信工程的论文数世界百强大学都达到 2 所，其中，物理学的 Q1 论文比例世界百强大学最多（4 所），计算机科学 3 所，其他学科 2 所。数学、化学工程和心理学的论文数世界百强大学都有 1 所，Q1 论文比例世界百强大学 2 所。经济学和社会学没有大学进入论文数世界百强，但均有 1 所大学进入 Q1 论文比例世界百强。

表 4—19　　瑞士各学科在论文数和 Q1 论文比例的表现　　单位：所

学科	论文数和 Q1 论文比例同时进入世界百强大学数	论文数世界百强大学数	Q1 论文比例世界百强大学数
化学	2	2	2
物理学	2	2	4
地球科学	2	2	2
机械工程	2	2	2
电力电子与通信工程	2	2	2
土木工程	2	2	2

续前表

学科	论文数和 Q1 论文比例同时进入世界百强大学数	论文数世界百强大学数	Q1 论文比例世界百强大学数
材料科学	2	2	2
计算机科学	2	2	3
数学	1	1	2
化学工程	1	1	2
经济学	0	0	1
心理学	0	1	2
社会学	0	0	1

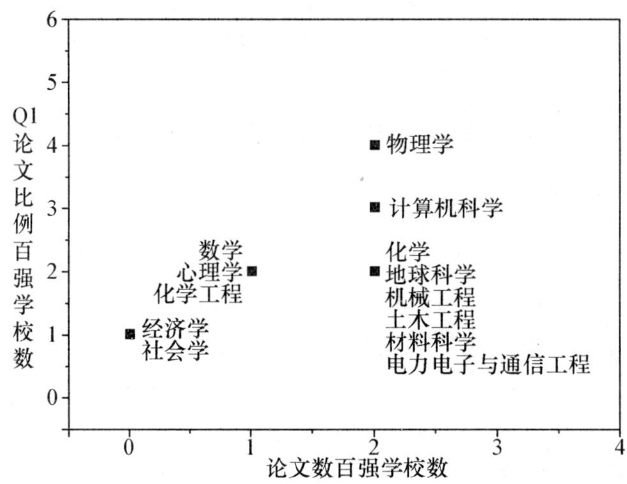

图 4—22　瑞士各学科论文数百强学校数和 Q1 论文比例百强学校数

10. 比利时的学科科研表现

通过统计 2005—2009 年主要国家和地区在 13 个学科的论文数世界百强大学数、Q1 论文比例世界百强大学数以及论文数和 Q1 论文比例同时进入世界百强大学数，这里专门给出比利时的学科表现情况（见表 4—20、图 4—23）。

除物理学和社会学以外，比利时在其他 11 个学科都有进入世界百强的大学。比利时的理工类学科比较强，化学工程、电力电子与通信工程、土木工程各有 2 所大学进入 Q1 论文比例世界百强，而电力电子与通信工程、计算机科学、数学、化学、经济学和心理学都有 2 所大学进入论文数世界百强。土木工程、地球科学还没有论文数世界百强大学，化学没有 Q1 论文比例世界百强大学。

表 4—20　　比利时各学科在论文数和 Q1 论文比例的表现　　单位：所

学科	论文数和 Q1 论文比例同时进入世界百强大学数	论文数世界百强大学数	Q1 论文比例世界百强大学数
数学	1	2	1
机械工程	1	1	1
电力电子与通信工程	1	2	2
材料科学	1	1	1
化学工程	1	1	2
化学	0	2	0
物理学	0	0	0
地球科学	0	0	1
土木工程	0	0	2
计算机科学	0	2	1
经济学	0	2	0
心理学	0	2	0
社会学	0	0	0

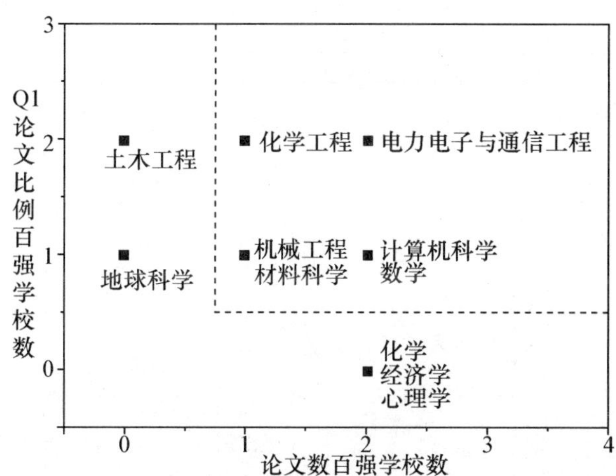

图 4—23　比利时各学科论文数百强学校数和 Q1 论文比例百强学校数

11. 日本的学科科研表现

通过统计 2005—2009 年主要国家和地区在 13 个学科的论文数世界百强大学数、Q1 论文比例世界百强大学数以及论文数和 Q1 论文比例同时进入世界百强大学数，这里专门给出日本的学科表现情况（见表 4—21、图 4—24）。

除心理学和社会学以外，日本在另外 11 个学科都有进入世界百强的大学。从论文数来看，化学的论文数世界百强学校最多（10 所），其次是材料科学和物理学（各 9 所），地球科学和电力电子与通信工程次之（6 所），计算机科学 4 所，而经济学只有 1 所大学进入论文数世界百强。从 Q1 论文比例来看，机械工程、土木工程和材料科学有 3 所 Q1 论文比例世界百强学校，化学工程 1 所，其他学科还没有出现 Q1 论文比例世界百强大学。

表 4—21　　日本各学科在论文数和 Q1 论文比例的表现　　单位：所

学科	论文数和 Q1 论文比例同时进入世界百强大学数	论文数世界百强大学数	Q1 论文比例世界百强大学数
机械工程	2	5	3
土木工程	2	2	3
材料科学	1	9	3
化学	0	10	0
数学	0	2	0
物理学	0	9	0
地球科学	0	6	0
电力电子与通信工程	0	6	0
计算机科学	0	4	0
化学工程	0	7	1
经济学	0	1	0
心理学	0	0	0
社会学	0	0	0

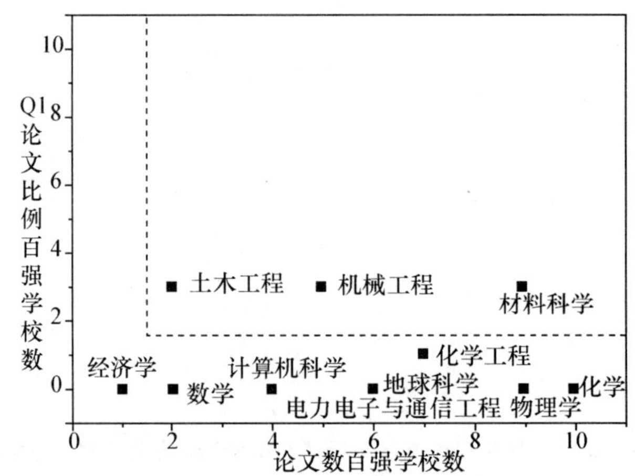

图 4—24　日本各学科论文数百强学校数和 Q1 论文比例百强学校数

12. 韩国的学科科研表现

通过统计 2005—2009 年主要国家和地区在 13 个学科的论文数世界百强大学数、Q1 论文比例世界百强大学数以及论文数和 Q1 论文比例同时进入世界百强大学数，这里专门给出韩国的学科表现情况（见表 4—22、图 4—25）。

除经济学、心理学和社会学外，韩国有 10 个学科进入世界百强。韩国的工科表现较好，土木工程的论文数世界百强大学 Q1 论文比例的世界百强大学以 Q

论文数和 Q1 论文比例同时进入世界百强的大学都达到 6 所。在论文数方面，材料科学有 8 所大学进入世界百强，机械工程和电力电子与通信工程分别有 7 所，化学和化学工程分别有 5 所。数学和地球科学的表现相对一般，都只有 1 所论文数世界百强大学。从 Q1 论文比例上看，材料科学有 2 所大学进入 Q1 论文比例世界百强，物理学和机械工程均有 1 所 Q1 论文比例世界百强大学，其他学科都没有 Q1 论文比例世界百强的大学。

表 4—22　　韩国各学科在论文数和 Q1 论文比例的表现　　单位：所

学科	论文数和 Q1 论文比例同时进入世界百强大学数	论文数世界百强大学数	Q1 论文比例世界百强大学数
土木工程	6	6	6
材料科学	2	8	2
机械工程	1	7	1
化学	0	5	0
数学	0	1	0
物理学	0	3	1
地球科学	0	1	0
电力电子与通信工程	0	7	0
计算机科学	0	4	0
化学工程	0	5	0
经济学	0	0	0
心理学	0	0	0
社会学	0	0	0

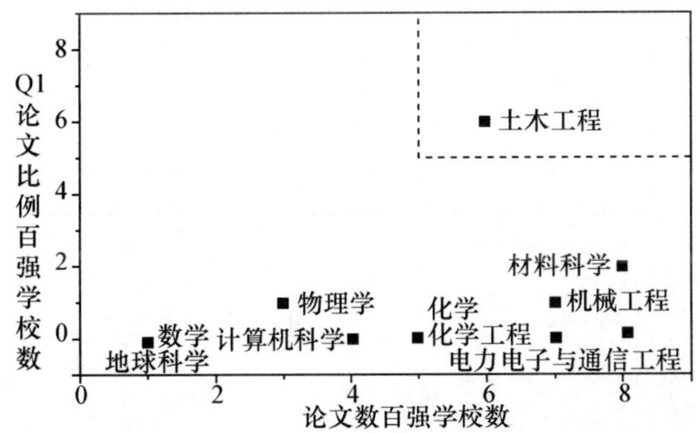

图 4—25　韩国各学科论文数百强学校数和 Q1 论文比例百强学校数

13. 中国香港的学科科研表现

通过统计 2005—2009 年主要国家和地区在 13 个学科的论文数世界百强大学数、Q1 论文比例世界百强大学数以及论文数和 Q1 论文比例同时进入世界百强大学数，这里专门给出中国香港的学科表现情况（见表 4—23、图 4—26）。

除地球科学、心理学和社会学以外，中国香港在另外10个学科都有进入世界百强的大学。中国香港在机械工程、电力电子与通信工程、土木工程和计算机科学等工科的表现都较好，其中计算机科学和电力电子与通信工程的论文数世界百强学校和Q1论文比例世界百强大学均为最多。化学、化学工程和数学都有2所Q1论文比例世界百强大学，但在论文数百强大学方面表现不尽相同，数学2所，化学工程1所。值得关注的是，中国香港的经济学表现较好，无论与亚太国家和地区还是世界其他国家和地区相比，优势都比较明显，分别拥有4所论文数世界百强学校和3所Q1论文比例世界百强大学。

表4—23　　中国香港各学科在论文数和Q1论文比例的表现　　单位：所

学科	论文数和Q1论文比例同时进入世界百强大学数	论文数世界百强大学数	Q1论文比例世界百强大学数
电力电子与通信工程	4	5	4
计算机科学	4	5	5
土木工程	3	4	3
数学	2	2	2
机械工程	2	2	3
经济学	2	4	3
化学工程	1	1	2
化学	0	0	2
物理学	0	0	1
地球科学	0	0	0
材料科学	0	2	1
心理学	0	0	0
社会学	0	0	0

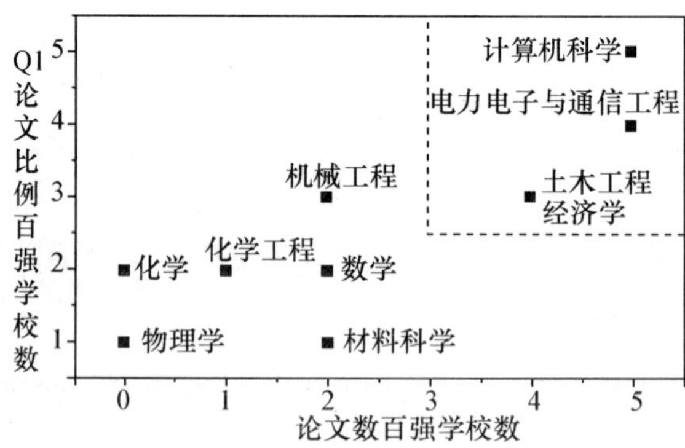

图4—26　中国香港各学科论文数百强学校数和Q1论文比例百强学校数

14. 中国台湾的学科科研表现

通过统计 2005—2009 年主要国家和地区在 13 个学科的论文数世界百强大学数、Q1 论文比例世界百强大学数以及论文数和 Q1 论文比例同时进入世界百强大学数，这里专门给出中国台湾的学科表现情况（见表 4—24、图 4—27）。

除数学、心理学和社会学以外，中国台湾在另外 10 个学科都有进入世界百强的大学。机械工程、电力电子与通信工程、土木工程、计算机科学、材料科学等理工类学科的表现较好。其中电力电子与通信工程的论文数世界百强大学数最多（7 所），计算机科学的论文数世界百强大学也较多（6 所），机械工程、土木工程和材料科学的 Q1 论文比例世界百强大学最多（4 所）。从论文数来看，化学、地球科学、化学工程分别有 2 所世界百强大学，经济学也有 1 所。从 Q1 论文比例来看，物理学和化学工程均有 1 所 Q1 论文比例世界百强大学，计算机科学、化学、地球科学、经济学没有大学进入 Q1 论文比例世界百强。

表 4—24　　中国台湾各学科在论文数和 Q1 论文比例的表现　　单位：所

学科	论文数和 Q1 论文比例同时进入世界百强大学数	论文数世界百强大学数	Q1 论文比例世界百强大学数
土木工程	4	4	4
电力电子与通信工程	3	7	3
材料科学	3	4	4
机械工程	2	4	4
物理学	1	4	1
化学	0	2	0
数学	0	0	0
地球科学	0	2	0
计算机科学	0	6	0
化学工程	0	2	1
经济学	0	1	0
心理学	0	0	0
社会学	0	0	0

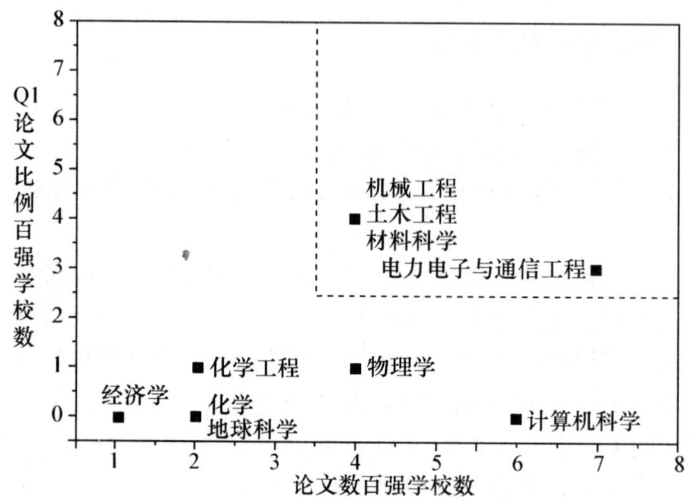

图 4—27　中国台湾各学科论文数百强学校数和 Q1 论文比例百强学校数

三、我国大学的学科科研表现

通过统计 2005—2009 年主要国家和地区在 13 个学科的论文数世界百强大学数、Q1 论文比例世界百强大学数以及论文数和 Q1 论文比例同时进入世界百强大学数，这里专门给出中国大陆的学科表现情况（见表 4—25、图 4—28）。

除心理学和社会学以外，我国在其余 11 个学科都有论文数或 Q1 论文比例进入世界百强的大学。其中，机械工程、土木工程、化学工程和材料科学学科的整体表现较好。我国在数学、物理学、化学、计算机科学和电力电子与通信工程等学科进入论文数世界百强的大学比较多，但在 Q1 论文比例上的表现比较落后。地球科学有 3 所大学进入论文数世界百强，经济学有 1 所大学进入 Q1 论文比例世界百强，心理学和社会学都还没有世界百强大学。今后我国研究型大学应着力提高数学、物理学、化学、电力电子与通信工程、计算机科学等理工类学科的论文质量，同时提高地球科学、经济学、心理学、社会学的论文数量和质量。

表 4—25　　中国大陆各学科在论文数和 Q1 论文比例的表现　　单位：所

学科	论文数和 Q1 论文比例同时进入世界百强大学数	论文数世界百强大学数	Q1 论文比例世界百强大学数
机械工程	7	8	7
土木工程	6	6	7

续前表

学科	论文数和 Q1 论文比例同时进入世界百强大学数	论文数世界百强大学数	Q1 论文比例世界百强大学数
材料科学	6	19	8
化学工程	4	10	12
数学	1	16	2
化学	0	17	0
物理学	0	9	0
地球科学	0	3	0
电力电子与通信工程	0	8	0
计算机科学	0	8	1
经济学	0	0	1
心理学	0	0	0
社会学	0	0	0

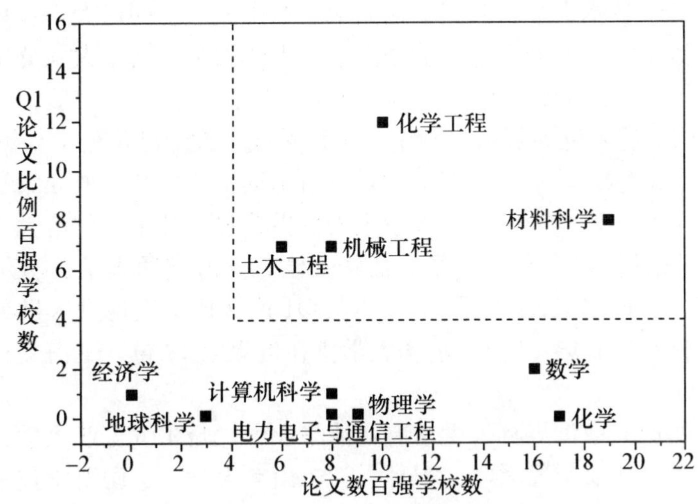

图 4—28 中国大陆各学科论文数百强学校数和 Q1 论文比例百强学校数

北京大学、浙江大学、清华大学、复旦大学、大连理工大学、南开大学、上海交通大学、山东大学、北京师范大学、南京大学、中国科学技术大学、华东师范大学、中山大学、兰州大学、西安交通大学、四川大学的数学都已跻身论文数世界百强行列。其中，北京大学发表的论文数量居世界第 5 位，浙江大学和清华大学分别排在第 12 位和第 13 位。在 Q1 论文比例上，吉林大学（论文数未进世界百强）和兰州大学已进入世界百强。其中，吉林大学排在第 54 位，兰州大学排在第76位。

清华大学、中国科学技术大学、北京大学、浙江大学、南京大学、上海交通大学、华中科技大学、复旦大学和哈尔滨工业大学的物理学已进入论文数世界百强。清华大学排在世界第11位，中国科学技术大学排在世界第12位，北京大学排在世界第15位。但在Q1论文比例上还没有进入世界百强。

化学的论文数世界百强大学共有17所。其中浙江大学（3）、吉林大学（5）、南京大学（7）、南开大学（8）、北京大学（10）、清华大学（12）、复旦大学（14）、山东大学（15）、中国科学技术大学（16）发表的论文数量已进入世界前20。目前没有出现Q1论文比例世界百强大学。

北京大学、中国地质大学和南京大学在地球科学学科发表的论文数量进入世界百强，其中北京大学（31）和中国地质大学（43）进入世界前50。目前没有出现Q1论文比例世界百强大学。

清华大学、天津大学、浙江大学、上海交通大学、大连理工大学、哈尔滨工业大学、中国科学技术大学、西安交通大学、东南大学、四川大学在化学工程学科发表的论文数量进入世界百强。清华大学、天津大学、浙江大学分别进入世界前3。吉林大学、南京大学、复旦大学、同济大学、华中科技大学、厦门大学也在Q1论文比例上进入世界百强。其中中国科学技术大学已位列世界第18。

同济大学、清华大学、大连理工大学、哈尔滨工业大学、浙江大学、上海交通大学在土木工程学科发表的论文数量进入世界百强。其中，同济大学位列世界第4，清华大学位列第8。浙江大学、清华大学、上海交通大学、哈尔滨工业大学、东南大学、大连理工大学、同济大学在Q1论文比例上也进入世界百强。其中，浙江大学排在世界第16位，清华大学排在世界第19位，上海交通大学排在世界第20位。

材料科学的论文数世界百强大学有：清华大学、哈尔滨工业大学、上海交通大学、浙江大学、西安交通大学、吉林大学、山东大学、中国科学技术大学、天津大学、四川大学、大连理工大学、中南大学、华中科技大学、北京大学、南京大学、同济大学、复旦大学、兰州大学、武汉大学。其中，清华大学（2）、哈尔滨工业大学（3）、上海交通大学（4）、浙江大学（5）发表的论文数量已进入世界前10。南开大学、北京大学、中国科学技术大学、中山大学、南京大学、复旦大学、吉林大学、武汉大学在Q1论文比例上进入世界百强。其中，南开大学的Q1论文比例位列世界第11。

机械工程的论文数世界百强大学集中在上海交通大学、清华大学、西安交通大学、哈尔滨工业大学、大连理工大学、浙江大学、华中科技大学、天津大学。

值得一提的是，上海交通大学发表的论文数量位居世界第 1，清华大学第 2，西安交通大学排在世界第 9。Q1 论文比例世界百强大学有：西安交通大学、清华大学、上海交通大学、华中科技大学、哈尔滨工业大学、浙江大学、天津大学。

电力电子与通信工程的论文数世界百强大学主要集中在清华大学、上海交通大学、东南大学、浙江大学、哈尔滨工业大学、华中科技大学、北京大学、西安交通大学。其中清华大学发表的论文数量排在世界第 3，上海交通大学排在世界第 7。目前没有出现 Q1 论文比例世界百强大学。

清华大学、上海交通大学、浙江大学、北京大学、哈尔滨工业大学、西安交通大学、华中科技大学、东南大学在计算机科学学科发表的论文数量已进入世界百强。清华大学位列世界第 1，上海交通大学排在世界第 11 位。北京航空航天大学在 Q1 论文比例上进入世界百强，排在世界第 69 位。

目前，我国在经济学领域还没有出现论文数世界百强大学。但北京大学的经济学已经跻身 Q1 论文比例世界百强之列。

第六节　对提升研究型大学科研国际竞争力的建议

一、重视原创性科学研究，实现从数量增长为主向质量提升为主的转型

“985 工程”重点建设以来，我国研究型大学的科研能力不断增强，国际地位明显提高，科学研究国际能见度正在迅速提升，但与欧美等国的一流研究型大学相比，我国高水平研究型大学在科研质量方面存在巨大差距，这一点可以从 2005—2009 年期间我国研究型大学的 Q1 论文比例表现及其国际地位得到启示。对于我国研究型大学的学科和学科领域而言，理工类学科已完成量的积累，接下来的工作应特别重视开展原创性科学研究，催生重大原创性科研成果，而生命、医学和社科类学科则应同时提高论文数量和质量。今后我国研究型大学的科研工作应营造宽松和谐的学术氛围，以科研质量的提升为重点，努力实现从数量增长为主向质量提升为主的转型。

二、重点建设一批具有世界一流水平的学科

目前，我国研究型大学的部分学科领域和学科已经进入或接近世界百强，但

世界一流水平的学科数量与欧美等国的一流研究型大学相比仍存在差距，建设世界一流学科任重而道远。放眼世界，日本、韩国、德国等许多国家和地区近年来纷纷开始实施重点建设计划，有选择地建设一批世界一流大学和学科，我国在世界一流学科建设方面所面临的国际竞争日趋激烈。为此，建议今后我国研究型大学继续坚持突出重点原则，根据自身学科特色和社会发展需要，选择合适的学科发展突破口，着力发展一批强势学科，努力迈向世界一流水平。同时，应当重点引进和培养高层次人才，尤其是具有国际影响力的学科带头人，支持学科带头人组建结构合理的学术梯队，承担重大研究项目，参与国际学术交流与合作，为创建一批高水平的学科奠定坚实的基础。

第五章

研究型大学人才培养的国际竞争力

《国家中长期教育改革和发展规划纲要（2010—2020 年）》中强调“牢固确立人才培养在高校工作中的中心地位，着力培养信念执著、品德优良、知识丰富、本领过硬的高素质专门人才和拔尖创新人才”。研究型大学为科技、经济及社会发展各领域培养拔尖人才，他们是研究型大学人才培养的重要成果。本章以精英人才培养为焦点探讨研究型大学人才培养的国际竞争力。

第一节　研究型大学与精英人才培养

一、高等学校的人才培养功能

自中世纪以来，大学的功能不断完善，今天大学已经发展成为综合人才培养、科学研究和社会服务三大功能于一体的高等教育机构，大学的三大功能具体表现在大学传播知识、生产知识和应用知识的过程中。其中人才培养是大学传播知识的基本途径，是大学赖以生存和发展的基石。

高等学校需要根据社会的不同需求培养不同类型的人才。大学的人才培养具有鲜明的时代性和社会适应性特征。社会经济及产业结构变化对人才的知识结构、能力素质要求有很大差异，大学培养人才的规格也各不相同，反映了不同历史阶段社会的需求，充分体现了时代性特征。① 当今社会经济发展迅速，经济结

① 参见曹秀平：《我国入世后高等教育人才培养模式研究》，大连理工大学硕士学位论文，2003。

构变动深刻，技术进步、产业升级和城市化进程加快①，社会各行各业的快速发展对人才的需求更加多样、更加灵活。高科技领域的不断革新需要大量具有科学理论知识和创新能力的科学研究人才；社会各部门和各专业领域分工的日趋精细化需要大量具有专业知识和实践能力的专业应用型人才；经济全球化的加深和巨型跨国企业的出现需要大量具有复合能力和开拓精神的管理经营人才；政治全球化的发展和国际间关系的不断紧密需要大量具有国际视野和献身精神的公共治理人才。

一般而言，大学培养的人才主要可划分为两种类型：一类是以发现和研究客观规律为目的的理论研究型人才，一类是运用客观规律为社会直接谋取利益的应用实践型人才。②理论研究型人才侧重于认识客观世界，以发现和研究客观规律为目的。他们一般具有鲜明的创新品质、敏锐的洞察力和变通的思维模式，善于从习以为常、熟视无睹的惯性思维中跳脱出来，发现新问题；通过严密的推敲和论证，深刻地分析问题；通过对知识的质疑、验证和深入钻研，发现并创造新知识。而应用实践型人才侧重于改造客观世界，以运用客观规律为人类社会服务为目的。他们一般具有深厚的专业基础知识，善于吸收、消化先进科学技术；有较强的创新和实践应用能力，能够将抽象的理论符号转化成具体的产品构思；有较强的组织协调能力，高效地进行企业的组织和管理工作，提高企业生产力。③

二、研究型大学是培养各类精英人才的重要场所

随着社会经济的不断发展，精英教育从传统的少数人的特权转变为面向全社会的高标准教育，作为高等教育的“塔尖”，注重质量的研究型大学天然成为高等教育大众化时期精英教育的重要场所。研究型大学培养的是政治、经济、文化和科技等各行各业的拔尖领军人才，是理论研究型人才和应用实践型人才中的精英。

一方面，研究型大学是培养理论研究型精英人才的重要场所。对高深学问的不懈追求是大学的永恒使命，培养具有拔尖学术能力的理论研究型人才不仅能够促进研究型大学科研水平的提高和学术地位的提升，还能为高校未来师资力量增强储备力量④，培养理论研究型精英人才是研究型大学的重要特征之一。

① 参见喻恒：《硕士研究生学制改革研究》，武汉理工大学硕士学位论文，2007。

②③ 参见潘懋元、石慧霞：《应用型人才培养的历史探源》，载《江苏高教》，2009（1）。

④ 参见龙献忠：《论研究生教育在我国研究大学形成中的作用》，载《科技导报》，2003（4）。

研究型大学在其发展的不同历史阶段均表现出对科研教育以及学生科研能力培养的重视。在中世纪时期，法国巴黎大学，英国牛津大学、剑桥大学等中世纪大学已经出现了硕士、博士学位，在当时这些学位只是一种执教的资格，被视为现代研究生教育发生、发展的基础。① 19 世纪中期，洪堡在德国建立柏林大学，把科学研究引入大学教学，并设立博士学位，学生在研究所内以科研助手的形式跟随导师从事独立的科学研究，着重对学生进行学术科研能力的培养，这一时期是现代研究生教育的形成时期。1876 年，德国注重科学研究和科研能力培养的传统被引入美国，历史上第一所以培养研究生为主的大学——约翰·霍普金斯大学成立，一种新型的教育形式——研究生院就此出现。从此，注重对研究生科研能力的培养成为研究型大学的重要特点之一。自科学研究功能被引入大学以来，对学生科研能力的培养一直侧重于研究生阶段，1998 年博耶委员会为提高美国研究型大学的本科教学地位，发表了博耶报告，强调研究型大学要把本科生纳入研究型大学的研究和发现体系当中，受到了美国研究型大学的重视。② 至此，研究型大学在其强大科研基础的支撑下，形成了贯穿学士、硕士和博士不同阶段的科研能力培养体系。

今天，是否能够培养出推动科学发展的学术大师已经成为衡量研究型大学竞争力的重要标准。随着社会的不断发展，研究型大学人才培养的类型和形式也将越来越多样化，但对学生科研能力的培养永远是其开展教学的重要内容，研究型大学的科研教育必须培养具有拔尖学术能力的理论研究型精英人才。

另一方面，研究型大学是培养应用实践型精英人才的重要场所。克拉克·克尔（Clark Kerr）指出："大学的生命是与它周围社会中被认可的专门行业联系在一起的，而且它将继续对新出现的专门行业做出反应。大学已经成为人们进入这些专业的主要'港口'。"③

纵观大学发展的历史，研究型大学对应用实践型精英人才的培养从未停止。大学自诞生之日起就承担着培养应用实践型人才的重任。10—11 世纪，随着欧洲手工业和商业的繁荣发展，商人和手工业工人组成了行会，对内组织和监督行业内部徒工进行职业训练。这些行会组织逐渐发展成为专门学校，其主要任务是培养专业性应用型人才。④ 自由教育和纯科学研究理念在大学中实力的日益强

① 参见庞青山：《德美两国研究生发展道路比较研究》，载《比较教育研究》，2002（10）。

② 参见刘少雪：《从博耶（Boyer）委员会的"3 年后报告"看美国研究型大学的本科教学改革》，载《中国大学教学》，2004（5）。

③④ 参见董秀华：《专业人才培养制度的历史分析》，载《华东师范大学学报》（教育科学版），2008（1）。

大，导致实用性的教育内容曾经一度淡出大学课堂。直至19世纪，随着社会经济的发展、现代化进程的加快，社会日益需要大学为其培养各类专业化人才。德国建立了理论研究型人才和应用实践型人才培养并行的二元高等教育体制。在英国，一批围绕社会经济发展需要的新型大学相继产生，牛津大学和剑桥大学等传统大学也在课程上逐渐引入了现代科学的专业学科。在实用主义思潮的影响下，美国于1862年颁布了《莫雷尔法案》（Morrill Act），推动了农学、机械等实用学科进入大学殿堂，强化了大学与社会之间的关系。当时建立的一部分赠地学院如今发展成为实力雄厚的研究型大学，并且仍然保留着为社会培养各类应用实践型精英人才的传统。

今天以培养应用实践型人才为目标的专业教育已经取得了同其他学科相同的地位，各类专业领域如医学、法学、工学、商学等都在大学中有了自己的位置，并且地位和水平由原来低于文理学院上升到了研究生院的水平。为满足当今社会对精英人才不断多样化的需求，现代研究型大学不仅是进行科学研究和培养科研人才的场所，也应该成为各行各业发展、培养应用实践型精英人才的中坚力量。

第二节　研究型大学培养理论研究型精英人才
——以高引用科学家为例

一、理论研究型精英人才的界定及研究方法

科学史上的大部分进步是由少数人所发表的学术成果推动的。在评价一个科学家的学术成就和研究成果时，其所发表论文的影响力是评价研究成果和检测科学家科研能力的重要标准，其中论文的被引频次被视为评价科学家学术成就的重要方法之一。[①] 高引用科学家是指一定时间段内在特定的学科领域中论文被引用频次最高的科学家，被认为是各学科领域内最有影响力的科学家。因此本研究选取高引用科学家作为典型代表，对研究型大学培养理论研究型精英人才竞争力的现状和特点进行深入的探讨。

本研究选取科学信息研究所（Institute for Scientific Information，ISI）统计

① 参见郑佳之：《一种个人学术影响力的评价方法》，载《中国科技期刊研究》，2007（6）。

的 1981—2010 年间所有高引用科学家作为研究样本。① ISI 在汤姆森路透引文数据库（Thomson Reuters Citation Databases）的基础上，按照作者姓名对生命科学、医学、工学、自然科学以及社会科学等 21 个学科领域②的论文引用频次进行了统计，每个学科领域中被引频次前 250 名的科学家被称为该领域的高引用科学家，该名单每年更新发布。高引用科学家的数量约占所有发表研究论文的科研人员的 0.5%。本研究的数据来源为 ISI 高引用科学家网站，数据收集的内容包括 1981—2010 年间所有高引用科学家的姓名，学科领域，入选时的工作单位，获得学士、硕士以及博士学位的学校和时间等信息，数据收集的时间为 2011 年 1 月，共查询到 1981—2010 年间高引用科学家 6 516 人，获得学位 9 084 个。

二、数据分析

世界大学学术排名（ARWU）是根据大学的学术表现进行的世界性大学排名，在全球具有较大影响力，进入 ARWU 排名前 500 名的学校均为世界著名的高水平研究型大学。从研究型大学的学术水平来看，前 20 名大学一般曾获得若干诺贝尔奖，并每年在《自然》和《科学》等世界顶尖学术刊物上发表数十篇论文，被称为世界顶尖大学；前 100 名左右的大学一般曾获得过诺贝尔奖，且每年在《自然》和《科学》等刊物上发表 10 篇论文左右，被称为世界一流大学；而前 200 名左右的大学能够连续多年在《自然》和《科学》等顶尖刊物上发表数篇论文，被认为是世界知名大学。③ 本研究选取 ARWU 2010 年排名作为衡量世界顶尖大学、世界一流大学以及世界知名大学的标准④，对高引用科学家的教育经历进行分析。

1. 研究型大学在培养高引用科学家方面具有绝对的国际竞争优势

从获得学位的总数量来看，以 2010 年 ARWU 排名作为依据，对高引用科学家获得学位的学校按照排名分布进行统计发现，1981—2010 年间所有高引用科学家共获得学位 9 084 个，其中在 ARWU 2010 年排名前 500 的学校获得的学

① http://hcr3.isiknowledge.com/popup.cgi? name=hccom.

② 21 个学科领域是分别为数学、物理学、化学、地学、空间科学、工学、计算机科学、材料学、生物学/生物化学、分子生物学/遗传学、微生物学、免疫学、神经科学、农学、种植科学/动物学、生态学/环境学、临床医学、药学、社会科学、经济学/商学以及心理学/精神病学。

③ 参见刘念才：《我国名牌大学离世界一流有多远》，载《高等教育研究》，2002（2）。

④ http://www.arwu.org/.

位数量为 7 745 个，约占总数的 85%，由未进入 ARWU 排名前 500 的学校授予的学位数量为 1 339 个，约占总数的 15%，由此可见，具有拔尖理论研究能力的高引用科学家绝大多数是由 ARWU 排名前 500 的高水平研究型大学培养的。

从授予学位学校的排名组别来看，以 2010 年 ARWU 排名每 100 名为一个组别对研究型大学进行分组统计，ARWU 排名前 100、101～200、201～300、301～400、401～500 名五个组别的研究型大学授予高引用科学家学位的数量占其获得学位总数量的比例分别为 60%、12%、7%、4%和 3%。ARWU 学校授予高引用科学家的学位数量随其排名的变化趋势见图 5—1，随着学校排名的不断下降，研究型大学授予高引用科学家的学位数量也呈不断下降的趋势，竞争实力不断弱化。从研究型大学学术水平的分类来看，排名位于 1～20、21～100、101～200、201～500 名的世界顶尖大学、世界一流大学、世界知名大学和高水平研究型大学授予高引用科学家的平均学位数见图 5—2，随着研究型大学学术水平的不断增强，其授予高引用科学家的平均学位数的递增趋势明显。其中世界顶尖大学平均授予高引用科学家 142 个学位，在培养高引用科学家方面竞争优势最为明显，与其他组别之间差距较大。

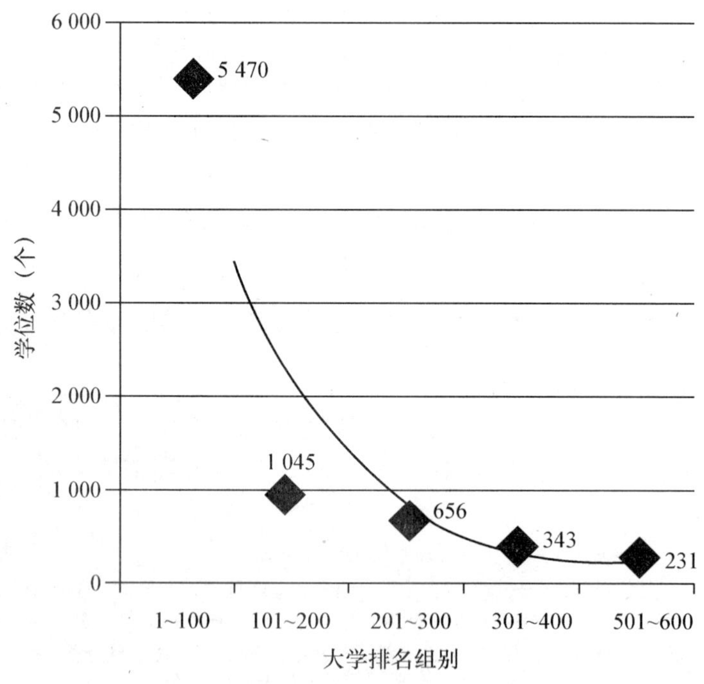

图 5—1　研究型大学授予高引用科学家学位的数量随排名变化的趋势图

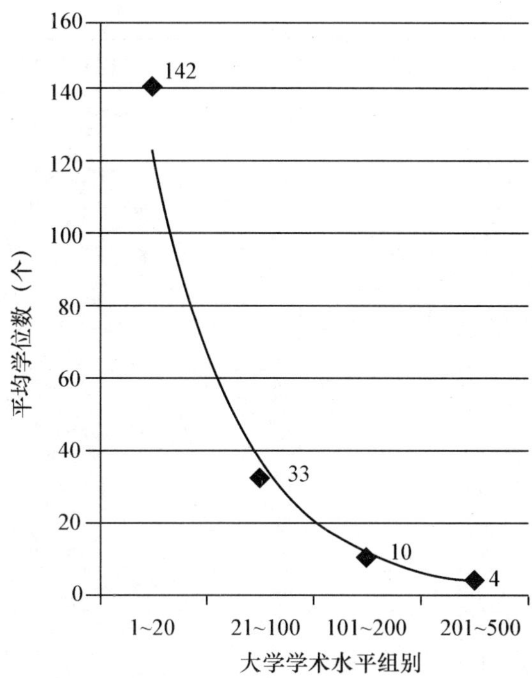

图 5—2 不同学术水平组别研究型大学授予高引用科学家平均学位数变化趋势图

通过对学校授予高引用科学家学位数量的统计（见表 5—1）分析发现，授予 1981—2010 年间高引用科学家学位数量最多的 20 所大学全部是位于 2010 年 ARWU 排名前 50 的世界一流大学，其中哈佛大学共授予学位 383 个，排名第一。从大学学术水平分类来看，授予高引用科学家学位数量最多的 20 所大学中，除伊利诺伊大学—香槟、密歇根大学—安娜堡、明尼苏达大学—双城和京都大学外，其余 16 所大学均是世界顶尖大学。从地域分布来看，20 所授予学位数量最多的大学中仅有京都大学位于日本，剑桥大学和牛津大学位于英国，其余 17 所大学全部是美国大学。由此可见，世界一流大学尤其是那些蜚声全球的世界顶尖大学是培养高引用科学家的重要力量，而拥有世界一流大学最多的美国明显领先于世界其他国家。

表 5—1　　培养高引用科学家最多的前 20 所大学排名表

学校	数量	ARWU 排名	国家
哈佛大学	383	1	美国
剑桥大学	302	5	英国
麻省理工学院	221	4	美国

续前表

学校	数量	ARWU 排名	国家
加州大学伯克利分校	208	2	美国
斯坦福大学	179	3	美国
牛津大学	162	10	英国
康奈尔大学	159	12	美国
耶鲁大学	159	11	美国
威斯康星大学—麦迪逊	152	17	美国
芝加哥大学	146	9	美国
哥伦比亚大学	133	8	美国
伊利诺伊大学—香槟	127	25	美国
密歇根大学—安娜堡	124	22	美国
普林斯顿大学	100	7	美国
约翰·霍普金斯大学	94	18	美国
加州大学洛杉矶分校	89	13	美国
加州理工学院	87	6	美国
明尼苏达大学—双城	87	28	美国
宾夕法尼亚大学	77	15	美国
京都大学	76	24	日本

2. 研究型大学在培养高引用科学家方面的特征

地域分布特征。从授予高引用科学家学位的研究型大学洲际分布来看，北美洲大学授予高引用科学家学位占总数的 63%，占据绝对优势，其次为欧洲，占 25%，亚洲、大洋洲、南美洲、非洲依次为 6%、4%、1%和 1%。从授予高引用科学家学位的研究型大学国家（地区）分布来看，这些大学分布在美国、英国、德国、日本、中国、俄罗斯、印度、巴西、韩国、土耳其、伊朗等 39 个国家（地区），其中美国研究型大学共授予高引用科学家 4 565 个学位，占所有进入 ARWU 排名的研究型大学授予学位总数的 59%，排名第一；英国研究型大学授予高引用科学家 962 个学位，占总数的 12%，位列第二；加拿大、澳大利亚、德国、日本四国，分别各占总数的 4%左右。而中国大陆、台湾地区和香港特别行政区的研究型大学共授予高引用科学家 72 个学位，仅占总数的 1%左右（见表 5—2）。可见，目前高等教育最发达、拥有世界一流大学数量最多的欧美国家是培养高引用科学家的重要场所。

表 5—2　　　　高引用科学家获得学位的国家（地区）分布表

国家（地区）	授予学位个数	大洲	比例（%）
美国	4 565	北美洲	59
英国	962	欧洲	12
加拿大	334	北美洲	4
澳大利亚	290	大洋洲	4
德国	283	欧洲	4
日本	281	亚洲	4
荷兰	122	欧洲	2
以色列	98	亚洲	1
瑞士	94	欧洲	1
法国	85	欧洲	1
中国	72	亚洲	1

学位层次分布特征。为深入分析研究型大学在培养理论研究型精英人才方面的特征，本研究根据高引用科学家获得学位层次的不同将其毕业学校分为学士、硕士和博士毕业学校，1981—2010 年间所有高引用科学家获得学士、硕士和博士学位的数量分别占总数的 33%、21%和 43%①，其中博士学位所占数量最多，而硕士学位最少。高引用科学家获得学士、硕士和博士学位的学校进入 ARWU 2010 年排名前 500 名的比例分别为 76%、88%和 92%。可以看出，高水平研究型大学在对高引用科学家不同学位层次的培养上均表现出绝对的竞争优势，而且随着学位层次升高，这种优势也随之增强。

从研究型大学排名组别来看，位于 ARWU 排名不同组别的学校授予高引用科学家不同层次学位的比例见图 5—3 和图 5—5。随着研究型大学排名的下降，不同排名组别大学授予高引用科学家学士、硕士和博士学位数量均呈现不断下降的趋势。从研究型大学学术水平的分组来看（见图 5—4），随着大学学术水平的不断上升，其授予高引用科学家的平均学士、硕士和博士学位数量均呈递增趋势。其中位于 ARWU 前 20 名的世界顶尖大学授予高引用科学家学士、硕士和博士平均学位数量最多，分别为 38 个、32 个、71 个，与其他组别相比领先优势明显，且这种优势在博士研究生教育阶段更为突出。

学科领域分布特征。为探讨研究型大学在不同学科领域中培养高引用科学家的特征，本研究根据 ARWU 领域排名的研究方法②，将 ISI 统计的 21 个学科的高引用科学家分别归入数学与自然科学（简称理科）、工程/技术与计算机科学（简称工科）、生命科学与农科（简称生命）和临床医学与药学（简称医科）四大

① 由于检索信息的不完整，另有 3%的学位无法确定其学位层次类型。

② http://www.arwu.org/Chinese/ARWUFieldMethodology2010.jsp.

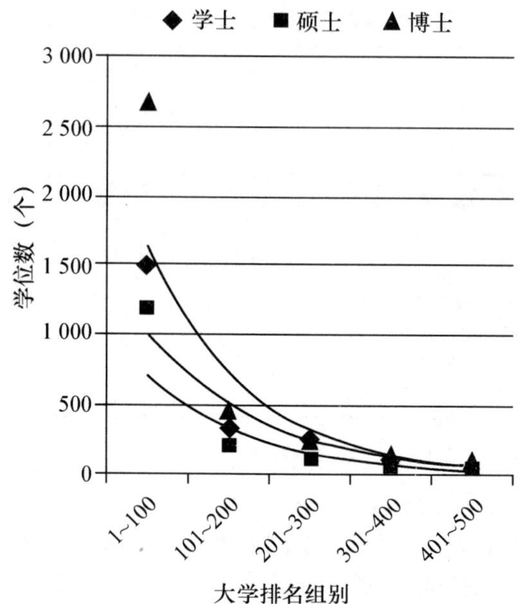

图 5—3　不同组别研究型大学授予高引用科学家学士、硕士和博士学位数量变化趋势图

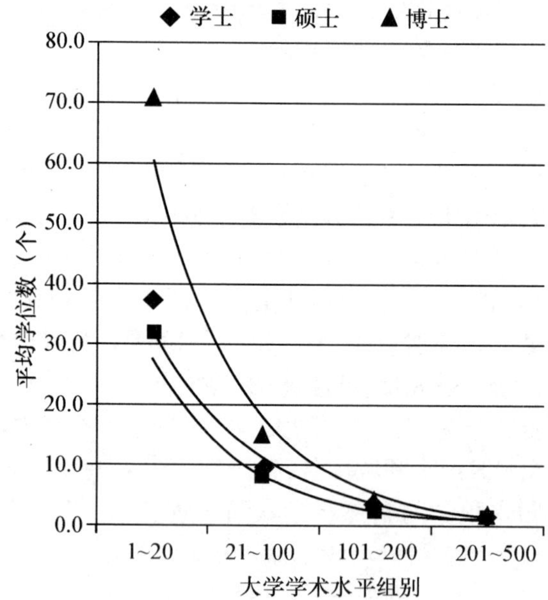

图 5—4　不同学术水平组别研究型大学授予学士、硕士和博士学位平均数量变化趋势图

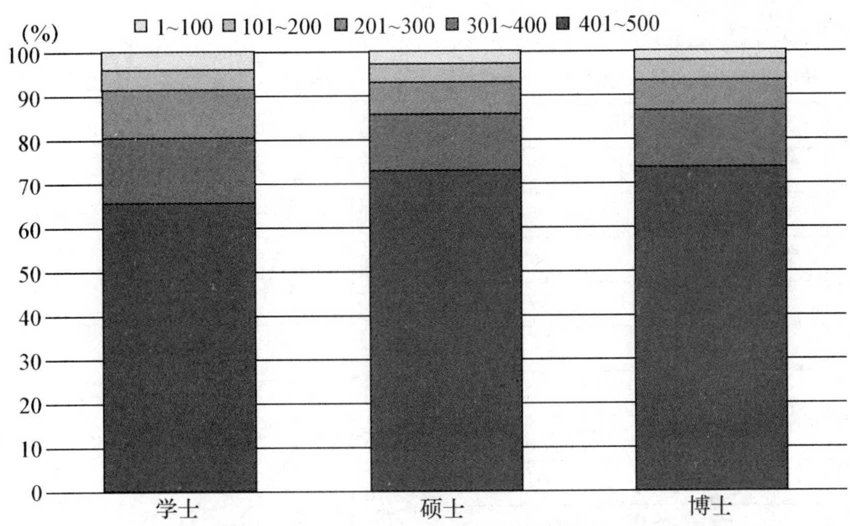

图 5—5　不同排名组别研究型大学授予学士、硕士和博士比例对比图

学科领域①：其中理科领域包括数学、物理、化学、地学和空间科学；工科领域包括工学、计算机科学和材料学等学科；生命领域包括生物学/生物化学、分子生物学/遗传学、微生物学、免疫学、神经病学、农学、种植科学/动物学和生态学/环境学；医科领域包括临床医学和药学学科。

从整体上看，位于 ARWU 排名前 500 名的研究型大学授予理、工、生、医四个学科领域高引用科学家学位的比例分别为 89%、81%、85%和 84%，各领域之间差距不大，研究型大学在对不同领域高引用科学家的培养方面均具有绝对的竞争力。从研究型大学排名组别来看，ARWU 排名不同组别的学校培养高引用科学家的现状见图 5—6。随着学校排名的下降，研究型大学授予理、工、生、医各学科领域高引用科学家学位的数量均呈现下降趋势。从研究型大学学术水平分组来看（见图 5—7），随着研究型大学学术水平的不断增加，其授予理、工、生、医四个学科领域高引用科学家的平均学位数量也呈递增趋势，其中位于 ARWU 排名前 20 名的世界顶尖大学授予四个领域高引用科学家的平均学位数量分别为 38 个、17 个、42 个和 8 个，与其他组别相比竞争优势明显。图 5—8 显示，在更加注重基础理论研究的数学与自然科学领域，世界一流大学授予高引用科学家学位的比例略高

① 由于心理学/精神病学涉及社会科学、医学、生命科学等多个大学科领域，跨学科现象突出，本研究中未统计心理学/精神病和社会科学两个学科的高引用科学家，也没有对社会科学领域进行分析。

于其他领域。

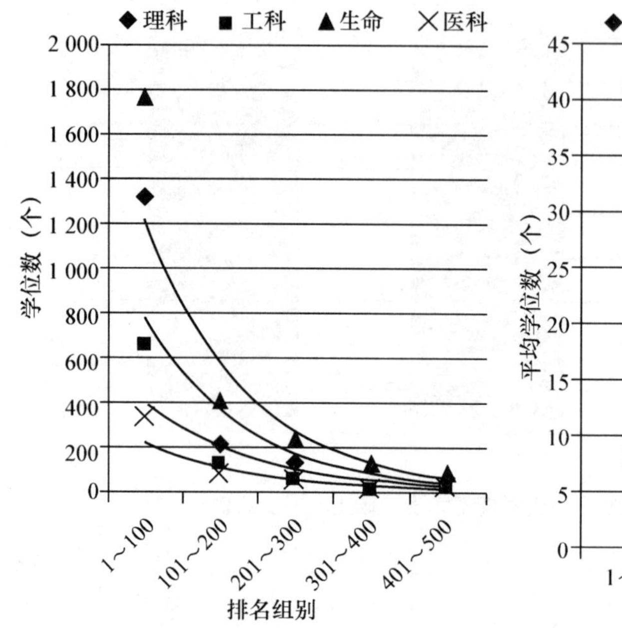

图 5—6 不同排名组别大学授予理、工、生、医领域高引用科学家学位数量变化趋势图

图 5—7 不同学术水平研究型大学授予理、工、生、医领域高引用科学家平均学位数量变化趋势图

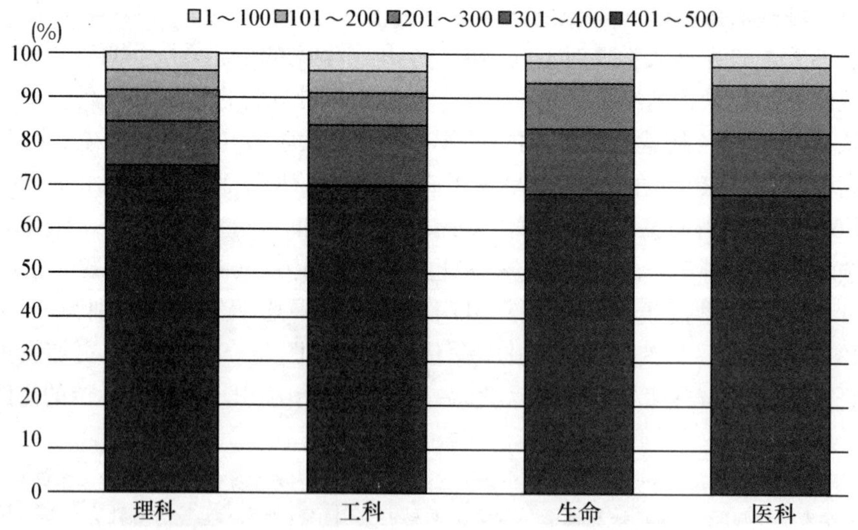

图 5—8 不同排名组别大学授予理、工、生、医领域高引用科学家比例对比图

3. 中国研究型大学培养高引用科学家的现状

从整体上看，1981—2010年间的所有高引用科学家获得学位中，位于中国大陆、中国台湾地区和香港特别行政区的中国大学所授学位数量共76个，占所有学位的比例不足1%，同欧美高等教育发达的国家相比，中国在培养高引用科学家方面总体实力较弱。

从研究型大学的排名上看，由进入ARWU排名前500名的中国研究型大学①授予的学位占所有中国大学的79%，同非研究型大学相比已经显示出较强的优势，但仍低于世界平均水平（85%）。由此可见，在高引用科学家的培养方面，中国研究型大学与世界总体水平相比仍存在较大差距，但同国内非研究型大学相比竞争优势明显。

从中国研究型大学不同排名组别授予高引用科学家学位分布情况来看，由于中国还没有进入ARWU排名前100名的世界一流大学，所以在对高引用科学家的培养中，位于ARWU排名100～300名的中国研究型大学是培养高引用科学家的重要力量。与世界总体分布情况不同的是，中国研究型大学在对高引用科学家的培养中，并没有明显表现出随着排名的上升，授予高引用科学家的数量也随之上升的趋势。

从研究型大学学术水平分组来看，中国顶尖研究型大学、一流研究型大学、知名研究型大学和高水平研究型大学四组大学授予高引用科学家学位的平均数量分别为0个、0个、9个和3个，分别低于142个、33个、10个和4个的世界平均水平。其中中国知名研究型大学和高水平研究型大学两组学校与世界平均水平差距较小，但由于中国仍然没有实力雄厚的顶尖研究型大学和一流研究型大学，这两组大学与世界平均水平差距很大。由此可见，世界顶尖和一流的研究型大学是培养高引用科学家的重要力量，中国研究型大学培养理论研究型精英人才，必须同创建世界一流大学的过程相结合。

在培养高引用科学家的学科领域分布上，中国大学授予理科、工科、生命科学和医学四大学科领域高引用科学家学位的数量分别为36个、30个、16个和5个，理科和工科高引用科学家在中国大学获得学位数量较多，分别占总数的41%和35%，生命科学和医学领域较少，分别仅占18%和6%。其中，ARWU排名前500名的中国研究型大学授予各领域高引用科学家学位的比例分别为

① 此处中国研究型大学包括位于中国大陆、台湾地区和香港特别行政区的进入ARWU 2010年排名的研究型大学。

81%、93%、81%和60%。同非研究型大学相比，中国研究型大学对高引用科学家的培养在理科、工科和生命科学领域中显示出很强的竞争优势，在医学领域也显示出较为明显的领先优势。

中国研究型大学中授予1981—2010年间高引用科学家学位数量最多的5所学校分别为：台湾大学共授予高引用科学家25个学位，位于所有中国大学首位；香港大学共授予高引用科学家10个学位，位于中国大学的第二位；北京大学授予高引用科学家6个学位，排名第三；台湾成功大学和台湾“清华大学”各授予高引用科学家5个学位，并列第四位。中国培养高引用科学家最多的5所大学中，仅有北京大学位于中国大陆地区，香港大学位于香港特别行政区，其余3所学校全部位于中国台湾地区，中国大陆地区研究型大学在培养高引用科学家方面的竞争力仍然较弱，有待进一步加强。

三、研究结论

以ARWU 2010年排名作为判断高水平研究型大学的依据，通过上述对高引用科学家获得学位学校分布的分析，本研究发现研究型大学培养理论研究型精英人才的国际竞争力现状主要有以下三点：

第一，研究型大学在培养理论研究型精英人才上具有明显的国际竞争力。本章将ARWU排名作为衡量研究型大学的标准，以高引用科学家作为全球理论研究型精英人才的代表，经过上述对他们毕业学校的分析，可以发现研究型大学在培养理论研究型精英人才方面具有非常强的国际竞争力。这种优势不仅体现在同未进入ARWU排名的学校相比培养了绝大多数高引用科学家，而且具体表现在学士、硕士和博士等不同层次学位教育以及理、工、生、医等不同学科领域中研究型大学培养了较多的高引用科学家。

第二，世界一流大学在培养理论研究型精英人才上的国际竞争力突出。位于ARWU排名前列的世界一流大学，特别是世界顶尖大学是培养理论研究型精英人才的重要力量。在培养高引用科学家学校的地域分布方面，高等教育最发达、拥有世界一流大学数量最多的欧美国家授予高引用科学家的学位数量最多，其中美国表现最为突出。在高引用科学家的学位分布方面，世界一流大学在各学位层次上授予高引用科学家的学位数量均最多，其中在硕士和博士等研究生教育阶段的优势更为明显。在高引用科学家的学科领域分布方面，侧重于基础理论研究的数学和自然科学领域的高引用科学家毕业于世界一流大学的数量略高于其他学科领域。

第三，中国研究型大学对理论研究型精英人才的培养还远未满足我国知识创新的需要，与世界平均水平有很大差距。中国研究型大学培养理论研究型精英人才的能力与世界平均水平仍有较大差距。在总体水平上，中国大学培养的高引用科学家总数量远远低于世界总体水平，尤其是在学术水平较高的顶尖和一流研究型大学层次上。在地域分布上，培养高引用科学家较多的大学中，中国大陆研究型大学数量低于港台大学的数量，整体实力有待进一步提高。此外，同非研究型大学相比，中国研究型大学在培养理论研究型精英人才方面已经开始表现出一定的竞争优势，这种优势不但体现在培养高引用科学家的总数量上，还体现在不同学科领域方面。

四、对于研究型大学与理论研究型精英人才培养的讨论

1. 研究型大学培养理论研究型精英人才的重要意义

当今世界已经进入以知识的生产、扩散、传播和应用为基础的知识经济时代。拥有高效、有序、充满活力的国家创新体系成为一个国家参与未来国家竞争的决定力量。[①] 研究型大学一般具有学术大师会聚、学术声誉较高、研究实力雄厚、学生素质优秀等特点，是知识经济时代国家创新体系的核心，它们通过对理论研究型精英人才的培养，为科学进步和人类文明作出巨大贡献。

国家知识创新体系是指政府、企业、大学、科研院所、中介机构等为创造、存储、转移和应用知识、技能和新技术而组成的相互联系的网络系统，由知识创新、技术创新、知识传播和知识应用四大子系统组成。一方面，研究型大学是国家知识创新体系这四个子系统的主要执行机构，执行深度和广度都远胜于其他系统，研究型大学已经成为国家知识创新体系的核心力量。另一方面，人才是知识的载体，是知识与科技创新、知识应用等系统的主要执行者，是发展知识经济最关键、最根本的因素，研究型大学承担着通过知识传播培养创新人才的职能，特别是对理论研究型精英人才的培养。约占美国高等教育机构总数3%的研究型大学共授予全美国80%的博士学位、40%的硕士学位和30%的学士学位。[②] 本研究结果也进一步证实，对研究创新具有重大贡献的高引用科学家获得的学位中八

①② 参见徐祖广：《研究型大学在建设国家创新体系中的地位和作用》，载《清华大学教育研究》，1999 (2)。

成以上由研究型大学授予。

综上所述，研究型大学不仅是知识和技术创新、知识应用的主体，是国家知识创新体系的核心，而且还通过对理论研究型精英人才的培养，对科学进步和人类文明作出巨大贡献。

2. 研究型大学培养理论研究型精英人才的困境

研究型大学的研究生教育尤其是博士阶段教育是培养理论研究型精英人才的重要环节，本研究数据显示 1981—2010 年间的高引用科学家获得的学位中 43% 为博士学位，并且绝大部分是由进入 ARWU 排名前 500 的知名研究型大学授予。近年来，世界各国的博士研究生教育快速发展，博士教育规模迅速扩大。美国研究型大学 1990 年授予博士数量 38 377 个，1995 年增长至 44 446 个，增长了 16%；德国研究型大学授予的博士学位数量从 1992 年的 18 654 个增长至 1997 的 22 800 个，增长了 22%；法国研究型大学授予的博士数量从 1990 年的 6 782 个增长至 1997 年的 10 963 个，增长了 65%；英国研究型大学 1995 年授予博士学位 7 559 个，1997 年增长至 10 200 个，增长率为 35%①；1992—2005 年间，中国博士生教育也得到了长足发展，博士生招生规模从 5 580 个增长至 56 300 个，年均增长 16.75%②。

博士生教育规模的快速增长引发了一系列对博士生培养质量的讨论。一是博士生招生数量的增加直接意味着博士生入学门槛的降低；二是在师资力量没有大规模变动的情况下，博士生招生增加导致生师比进一步扩大，博士生导师指导学生的时间和精力受到严重质疑；三是博士生人数的增加导致生均培养经费的缩水，博士生培养条件难以得到保障；四是博士生的大量招生可能导致考试以及论文等毕业要求的降低，博士生的学术水平和科研能力很难得到提高。

随着博士生教育规模的不断扩大，博士生的培养质量遭到质疑，研究型大学对理论研究型精英人才的培养陷入了质量困境。如何在扩大博士生教育规模的基础上保证教育质量？欧美等国研究型大学在招生、培养过程以及论文撰写和答辩等环节对博士生培养进行严格的质量控制，在师资、经费、国际交流等方面给予充足的条件供给，保障了理论研究型精英人才的培养质量。

① 参见陈学飞：《西方怎样培养博士——法、英、德、美的模式与经验》，北京，教育科学出版社，2002。

② 参见林志永：《博士质量核心要素的构建及博士质量现状调查研究》，第二军医大学硕士学位论文，2010。

3. 世界一流研究型大学培养理论研究型精英人才的经验借鉴

世界一流研究型大学对理论研究型精英人才的高质量培养主要体现在严格的培养过程和充足的条件保障两个方面。

第一个方面是严格的培养过程。在博士生教育的入口阶段，对博士候选人的选拔过程中，欧美等国的一流研究型大学严格招生，重视对学生基础知识和科研潜力的评估，采取多样化的方式甄别优秀者，淘汰不合格者，从入口阶段就保证对理论研究型精英人才的高质量培养。其中英、德、法等欧洲国家对博士生没有统一的入学考试要求，博士生候选人需要向导师提交一份读博期间拟从事研究内容的计划书，并与导师进行面谈，经导师同意、学院有关部门审核认可后入学。欧洲研究型大学通过审查申请人的研究计划书及与导师的面谈，更加注重考察申请者的研究能力、研究方法以及个性人品。而美国的博士生招生一般需要申请人选择一项全美通行的标准考试，并提交推荐信等申请材料，通过院系招生委员会的评定和面试后方可入学，更看重申请者的知识背景、发展潜力和综合素质。①

在对博士研究生的具体培养过程中，世界一流研究型大学有的通过开设课程和资格考试等方式教授学生基础理论知识，有的则强调为学生提供丰富的参与科研项目的机会，通过实际的科研训练培养学生的学术能力。美国和法国对博士研究生的课程有严格的规定。美国的博士生必须首先完成两年的基础理论和研究方法等规定课程的学习，获得从事研究工作的学科基础知识，然后参加博士资格考试，经过严格的筛选和淘汰，通过考试者才能进入论文撰写阶段。法国把博士生的培养分为深入学习文凭阶段和撰写论文阶段，博士生必须修习规定的基础理论、研究方法等课程，经过评审成绩合格者方可进入毕业论文的撰写阶段。英德两国大学则认为博士阶段的主要任务是作为导师的助手从事相关课题的研究，完成博士论文，通过对研究能力的训练培养训练有素的研究人员。

在博士研究生教育的出口阶段，欧美等国的一流研究型大学都对博士毕业论文要求有明文规定，对论文的独创性贡献有较高要求。例如德国规定博士论文不是各种资料、数据和科学观点的简单罗列和堆积，而应该在科学研究的基础上提出自己的观点，并且对某一领域的科学发展作出贡献。法国要求博士论文无论哪一学科都应是对未开发领域进行的具有独创性的初步探索。英国明确提出博士学位是授予那些对知识有独创性贡献的人们。此外，博士学位必须经过本领域校内

① 参见陈学飞：《西方怎样培养博士——法、英、德、美的模式与经验》，北京，教育科学出版社，2002。

外的教授或专家对博士学位候选人成果严格的审核和认可，经博士生论文答辩后才可获得。

除上述对培养过程的严格控制外，欧美等国还建立了完善的博士教育认证和质量保障体系评估与规范博士生培养过程，保障理论研究型精英人才的培养质量。例如，美国博士生教育机构由六大地区性非营利社会机构认证，认证机构负责要求学校提供详细的数据资料和自我评估报告，其中包括博士教育、课外活动、学术资源、教职员资格等方面的信息。经过同行小组评议，认证机构作出是否认证的最终决定。认证并不等于质量评估，美国的博士教育计划评估由研究型博士学位教育研究委员会组织，由全国研究委员会管理。此外，卡内基教育基金会对高等院校的分类，《美国新闻与世界报道》(*U. S. News and World Report*)对研究型大学的排名，都在一定程度上对博士生教育起到了评估作用。① 在法国，1984 年专门成立了“科学、文化和专门职业公共高等学校国家评估委员会”，对研究型大学的博士生教育质量进行专门的评估。法国大学除接受该评估委员会的外部评估和学校内部自评外，还要定期通过高等教育评估事务所进行博士研究生培养的质量评估。②

第二个方面是充足的条件保障。雄厚的师资力量和导师的指导作用是研究型大学能否培养出理论研究型精英人才至关重要的因素。在师资水平方面，一流研究型大学大多拥有雄厚的师资力量，美国一流私立大学平均拥有 1 000 名左右的教师，一流公立大学平均拥有 2 000 余名教师③，这些教师中不乏诺贝尔奖获得者、高引用科学家等学术大师直接对博士生进行指导。在导师的遴选和评价方面，很多一流研究型大学都出台了取消不合格导师的明确规定，如果导师在聘期内学术研究或研究生指导成效甚微，相关主管人员可以会同该学术单位的负责人暂停其导师资格，因此研究型大学中博士生导师名单经常更新④，保证博士生能够接受最好的导师指导。在导师指导方式方面，研究型大学对博士生的指导一般分为单一导师制和导师小组制两种。英德两国主要以单一导师制为主，一个博士生一般由一个导师指导，导师的角色和责任明确。单一导师制传授的不仅是专业知识，还包括严谨的学术态度、坚定的学术信念，甚至是良好的学术道德。法国和美国主要采用导师小组制的方法对博士生进行指导，导师小组的成员一般是综

① 参见［美］阿特巴赫·菲利普：《美国博士教育的现状与问题》，载《教育研究》，2004 (6)。

② 参见林志永：《博士质量核心要素的构建及博士质量现状调查研究》，第二军医大学硕士学位论文，2010。

③ 参见刘念才：《名牌大学应是国家知识创新体系的核心》，载《高等教育研究》，2002 (3)。

④ 参见刘献君：《发达国家杰出创新人才培养机制研究》，载《高等工程教育研究》，2008 (1)。

合性学科组合，学生与导师和指导委员会共同制定修业计划，在修业过程中，学生有权提出更换导师或重组指导委员会的要求。①

充足的经费和资源支持是培养高质量理论研究型精英人才的重要条件保障。一流研究型大学在博士生教育的经费投入上一般都达到了很高的标准，例如芝加哥大学医学院物理系培养一个博士的投入约为35万美元（含学费和生活费），牛津大学培养一个博士需要6万英镑（含学费和生活费）。② 只有研究型大学具备多渠道的经费来源，才能为培养高质量的博士研究生提供充足的资金保障。例如，美国一流研究型大学的博士教育资助渠道包括各州政府对公立高校的资助、联邦政府对教授个人或以贷学金的方式为学校提供的研究资助、学生学费、大学的捐赠基金、慈善基金会和产业界合作等。③

除雄厚的师资力量和充足的经费支持是研究型大学对博士生培养质量重要的条件保障之外，良好的学术氛围、对知识自由探究的精神、多样化的生源结构和国际化的视野也是一流研究型大学开展高质量的博士研究生教育不可或缺的条件。

综上所述，世界一流研究型大学通过严格控制博士生教育的入口、出口、具体培养过程等环节，以及积极参与博士生质量认证和评估活动等具体手段，在培养过程中实现对理论研究型精英人才的高质量培养；通过提供优秀的师资力量、评估博士生导师的指导能力、给予雄厚的培养资源支持、营造良好的学术氛围等方面，从培养条件上保障对理论研究型精英人才的高质量培养。

第三节　研究型大学培养应用实践型精英人才
——以财富五百强企业高管为例

一、应用实践型精英人才的界定及研究方法

管理是现代经济社会发展至关重要的因素之一，著名的管理学家罗宾斯认为："优秀的管理者能变草为金；低劣的管理者却恰好相反。管理的超级明星，像职业体育运动的超级明星一样，成为企业不惜重金争夺的对象。"在商业领域，

① 参见陈学飞：《西方怎样培养博士——法、英、德、美的模式与经验》，北京，教育科学出版社，2002。

② 参见刘献君：《发达国家杰出创新人才培养机制研究》，载《高等工程教育研究》，2008（1）。

③ 参见［美］阿特巴赫·菲利普：《美国博士教育的现状与问题》，载《教育研究》，2004（6）。

高层管理人员（简称“高管”）是企业组织的战略管理者，他们关注企业的长期问题并侧重于组织的生存、成长和总体有效性。企业高管是指企业的最高领导者和直接对其负责的参与企业战略制定和管理的其他管理人员。①

二战后，随着经济全球化趋势的日益明显，产品的生产、销售和管理不再局限于公司所在的国家和地区，企业规模日益扩大，一批巨型跨国企业开始出现，它们的发展和壮大对全球经济有巨大的影响。1995 年《财富》杂志开始根据营业收入对全球企业进行排名，并每年发布，被称为“全球五百强”。该排行榜集中了全球最优秀、最有竞争力的巨型跨国公司，它们引领着当代全球经济的发展。全球五百强企业同时也汇集了最优秀的高层管理人才，本节选取财富全球五百强的高管作为应用实践型精英人才的代表，尝试从量化研究的角度考察研究型大学在培养此类精英人才上的国际竞争力。

本研究选取 2009 年《财富》杂志全球五百强企业的高管作为研究对象，具体是指财富五百强企业中的最高管理者和直接对其负责的参与企业战略制定与日常管理的其他管理人员。② 根据实际研究需要，本研究又将高管划分为一类高管和二类高管：一类高管指企业的最高领导者，例如企业的首席执行官（CEO）、总裁（President）等③；二类高管则指参与企业战略管理的、直接对一类高管负责的其他管理人员④。

本研究在财富五百强企业高管数据检索过程中，依据上述对高层管理人员的定义，主要通过以下两种方式对高管进行界定：第一，根据企业的组织结构图进

① 参见［美］罗宾斯：《管理学》，9 页，北京，中国人民大学出版社，2002。

② 不包括董事会中不参与日常管理的董事成员。

③ 常见的一类高管职位名称包括：CEO（Chief Executive Officer），CO-Chief Executive Officer，Chairman of the Executive Board，Chairman of the Management Board，President，党组书记，总经理，总裁。

④ 常见的二类高管职位名称包括：CFO，Chief Administrative Officer，Chief Communications Officer，Chief Corporate Architect，Chief Corporate Development Officer，Chief Investor Relations Officer，Chief Corporate Officer，Chief Corporate Resources Officer，Chief Ethics and Compliance Officer，Chief Human Resources Officer，Chief Information Officer，Chief Innovation and Sustainability Officer，Chief Legal Officer，Chief Marketing Officer，Chief Medical Officer，Chief Operating Officer，Chief Private Brand Officer，Chief Security Officer，Chief Stores Officer，Chief Strategy Officer，Chief Supply Officer，Chief Technology Officer，Director，Executive Vice President，Executive Director，Group Director，Group Executive Director，Group Managing Director，Managing Director，Member of Group Management Board，Member of Executive Board，Senior Executive Vice President，Vice President，党委副书记，党委常委，党组成员，纪检组组长，总会计师，以及副总经理等。

行判断。将企业组织结构图中的最高领导者和直接对最高领导者负责并有汇报关系的管理人员作为本研究的研究对象。第二，根据高层管理人员的职位名称进行判断。如果企业官方网站中没有给出详细的组织结构图，本研究则依据对职位名称的判断进行研究对象的界定。经笔者对大量数据的收集和整理发现，高层管理人员的职位名称通常包括三个部分：职位名称，如副总裁（Vice President）、销售主管等；职权范围，即该高管负责的主要事务，如人力资源、销售、财务等；公司名称，既包括总公司又包括子公司的名称。例如“Vice President，Human Resource，GE”，这一职位名称是指通用电器总公司负责人力资源管理的副总裁。依据该判断标准，本研究中的高管包括企业的最高管理者、总公司中的部门领导者和子公司的最高领导者。

本研究主要通过财富五百强企业的官方网站以及发布的年报（Annual Report）来收集高管的相关简历，财富五百强企业高管信息收集于2010年8月前完成。① 本研究共收集到466家财富五百强企业的相关信息，其中能够检索到高管详细简历的公司共有349家②，共检索到全球五百强企业高管共5 842人，其中能够检索到详细简历的高管2 964人，获得学位总数量5 172个③，有效数据的比例为51%。有效数据中财富五百强企业的一类高管共272人，二类高管共2 692人，二者之间的比例约为1∶10，即平均每位一类高管有10位直接向其汇报的二类高管，该比例基本符合组织管理学中对最佳组织成员数量的估计。

二、数据分析

为与研究对象的时间范围保持一致，即2009年财富五百强高管，本研究选取ARWU 2009年排名④作为衡量世界高水平研究型大学的标准，对财富五百强企业高管简历中的教育经历进行分析。

① 财富前200名企业的高管信息收集于2010年5月之前完成，300～500名企业的高管信息收集则集中在2010年8月完成。

② 2009年财富五百强企业排名中68个日本公司由于网站信息和语言等问题均未检索到相关高管信息，未能作为本研究的研究对象。

③ 在实际数据分析过程中，当高管的毕业学校有多个分校并且无特殊说明时，如果该校存在旗舰大学，统计时记作旗舰大学，例如亚利桑那大学、印第安纳大学、科罗拉多大学等；如果无旗舰大学，则该结果记作无效数据，不参与分析，如加利福尼亚大学、得州大学、伦敦大学等。

④ 为与研究对象的数据收集时间保持一致，故此处选择2009年的ARWU排名，没有选择最新的2010年排名。

1. 研究型大学在培养财富五百强企业高管方面具有明显的国际竞争优势

以 ARWU 2009 年排名为依据对财富五百强企业高管的毕业学校分布进行分析，这些高管获得的 5 162 个学位中有 56%是由排名前 500 名的学校授予的。一半以上的财富五百强企业高管具有在研究型大学求学的经历。

对所有进入 ARWU 排名的研究型大学授予财富五百强企业高管的学位数量与其排名名次进行 Spearman 等级相关分析（见表 5—3），高水平研究型大学授予财富五百强企业高管学位的数量与其学校的排名名次在 0.01 置信区间上有显著的正相关关系。研究型大学排名的名次越高，其授予财富五百强企业高管学位的数量就越多。

表 5—3　研究型大学授予财富全球五百强高管学位数与 ARWU 排名相关分析表

			授予学位数量	ARWU 排名
Spearman 相关系数	授予学位数量	相关系数	1.000	-.499*
		显著性（双侧）	.	.000
		N	50	50
	ARWU 排名	相关系数	-.499*	1.000
		显著性（双侧）	.000	.
		N	50	50

说明：* 在置信度（双侧）为 0.01 时，相关性是显著的。

从具体的排名组别来看，研究型大学授予财富五百强企业学位的数量随学校名次变化的趋势如图 5—9 所示，位于 ARWU 2009 排名 1～100、101～200、201～302、303～401 和 402～501 名排名组别的学校授予财富五百强企业高管的

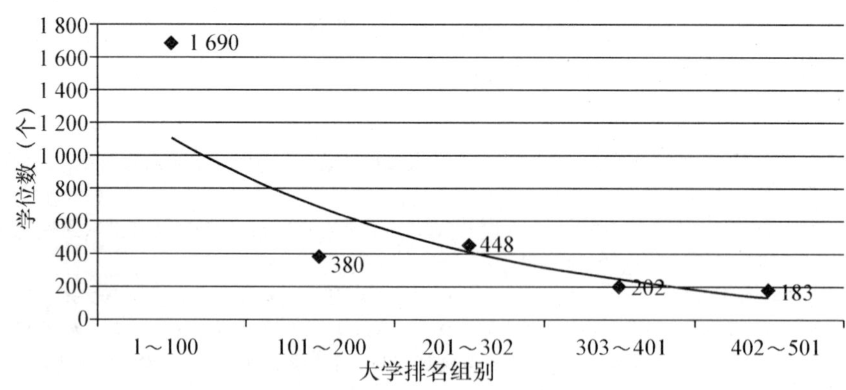

图 5—9　财富全球五百强企业高管毕业学校排名趋势图

资料来源：http://www.arwu.org/.

学位数量随着大学排名的上升而增加，即排名越高、越优秀的研究型大学在培养财富五百强企业高管方面越有竞争力。其中位于 ARWU 排名前 100 名的世界一流大学授予财富五百强高管的学位数量占所有研究型大学的 58%，世界一流大学已经成为培养财富五百强高管的重要阵地。

授予财富五百强企业高管学位数量最多的 20 所大学如表 5—4 所示，其中哈佛大学共授予 171 个学位，排名第一，斯坦福大学、哥伦比亚大学、芝加哥大学和西北大学紧随其后，为授予数量最多的前 5 所大学。除注重专业人才培养的巴黎高等商学院、欧洲工商管理学院和巴黎政治学院 3 所专业特色明显的大学外，其余 17 所学校均进入 ARWU 2009 年排名前 500 名。20 所大学中，有 16 所是位于排名前 100 名的世界一流大学，反映出世界一流大学是培养应用实践型精英人才的重要场所，具有较强的国际竞争实力。从地域分布来看，这 20 所大学分布在美国、法国和加拿大三个国家，数量分别为 15 所、4 所、1 所。其中高等教育最发达的美国在培养财富五百强企业高管方面具有很强的竞争优势。

表 5—4　　财富全球五百强高管毕业学校排名表

学校	数量	ARWU 排名	国家
哈佛大学	171	1	美国
斯坦福大学	114	2	美国
哥伦比亚大学	81	7	美国
芝加哥大学	80	9	美国
西北大学	64	30	美国
宾夕法尼亚大学	61	15	美国
巴黎高等商学院	55	—	法国
欧洲工商管理学院	55	—	法国
伊利诺伊大学—香槟	53	25	美国
弗吉尼亚大学	51	91	美国
密歇根大学—安娜堡	50	22	美国
麻省理工学院	49	5	美国
纽约大学	48	32	美国
巴黎综合理工学校	46	201～302	法国
康奈尔大学	44	12	美国
巴黎政治学院	42	—	法国
耶鲁大学	40	11	美国
印第安纳大学—布鲁明顿	36	93	美国
多伦多大学	36	27	加拿大
加州大学洛杉矶分校	35	13	美国

除从研究型大学排名的角度对财富五百强企业高管毕业学校进行分析外，本研究还对不同层级的高管进行了分析。在企业组织结构中，一类高管处于组织管理金字塔的顶端，是公司最重要的管理者，是应用实践型精英人才中的精英。研究型大学培养的世界五百强一类高管越多，说明其在高层管理人才培养方面的质量越高，越具有竞争力。

经过统计，272 位财富五百强企业一类高管共获得 490 个学位，占总数的 9%，2 696 位二类高管共获得学位 4 682 个，占总数的 91%。有 60%的一类高管毕业学校和 55%的二类高管毕业学校位于 ARWU 排名前 500 名。相较于二类高管，高水平研究型大学在培养企业最高领导者方面具有优势。

2. 研究型大学在培养财富五百强高管方面的特征

地域分布特征。排名前 500 的研究型大学授予财富五百强企业高管学位的地域分布显示，美洲大学授予全球五百强企业高管的学位最多，占 73%，其中仅美国大学授予的学位数就占据了总数的 66%。欧洲大学授予五百强高管的学位数占 20%，其中德国大学和英国大学各占总数的 5%，法国和瑞士大学各占 2%。亚洲大学授予除日本外的全球五百强企业高管的学位占总数的 6%，其中中国大学占总数的 2%，韩国和俄罗斯大学各占 1%。由此可见，高等教育发达的欧美国家研究型大学在培养财富五百强企业高管方面竞争力较强，其中拥有最多世界一流大学的美国表现最为突出。

公司组别分布特征。财富五百强企业中，排名靠前的企业在商业领域的竞争能力相对更强，对高层管理人员综合领导能力要求越高。研究型大学授予不同公司组别财富五百强企业高管的学位分布情况如图 5—10 所示，纵坐标代表每一排名组别的研究型大学授予财富五百强高管的学位数，横坐标代表 1～100、101～

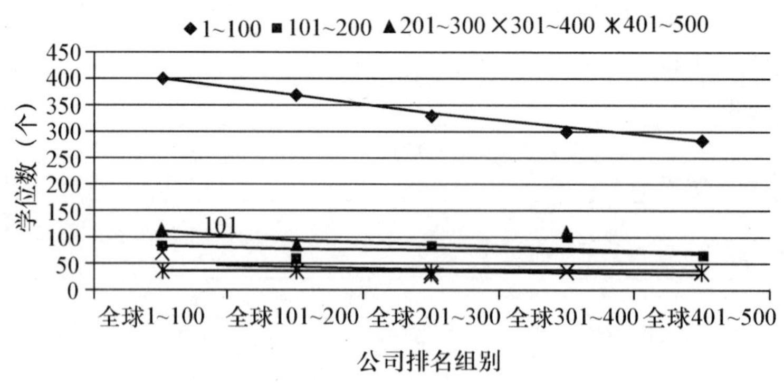

图 5—10 不同排名组别研究型大学培养财富五百强高管的公司分布

200、201～300、301～400和401～500名的五个公司组别。数据显示，在各公司组别中，ARWU排名前100名的世界一流大学授予高管的学位数都明显高于其他学校，且随着公司排名的上升呈现出增长趋势。换言之，世界一流大学在培养应用实践型精英人才方面具有的竞争优势更大。

学位层次分布特征。本研究根据高管获得的学位层次和类型不同，将其毕业学校分为学士学位、硕士学位、博士学位以及MBA专业学位毕业学校。统计显示，2 964位财富五百强企业高管获得的学士学位与硕士学位比例基本持平，分别占46%和43%，获得博士学位数量占总数的11%。①

财富五百强企业高管的教育经历中约55%的学士学位获得学校、60%的硕士学位获得学校和75%的博士学位获得学校是ARWU 2009年排名的前500名学校。可见，在高层管理人才的培养中，高水平研究型大学在各层次学位教育中均表现出明显的优势。随着所授学位层次的不断提高，这种优势作用越来越显著，在博士研究生教育阶段最为突出。从趋势分析看（见图5—11），ARWU综合排名越高的学校授予财富五百强企业高管的学士、硕士和博士学位的数量优势越明显，随着大学排名的上升，学校培养的高层管理人才的数量不断增加。

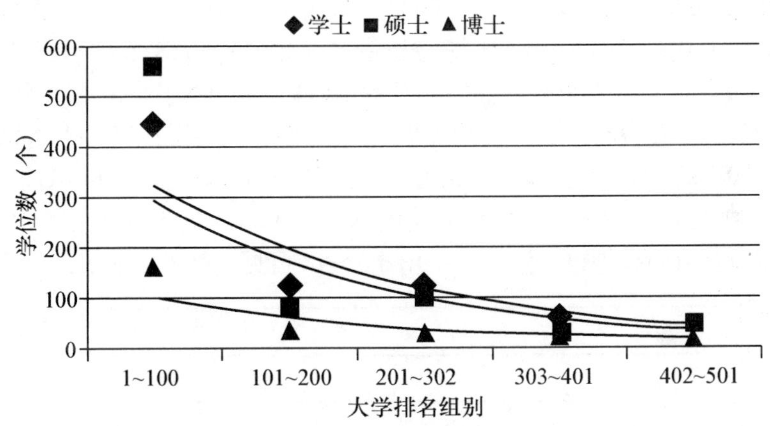

图5—11　财富五百强高管不同层次学位毕业学校趋势图

从不同类型高管获得学位的构成来看（见图5—12），两类高管获得学士和硕士学位的比例基本相当，但获得博士学位的比例则有明显不同。一类高管获得的学位中约有18%为博士学位，而二类高管中仅有10%左右。与二类高管相比，

① 由于高管简历中教育信息的不完整，有28%的学位无法辨别其层次类型。

一类高管接受过博士研究生教育的比例更高，因此注重博士生教育的研究型大学在对一类高管的培养中具有更为明显的优势。

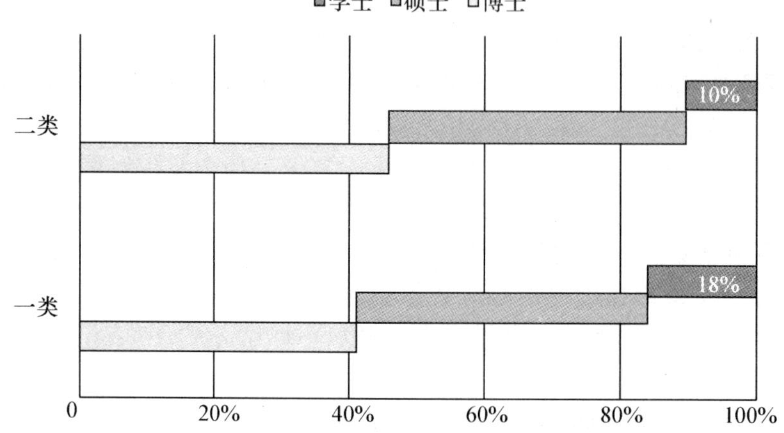

图 5—12 财富全球五百强企业不同类型高管获得学位分布图

专业学位分布特征。工商管理硕士（Master of Administration，MBA）、法律博士（Juris Doctor，JD）等专业研究生教育对高层管理人才来说非常重要。本研究选取具有代表性的 MBA 学位来分析财富五百强企业高管的专业学位教育。数据显示，2009 年财富五百强企业高管共获得 MBA 学位 428 个，占硕士学位总数的 52%，占所有学位总数的 14%，接受专业的 MBA 教育在高层管理人员中非常普遍。

从获得 MBA 学位的学校排名来看，60%的 MBA 学位由 ARWU 排名前 500 的学校授予，与硕士学位毕业学校的比例基本持平，研究型大学在 MBA 专业学位教育方面同样具有较强的竞争力。由图 5—13 可见，随着学校名次的不断上升，

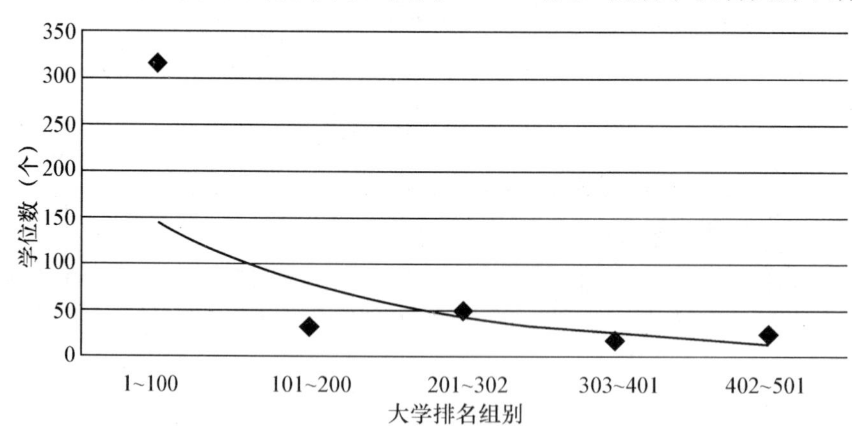

图 5—13 财富全球五百强高管获 MBA 毕业学校趋势图

研究型大学授予财富五百强企业高管的 MBA 学位数量也在不断增加，学校的名次与其 MBA 教育实力之间存在明显的正相关关系。

为验证研究型大学的排名与 MBA 学位教育之间的这种相关关系，本研究另外选取了《金融时报》(*Financial Times*) 2009 年全球 MBA 排名[①]与财富五百强高管获得 MBA 学位的数量以及 ARWU 2009 年综合排名进行相关分析，结果如表 5—5 所示。高水平研究型大学授予财富五百强高管 MBA 学位的数量与其 ARWU 排名和《金融时报》MBA 排名名次上均呈现明显的正相关关系。也就是说，学校在全球 MBA 排名中的名次越高，其授予财富五百强高管 MBA 学位的数量也越多，反映出研究型大学在 MBA 教育方面具有较强的国际竞争力。

表 5—5　研究型大学授予财富全球五百强高管 MBA 数量与《金融时报》MBA 排名相关分析表

		数量	ARWU 排名	《金融时报》MBA 排名
数量	Pearson 相关性	1	—.471*	—.568*
	显著性（双侧）		.001	.000
	N	271	45	56
ARWU 排名	Pearson 相关性	—.471*	1	.496*
	显著性（双侧）	.001		.003
	N	45	45	34
《金融时报》MBA 排名	Pearson 相关性	—.568*	.496*	1
	显著性（双侧）	.000	.003	
	N	56	34	56

说明：* 在 0.01 水平（双侧）上显著相关。

资料来源：http://rankings.ft.com/businessschoolrankings/global-mba-rankings.

3. 中国研究型大学培养财富五百强企业高管的现状

上述结果显示，高水平研究型大学对于财富五百强企业高管的培养，不论在总体数量、高管层级，还是学位类型方面都具有很强的国际竞争力。近年来，随着中国经济实力的不断增强，中国进入财富五百强的企业数量也在不断增加。2009 年共有 43 家中国企业进入财富五百强企业排名，包括 37 家大陆和香港企业以及 6 家台湾企业，其中大陆和香港五百强企业总数位列全球第四。[②] 2011 年这一数字已经增长至 61 家，名次上升至第三，中国大型跨国公司已经在全球经

① http://rankings.ft.com/businessschoolrankings/global-mba-rankings.

② http://money.cnn.com/magazines/fortune/fortune500/2009/.

济中占据了重要地位。在此背景下，本节将探讨中国的研究型大学在培养五百强企业高管中所扮演的角色，以及与世界一流研究型大学之间的差距。

2009 年财富五百强企业中共有中国公司① 46 家，中国研究型大学②共授予高管学位 273 个，其中由 ARWU 排名前 500 名的中国研究型大学授予的学位仅有 86 个，所占比例为 32%，远低于 56%的世界平均水平。中国大学培养的财富五百强高管中，55%的一类高管和 29%的二类高管获得的学位由 ARWU 排名前 500 的学校授予，中国研究型大学对一类高管培养的优势地位已经开始显现，但总体上仍然落后于世界一流大学的平均水平。

从不同学位类型来看（见图 5—14），中国大学培养的财富五百强企业高管中，18%的学士学位、40%的硕士学位、72%的博士学位和 46%的 MBA 学位是由 ARWU 排名前 500 名的中国研究型大学授予的，均低于 56%、60%、76%和 60%的世界平均水平，与世界一流大学仍有较大差距。与世界总体情况一致，中国研究型大学在学士教育和硕士教育中的优势地位并不明显，但在博士教育中已经显示出较强的竞争力。

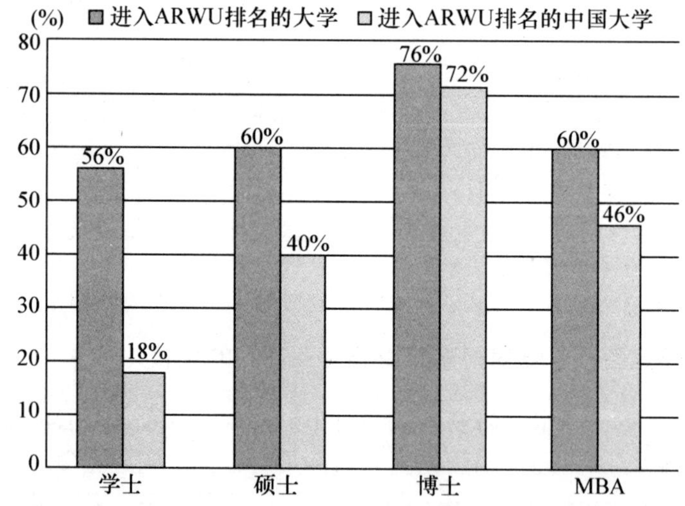

图 5—14 财富五百强企业高管获得不同学位的中外学校分布对比图

培养财富五百强企业高管最多的 10 所中国大学如表 5—6 所示，其中北京大学共授予财富五百强高管 21 个学位，居中国大学的首位。10 所学校中仅有北京

① 包括总部位于中国大陆、台湾地区和香港特别行政区的中国企业。

② 包括进入 2009 年 ARWU 排名的中国大陆、台湾地区和香港特别行政区的研究型大学。

大学、南京大学、清华大学、香港理工大学和天津大学 5 所大学进入 ARWU 排名前 500 名，中国高水平研究型大学培养财富五百强企业高管的国际竞争力仍然较弱。在培养财富五百强企业高管方面表现较好的中国学校中，历史上著名的专科性大学扮演了比较重要的角色，如中国石油大学、对外经济贸易大学以及东北财经大学等，这与新中国成立之后中国长期奉行的倾向于专科性教育的政策是分不开的。在地域分布方面，这 10 所中国大学中，仅有香港理工大学地处香港特别行政区，其余 9 所高校全部来自中国大陆地区，这主要是由于中国大陆企业在财富五百强企业排名中数量较多，而这些企业的高管大多在中国大陆高校中接受高等教育。

表 5—6　　中国财富五百强企业高管毕业学校排名表

学校	数量	ARWU 排名
北京大学	21	201～302
中国石油大学（华东）*	17	—
中欧国际工商学院	14	—
中国人民大学	13	—
东北财经大学	8	—
对外经济贸易大学	8	—
南京大学	8	201～302
清华大学	8	201～302
香港理工大学	8	1～100
天津大学	6	402～501

* 中国石油大学建于 1953 年，时称北京石油学院，1969 年迁校山东，改成华东石油学院。1988 年，学校更名为石油大学，逐步形成山东、北京两地办学的格局。2005 年 1 月，学校更名为中国石油大学。由于华东石油学院在该校办学史上的重要作用，办学时间与中国现任五百强高管的年龄更为相符，因此此处未指名分校的情况均做中国石油大学（华东）处理。

三、研究结论

以 ARWU 2009 年排名作为判断高水平研究型大学的依据，通过上述对企业高管获得学位学校分布的分析，本研究发现研究型大学培养应用实践型精英人才的国际竞争力现状主要有以下四点：

第一，研究型大学在培养应用实践型精英人才的规模和质量上均具有很强的国际竞争力。本研究将 ARWU 排名作为衡量研究型大学的标准，以财富五百强企业高管作为全球应用实践型精英人才的代表，经过上述对他们毕业学校的分析，可以发现研究型大学在培养应用实践型精英人才方面具有较强的国际竞争力。在培养数量方面，财富五百强企业高管获得的学位中，56%是 ARWU 排名前 500 名的学校授予的。在对不同层级高管的培养方面，在企业发展中具有最重要地位的一类高管毕业于高水平研究型大学的比例更大。

第二，研究型大学在对应用实践型精英人才培养的研究生教育上具有竞争力。在对应用实践型精英人才的培养中，研究型大学在各层次、各类型的学位教育上的国际竞争力均明显高于非研究型大学，其中 MBA 专业学位和博士学位教育表现尤为突出。高层管理人员获得的硕士学位中有半数以上是 MBA 专业学位，其中 60%是由研究型大学授予的，研究型大学在专业学位教育中具有较为明显的国际竞争力。此外，研究结果还显示，企业最高领导人接受过博士研究生教育的比例更高。

第三，世界一流大学在培养应用实践型精英人才上的竞争力表现突出。世界一流大学是培养应用实践型精英人才的重要力量。从财富五百强企业高管获得学位的研究型大学地域分布上看，高等教育发达的欧美国家培养高层管理人才的比例最大，其中拥有世界一流大学数量最多的美国表现尤其突出；另一方面，同其他研究型大学相比，排名位于 ARWU 前 100 名的世界一流大学培养财富五百强企业高管数量最多，而且跨国公司的实力越强，其高管毕业于世界一流大学的比例相对越高。

第四，中国研究型大学对应用实践型精英人才的培养还远未满足我国经济社会发展的需要，与世界总体水平有很大差距。同世界总体水平相比，财富五百强企业高管中曾在中国大学中求学的经历较少，中国研究型大学授予高层管理人才学位的总比例以及学士、硕士、博士和 MBA 专业学位的比例较低。中国研究型大学对应用实践型精英人才的培养与世界总体水平差距较大，对中国经济社会发展的推动作用还未得到发挥。同时，与非研究型大学相比，中国研究型大学在博士层次学位教育和对企业最高领导人的培养中的优势地位已经开始显现，但由于历史原因，中国研究型大学和专科类大学之间人才培养的层次差异还没有明显拉开。

四、对研究型大学培养应用实践型精英人才的讨论

1. 研究型大学培养应用实践型精英人才的重要意义

当今社会经济发展迅速，经济结构和产业结构变动深刻，旧有的行业不断深

化和细分，新兴行业层出不穷。现代意义的研究型大学必须适应社会经济日新月异的发展，通过为社会各行各业输出应用实践型精英人才，直接推动社会经济的快速发展。

随着社会经济发展中旧有行业的深化和细分，具有简单操作技能的技术工人已不能满足行业发展的需要，能够将理论与实践紧密联系的应用实践人才是推动未来社会发展的主要力量。研究型大学培养的应用实践型精英人才一般具有深厚的专业基础知识，善于吸收、消化先进科学技术，具有较强的组织协调能力，能够科学地进行企业的组织和管理工作，有效地将科学技术转换为实际生产力。① 另一方面，层出不穷的新兴产业需要大量具有创新意识和动手能力的高层次创新人才。研究型大学的生命是“与它周围社会中被认可的专门行业联系在一起的，并将继续对新出现的专门行业做出反应”②。它不但能够通过知识和技术创新催生与促进新兴产业的发展，而且能够通过培养具有较强创新和实践能力的应用实践型精英人才推动新知识的应用和新技术的发展。以美国为例，为满足19世纪美国工农业生产的需要，美国通过《莫雷尔法案》建立了一批赠地学院，这些大学建立了农业、工程、家政服务、兽医和军事等与社会发展紧密联系的新兴专业③，为美国输送了大批经济社会急需的应用实践型精英人才，满足了当时美国一批新兴产业发展的需要。

综上所述，研究型大学不仅要培养以认识客观世界为目的的理论研究型精英人才，而且要通过培养应用实践型精英人才促进研究成果和生产力之间的互相转化，直接推动社会经济的快速发展。

2. 研究型大学培养应用实践型精英人才的瓶颈

研究型大学对应用实践型精英人才的培养主要通过专业学位教育和传统的学术型学位教育两种形式来实现，但在专业学位规模的迅速扩大和根深蒂固的学术性传统的影响下，研究型大学在应用实践型精英人才的培养中遇到了一定的瓶颈。

专业学位侧重于专业实践，培养既具有一定知识层次结构，又能够应用实践的职业人才，是与学术性学位相对的一种学位教育形式④，也是培养应用实践型

① 参见曹秀平：《我国入世后高等教育人才培养模式研究》，大连理工大学硕士学位论文，2003。

② 参见董秀华：《专业人才培养制度的历史分析》，载《华东师范大学学报》（教育科学版），2008（1），37～46页。

③ 参见李素敏：《美国赠地学院发展研究》，保定，河北大学出版社，2004。

④ 参见田莉：《美国专业学位研究》，河北大学硕士学位论文，2008。

精英人才较为普遍的形式。近年来，为满足经济发展对各类高层次专业人才的需求，专业学位教育发展态势迅猛，在规模上欧美等国已经形成了与学术型学位平行的专业学位制度。据1987年统计，全美硕士名称超过600种，其中专业学位占85%，专业硕士学位获得者比例已占整个硕士学位的55%以上。① 专业学位的快速发展不可避免地引发了一系列对专业学位质量的担忧。在可授予专业学位学校质量参差不齐的情况下，如何保证专业学位人才培养的质量能够符合社会各行各业的需要？在学术型学位的传统优势下，部分专业学位如教育博士（Doctor of Education，Ed. D.）出现了与传统学术型学位在培养模式上的趋同性，如何确保二者之间有所区分也是研究型大学在专业学位教育中面临的实际问题。

传统的学术型学位教育也承担了一部分应用实践型精英人才的培养任务。近年来，随着学术劳动力市场的变化，博士学位获得者在研究型大学工作的比例逐年下降，许多博士学位获得者进入产业界工作。据统计，在获得学位的10～14年里，美国只有三成的计算机科学及电力工程博士、一半的生物化学博士及六成的英语、数学和政治学博士从事学术研究工作。② 本研究结论也证实，财富五百强企业高管获得的学位中有11%为博士学位，这一比例在企业最高领导人中更高。但长期以来博士生接受的过分单一化和专业化的学术训练与他们未来的职业生涯之间产生了明显差距。“企业界和公共部门普遍抱怨：几乎所有领域的博士，除学术知识外的生产性知识都极其贫乏。”③ 研究型大学对学术型学位教育过分单一化和专业化的科研训练，成为制约其培养应用实践型精英人才的因素之一。

3. 世界一流研究型大学培养应用实践型精英人才的对策

世界一流研究型大学主要通过建立完善的专业学位教育制度和在传统学术型学位教育中培养学生多样化的学术能力两方面措施，来应对上述培养应用实践型精英人才的困境和挑战。

首先，为满足社会各行业发展对应用实践型精英人才的需要，欧美等国一流研究型大学建立了完善的专业学位制度。美国是世界上专业学位制度最完善的国家。1768年，美国宾夕法尼亚大学授予了第一个医学学士学位（Bachelor of

① 参见张海英：《我国专业学位教育发展策略研究》，天津大学硕士学位论文，2006。

② 参见潘金林：《多元学术能力：美国博士生教育目标新内涵》，载《学位与研究生教育》，2010（7）。

③ 金海燕、王沛民：《美国重新规划Ph. D. 述略》，载《高等工程教育》，2004（1），53～62页。

Medicine，B. M.），随后威廉玛丽学院首次授予了法律学士学位（Bachelor of Laws），美国现代专业学位制度由此开始。19世纪的赠地学院运动中，与生产实践密切相连的专业学位得到了进一步发展[①]，至今美国已经形成了涵盖工、农、医、法、管理、金融、建筑等多个学科，具备学士、硕士、博士多个学位层次的完善的专业学位制度。在欧洲地区，法国形成了大学教育、大学校教育（工程、商业、管理、农业和高等师范学校等）和大学医学教育三个相互独立又相互衔接的高等教育体系，各个体系分别不同程度地开展专业学位教育。英国则通过在原有的学位教育之外，设立多种多样的课程硕士和专业博士来培养应用实践型人才。[②]

其次，为保障专业学位的培养质量，欧美等国一流研究型大学以培养具有从事专门职业工作能力和掌握相应专业理论知识的高层次应用人才为目标，建立了严格标准的专业学位培养模式。以专业学位教育最为发达的美国为例，在专业学位教育的入口上，美国研究型大学以满足社会需要为招生出发点，注重对学生的全面考察，尤其是学习能力和实践能力。专业学位的候选人必须通过统一的美国研究生入学考试和专业研究生入学考试，部分专业还要求学生具有一定的工作经验。在课程设置上，美国专业学位教育一般包括必修课、选修课和实习环节三个阶段。必修课和选修课包含专业课程和通识教育课程，重视学生专业知识的积累和综合素质的拓展。此外，学校还会安排几个月的实习期，使学生在学习期间了解实际的工作环境和工作方式，提高实际工作能力。在专业学位教育的出口上，大多数专业学位研究生在修完全部课程之后，需要参加综合水平测试并完成毕业论文。专业学位的毕业论文强调实践价值，更多地追求基础知识的应用，而不是发展理论本身。[③] 在导师选择标准方面，研究型大学不仅强调专业学位导师的科研能力，而且更注重导师的实践经验，学校还会聘请校外兼职教师，与在校全职教师共同指导学生。此外，为保证专业学位的质量，美国还建立了统一的学校和专业学位质量认证制度，通过研究型大学对专业学位的自我评估、认证专家组的实地考察、认证机构的决策以及周期性复评等环节，确保研究型大学专业学位教育的培养质量。

再者，为应对学术劳动市场的变化，欧美国家实施了一系列探索性的研究生教育改革活动，试图从理念上改变目前学术型学位中“为学术而学术”的教育现状，从实践中摸索改善学术性教育过度专业化和单一化的问题。

① 参见张海英：《我国专业学位教育发展策略研究》，天津大学硕士学位论文，2006。

②③ 参见田莉：《美国专业学位研究》，河北大学硕士学位论文，2008。

在美国，博耶提出了一种新的学术观，即大学学术不只意味着进行“研究”，它包括四个不同的方面：探究的学术，即对知识的探究和科研；整合的学术，即学科的交叉和对学科间联系的整合；应用的学术，即对理论和实践的相互结合；教学的学术，即对知识的传播和教授。① 在这一理论的基础上，美国博士生教育机构实施了多种探索和改革措施。美国科学、工程和公共政策研究会发表了题为《重塑科学家和工程师的研究生教育》报告，提出关于研究生培养方面，在保持以研究为基础的培养模式的同时，还应增开一些旨在加强从事非研究工作的就业潜力的课程。美国大学联合会和研究生院理事会合作开展的“培养未来教师”项目，为研究生提供了“观察和体验大学教师在多种学术机构中面对不同学术使命和多样化学生”的机会，着重培养学生教学的能力。华盛顿大学研究生院针对博士生教育不适应学术界和社会各领域变化要求的现状，对不同领域的人士就“如何重新规划 Ph. D. 以满足 21 世纪的社会需求”问题展开了广泛的调查，提出让博士生广泛接触各种职业等 8 项建议。②

在英国，针对博士生教育过于专业化和技能训练不足的问题，英国政府发布了一系列政策报告，以促进博士生教育模式的根本性转变。迪尔英报告提出，要加强对博士研究生技能训练和研究的支持。哈里斯报告重申了在博士生教育阶段加强技能训练的重要性，并提出要将“技能训练纳入研究性学位的培养方案”。罗伯特报告进一步指出“传统上对作为研究产出的学位论文的过多关注导致了对博士研究生获取广泛技能需要的忽视”。英国科学技术办公室发文提出，研究生应该具有与潜在的雇主需求更适切的技能，包括那些学术之外的技能，如基本沟通技能和人财物资源管理技能等。英国研究生教育协会还专门提出了对博士生的教学技能进行训练的要求。③

综上所述，为应对研究型大学在应用实践型精英人才培养中专业学位教育质量难以保障和学术性学位教育过度单一化的培养瓶颈，欧美等国一流研究型大学通过建立完善而严格的专业学位培养制度，树立学术型教育不能只是单纯“为学术而学术”，而要为经济社会发展提供服务的理念，改革原有的研究生培养制度，通过对应用实践型精英人才的培养促进经济社会的不断发展。

① 参见潘金林：《多元学术能力：美国博士生教育目标新内涵》，载《学位与研究生教育》，2010 (7)。

② 参见张济洲：《近年来美国博士生教育面临的问题及其改革措施》，载《学位与研究生教育》，2008 (11)，73～77 页。

③ 参见饶燕婷：《挑战与变革：20 世纪 90 年代以来英国博士生教育的改革动向》，载《学位与研究生教育》，2010 (3)。

第四节　对中国研究型大学人才培养国际竞争力的建议

一、加强理论研究和应用实践型精英人才的培养

对理论研究和应用实践型精英人才的培养是研究型大学人才培养的重要内容。中国研究型大学一方面必须重视加强对理论研究型精英人才的培养，在提高自身科研实力的基础上，通过建立严格的培养模式和提供充足的培养条件保障，提高理论研究型精英人才的培养质量，使研究型大学成为知识和技术创新应用的主体，成为国家知识创新体系的核心，对科学进步和人类文明作出巨大贡献。另一方面，中国研究型大学必须重视对应用实践型精英人才的培养，通过建立完善的专业学位制度和对学生多样化学术能力的培养，培养高层次应用型人才，使研究型大学的发展与社会中的专门行业联系起来，不但要成为人们进入专业领域的“港口”，而且要通过开辟和发展新兴行业，成为推动社会经济快速发展的重要力量。

二、改革并加强研究生教育

研究生教育是研究型大学培养理论研究型和应用实践型精英人才的重要环节。为发挥中国研究型大学研究生教育的作用，在学术型学位教育方面，中国研究型大学应严格控制博士生教育的入口、过程和出口等环节，拓宽学术性学位获得者的综合素质，积极参与博士生质量认证和评估活动，提供优秀的师资力量和丰富的资源支持，严格评估博士生导师的指导能力，营造良好的学术氛围，树立服务于国家和社会经济发展的理念，最终培养出能够促进国家知识创新发展的理论研究型精英人才。在专业学位教育方面，中国研究大学要根据社会经济发展和专业细分的需要，增加专业学位教育的多样性和灵活性，建立涵盖多层次、多领域的完善的专业学位体系，在专业学位教育的培养过程、导师选拔、质量认证和评估体系等方面同学术型人才培养有所区分，提高专业学位的办学质量，培养适应社会各行各业发展需要的应用实践型精英人才。

第六章

研究型大学社会服务的国际竞争力

社会服务是现代研究型大学社会价值的重要体现。引领社会文化前沿发展、知识创新与技术转移、人才培训和咨询服务等是构成研究型大学社会服务职能国际竞争力的主要组成部分。本章将从体现研究型大学技术转移能力的重要表现形式——发明专利着手，以国际比较的视角，在梳理研究型大学社会服务职能历史发展、形式及内容的基础上，对研究型大学社会服务的国际竞争力进行探讨，并结合当前中国研究型大学专利发明与转化的现状，提出相关建议。

第一节　社会服务是研究型大学的重要职责

一、社会服务是研究型大学的重要职责

1. 社会服务是研究型大学的重要使命

高等教育与社会发展之间的紧密联系是研究型大学履行社会服务职能的使命使然。随着时代的发展，大学在社会中的地位和作用逐渐加强，正如奥尔特加(José Ortega Gasset)所言："大学需要和公共生活、历史事实以及现实环境保持接触，必须对其所处时代的整个现实环境开放，必须投身于真实的生活"①；而从另一方面来说，大学作为高等教育的重要机构，需要从社会得到越来越多的

① ［西班牙］奥尔特加·加赛特：《大学的使命》，98～99页，杭州，浙江教育出版社，2001。

支持和关注。从中世纪大学单一的教学职能到19世纪初德国初创教学与科研相结合的职能模式，再到19世纪中期大学的社会服务职能在美国诞生，从表面上看，是大学职能种类和形式的不断拓展和延伸，而实际上反映的是国家和社会兴衰成败赋予大学的责任的变迁。

“职能”与“功能”在语义上虽然相近但不相同。《辞海》(1989年版)中对“功能”的定义为“物质系统所具有的作用、能力和功效”[①];《现代汉语词典》(2005年版)将“职能”定义为“人、事务、机构应有的作用；功能”[②]。康健认为大学职能即是大学对某些特定的社会任务承担的义不容辞的职责，以及由此产生的相应功能。职能是由大学性质和一定时代的社会分工所决定的。[③] 这一点与李文长的观点不谋而合，李文长认为职能是内在和自主的，其实质是某一事物应有的社会作用。既然是一种应有的作用，则主要是根据外在的要求而确定的，即根据社会的要求，各个不同的社会机构承担着不同的社会职能。一个社会结构职能的实质不在于它能发挥什么作用，而在于它应该发挥什么作用。[④] 综上所述，虽然各家对“职能”的理解各不相同，但仍有共通之处——大学职能依据其社会分工所应承担的角色，包含大学应该做什么和应该做到什么程度。

大学，尤其是研究型大学无论从哪个角度来说都是社会的一个组成部分，大学的发展离不开社会的支持。首先，高等教育作为准公共物品的经济属性决定了政府在其资源配置中具有决定性作用。虽然世界各国对高等教育的财政资助比例不尽相同，但除少数国家外，政府的财政投入都是高等学校经费的主要来源。其次，社会还为大学提供实现自身价值的温床。无论是为满足“闲逸好奇”的精神而追求知识，还是为实现服务国家与社会的责任，科学研究的意义在于超出研究本身实现研究成果的社会应用。如果大学在接受了国家和社会大量的投入之后，却缺乏将为社会服务的知识应用于实践的决心和责任感，那么公众就会认为大学是无用的，失去了存在的根据。[⑤] 联系日益密切的经济关系，挑战不断增大的社会问题，变化愈发加快的社会变革以及公众对高等教育日益旺盛的需求，都从外界为高等教育的发展提供了推动剂。所以，高等学校应以社会服务为己任，尤其

① 参见《辞海》，上海，上海辞书出版社，1989。

② 参见中国社会科学院语言研究所词典编辑室编：《现代汉语词典》，北京，商务印书馆，2005。

③ 参见康健：《论大学社会职能的演变对高等教育发展趋势的影响》，载《高等教育研究》，1995(3)。

④ 参见李文长：《高等教育社会职能论》，载《高等教育研究》，1989(1)。

⑤ 参见［美］约翰·S·布鲁贝克：《高等教育哲学》，21页，杭州，浙江教育出版社，2002。

是在知识经济时代和大学成为社会的重要组成部分的时候，为个人、社会和国家在文化、经济等方面的可持续发展发挥作用。

2. 研究型大学社会服务职能的历史考察

大学职能的内涵随着历史的发展而不断充实，目前理论界比较公认的是大学具有教学、科研和社会服务三大职能。从三大职能产生的时间顺序来看，社会服务职能是因循教学和科研两项职能产生之后才出现的。教学职能自大学产生以来即存在，作为大学产生的逻辑需求，它通过培养、输送各种高素质人才来直接或间接地实现对知识和文化的传承、传播和创造，是大学与生俱来的职能。科研职能随着社会的发展也逐渐脱离了创立之前为科学而科学的单纯目的和使命。正如德里克·博克（Derek Bok）在《走出象牙塔——现代大学的责任》（*Beyond the Ivory Tower*: *Social Responsibilities of the Modern University*）中写道："公众主要感兴趣的不是科学自身的最终发现结果，而是其创造新产品、发现疾病新疗法或解决问题新答案等方面的价值。"可见，从广泛意义上来说，大学的教学与科研职能在产生之初就具备社会服务的色彩。

那大学社会服务职能的内涵到底为何？从中世纪以来，大学一直秉承"知识即目的"、"学术自治"而专注高深学问，从事纯学术研究而脱离社会现实。直到19世纪中后期，大学才开始逐步过渡到面向社会开放的过程中来。通常认为，大学的社会服务职能最早正式确立于美国的赠地运动。1862年《莫雷尔法案》的出台使实用的农业与工艺学科开始进入大学殿堂。19世纪末20世纪初，查尔斯·范海斯提出"威斯康星理念"，赋予威斯康星大学两项重大使命——帮助州政府在各个领域开展技术推广服务，提供函授教育以帮助本州市民。通过以知识资源为依托，以知识的应用为途径，威斯康星大学开始践行大学为社会服务的职责①，并使得"为社会服务"作为一项职能而被众多大学所接受。与此同时，德国大学以其研究与教学相结合、突出研究生教育的特色开启了世界高等教育发展的新篇章，吸引了大批国际学生前往深造。1814—1914年间，先后有一万多名美国青年赴德留学。学成归国后，他们致力于结合本国高等教育发展实情和社会实际需求来传播新思想与新模式。1876年，开启美国研究型大学先河的约翰·霍普金斯大学成立。增进知识、把科研成果应用于日常生活之中，成为约翰·霍普金斯大学实践在更宽广领域进行科学研究和服务社会的基本途径，也成为当时包括哈佛大学在内的多所顶尖大学所称赞和效仿的对象，更使得大学"要为国家

① 参见赵鑫：《论我国研究型大学的社会服务职能》，浙江大学硕士学位论文，2010。

经济发展和社会进步培养实用人才，要以智力优势和科研成果直接服务于社会发展”[①] 成为普遍共识。二战期间，美国的研究型大学以其卓越的研究成果和科学成就确立了自己在国家安全服务中的优越地位。二战之后，研究型大学与产业界的联系日益密切，产学研相结合的制度在许多国家和地方被普遍地建立起来，校企合作教育、校企合作科研、以大学为依托建立服务周边社会提供智能服务的科学园、校企合作成立新的科技企业使科技创新成为大学服务社会的主要形式。

随着知识经济时代的到来，各国政府都认识到，需要发挥大学的科研优势，将科研成果转化为社会生产力，以促进经济和社会的发展，研究型大学的社会服务职能的内涵也日趋丰富起来。这表现在：从内容上看，主要有开展成人教育培训、提供咨询服务、建立大学科技园和技术转移中心、兴办企业[②]；从形式上看，除了提供间接的服务方式如咨询服务、技术指导、成果转让等外，现在大学还有直接承包企业技术革新、直接把科技成果转化为产品等服务形式[③]；而从服务范围上看，跨越国界进行国际合作已经成为明显趋势。

3. 研究型大学履行社会服务职能是知识经济时代的要求

按 1996 年国际经济合作与发展组织在《技术、生产率和工作的创造》(*Technology, Productivity and Job Creation: Highlights*) 报告中的观点，在知识经济时代中经济发展主要取决于知识资源的占有和配置，科学技术成为经济发展的决定因素，社会进步需要知识的创造和应用来实现。可见，要屹立于未来竞争激烈的民族之林，提升国家的核心竞争力，高等教育和科技上的创新能力至关重要。换言之，国力的角逐最终要依靠高科技的发展和拔尖人才的培养，而这两者正是研究型大学作为社会系统中不可或缺的一部分应该履行的职责所在。一方面，研究型大学与普通大学相比，通常获得国家和社会更多的资源投入。例如据美国国家科学基金会 2002 年出版的《科学与工程指南》(*Science and Engineering Indicators*) 统计，2000 年美国大学的研究经费 301.5 亿美元，其中 76%集中在 127 所研究型大学，经费的 30.1%则高度密集在前 20 所。[④] 另一方

① 参见迟晶：《美国研究型大学社会服务职能的历史演变及因素分析》，吉林大学硕士学位论文，2006。

②③ 参见熊晓亮：《论我国研究型大学社会服务职能的践履》，山东师范大学硕士学位论文，2009。

④ 参见郑永平、党小梅、吴荫方等：《研究型大学的专利工作与学校的发展》，载《清华大学教育研究》，2005 (2)。

面，研究型大学身处整个高等教育体系金字塔的“塔尖”，拥有世界科技发展前沿水平的学科及学科交叉、综合和渗透的优势，集聚着大批在科技界、学术界和知识界有着重大贡献的科学家和学者，具备完善的教学、研究设施和和进行卓越科学研究的技术平台，拥有优秀的生源和雄厚的研究生教育实力等①，具备通过创新性知识活动来实现自身社会价值的基础和实力。也正是因为高校作为一个学术组织为社会作出的所有直接和间接贡献，从根本上解释了大学历经时代变迁和制度更迭后依然能够持续存在和发展的根本原因，即不断地服务和满足社会发展的需要。②

二、研究型大学社会服务职能的形式和内容

大学的社会服务职能有广义和狭义之分。广义的大学社会服务职能泛指大学为社会所进行的一切职能，包括人才培养、科学研究和直接社会服务等各方面；狭义的大学社会服务仅指大学除正常的教学和科研活动外，利用自身优势，以满足社会直接的、现实的需要为目的，在相对短的时期内有目的、有计划地直接参与社会的政治、经济、科技、文化等方面的发展和解决现实问题的职能。③ 本研究采用的是狭义的概念。

不同层次和类型的院校因各自办学条件等方面的差异在社会服务职能的实施形式和内容上不尽相同。根据合作和服务对象的不同，大学的服务内容一般可归结为大学与大学、政府、企业和社区四大基本关系。总体看来，研究型大学履行社会服务职能的形式有：

研究型大学与其他大学合作，即开展国内外校际间合作，可实现高等教育内部资源在横向上的有机整合与利用。例如通过联合办学、联合科研、联合技术开发，能够拓宽研究型大学在资源共享、人才培养和科技发明等服务社会的形式与范围。

研究型大学与政府合作，即从研究型大学履行社会服务职能的运行机制来看，政府在这一过程中主要发挥着政策引导、经费投入、资源整合等作用。例如通过税收优惠、财政支持等政策吸引高新技术产业或新兴公司入驻园区，形成以

① 参见宣勇：《研究型大学的使命与组织结构的选择》，载《教育发展研究》，2005（11）。

② 参见睦依凡、汤谦凡：《我国高校社会服务 30 年发展实践研究》，载《中国高教研究》，2008（11）。

③ 参见甄丽娜：《美国高校社会服务职能的发展及启示》，西南师范大学硕士学位论文，2005。

科技研发、市场化为纽带，以高等院校为中心，科研机构、企业共同组成的大学科技园[①]，其中尤以硅谷、北卡罗来纳州的“科研三角”以及靠近哈佛的“128公路”出名。

研究型大学与企业合作，即研究型大学通过向企业提供咨询、科技、教育、信息等服务拓展了自己的教学与科研职能，专利、发明与知识产权是常见的合作成果表现形式；而企业则以科研成果的经济回报、联合办学、联合创建研究机构等形式与大学开展合作。总体看来，研究型大学与企业开展合作的主要形式有：科研服务方面主要表现为建立联合研究机构、兴办大学科技园、转让专利成果、建立高新技术企业等；人才培养方面主要表现为互派人员进修或实习、互为培训人才和互相聘请教师；在社会服务方面主要表现为提供咨询服务。

研究型大学与社区合作，即开展多领域、多形式的咨询服务是研究型大学开展社区服务的普遍形式。此外，研究型大学通过免费或廉价开放图书馆、体育场所、各类文化娱乐设施等场所及设备，为社区居民的知识生活、文化生活提供便利；通过组织学生志愿等活动为居民进行教育培训、医疗卫生、就业转岗等方面的社会服务。

综上所述，研究型大学在履行其社会服务职能，处理与其他大学、政府、企业和社区关系的过程中具有以下特点：通过与其他大学合作主要实现资源共享与联合人才培养的目标；通过与政府合作主要实现促进地方经济发展的目标；通过与企业合作主要实现科学技术和知识产品的市场化目标；通过与社区合作主要实现直接服务社会与民众的目标。

三、专利发明与科研成果转化是研究型大学履行社会服务职能的重要内容

专利的词源来自拉丁文“patents”，意为“to be open”，即公开的信件或公开文献，是中世纪的君主用来颁布某种特权的证明，后来指英国国王亲自签署的独占权利证书。[②] 对“专利”这一概念，目前尚无统一的定义，其中较为人们接受并被我国专利教科书所普遍采用的一种说法是：专利是专利权的简称，作为一种受法律规范保护的发明创造，专利是指一项发明创造向某国家审批机关提出专利申请，经依法审查合格后向专利申请人授予的在规定的时间内对

① 参见赵鑫：《研究型大学社会服务职能的运行机制研究》，浙江大学硕士学位论文，2010。

② 参见林佳慧：《专利影响创新决定及技术预测模式分析》，台湾东吴大学硕士学位论文，2008。

该项发明创造享有的专有权。这种权利在一定区域范围和时间阶段内具有排他性和时限性，可以使科研成果获得法律保障，确保相关产品和技术的长远发展。

培养高层次的精英人才和产出高水平的科研成果是研究型大学履行社会服务职能的重要依托。科学专著的出版情况、教学及科研人员公开发表的论文数量、以解决社会问题为导向的专利技术及发明创造则是研究型大学以科研产出来服务社会的具体形式。特别是专利技术，作为占领科技制高点、夺取和保持经济领域国际竞争优势的锐利武器，反映了研究型大学在发明创造、技术转让及企业合作等知识产权方面的绩效。从美国的经验来看，2002 年美国获得专利最多的 4 所大学分别是加州大学、麻省理工学院、加州理工学院和斯坦福大学，围绕这些大学的专利技术建立起了大量的高科技公司。如硅谷科学园区围绕着斯坦福和伯克利两所主要的研究型大学，分布着 3 000 多家高科技产业公司和企业；麻省理工学院的毕业生和在校教师已在全球创建了 4 000 多家企业，就业人数 110 万，年销售额高达 2 320 亿美元。① 可见，研究型大学在促进科技成果产业化和提高地区的科技竞争力方面发挥了重要的作用。

四、本章研究目的

专利发明及成果转化与其他科研产出衡量指标有所不同。科技成果有很多表现形式，专利技术以具体翔实的说明书为表达方式被收录于相应数据库后，不仅能为后来发明者提高研发绩效，准确获得某项技术的前沿发展动态，而且方便理论研究者对其进行量化统计和分析。已有一些研究如“中美研究型大学 R&D 经费与‘创业性’表现比较研究”②、“中外大学技术转移比较”③、“基于创新型国家战略目标下的我国大学技术转移模式”④ 等都分别在各自的研究中从不同的视角选取专利作为衡量大学科研产出能力及社会服务职能的重要指标。

在知识经济背景下，专利作为一种技术法律化的权利，具有独占性和很强的

① 参见郑永平、党小梅、吴荫方等：《研究型大学的专利工作与学校的发展》，载《清华大学教育研究》，2005 (2)。

② 参见高磊、赵文华：《中美研究型大学 R&D 经费与“创业性”表现比较研究》，载《中国高教研究》，2010 (5)。

③ 参见雷朝滋、黄应刚：《中外大学技术转移比较》，载《研究与发展管理》，2003 (5)。

④ 参见李应博、吕春燕等：《基于创新型国家战略目标下的我国大学技术转移模式》，载《研究与发展管理》，2007 (1)。

不可仿效性，是体现高校核心竞争力最为重要的资产。[①] 鉴于此，本部分选取上海交通大学 2009 年发布的“世界大学学术排名”（ARWU）排名前 50 名的院校，以它们在 1999—2009 年获得授权的专利数量及被引用情况为样本，从专利被引用量、平均专利被引用数及赫希指数（H-index，H 指数）三个指标来进行分析比较。据此分析结果选定部分有代表性的大学个案，就它们在如何促进高质量专利产出的经验举措进行深度分析。针对当前我国研究型大学专利产出和转化的现状、存在的问题及制约因素，有的放矢地借鉴部分国外研究型大学的有益经验，以促进我国大学科技创新、专利产出质量与水平，形成大学核心竞争力的产权优势。

第二节 研究方法

一、检索方法及过程

检索方法准确与否将直接影响到数据获得的有效性，为此选定一个能在最大程度和范围内涵盖样本院校每年专利产出数量与质量的数据库十分重要。通过比较研究，本章选择德温特世界专利创新索引数据库（Derwent Innovation Index）作为目标专利来源。因为该数据库收录了自 1963 年至今的 700 余万件基本专利文献和它们相应的同组专利，数据来源于 40 余个信息源，即 38 个国家和两个国际组织的专利公布机构，以及两个重要的国际技术报告刊物——《研究公开》（*Research Disclosure*）和《国际技术公开》（*International Technology Disclosures*）。作为一个综合性的数据库，它包括了可申请专利的所有技术领域，其专利文献划分为化学、一般、电气和机械四大类，符合检索要求。

为了确保能够准确获得每所院校专利产出数量和被引用情况，确定并核对该数据中专利权属人的表现形式变得尤为重要。一般来说，专利权属人的表现形式为“院校类型（Univ or College or Inst or Acad）＋大学名称”，例如耶鲁大学即为 Univ Yale，麻省理工学院则为 Massachusetts Inst Technology。有关本研究中涉及的大学专利权属人表现详情参见章末的附录一。检索词中对学校类型（大学或学院）的使用规定为 Univ、College、Inst 或 Acad，而非全称 University、

① 参见付晔：《中国高校专利产出机制研究》，华南理工大学博士学位论文，2010。

Institution 或 Academy。在大学名称的使用方面，即通常为大学的学术名称，如 Harvard、Princeton 或 Johns Hopkins，但尚存在五种例外情况。

第一种是有些大学的名称可能会有不同的表现形式。在本研究所选取的前 50 所大学中，存在一种以上名称的大学有：斯坦福大学（Univ Leland Stanford Junior、Univ Stanford 和 Univ Leland Stanford）、瑞士联邦理工学院—苏黎世（Swiss Federal Inst Technology Zurich 和 ETH）、伦敦大学帝国学院（Imperial College Sci & Technology、Imperial College Sci & Techn 和 Imperial College Sci Technology & Med）、巴黎第六大学（Univ Paris 06、Univ Paris 6、Univ Paris Ⅵ、Univ Curie Paris Ⅵ P & M、Univ Paris 6 Curie Pierre & Marie 和 Univ P & M Curie）、巴黎第十一大学（Univ Paris 11、Univ Paris Sud 和 Univ Paris XI）。

第二种是有些大学的专利权属人的表现形式并不是本大学名称，而是大学内负责进行专利技术转化的部门或机构名称，且通过研究发现这一现象具有地区趋同的特点。即美国的大学多成立有专门管理本校专利事务的机构——研究基金会，如威斯康星大学的威斯康星校友研究基金会（Wisconsin Alumni Research Foundation）和宾夕法尼亚州立大学大学城分校的研究基金会（Penn State Research Foundation）；而英国院校通常会成立一个由校方完全控股的专职服务公司，如牛津大学的 Isis 创新有限公司（Isis Innovation Ltd）和剑桥大学的剑桥大学技术服务有限公司（Univ Cambridge Tech Services Ltd）。

第三种是含有相同字眼的不同院校存在检索关键词重复的现象，如东京大学的检索词为“Univ Tokyo”，共计检索到专利 3 107 项。在这 3 107 条检索结果中却还包括有以“Univ Tokyo Agric & Technology Nat”、“Univ Tokyo Agric & Technology”、“Univ Tokyo Denki”、“Univ Tokyo Metropolitan”、“Univ Tokyo Marine Sci & Technology”、“Univ Tokyo Nat Corp Tokyo Medical & Dent”、“Univ Tokyo Sci Educational Found”和“Univ Tokyo Rika GH”为权属人的专利，除去上述名称所包括的专利，还剩下有效专利 2 301 项。存在类似情况的院校还有日本京都大学和美国西北大学，经数据重新核查后，两院校的有效专利数量分别为 1 306 项和 517 项。

第四种是院校合并的情况。在本研究中将院校合并之前的专利数量一并计入合并后的新大学专利总量中。目前英国的曼彻斯特大学乃是由曼彻斯特维多利亚大学（Victoria University of Manchester）和曼彻斯特科技大学（University of Manchester Institute of Science and Technology）在 2004 年 10 月 22 日合并而成的，因而在输入专利权属人检索关键词“Univ Manchester”后，共计检索到专利 139 项，排除仅以“Univ Manchester Metropolitan”为权属人的专利 11 项，还有包括以“Univ Victoria Manchester”和“Univ Manchester Inst Sci & Tec”为权属人的有效专利128项。

第五种是包含不同校区的大学系统。德温特数据库中专利收录口径未将包含不同实体校区的高校进行分类处理，如加州大学包含有10个彼此独立的分校，但几乎所有分校的专利均以“Univ California”为权属人，存在类似情况的还有得克萨斯大学和北卡罗来纳大学—教堂山。对于这种情况，本章采取的措施是：只对其项均被引次数等相对质量指标进行研究，并不对其绝对数量总值进行与其他高校的横向比较。但威斯康星大学—麦迪逊（University of Wisconsin-Madison）、密歇根大学—安娜堡（University of Michigan-Ann Arbor）、伊利诺伊大学—香槟（University of Illinois at Urbana-Champaign）、明尼苏达大学—双城（University of Minnesota-Twin Cities）、科罗拉多大学—波尔得（University of Colorado at Boulder）、马里兰大学—大学城（University of Maryland，College Park）和宾夕法尼亚州立大学—大学城（Pennsylvania State University-University Park）7所院校除外，按正常情况处理。此外，因华盛顿大学—西雅图（University of Washington，Seattle）和华盛顿大学—圣路易斯（Washington University in St. Louis）在该数据库中均以“Univ Washington”为专利权属人，且数量过千，故在本研究中不进行统计。

确定好各院校的专利权属人的表现形式后，本研究具体采用了如下三个检索步骤：

第一，选择数据库、年限及学科领域。本研究选择德温特数据库系统默认的设置，即选中所有的数据库。检索时间段为1999—2009年。学科领域包括化学、电气和机械三大领域。在输入设置好以上三项基本条件后，再选择以“专利权属人”为检索关键词，输入已经确定好的各学校名称表达方式，进行综合检索。

第二，确定检索内容。本章中涉及的检索内容包括专利名称、专利号、发明人、专利权属人、引用和被引次数。

第三，设定检索进度。本章研究从2010年5月1日起开始进行数据检索，截至6月30日完成初次数据检索。自7月1日至8月31日完成对所有数据的第二次核对。自10月1日至10月31日完成对所有数据的更新核查。

二、数据统计及计算公式

获得授权专利数量的多寡从绝对数值上能够体现一所大学科研创新能力的高

低。然而，数量的增长并不意味着质量的提高。大量研究表明，不同专利的质量有很大差别，多数专利只反映了很小的技术改进，经济价值较小，只有少部分专利有较大的经济价值，即专利的质量分布是高低不均的。① 目前，学界关于衡量专利质量高低的标准尚未达成共识。不同学者从不同的视角和纬度提出了各自不同的评价指标。一般来说，学术界常用的专利质量衡量指标可分为引用指标、科学指标、内容指标、国际指标、时间指标及其他指标。本研究将采用引用指标中的专利被引用量和平均专利被引用数来衡量各大学获得授权专利的质量，因为前者表示某专利被后来专利引用的总次数，被频繁引用的专利（即原始专利）通常意味着新的技术突破，某一专利被后续专利引用的次数可以反映此专利的质量。关于这一指标的统计可在德温特世界专利创新索引数据库中输入所有检索关键词后，由系统自动生成获得；而后者是专利被引频次的平均数，它不关注某一个被高频引用的专利，而是从整体出发评估某一机构某年发表专利的重要性和受到关注的程度，平均值越高说明该机构所申请专利的整体水平越高，影响力越大。其计算公式为大学某年度所有专利被后续专利引用的总次数除以该大学某年度所有专利数量。

另外，本章还将选用 H 指数作为另一衡量专利质量的指标。H 指数是由美国加利福尼亚大学圣地亚哥分校统计物理学教授赫希在 2005 年创立的，旨在评价科学家的个人学术成就。所谓 H 指数是指在一个人发表的论文中，有 H 篇被引用了至少 H 次。而将 H 指数应用为衡量大学专利质量的指标，则表示一所大学有 H 项专利被引用了至少 H 次。之所以选择 H 指数，是因为它不仅能够反映出一所大学专利产出数量，而且还能对专利影响力进行测量；同时作为一个稳健的累积指标，它不随未被引用专利数量的增加而改变，因而单纯的专利数量的增长对该指标不会产生直接影响。H 指数的统计方法大致如下：将某一大学某个时段获得授权的专利，按被引次数从高往低排，然后每项专利得到一个序号，将每项专利的序号和被引次数进行比较，找到某项专利的序号大于该专利的被引次数，那个序号减去 1 就是 H 指数。

第三节　研究型大学获发明专利授权的趋势分析

截止到 2010 年 11 月 22 日，据从德温特专利数据中获取的数据统计，2009

① 参见李春燕、石荣：《专利质量指标评价探索》，载《现代情报》，2008 (2)。

年“世界大学学术排名”中排名前 50 的大学共计获得授权专利 37 318 件。① 其中美国大学获得的授权专利占 84%（31 340 件）、日本大学占 9.2%（3 438 件），英国大学占 4.4%（1 638 件），加拿大大学占 1.3%，其他欧洲各国大学（瑞士、法国、丹麦和瑞典）合计共占 1.1%（401 件）。

一、1999—2009 年部分世界名校专利产出年度增长变化

如图 6—1 所示，1999—2009 年间样本中所选取的部分世界名校获得授权专利在年度总量上总体保持增长态势，年均增长率约为 8.27%，其中 2002—2003 年的增长幅度最大，为 32.6%；2007—2008 年度产出的数量最多，为 3 522 件。

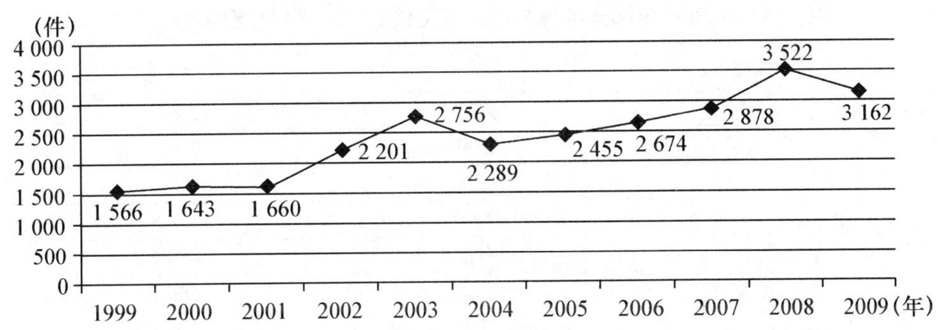

图 6—1　1999—2009 年部分世界名校专利产出年度增长变化示意图

资料来源：由德温特世界专利创新索引数据库提供的数据整理而成。

在 1999—2009 年十年间，各大学获得授权专利的年度增长量大致可以分为三个阶段：第一阶段为 1999—2003 年，在连续保持两年平稳增长后，自 2001 年开始，各大学获得的年度专利授权量大幅增加，到 2003 年时已共有 2 756 件专利获得授权。第二阶段为 2003—2008 年。在这一阶段中，除 2003—2004 年度获得授权专利总量有所下降外，2004—2008 年各大学获得的授权专利数量始终保持逐年平稳增长的态势，并于 2008 年首次实现近十年来年度总量突破 3 000 件。第三阶段为 2008—2009 年，虽然本年度各大学获得授权的专利数量有所减少，但总量仍维持在 3 000 件以上，高于历年的产量，呈现一定的负增长态势。

① 其中加州大学、得州大学和北卡罗来纳大学未分校区，不包括华盛顿大学西雅图分校和华盛顿大学圣路易斯分校。

二、1999—2009 年部分世界名校专利产出总量现状

从表 6—1 可知，1999—2009 年十年间，获得授权专利数量最多的前十名大学依次为美国麻省理工学院（2 273 件）、日本东京大学（2 132 件）、美国加州理工学院（1 640 件）、美国斯坦福大学（1 618 件）、美国约翰·霍普金斯大学（1 640 件）、美国威斯康星大学—麦迪逊（1 358 件）、日本京都大学（1 304 件）、美国哥伦比亚大学（1 237 件）、美国密歇根大学—安娜堡（1 172 件）和伊利诺伊大学—香槟（925 件）；尤其是麻省理工学院和东京大学位居各大学之榜首，年均获得授权专利超过 200 件。从国别来看，美国大学仍然是获得授权专利的主体，日本的东京大学和京都大学在总量上也表现不俗，位居前十之列。

表 6—1　　1999—2009 年部分世界名校获得授权专利的产出总量统计

大学名称	国别	专利产出总量（件）
麻省理工学院	美国	2 273
东京大学	日本	2 132
加州理工学院	美国	1 640
斯坦福大学	美国	1 618
约翰·霍普金斯大学	美国	1 460
威斯康星大学—麦迪逊	美国	1 358
京都大学	日本	1 304
哥伦比亚大学	美国	1 237
密歇根大学—安娜堡	美国	1 172
伊利诺伊大学—香槟	美国	925
哈佛大学	美国	919
宾夕法尼亚大学	美国	910
康奈尔大学	美国	859
杜克大学	美国	738
明尼苏达大学—双城	美国	675
南加州大学	美国	670
宾夕法尼亚州立大学—大学城	美国	620
芝加哥大学	美国	590
牛津大学	英国	575
耶鲁大学	美国	538
纽约大学	美国	537
西北大学	美国	517

续前表

大学名称	国别	专利产出总量（件）
不列颠哥伦比亚大学	加拿大	501
普林斯顿大学	美国	433
范德比尔特大学	美国	394
科罗拉多大学—波尔得	美国	376
伦敦大学帝国学院	英国	334
剑桥大学	英国	334
洛克菲勒大学	美国	311
伦敦大学学院	英国	267
瑞士联邦理工学院—苏黎世	瑞士	192
曼彻斯特大学	英国	129
巴黎第十一大学	法国	107
多伦多大学	加拿大	83
马里兰大学—大学城	美国	77
哥本哈根大学	丹麦	74
得克萨斯大学西南医学中心	美国	24
卡罗林斯卡学院	瑞典	17
巴黎第六大学	法国	11

资料来源：由德温特世界专利创新索引数据库提供的数据整理而成。

通常而言，被频繁引用的专利多为原始专利，意味着新的技术突破。被引用次数越多，意味着某项专利技术的原创性越高。表6—2显示的是1999—2009年“世界大学学术排名”中排名前50的部分大学获得授权专利的总体被引用情况。通过比较可知，麻省理工学院（18 941次）、加州理工学院（12 021次）、斯坦福大学（11 131次）、密歇根大学—安娜堡（6 182次）、约翰·霍普金斯大学（6 167次）、威斯康星大学—麦迪逊（5 966次）、普林斯顿大学（5 452次）、哥伦比亚大学（5 392次）、哈佛大学（4 954次）和康奈尔大学（4 571次）依次为被引总次数最多的前十名院校。日本的东京大学和京都大学虽然在获得授权总量上位次比较靠前，但是被引总次数不高，分别只有1 255次和549次，项均被引次数仅为0.59和0.42。与之相反，麻省理工学院、加州理工学院及斯坦福大学无论从产出总量还是总被引次数统计来看都表现十分优异。

表6—2　　1999—2009年部分世界名校获得授权专利的总被引次数统计

大学名称	国别	总被引用次数（次）
麻省理工学院	美国	18 941
加州理工学院	美国	12 021

续前表

大学名称	国别	总被引用次数（次）
斯坦福大学	美国	11 131
密歇根大学—安娜堡	美国	6 182
约翰·霍普金斯大学	美国	6 167
威斯康星大学—麦迪逊	美国	5 966
普林斯顿大学	美国	5 452
哥伦比亚大学	美国	5 392
哈佛大学	美国	4 954
康奈尔大学	美国	4 571
明尼苏达大学—双城	美国	4 533
南加州大学	美国	4 094
伊利诺伊大学—香槟	美国	4 029
宾夕法尼亚州立大学—大学城	美国	3 150
杜克大学	美国	2 876
宾夕法尼亚大学	美国	2 660
不列颠哥伦比亚大学	加拿大	2 380
芝加哥大学	美国	2 372
西北大学	美国	2 169
耶鲁大学	美国	2 090
纽约大学	美国	2 012
牛津大学	英国	1 538
科罗拉多大学—波尔得	美国	1 318
东京大学	日本	1 255
洛克菲勒大学	美国	1 132
范德比尔特大学	美国	1 109
伦敦大学帝国学院	英国	1 063
伦敦大学学院	英国	641
京都大学	日本	549
多伦多大学	加拿大	459
马里兰大学—大学城	美国	406
曼彻斯特大学	英国	286
瑞士联邦理工学院—苏黎世	瑞士	170
得克萨斯大学西南医学研究中心	美国	108
巴黎第十一大学	法国	80
哥本哈根大学	丹麦	66
卡罗林斯卡学院	瑞典	14

资料来源：由德温特世界专利创新索引数据库提供的数据整理而成。

三、1999—2009年部分世界名校专利项均产出的被引统计

项均被引次数是从整体出发评估某一大学在某些年度发表专利的重要性和受到关注的程度，平均值越高说明该大学获得授权专利的整体水平越高，影响力越大。1999—2009年间各世界名校获得授权专利的项均被引情况统计如下（见表6—3）：项均被引次数最高的、影响力最大的前十名院校依次是普林斯顿大学、麻省理工学院、加州理工学院、斯坦福大学、明尼苏达大学—双城、南加州大学、多伦多大学、哈佛大学、北卡罗来纳大学和康奈尔大学。

表6—3　　1999—2009年部分世界名校专利产出项均被引统计

大学名称	国别	项均被引次数（次）
普林斯顿大学	美国	12.59
麻省理工学院	美国	9.50
加州理工学院	美国	7.61
斯坦福大学	美国	6.88
明尼苏达大学—双城	美国	6.72
南加州大学	美国	6.11
多伦多大学	加拿大	5.53
哈佛大学	美国	5.39
北卡罗来纳大学	美国	5.35
康奈尔大学	美国	5.32
密歇根大学—安娜堡	美国	5.30
马里兰大学—大学城	美国	5.27
加州大学	美国	5.17
宾夕法尼亚州立大学—大学城	美国	5.00
得克萨斯大学	美国	4.91
不列颠哥伦比亚大学	加拿大	4.75
得克萨斯大学西南医学中心	美国	4.50
威斯康星大学—麦迪逊	美国	4.39
哥伦比亚大学	美国	4.36
伊利诺伊大学—香槟	美国	4.36
约翰·霍普金斯大学	美国	4.22
西北大学	美国	4.20
芝加哥大学	美国	4.02
杜克大学	美国	3.90

续前表

大学名称	国别	项均被引次数（次）
耶鲁大学	美国	3.88
巴黎第六大学	法国	3.82
纽约大学	美国	3.75
洛克菲勒大学	美国	3.64
科罗拉多大学—波尔得	美国	3.51
剑桥大学	英国	3.24
伦敦大学帝国学院	英国	3.17
宾夕法尼亚大学	美国	2.92
范德比特大学	美国	2.81
牛津大学	英国	2.67
伦敦大学学院	英国	2.40
曼彻斯特大学	英国	2.22
瑞士联邦理工学院—苏黎世	瑞士	0.89
哥本哈根大学	丹麦	0.89
卡罗林斯卡学院	瑞典	0.82
巴黎第十一大学	法国	0.74
东京大学	日本	0.59
京都大学	日本	0.42

资料来源：由德温特世界专利创新索引数据库提供的数据整理而成。

通过比较可得知，普林斯顿大学虽然在十年间获得授权的专利总量仅为433件，但是项均被引次数却很高，为12.59次；麻省理工学院、加州理工学院、斯坦福大学和明尼苏达大学—双城等不仅获得授权的专利总量多，而且项均被引次数也高；而日本的京都大学和东京大学虽然在专利总量上不逊于多数大学，但项均被引频次却很低；此外，法国巴黎第十一大学、瑞典卡罗林斯卡学院、丹麦哥本哈根大学、瑞士联邦理工学院—苏黎世不仅获得授权的专利总量不多，且项均被引频次普遍也较低。

四、1999—2009年部分世界名校专利项均产出的H指数统计

虽然项均被引次数能够从总体上对某校获得授权专利的影响力进行衡量，但却容易受专利产出数量多少的影响。例如，并不是每所大学的所有获得授权的专利都会被频繁引用，但这并不意味着这所大学没有高引用频率的专利，如果每项专利的被引次数在一定时间内保持不变，但专利总量有所增加，将会导致项均被

引次数的降低。项均被引次数的降低在一定程度上表征着该大学获得授权专利的整体影响力下降。H指数则有着项均被引次数所不具备的“累积稳健”功能，即它并不会因为专利数量的增多而提高，影响它数值高低的变量是被引次数的多寡。因此，用H指数作为衡量专利质量的指标能够从另一种被引统计的角度来衡量一所大学获得授权质量的高低。

通过分析1999—2009年各名校获得授权的专利H指数（见表6—4）可知：美国加州大学（未分校区）和麻省理工学院以高达56的H指数并列位居各校之首，这意味着两校在1999—2009年间分别各有56件获得授权的专利至少被引用了56次。美国加州理工学院（43）、斯坦福大学（40）、得克萨斯大学（未分校区）（38）、普林斯顿大学（37）、密歇根大学—安娜堡（34）、明尼苏达大学—双城（33）、威斯康星大学—麦迪逊（33）和康奈尔大学（33）依次列居其后。日本东京大学和京都大学授权专利的H指数相对较低，与它们在总量上的绝对优势形成鲜明对比。在欧洲国家的大学中，H指数最高的为英国牛津大学和剑桥大学，其授权专利均至少有15件专利被引15次，法国巴黎第六大学、巴黎第十一大学以及瑞典卡罗林斯卡学院等大学的授权专利的H指数则很低。

表6—4　　1999—2009年部分世界名校获得授权的专利H指数统计

大学名称	国别	H指数
加州大学（未分校区）	美国	56
麻省理工学院	美国	56
加州理工学院	美国	43
斯坦福大学	美国	40
得克萨斯大学（未分校区）	美国	38
普林斯顿大学	美国	37
密歇根大学—安娜堡	美国	34
明尼苏达大学—双城	美国	33
威斯康星大学—麦迪逊	美国	30
康奈尔大学	美国	30
哥伦比亚大学	美国	30
哈佛大学	美国	30
北卡罗来纳大学　教堂山	美国	26
南加州大学	美国	26
伊利诺伊大学—香槟	美国	25
约翰·霍普金斯大学	美国	25
宾夕法尼亚州立大学—大学城	美国	24

续前表

大学名称	国别	H 指数
不列颠哥伦比亚大学	加拿大	23
杜克大学	美国	22
西北大学	美国	21
纽约大学	美国	19
宾夕法尼亚大学	美国	19
耶鲁大学	美国	19
芝加哥大学	美国	19
科罗拉多大学—波尔得	美国	18
洛克菲勒大学	美国	15
牛津大学	英国	15
剑桥大学	英国	15
范德比尔特大学	美国	14
伦敦大学帝国学院	英国	14
伦敦大学学院	英国	12
马里兰大学—大学城	美国	11
多伦多大学	加拿大	11
东京大学	日本	11
曼彻斯特大学	英国	9
京都大学	日本	8
瑞士联邦理工学院—苏黎世	瑞士	6
哥本哈根大学	丹麦	5
得克萨斯大学西南医学研究中心	美国	4
巴黎第十一大学	法国	4
卡罗林斯卡学院	瑞典	3
巴黎第六大学	法国	3

资料来源：由德温特世界专利创新索引数据库提供的数据整理而成。

五、小结

从总体看来，1999—2009 年世界部分名校获得授权专利在总体数量上呈现增长态势，但不同大学呈现出各自不同的发展特点。如表 6—5 所示，各大学在 ARWU 排名、获得授权专利总量、项均被引次数及 H 指数等数量及质量维度上存在较大差异。首先，从国别和地域范围来看，美国大学无论是在“世界大学学术排名”中排名前 50 中所占的席位还是专利产出总量、项均被引次数及 H 指数等维度上都占有绝对优势，亚洲大学（东京大学和京都大学）及欧洲大学的表现相对欠佳。其次，各大学在“世界大学学术排名”排名的位次与其所获得授权专利的数量与质量之间的关系各异。排名位次靠前、专利产出数量多且被引频次和H指数高的院校（各项指标均在前十之列）主要有美国麻省理工学院、加州理工学院、斯坦福大学、密歇根大学—安娜堡和哈佛大学；美国普林斯顿大学、明尼苏达大学—双城和南加州大学虽获得授权专利的总量同上述院校相比相对较少，但其项均被引频次和H指数却很高；英国剑桥大学和牛津大学虽然排名位次靠前，但专利产出量及项均被引次数和H指数却不高；日本东京大学和京都大学则属于获得授权专利数量很多但被引频次和H指数却很低；另外，还有一些大学，如卡罗林斯卡学院、哥本哈根大学、巴黎第十一大学等在获得授权专利的数量和被引用次数方面表现均不突出。

表6—5　　1999—2009年部分世界名校获得授权专利的数量及质量统计汇总

大学名称	国别	ARWU排名	专利总量	项均被引次数	H指数
哈佛大学	美国	1	11	8	9
斯坦福大学	美国	2	3	4	4
加州大学伯克利分校	美国	3	N/A	N/A	N/A
剑桥大学	英国	4	27	30	26
麻省理工学院	美国	5	1	2	1
加州理工学院	美国	6	4	3	3
哥伦比亚大学	美国	7	N/A	19	10
普林斯顿大学	美国	8	24	1	6
芝加哥大学	美国	9	N/A	23	21
牛津大学	英国	10	19	35	27
耶鲁大学	美国	11	20	25	22
康奈尔大学	美国	12	13	10	11
加州大学洛杉矶分校	美国	13	N/A	N/A	N/A
加州大学圣地亚哥分校	美国	14	N/A	N/A	N/A
宾夕法尼亚大学	美国	15	12	33	23
华盛顿大学—西雅图	美国	16	N/A	N/A	N/A
威斯康星大学—麦迪逊	美国	17	6	18	12
加州大学旧金山分校	美国	18	N/A	N/A	N/A
约翰·霍普金斯大学	美国	19	5	21	15
东京大学	日本	20	2	41	32
伦敦大学学院	英国	21	30	32	31
密歇根大学—安娜堡	美国	22	9	11	7

续前表

大学名称	国别	ARWU 排名	专利总量	项均被引次数	H 指数
瑞士联邦理工学院—苏黎世	瑞士	23	31	37	37
京都大学	日本	24	7	42	36
伊利诺伊大学—香槟	美国	25	10	20	16
伦敦大学帝国学院	英国	26	28	31	29
多伦多大学	加拿大	27	34	7	33
明尼苏达大学—双城	美国	28	15	5	8
华盛顿大学—圣路易斯	美国	29	NA	N/A	N/A
西北大学	美国	30	22	22	20
杜克大学	美国	31	14	24	19
纽约大学	美国	32	21	25	24
洛克菲勒大学	美国	33	29	28	28
科罗拉多大学—波尔得	美国	34	26	29	25
加州大学圣塔芭芭拉分校	美国	35	N/A	N/A	N/A
不列颠哥伦比亚大学	加拿大	36	23	16	18
马里兰大学—大学城	美国	37	35	11	34
得克萨斯大学—奥斯汀	美国	38	N/A	17（未分校）	5（未分校）
北卡罗来纳大学—教堂山	美国	39	N/A	9	14
巴黎第六大学	法国	40	39	26	41
曼彻斯特大学	英国	41	32	36	35
范德比尔特大学	美国	42	25	33	30
哥本哈根大学	丹麦	43	36	38	38
巴黎第十一大学	法国	44	33	40	39
宾夕法尼亚州立大学—大学城	美国	45	17	14	17
加州大学欧文分校	美国	46	N/A	N/A	N/A
南加州大学	美国	47	16	6	13
得克萨斯大学西南医学中心	美国	48	37	N/A	40
加州大学戴维斯分校	美国	49	N/A	N/A	N/A
卡罗林斯卡学院	瑞典	50	38	39	42

资料来源：由德温特世界专利创新索引数据库提的数据整理而成；N/A 代表未作统计。

鉴于以上分析，本章将选取美国麻省理工学院、英国牛津大学和日本东京大学作为个案，对其在促进获得授权专利数量增加和质量提高的经验举措从运转机制、保障制度、资金投入及人员构成等方面进行详细探讨。

第四节　个案趋势研究及经验总结

一、美国麻省理工学院个案

1. 趋势研究

被誉为“创业家摇篮”的麻省理工学院（MIT），素有专利申请、技术转移和鼓励师生创建高新技术产业的传统。据波士顿银行统计，由麻省理工学院师生独立创办或通过该校转让专利许可建立的企业总数达 4 000 多个，有 1 065 家企业的总部设在学校所在的波士顿地区，其中 80%是以知识创新为基础的高新技术企业。①

如图 6—2 所示，1999—2009 年间，麻省理工学院以 6.4%的年均增长率共计获得授权专利 2 273 项，平均每年获得 206 项。继 2000—2003 年连续三年保持平稳增长后，于 2003—2004 年出现负增长，到 2004—2005 年只有 196 项专利获得授权，低于年均增长幅度。2005—2008 年获得授权的专利数量重新开始恢复增长，但 2008—2009 年又呈现下降的趋势。

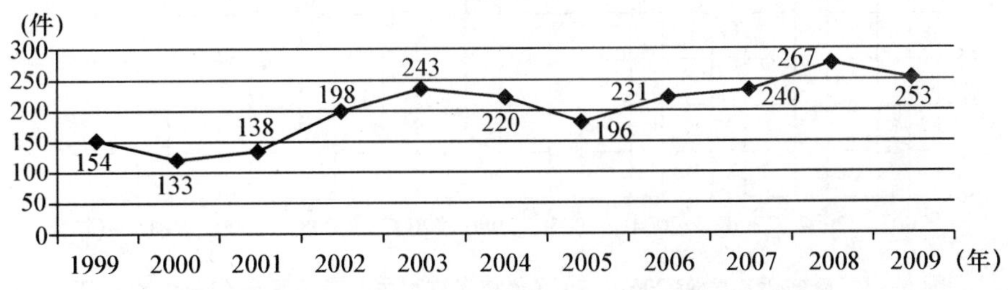

图 6—2　1999—2009 年 MIT 获得授权专利的年度变化趋势

资料来源：由德温特世界专利创新索引数据库提供的数据整理而成。

1999—2009 年间，麻省理工学院获得的授权专利项均被引 9.5 次，H 指数高达 56，这意味着该校有 56 项专利至少被引用 56 次，同比样本中选取的其他大学，无论从总体数量上还是累积的质量指标上来看，其表现都十分优异。从投资与收益的视角来看（见图 6—3），2002—2008 年间，麻省理工学院用于专利申请的支出总额基本持平，但收入总额呈明显上升趋势，尤其是在 2006—2008 年，

① 参见田旻、曹兆敏：《麻省理工学院技术转移成功因素分析》，载《科技政策与管理》，2007（4）。

收入总额增幅比支出总额增幅明显偏大。另外，对于开拓新领域或改进新方法的发明，该校技术许可办公室采取许可成立新公司的方式将其推向市场，平均每年获得许可的新公司约为 21 个（见图 6—4）。综上所述，麻省理工学院在努力发展专利发明的基础上，技术转移工作也取得了很大成效。

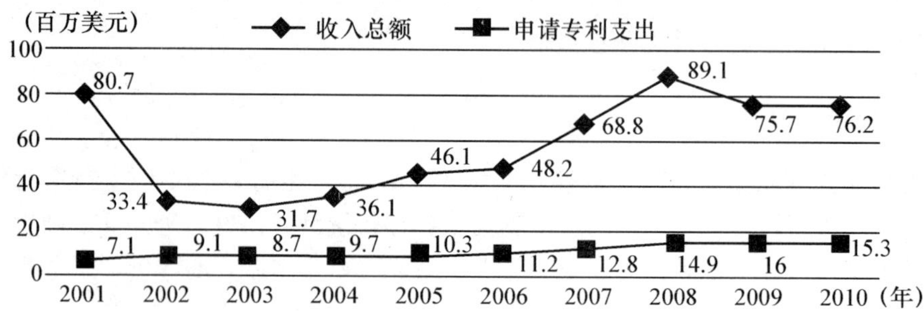

图 6—3　麻省理工学院 2001—2010 年技术许可办公室收支情况

资料来源：麻省理工学院技术转移办公室网站：http://web.mit.edu/tlo/www/downloads/ppt/TLO_Stats.pdf.

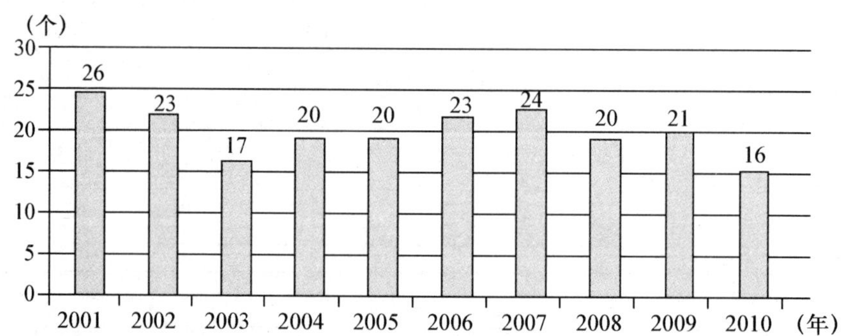

图 6—4　麻省理工学院 2001—2010 年技术许可办公室许可新公司统计情况

资料来源：麻省理工学院技术转移办公室网站：http://web.mit.edu/tlo/www/downloads/ppt/TLO_Stats.pdf.

2. 成功经验探讨

雄厚的科研实力、良好的校企合作关系以及促进技术转移的高效体制，是麻省理工学院申请并获得授权高质量专利的三个关键因素。

第一，雄厚的科研实力是麻省理工学院实现专利申请和技术转移的基石。重视学生科研创新，鼓励学科交叉融合，是麻省理工学院保持雄厚科研实力的两大特色法宝。该校向来重视培养学生的科研创新能力，营造创业氛围。如本科生科研机会计划（undergraduate research opportunity program，UROP）面向全体本科学生提供从事前沿研究的机会并给予经费资助。除此之外，还有工程实习项目、综合研究项目、回归工程计划等激发学生创新潜能的科研平台。以“问题研究”为中心的跨学科研究模式是解决复杂科学技术问题和社会问题的重要手段，也是麻省理工学院推动不同学科间开展合作和促进发明创新的有效举措。麻省理工学院的各类跨学科研究中心和实验室（如雷达实验室、电子实验室、麻省理工学院实验室等）已超过64个。通过这种学科交叉的创新组织模式，不仅能够提高大学对外界适应的灵活性，更有助于实现大学内部的资源共享和合作创新。

第二，密切与企业界的合作，搭建专利技术发明、创造及应用的平台。麻省理工学院是美国最早推行大学与政府和私营企业进行合作研究的大学。早在1948年，在工业界的建议下，便成立了全美第一个将大学与工业界紧密相连的“工业联合项目”。通过校企合作，一方面可以使大学直接了解社会需要和经济生活中亟待解决的难题，避免选题的盲目性，实现研究价值；另一方面又使学校创造的新理论、新技术得到较快的推广和应用。通过麻省理工学院5万美元竞赛、企业论坛、电子俱乐部（E-club）、企业家中心、创新俱乐部、科学与工程商会、风险投资俱乐部等多种合作方式，在为学生提供科研实践机会和促进学科融合创新的同时，更有效地为专利技术的发明提供了产生的沃土和应用的平台。

第三，高效运作的技术合作办公室为专利申请和技术转移的实现提供有力的支持。麻省理工学院的技术许可办公室负责知识产权管理、专利分析与专利策略、技术许可与转让、企业合作、融资与企业孵化等各项工作。首先，在人员安排上，力求学科背景的专业性及实践操作经验，有资格经营知识产权的是高度复合型人才——技术经理，他既要有理、工、农、医学科背景，又要有在企业界的工作经验，还必须熟知法律，擅长沟通，能负责合同起草和谈判等。其次，在运作程序上，技术合作办公室十分注重效率，尽量缩短技术转移周期，强调产权明晰，通过准确的市场调查、评估与预测来加强专利申请的市场性和适用性，并以专利营销促进专利保护，鼓励第三方来实现技术的商业化。①

二、英国牛津大学个案

1. 趋势研究

牛津大学始建于1188年，是英语世界最古老的大学，截至2008年，共有

① 参见田旻、曹兆敏：《麻省理工学院技术转移成功因素分析》，载《科技政策与管理》，2007（4）。

4 200 位研究者和 6 700 名博士生，是英国最具实力的研究型大学。2009 年，牛津大学以 4.5 亿英镑的科研经费投入位居全英大学榜首，同时在专利成果转化和创建衍生公司方面也走在英国各大学的前列。

如图 6—5 所示，1999—2009 年牛津大学共计产出专利 575 项，年均增长率为 10.93%。从被引统计来看，575 项专利共被引用 1 538 次，项均被引 2.67 次，H 指数为 15。无论从获得授权专利的总量还是项均被引次数及 H 指数来看，同比一些美国大学的表现不算突出，但在英国大学重视基础研究的教育传统体制氛围中，牛津大学通过建立由校方完全独资，以专为本校科研人员提供专利申请、知识产权管理、融资等科技成果转化专职服务企业——Isis 创新有限公司（Isis Innovation Ltd）的方式开拓了一条具有自己特色的专利发明、技术转化之路。

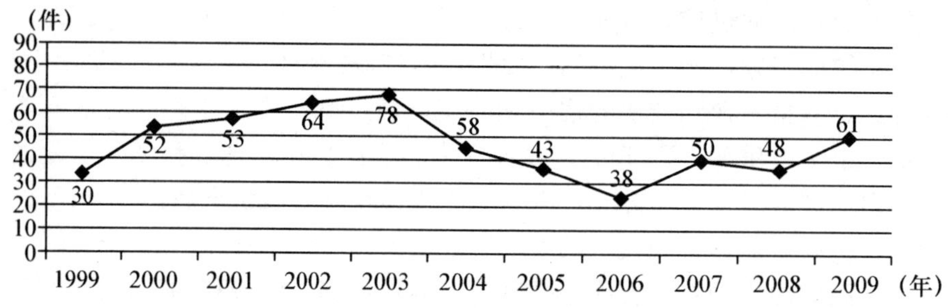

图 6—5　1999—2009 年牛津大学获得授权专利的年度变化趋势

资料来源：由德温特世界专利创新索引数据库提供的数据整理而成。

1999—2003 年，牛津大学获得授权专利的数量逐年增加，在这期间校方对专利产出的经费投入基本维持在每年 1 亿英镑的均衡水平上。2000 年 10 月，牛津大学出台了新的知识产权政策，内容包括：学校支持学者们将科研成果以专利、专利许可、技术入股、咨询服务、创办衍生公司等形式商业化，学者们可借此分享特许经营收益、股权收益和咨询服务收益。通过这一举措，学者进行专利发明和技术创新的积极性得到了有效提高。到 2003 年，共有 78 件专利获得授权。2003—2006 年，牛津大学获得授权的专利数量开始逐年下降。直到 2006—2007 年度，学校将 R&D 经费由上一年度的 3.3 亿英镑提高至 3.46 亿英镑，获得授权的专利数量才开始逐步回升。2008—2009 年，牛津大学再次大幅提高对专利产出及申请的资助力度，到 2009 年共计投入 2.5 亿英镑，获得授权的专利数量也由 2008 年的 48 件增加到 61 件。

2. 成功经验探讨

英国是学术资本主义的先导，早在 20 世纪 80 年代初期，一些具有超前意识的大学就开始设立技术转移办公室。1997 年，政府不但增加了对大学科研经费的投资，还开始支持大学具有企业性质的活动，截止到 2003 年，先后出台了 6 项专门支持大学成果商业化的主要政策和计划，如 2001 年出台的“高等教育创新基金”（Higher Education Innovation Fund）和 2003 年发布的“知识转移合作伙伴计划”（Knowledge Transfer Partnerships Scheme）。同时设有“科学与工程合作奖”、“工业与学术界合作奖”等促进产学研合作的奖励。

牛津大学实现专利技术转化的特点是：在拥有大量的自主知识产权成果的基础上，具备强大的科研投入、清晰的产权政策和有效的内外部沟通机制，其中专门负责研究成果转化的 Isis 创新有限公司发挥着重要的作用。

第一，牛津大学有强大的科研投入。1983 年，牛津大学的科研基金总额为 1.35 亿美元（0.83 亿英镑），到 2004—2005 年度这一数字已经到达 4.28 亿美元（2.64 亿英镑）。从图 6—6 可见，牛津大学在接下来连续两个年度中对科研经费的投入继续保持增长态势。另外，牛津大学在科研投入的来源上具有明显的多样化特点（见图 6—7），以 2004—2005 年度为例，共计获得高等教育基金委员会的拨款 0.13 亿美元（8 000 万英镑），占全部科研投入来源的 30.3%，25.4%（6 700 万英镑，折合 0.11 亿美元）的经费来自慈善机构，24.2%（6 400 万英镑，折合 0.10 亿美元）的经费来自研究基金委员会；另外还有来自政府 6%（1 600 万英镑，折合 0.03 亿美元）、欧盟 2.7%（700 万英镑，折合 0.01 亿美元）、企业 7.6%（2 000 万英镑，折合 0.32 亿美元）和海外公共机构 3.8%（1 000万英镑，折合 0.16 亿美元）的资助。

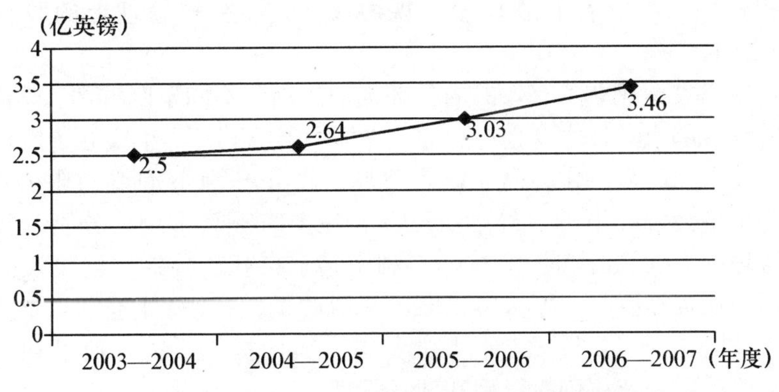

图 6—6 2003—2007 年牛津大学的科研经费支出

资料来源：根据汤姆·库克（Tim Cook）：《大学科技成果转化的牛津模式》（杨世忠译，载《经济与管理研究》，2006（9））等资料提供的数据绘制。

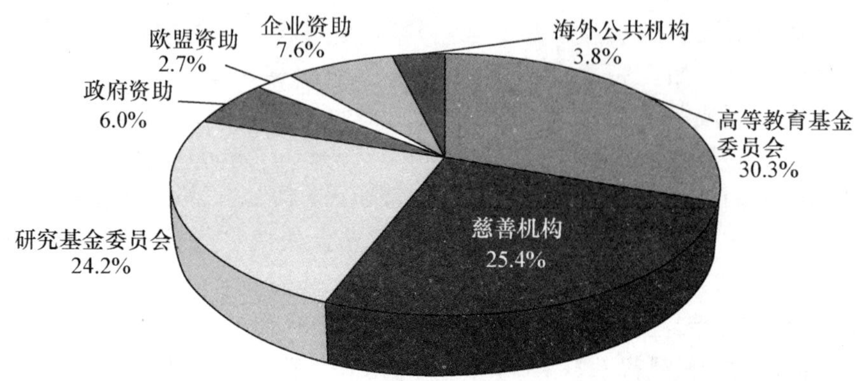

图 6—7　2004—2005 年度牛津大学科研经费来源分布情况

资料来源：根据牛津大学的技术转移机构 Isis 创新有限公司 2008 年年度报告整理而成，详见 http://www.isis-innovation.com/about/isispresentation.pdf（2010 年 12 月 7 日检索）。

第二，牛津大学制定并实施了清晰的产权政策。牛津大学在知识产权转让、收益分配等方面为本校科研人员和专职服务公司制定了清晰的政策，这样一来既能保证研究者申请专利的积极性和合法收益，又能确保专利申请及技术转让过程有条不紊地进行。2000 年 10 月，校方出台的知识产权政策内容包括：学校支持教师将自己的科研成果以专利、专利许可、技术入股、咨询服务及衍生公司等形式商业化；学校对所有教师和学生在学校的科研活动中产生的科研成果具有知识产权所有权；研究者可从特许经营权收益、咨询服务及股权中获得收益。[①] 例如在股权收益问题上，根据牛津大学 2008 年最新修改的知识产权政策，创业公司的股东由研究人员、学校、投资者和公司管理者共同组成，研究人员与学校持有相同的股权份额，投资者的股权份额视协议而定，公司管理者的股权份额在 5%～15%之间。

第三，牛津大学建立了有效的内外部沟通机制。不同于麻省理工学院或斯坦福大学在学校内部成立技术合作办公室，牛津大学于 1987 年成立了专门负责将本校研究人员研究成果转化为商业资源的服务公司——Isis 创新有限公司。该公司执行大学董事会领导下的总经理负责制，主要有三大部门，分别为技术转移部，负责管理牛津大学的知识产权、专利申请、授权、分拆、创投及商业化网络；顾问部，负责提供与专家级学术顾问交流的机会；Isis 企业部，负责全球技术咨询，为政府、公司、投资者、大学和科学园区提供支持，侦讯和评估新技术，负责商业计划制定、创投管理和项目管理。

① http://www.isis-innovation.com.

在 Isis 创新有限公司的协助下，一项科研成果通常要经过以下四个阶段最终实现商业化：

第一阶段：寻找具有市场发展前景的科研成果。除了科研管理部门及研究者自我推荐外，Isis 的项目经理还要自主发现一些具有市场发展潜力的研究成果。

第二阶段：对科研成果进行市场评估。公司会组织市场营销、法律及其他有关人员协助项目经理和发明者共同就研究成果进行市场分析，做出评估报告。

第三阶段：成果保护阶段。一旦研究成果获得肯定，公司将与发明人制定临时保护措施，确定权益职责，并全额出资申请专利保护。

第四阶段：商业化阶段。Isis 通过知识产权特许或成立新公司的形式来实现科研成果的商业化增值。对于知识产权特许，公司通过各种渠道，如 1990 年创建的旨在促进产学研联系的牛津创新协会（Oxford Innovation Society）宣传专利技术，吸引世界各地各行业的公司购买其知识产权特许进行技术或产品开发，与此同时，按政策规定定期收取专利管理费用。对于创建新公司，Isis 代表成果发明人参与新公司创建的各个环节，如向学校提出批准申请、拟订发展规划、确定产权收益配额等，但不会介入新公司的运营。

建立由校方完全控股的专职服务公司适合牛津大学，这种服务模式在英国具有自身的优点：英国商界的潜在合作者更倾向于同公司打交道，他们对公司有天然的亲切感，但可能会对象牙塔里的“学究”有心理距离；这类公司的管理独立于大学行政机构，有利于校办公司员工迅速调整并适应快速变化的商业环境；由大学全额控股可以保证这类公司不偏离自己存在的宗旨。

第四，牛津大学 Isis 创新有限公司重视专业人员复合素质的提高。Isis 创新有限公司自创建以来，在增加员工规模的同时，不断提高各工作人员的专业素养。从图 6—8 可以看出，公司员工数量由 2 000 年的 17 人增长到 2010 年的 64 人。这

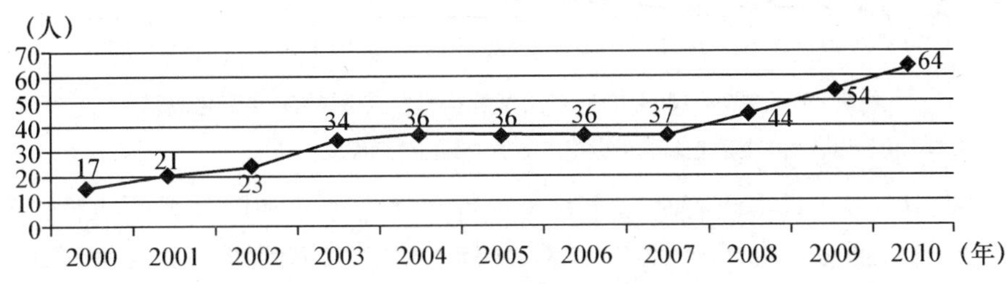

图 6—8　2000—2010 年 Isis 创新有限公司员工规模增长示意图

资料来源：根据汤姆·库克（Tim Cook）：《大学科技成果转化的牛津模式》（杨世忠译，载《经济与管理研究》2006（9））等资料提供的数据绘制。

64名员工分属于公司的四大职能部门：行政业务支持12人，技术转移部31人，顾问部6人，企业部15人，其中75%的员工拥有本科学历，获得工商管理硕士学位的有17人，拥有博士学位的则有28人。因工作职能要求，技术转移部58%的员工拥有博士学位，分任各学科领域的项目经理；企业部拥有博士学位的员工比重则高达66.7%，以便更好地为技术成果转化提供专业的商业服务。

三、日本东京大学个案

1. 趋势研究

东京大学是日本第一所国立大学，始建于1877年。到2010年共有教职员工超过4 000人，本科生和研究生合计29 000人，院系涵盖法、医、文、理、农、经济、教育和药学，研究生院设有法律、政治、医学、工程、人文科学、生命科学、经济、数学与科学、前沿科学以及两个与信息技术相关的交叉学科等，是一所日本顶尖的研究型大学，在“世界大学学术排名”前50名大学中居亚洲大学之首，表现脱俗。

从图6—9中可见，1999—2008年东京大学获得授权专利的数量一直保持年度连续增长的态势，直到2009年数量有所回落。十年间，东京大学共计获得授权专利2 132件，年均增长率为41.1%。

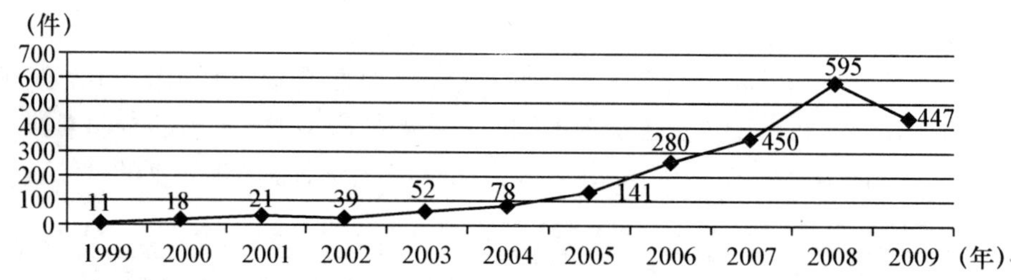

图6—9　1999—2009年东京大学获得授权专利的年度变化趋势

资料来源：由德温特世界专利创新索引数据库提供的数据整理而成。

1998年5月，日本政府制定并颁布了旨在促进大学和国立科研机构的科技成果向民间企业转让的《关于促进大学等技术研究成果向民间事业者转让的法律》，使大学开始摆脱对科学技术开发事业集团的依赖，纷纷建立属于自己的技术转移机构，如东京大学的“尖端科学技术孵化中心”和关西TLO公司等。1999—2001年，德温特数据库中以“Univ Tokyo”为权属人的专利共计只有50

项。2001 年，文部省又发布了《以大学为起点的日本经济活化构造改革计划》，据此计划，日本要从全国公私立大学中遴选出 30 所大学进行重点投资，使之达到世界大学的最高水平；计划要求候选大学“科研成果要加快对新产业培育的速度”，具体包括“现今每年取得 100 项专利的大学要达到每年取得 1 500 项专利”，“现今每年有 70 项成果通过 TLO 转让给企业的 5 年后要达到 700 项”等。① 尽管这些量化指标从实际执行的情况来看不尽如人意，但是国家的重点资助确实加强了被选中大学的科研实力，自 2001 年东京大学获得授权专利的数量年度增长幅度开始加大。

2004 年，日本对国立大学实行法人化改革，对职务发明所有权进行了全新划定，划定大学教员研究成果所得专利权归研究者所属的大学；大学可以通过转让其专利技术获利，向企业转让专利权所得报酬按一定的比例返还给研究者、研究者所在系和学校。在这一政策刺激下，各国立大学申请专利、支持和 TLO 技术转移工作的积极性显著增强。以 2005—2006 年为例，东京大学获得授权的专利数量由 280 件增长至 450 件，增长率高达 98.6%。

尽管东京大学获得的授权专利数量可观，但从被引统计及 H 指数来看，情况不甚理想：被引总次数为 1 255 项，项均被引仅为 0.59 次，在“世界大学学术排名”前 50 名院校中仅排在第 41 位；H 指数为 11，与其他院校并列第 31 位；这与它获得授权专利总量在该排名中位列第二的表现不甚相符。

2. 成功经验探讨

第一，政府不断深化政策改革。日本在战后短短数十年内创造了经济振兴和快速发展的奇迹，进入 20 世纪 80 年代以后，一跃成为仅次于美国的第二大经济强国。在经济现代化和赶超英美的过程中，制定以“技术创新”为核心内容的社会发展战略和确立“科技立国”战略，是促使日本实现经济起飞、发展知识经济的关键因素之一。与 20 世纪 80 年代之前侧重于应用研究，即以引进技术为主，奉行“技术引进——技术改进——技术普及”的发展策略不同，随着 80 年代科技的发展以及日本产业技术的崛起，日本开始重点强调加强基础研究。在这一背景下，仅在 1995—2005 年间日本政府就出台了多部重要的相关法令法案（见表 6—6），旨在促进日本大学和国立研究机构的技术成果向企业转移，加强大学及研究机构的创新活力，为中小企业提供技术支撑。

① 参见韩振海、李国平、陈路晗：《日本技术转移机构 TLO 的营建及对我国重大知识产权 IPR 的启示》，载《现代日本经济》，2004 (5)。

表 6—6　　1995—2005 年日本政府为促进科研成果转化出台的法案

时间	名称	内容及意义
1995 年	《科学技术基本法》	大学创业活动开始显著活跃
1996 年	《科学技术振兴事业团法》	成立科学技术振兴事业团，其运行费用由政府出资和向社会筹集两部分组成，隶属文部学术政策司，面向全国企业、大学和国立研究所开展科技信息流通和技术转移等业务
1998 年	《大学技术转让促进法》	大学开始摆脱对科学技术开发事业团的依赖，充分发挥科技转移组织的功能，纷纷建立自己的技术转移机构
1998 年	《技术转移法》	批准建立有权申请专利和转移大学发明的技术授权办公室（TLO）*，以转移非国有的专利
1999 年	《产业活力再生特别措施法》	规定大学对于运用国家经费进行共同研究的专利拥有所有权
2001 年	《以大学为起点的日本经济活化构造改革计划》	遴选出 30 所大学进行重点投资；科研成果要加快对新产业培育的速度
2002 年	《知识产权基本法》	确定知识产权创造、保护和运用的基本理念及实现基本理念的基本事项
2004 年	《国立大学法人法》	为开展产学合作创造了更加宽松、自由的条件
2005 年	修改《专利法》35 条	允许单位与发明人自由协商报酬

* 技术授权办公室（Technology Licensing Office，TLO）。

资料来源：韩振海、李国平、陈路晗：《日本技术转移机构 TLO 的营建及对我国重大知识产权 IPR 的启示》，载《现代日本经济》，2004（5）。

第二，日本成立了大学技术转移协会，搭建集中交易合作平台，主动适应社会需求。2004 年 10 月 15 日，日本大学技术转移协会在东京成立，旨在通过与对大学和技术转移中心等活动提供支持的机构与个人密切合作，有效地为推进大学在知识产权管理和技术转移业务方面开展交流、调查和研究等活动提出建议，从而实现产学合作的健康发展。这种以协会形式组织知识产权转移是非常独特的，通过召开以人才培训和信息共享的学习研究班、发行会刊、增进同国内外各专利机构的交流合作、举办面向企业的专利流通展示会，使该协会成为集中向企业转化科技成果的大平台。就东京大学而言，为了活跃产学交流的市场，它专设了“Proprius21”。“Proprius”为拉丁语，意为固有的、独特的、自己的。东京大学不用传统的“共同研究”一词，而特别选用这一拉丁语词汇，是想强调大学不是单纯迎合社会需求，而是作为先驱以科学技术向社会发信，同时接受社会的要求，认识大学、科学技术的使命并付诸行动。所谓“Proprius21”是在制定产学合作计划时就讨论并明确产学双方的作用，利用东京大学的综合研究能力实现“以创造看得见的成果为目标的价值创造型产学合作共同研究”。为使合作方案适合有效，保障产学双方对等的议论，在事前充分讨论有关符合目的的成员变动、彻底地保守秘密义务、机密文书管理等，从而解决原有共同研究存在的问题。①

第三，东京大学尊重市场选择，兼顾各方利益。为实现促进大学科研成果转化政策的最大效益，日本政府在提供政策制度保障的同时，运用市场经济的力量，兼顾专利发明与技术转化各相关者的利益，提高各主体实现科研成果转化的积极性。2004 年，东京大学将负责本校专利申请和技术转让的尖端技术孵化中心（Center for Advanced Science Technology Incubation，CASTI）更名为东京大学技术转移有限公司，为大学和公司之间技术经营合同服务。东京大学在实现专利转化进行权益分配过程中，不仅按照一定的比例使发明者、大学和院系获益，同时还会分配给 CASTI 本身，其具体的分配比例如下：尖端技术孵化中心扣除 40%的专利使用费作为技术中介费用，这其中包括替发明者申请专利、寻找相关企业等一系列相关服务费用。除此之外，发明者不再交纳任何费用。剩余的 60%的费用按照 3∶3∶1 的比例，分配给发明者本人、发明者所在院系以及大学。②

第四，东京大学建立了相互支撑的知识产权和专利转化管理机制。目前，东京大学的知识产权转化主要由产学合作总部、东京大学技术转移机构和东京大学上风资本株式会社三部门构成，其运作机构如图 6—10 所示。产学研合作总部是由校长直属的一个部门组织，是产学合作活动中唯一代表学校的组织，负责知识

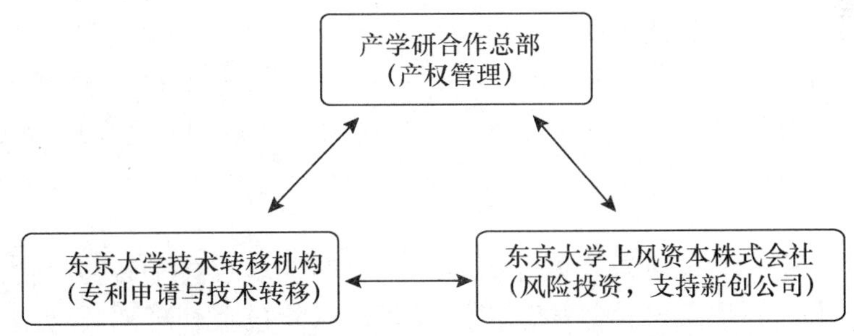

图 6—10　东京大学技术转移运作机构图

① 参见柴苗岭、刘晓、肖国华等：《国外知识产权实施转化措施综述（之三）——日本和德国的知识产权转化概况分析》，载《科学新闻》，2008（13）。

② 参见韩振海、李国平、陈路晗：《日本技术转移机构 TLO 的营建及对我国重大知识产权 IPR 的启示》，载《现代日本经济》，2004（5）。

产权治理，提供与产学合作相关的通用基础研究设施，积极支持与校内外相关的活动；东京大学技术转移机构负责专利申请和技术转移；而上风资本株式会社则负责支持风险投资、支持新创公司。

这种“三权分立”、分工不同的管理合作机制，在东京大学内部建立起了一个从研究播种到生产知识产权再到实施运用的全面“智能”螺旋式结构。[①] 由此，既密切了东京大学与产业界的合作关系，增加了大学财政收入，又可促进发明成果的转化与应用。从表 6—7 中可知，1999—2006 年，东京大学共计与产业界开展 208 项合作项目，每年大约有 10 个院系获得产业界资助。

表 6—7　　1999—2006 年东京大学与产业界的合作项目

	1999 年	2000 年	2001 年	2002 年	2003 年	2004 年	2005 年	2006 年
合作项目（项）	9	12	12	20	25	31	44	55
资助院系（个）	10	10	11	13	14	14	15	17

资料来源：http://www.u-tokyo.ac.jp/res04/d04_03_e.html.

第五，东京大学实行多渠道筹集资金，加大科研经费的资助力度。作为首批获准日本政府承认的四家 TLO 之一，东京大学尖端技术孵化中心每年可获得政府 37.5 万美元的资助，虽然该项资助不能连续五年获得，但却可为该中心提供最高为 1 250 万美元的银行债务担保额。2005 年，东京大学的年度财政开支约为 27.8 亿美元，其中用于“官产学”合作科研 4.79 亿美元，占年度财政支出总额的 17.2%。[②] 这些资金一部分来自日本政府专设的国立大学财政管理资金拨款，另外一部分则来自企业界、科技发展专项基金、科技发展专项调度基金、中央科研财政补助金和文部省及其他政府机构的资助。以东京大学先进科学与技术研究中心（Research Center for Advanced Science and Technology）为例，作为集科研、人才培养和联系产业界于一身的中间机构之一，该中心在 2008 年共计从国立大学财政管理资金中获得 1 679 万美元的拨款，从其他外部资源获得高达 4 266 万美元的资助。[③]

第六，东京大学重视人才培养和培训。要保证本校技术转移机构的成功运营，既精通专业知识又熟悉法律、营销技巧及风险投资管理的复合型人才是关键。通常而言，技术转移机构的工作人员有两类：某学科领域的专家教授和职业

① 参见柴苗岭、刘晓、肖国华等：《国外知识产权实施转化措施综述（之三）——日本和德国的知识产权转化概况分析》，载《科学新闻》，2009（13）。

② http://www.u-tokyo.ac.jp/res04/d04_03_e.html.

③ http://www.rcast.u-tokyo.ac.jp/en/.

经纪人。由于技术价值和现实需求在对接过程中存在许多不确定因素，容易导致两类工作人员难以达成一致，因此复合型人才的培养已经成为日本技术中介尤其关注的问题。[①] 为解决这一问题，日本特许厅专门为各技术转化机构派遣专利流通顾问，负责与大学和企业的联系交流，并且为各机构职员开展专业的专利申请和许可培训工作。东京大学的产学合作总部从事相关工作的有 41 人，技术转移机构和东京大学上风资本株式会社人员 23 人，总计 64 人。其中技术转移机构的主要成员是来自东京大学员工的志愿者，上风资本株式会社的主要管理人员都拥有法学、经济学背景，多数具有硕士研究生及以上学历，从而为知识产权工作开展提供了良好的平台。[②]

四、案例总结

综上所述，在校内设立专门负责科技成果和专利技术转化的技术转移办公室、成立由校方完全独资经营的专职服务公司以及校方入股方式建立技术转移有限公司，是不同类型院校根据自身特点实现科技成果和专利技术转化的三种实现方式。尽管各自校情和所处的环境不同，但仍有某些共同的规律可循。

第一，在功能定位上，不同大学将各自专利技术转移机构定位为对技术成果信息进行披露和对技术的市场价值进行评估，以避免信息不对称，降低企业投资风险；代理研发人员通过与技术购买者谈判，以降低交易成本，提高企业的市场收益。[③]

第二，在运行机制上，三种类型的技术转移机构多采用科技成果的发现与评估、转化和成果产业化后的反馈三个阶段。一般来说，发明者先把成果递交到技术转移机构，技术转移机构再对其进行市场评估和专利申请。经发明者同意之后，机构负责以各种方式对外宣传科技成果。机构与企业就技术转化签署双方合作协议，之后再将由技术转移获得的收益按照一定比例返给发明者。

第三，在人员结构配置上，各技术转移机构都十分重视员工的复合型知识技

① 参见韩振海、李国平、陈路晗：《日本技术转移机构 TLO 的营建及对我国重大知识产权 IPR 的启示》，载《现代日本经济》，2004（5）。

② 参见柴苗岭、刘晓、肖国华等：《国外知识产权实施转化措施综述（之三）——日本和德国的知识产权转化概况分析》，载《科学新闻》，2009（13）。

③ 参见王小勇、宁建荣、张娟：《国内外关于技术转移机构的研究综述》，载《科技管理研究》，2009（1）。

能和专业背景，以便能够更好地游刃于学术界与企业界的联系合作。

第四，重视科研经费的投入，多渠道筹集资金，确保科技创新和专利发明所需的物质基础。比较可知，三所大学科研经费的投入渠道均呈现多样化的特点。在充分利用国家科研经费财政投入的同时，还广泛征集来自产业界、基金会、个人捐赠及其他社会机构组织的投入，以储备足够的经济资源，为本校科技人员的发明创造提供必要的物质资源，为那些风险较大、短期内难以实现收益的专利技术的转化承担风险。

第五，密切与产业界的合作，搭建产学研合作的互动平台。如麻省理工学院的企业家中心、科学与工程商会，东京大学专设的“Proprius21”和“东京大学产学合作协议会”两组织。通过此种模式的校企合作，既可以使大学直接了解社会需要和经济生活中亟待解决的难题，避免选题的盲目性，实现研究价值，又能确保新理论的创新和新技术的推广及应用。

五、对我国研究型大学技术转移的简要分析

我国自1985年建立并实施专利制度以来，知识产权工作，专利的创造、保护与实施都获得了很大的发展。与此同时，大学作为知识和技术创新的源头，自主知识产权的产出或拥有状况包括高水平论文的产出、专利特别是发明专利的产出和持有也取得了相当数量的成果。① 据统计，1985—2009年，我国高校累积专利授权总量106 876件，平均年增长率为24.7%。其中发明专利54 477件，占51%，实用新型43 463件，占40.7%，外观设计8 936件，占8.3%。② 从总体上来看，中国高校在获得授权专利的发展上呈现出授权数量增长迅速，发明专利比例高的特点。

但无论是综合院校，还是工科类或师范类院校，其专利转化率普遍较低。③ 据统计，2004年我国高校申请专利12 997件，占全国申请量的4.7%，授权专利5 505项，占全国授权量的3.6%，发明专利授权约为1.8%，专利许可实施率不足10%，与美国高校60%～70%的转化率相差甚远。④ 加上多数高校对科技成果的转化模式多采取自办企业，直接转化，或直接转让给企业，科研人员收取转让费后给予一定的技术服务等模式，使得高校专利和相关科技成果的总量相

①② 参见杨建安：《我国高校专利状况研究与分析》，载《研究与发展管理》，2010 (10)。

③ 参见郝建华、高纲领等：《中国高校专利转化现状及发展对策》，载《科技管理研究》，2009 (12)。

④ 参见陈倩倩：《美国研究型大学的科研成果转化研究》，广西师范大学硕士学位论文，2010。

比差距较大。可见，专利转化率偏低是当前我国高校科研成果转化存在的问题之一。①

国家知识产权局关于“高等学校专利实施调查研究”分析表明，中国高校专利转化因技术超前，不具备专利转化的工业化程度的占调查总数的62%。还有一部分专利由于技术过于超前，缺少匹配的工艺、材料等也是阻碍专利转化的一个很大因素。② 之所以产生上述现象，一方面是由于目前我国研究型大学的科研主要集中于基础研究，科研人员在选择科研课题时往往过于注重学术层次和学术效果，而无视市场的需要；另一方面重复研究现象非常严重，真正原创性基础研究成果非常少。

再者，同美国研究型大学70%～80%的科研成果转化率，以及同时创造出大量的就业岗位相比，我国研究型大学的成果转化率不足10%，而签约转化后能产生经济效益的成果大约只占被转化成果的30%，这些使得大学以科研成果服务社会的经济贡献变得更低。

综上所述，当前我国研究型大学在专利授权及科研成果转化方面呈现出虽然总体产出数量增长很快，但转化率相对较低、经济贡献率小且科研成果的社会应用程度不高等特点。究其原因，主要有以下几方面：

第一，从专利收益的利益分配政策来看，我国虽然已有一些法律和规章制度来规范高校专利实施或许可中的利益分配比例，但与专利本身的价值和发明人付出的劳动相比，这些规定的利益分配比例明显偏低，如《专利法》规定的“一奖两酬”：一项发明专利的奖金最低不少于3 000元，一项实用新型专利或外观设计专利的奖金最低不少于1 000元，这与美国的《联邦技术转移法》规定高校的专利收益至少支付15%给发明人相比是不可同日而语的；而且由于各种原因，这些规定的利益分配比例在实践中并没有得到很好的贯彻执行。专利的收益分配政策是激励高校和教师进行科技创新和专利成果实施应用的重要动力，如果处理不好，必将影响教师进行专利技术实施或许可的积极性。③

第二，从专利产出的外部拉动力来看，高校专利成果顺利实现转化需要具备以下几个条件：一是大学研发的专利能够适应市场需求；二是专利技术能够有合适的途径有效地向企业转化；三是企业有能力吸纳专利技术发明。根据国务院发展研究中心会同国家统计局和武汉理工大学对我国医药制造业、通用设备制造

① 参见陈倩倩：《美国研究型大学的科研成果转化研究》，广西师范大学硕士学位论文，2010。

② 参见郝建华、高纲领等：《中国高校专利转化现状及发展对策》，载《科技管理研究》，2009（12）。

③ 参见付晔：《中国高校专利产出机制研究》，华南理工大学博士学位论文，2010。

业、专用设备制造业、交通运输设备制造业、电气机械及器材制造业、通信设备和计算机及其他电子设备制造业六大产业的 2 655 家企业进行的技术创新问卷调查显示，真正成功开展技术创新的企业仅有 247 家，占被调查企业总数的 9.3%；50%以上的企业是实施模仿技术创新战略，即通过购买设备或依靠引进专利技术。① 可见，从普遍程度而言，许多中国企业的技术创新能力不强，偏爱成熟技术，热衷于外观改造、形态变化等低层次的发明创造，却难以承接高校高风险、回报周期长且原创性强的专利技术，即对专利创新的有效需求不足。② 这导致高校在专利技术开发过程中缺失企业这一有力的创新主体，同时又限制了专利技术研发过程中所必需的资金渠道。

第三，从科研体制管理模式的层面来看，目前我国研究型大学科研管理的体制模式是：国家计划立项——政府财政拨款——高校进行研究。在这种模式中，立项专家往往侧重于自身的学术兴趣和学术价值，忽视科研的实用性，容易导致高校科研成果与市场需求脱节，从而无法实现科研成果的有效转化。③ 又因为我国研究型大学的科研经费主要来源于国家，研究型大学与企业合作的相关政策和法律、法规尚不完善，无疑又进一步制约了科研成果的有效转化。

第四，从专利转化所需的资金来看，据国家知识产权局关于“高等学校专利实施调查研究”分析表明，中国高校专利转化缺乏相应的资金的占调查总数的 86%。④ 科研成果转化一般要经过研究、转化和应用开发或商业化三个阶段，在我国现行的科技投资结构中，政府科技资金投入的对象多在基础性科学（包括基础科学和应用基础科学）的研究以及公益性研究开发方面，而不包括中间试验和生产试验，这也就意味着前期有科研经费投入，后期有技术改造和生产投入，唯独没有科研成果转化为直接生产力的中间试验的资金投入，使得高校在实现专利转化过程中缺少必要且充足的动力。另一方面，当前研究型大学实现科研成果转化的风险投资机制并不完善，除了政府财政支持、学费等渠道外，高校以其他形式获取其他社会机构资金支持的渠道并不多，如社会保险金、养老保险金、人寿保险金、研究资金以及私人资金等。

第五，从实现专利转化所需的专业平台来看，目前我国研究型大学缺乏专业

① 参见邓旭霞、欧庭高：《中国传统文化对科技创新文化的影响》，载《科技情报开发与经济》，2007 (17)。

② 参见付晔：《中国高校专利产出机制研究》，华南理工大学博士学位论文，2010。

③ 参见陈倩倩：《美国研究型大学的科研成果转化研究》，广西师范大学硕士学位论文，2010。

④ 参见郝建华、高纲领等：《中国高校专利转化现状及发展对策》，载《科技管理研究》，2009 (12)。

化的科研成果转化中介机构及专业人员。到 2004 年，我国共有各类科技中介机构（含技贸机构）6 万多个，从业人员约 110 万人，其中各类科技企业孵化器 460 多家[①]，且依托北京大学、清华大学等知名高校建立了面向学校的知识产权转移机构。但是，由于缺乏法律制度的支撑，我国尚未建立起真正的技术转移制度。[②] 大多数高校的科研成果转化主要依靠会议、新闻出版等中介形式，大部分高校均没有成立实质性的专职管理专利的机构（即类似于美国 OTL 职能的办公室）。专利管理工作的职能通常归属于科技处，或是负责专利申请和许可的办公室直接挂靠在科技处。可见，我国高校的专利管理机构的行政级别较低，是科技处的下属机构，权力也较小。[③] 再者，我国高校内管理专利工作的专职人员较少，有时甚至是科技处的管理人员兼任专利管理工作。这些管理高校专利的工作人员多数为行政管理的工作背景，往往没有专业的技术或商业背景，也没有受过专业的知识培训，基本都不是既懂专利、又懂技术、还懂管理和市场的复合型人才。[④]

第六，从社会对高校功能的思想意识上来看，还多停留在"教书育人"的功能上，而大学长期以来对自身的定位和认识上也多以知识传承与创造的教学为主。追溯大学功能的历史发展可知，高校的核心价值追求是知识的创造与传播，衍生价值追求是服务社会。而实际上随着社会和时代的发展，尤其是在知识经济时代，大学的功能逐渐丰富，适当的实用主义和服务于社会的办学理念既是高校主动适应时代发展，获得自身屹立于社会系统中合法地位所必需的逻辑，也是高校科研成果转化的基础及行动指南。从政府对高校专利价值取向的角度来看，专利制度的核心本应在于鼓励和保护专利技术在市场上的实施应用并创造经济价值、推动技术进步。而在实际过程中，多地政府部门的价值取向呈现出一定的偏离状态，即过度放大了专利的"工具性价值"，过于强调专利的申请量和授权量；而在一定程度上忽视了专利的"目的性价值"，即忽视了专利的市场实施应用，如将专利申请量作为地方政府工作政绩的指标，以衡量地方技术创新能力和技术创新活动成效等。这样一来，专利申请量变成为分配高校科技资源投入的重要参考指标，通过专利申请量的多少来评价高校的学术水平、贡献、地位、科学研究

① 参见林均勇等：《发展科技中介服务促进国际经济技术合作》，载《工作研究》，2003 (8)。

② 参见韩振海、李国平等：《日本技术转移机构（TLO）的营建及对我国的启示》，载《现代日本经济》，2004 (5)。

③ 参见付晔：《中国高校专利产出机制研究》，华南理工大学博士学位论文，2010。

④ 参见成元君、赵玉川、王仲君：《国有大中型企业自主技术创新的障碍性因素——基于价值链的分析》，载《社会科学战线》，2007 (4)。

的现状和绩效，并作为决策的重要参考依据来决定对高校的拨款、课题评审和评价。

第五节　对我国研究型大学社会服务国际竞争力的建议

一、提高我国研究型大学国际专利的申请数量和质量

学习借鉴世界一流大学专利发展的经验，提高我国研究型大学国际专利的申请数量和质量。虽然中国的国际专利申请已有显著提高，但是“国际专利申请量仍然相对较少”和“中国国内知识产权优势企业、大学数量明显不足”仍是当前中国国际专利申请发展过程中存在的两大不足。国家、地方和大学有关专利部门加大对国际专利申请的宣传普及力度，加强研究型大学申请国际专利的自主意识。国家有关部门尽快设立“高校国际专利申请专项基金”，以扶持中国研究型大学全球化专利申请事业的发展。研究型大学可通过与国外著名大学和跨国企业进行研究合作的形式，取长补短，资源共享，联合申请国际专利，并逐步形成自己的国际专利品牌。设立专门负责国际专利申请的部门，配备熟知国际专利申请行规的专业人员，为专利申请提供专业、有效和及时的服务。

二、改革科研体制模式，重视成果转化

结合我国现实情况，改革科研体制模式，重视成果转化。国家设立专门的高校科技成果转化基金，以在一定程度上缓解资金不足给大学带来的转化难题。与此同时，研究型大学应当树立融资及风险意识，扩大自身融资渠道。合理优化专利收益分配政策，对大学专利的权属进行清晰的界定，使得大学拥有对专利的处置权利（包括申请、实施和转让等权利），为大学通过专利获取收益提供法律保障①，以此提高教师或科研人员从事高水平专利研发及实施应用的积极性。建立专门的专利转化服务平台，完善知识产权市场。提升企业技术创新能力，加大产学研合作力度。同时，应当重视知识产权教育。通过知识产权教育的普及来增强

① 参见刘月娥、张阳、杨建安等：《高等学校专利实施现状的调研与思考》，载《研究发展管理》，2007（2）。

国民的产权意识，逐步拓宽社会对高校社会服务职能的认识，营造适合专利技术发明、转化及产业化发展的社会氛围。

附录一　　部分世界名校专利权属人名称汇总

大学	专利权属人名称
哈佛大学（美国） Harvard University	Univ Harvard Harvard College
斯坦福大学（美国） Stanford University	Univ Stanford Univ Leland Stanford Univ Leland Stanford Junior
剑桥大学（英国） University of Cambridge	Univ Cambridge Cambridge Enterprise Ltd Univ Cambridge Tech Services Ltd
麻省理工学院（美国） Massachusetts Institute of Technology	Massachusetts Inst Technology
加州理工学院（美国） California Institute of Technology	California Inst Technology
哥伦比亚大学（美国） Columbia University	Univ Columbia New York
普林斯顿大学（美国） Princeton University	Univ Princeton Univ Princeton Office Technology & Trade
芝加哥大学（美国） University of Chicago	Univ Chicago
牛津大学（英国） University of Oxford	Univ Oxford Isis Innovation Ltd
耶鲁大学（美国） Yale University	Univ Yale
康奈尔大学（美国） Cornell University	Univ Cornell Cornell Res Found Inc
宾夕法尼亚大学（美国） University of Pennsylvania	Univ Pennsylvania
威斯康星大学—麦迪逊（美国） University of Wisconsin-Madison	Univ Wisconsin Wisconsin Alumni Res Found
约翰·霍普金斯大学（美国） Johns Hopkins University	Univ Johns Hopkins
东京大学（日本） University of Tokyo	Univ Tokyo

续前表

大学	专利权属人名称
伦敦大学学院（英国） University College London	Univ College London Ucl Business Plc
密歇根大学—安娜堡（美国） University of Michigan-Ann Arbor	Univ Michigan
瑞士联邦理工学院—苏黎世（瑞士） Swiss Federal Institute of Technology-Zurich	Eth Zuerich Univ Zurich Univ Zuerich Swiss Federal Inst Technology Zurich
京都大学（日本） Kyoto University	Univ Kyoto
伊利诺伊大学—香槟（美国） University of Illinois at Urbana-Champaign	Univ Illinois Univ Illinois Found
伦敦大学帝国学院（英国） Imperial College of Science，Technology and Medicine	Imperial Innovations Ltd Imperial College Sci & Techn Imperial College Innovative Ltd Imperial College Innovations Ltd Imperial College Sci Technology & Med
多伦多大学（加拿大） University of Toronto	Univ Toronto Univ Toronto Governing Council
明尼苏达大学—双城（美国） University of Minnesota-Twin Cities	Univ Minnesota
西北大学（美国） Northwestern University	Univ Northwestern
杜克大学（美国） Duke University	Univ Duke
纽约大学（美国） New York University	Univ New York State
洛克菲勒大学（美国） Rockefeller University	Univ Rockefeller
卡罗拉多大学—波尔得（美国） University of Colorado at Boulder	Univ Colorado
不列颠哥伦比亚大学（加拿大） University of British Columbia	Univ British Columbia
马里兰大学—大学城（美国） University of Maryland，College Park	Univ Maryland College Park

续前表

大学	专利权属人名称
巴黎第六大学（法国） Pierre and Marie Curie University-Paris 6	Univ Paris 6 Univ Paris Vi Univ Paris Curie P & M
曼彻斯特大学（英国） University of Manchester	Univ Manchester
范德比尔特大学（美国） Vanderbilt University	Univ Vanderbilt
哥本哈根大学（丹麦） University of Copenhagen	Univ Copenhagen Univ Kobenhavns
巴黎第十一大学（法国） University of Paris Sud	Univ Paris 11 Univ Paris Sud Univ Paris Xi
宾夕法尼亚州立大学—大学城（美国） Pennsylvania State University-University Park	Univ Pennsylvania State Penn State Res Found
南加州大学（美国） University of Southern California	Univ Southern California
得克萨斯大学西南医学中心（美国） The University of Texas Southwestern Medical Center at Dallas	Univ Texas Southwestern Medical Cent
卡罗林斯卡学院（瑞典） Karolinska Institute	Karolinska Inst Karolinska Inst Innovations AB
加州大学（美国） University of California	Univ California
得克萨斯大学—奥斯汀（美国） University of Texas at Austin	Univ Texas System
北卡罗来纳大学—教堂山（美国） University of North Carolina	Univ North Carolina

第七章

研究型大学国际竞争力的发展趋势及未来预测

研究型大学是学术水平最高、科研成果最多、以研究生培养为主的大学，是一个国家高等教育水平的最高体现。研究型大学的国际竞争力不仅关系着本国本地区高等教育的质量和水平，更深刻影响着本国本地区的社会经济发展。因此，把握研究型大学提升国际竞争力的共同关键要素和建设举措，判断和预测研究型大学竞争力的发展趋势具有重大意义。

第一节　竞争力预测的相关研究

大学竞争力是一个复杂和多元的系统，包括从宏观到微观多个层面，不是单一的竞争要素所体现出的竞争力，而是由优秀师资、科研能力、办学资源、学科制高点、组织管理效能、社会服务能力和大学文化等多种竞争要素构成的指向大学发展的合力。① 因此，有关研究型大学竞争力预测的研究，其研究内容涉及广泛，研究方法也不一。从研究角度看，这些研究主要可以归纳为以下三类：

第一类研究是通过计量学等定量方法来预测研究型大学的竞争力发展态势。例如，已有研究通过分析世界高水平大学与所在国家或地区的国内生产总值（Gross Domestic Product，GDP）和人均生产总值的关系，来预测我国研究型大

① 参见李清平、蒋洪池、成中梅：《大学核心竞争力的内涵探析——基于要素分析的视角》，载《现代教育科学》，2008（2）。

学的未来竞争力。[①] 还有的研究是用线性外推法、回归分析、线性平滑法、历史对比法等方法，通过分析若干国家近些年的相关数据来预测我国 2020 年的研究人员数量、研发经费规模、科学引文索引（SCI）收录论文数和专利数量，并对我国科技地位进行估计。[②] 这些研究为预测研究型大学的竞争力发展态势提供了参考。

第二类研究是从政府宏观政策层面出发，来分析和预测相关政策对大学竞争力的影响。自上世纪末以来，为快速提升研究型大学的教学科研水平和国际竞争力，一些国家和地区积极制定实施了一系列涉及重点投入、研究平台建设、人才引进、并校等方面的宏观政策。例如，以建设重点大学或高水平研究中心为目标的宏观政策有中国的“985 工程”、中国台湾的“迈向顶尖大学计划”、韩国的“21 世纪智慧韩国工程”（Brain Korea 21，简称“BK21 工程”）、日本的“21 世纪卓越研究中心计划”（Centers of Excellence for 21st-Century Plan，简称“21COE 计划”）、德国的“卓越计划”（Excellence Initiative）等。[③] 相应地，针对这些宏观政策对大学竞争力影响的研究也逐步出现。这些研究主要对政策效果进行总结分析，并在此基础上预见研究型大学的未来发展趋势。

第三类研究是从院校微观改革层面出发，来分析和预测大学竞争力的发展趋势。这类研究的主要特点是用案例分析的方法对研究型大学的建设发展进行分析和总结，并在此基础上对大学未来的竞争力发展态势作出判断。

比较而言，由于大学国际竞争力的内涵丰富，影响因素众多，再加上学校管理、校园文化等一些影响竞争力的重要因素难以量化，因此以定量研究为基础的第一类预测研究难以反映出大学竞争力发展的质化因素和深刻根源，对大学提升国际竞争力缺乏借鉴价值。第二类研究可以深刻分析大学国际竞争力提升的宏观背景和政策因素。然而，宏观政策的实施效果除了依赖政策本身的科学性以外，还取决于大学对这些政策的利用实施情况。没有大学的积极落实和配套举措，宏观政策不可能产生明显的正面效果。第三类研究虽然只是通过案例研究重点关注一所或若干所研究型大学的改革发展，但是可以通过对若干所案例大学的分析对比，反映出大学对政府宏观政策的利用实施情况，总结出大学提升国际竞争力的

① 参见程莹、刘少雪、刘念才：《我国何时能建成世界一流大学——从 GDP 角度预测》，载《高等教育研究》，2005（4）。

② 参见马峥等：《2020 年中国科技地位预测和估计》，载《科学学与科学技术管理》，2004（3）。

③ 参见刘念才、周玲：《面向创新型国家的研究型大学建设研究》，北京，中国人民大学出版社，2007。

共同发展思路和建设举措，因此这类研究具有较强的借鉴价值。

预测是由过去和现在去推测未来，由已知去推测未知，具有不确定性，也没有一种预测方法是绝对有效的。因此，对研究型大学的竞争力预测在某种程度上更是对大学发展历史的回顾和现实改革的总结。研究型大学提升国际竞争力的共同关键要素和建设举措，关系着研究型大学竞争力的未来发展。

鉴于此，本章首先以一些具有代表性的提升研究型大学国际竞争力的政府宏观政策为对象，分析研究型大学提升国际竞争力的宏观背景和政策因素，而后对世界大学排名上升显著的五所研究型大学进行案例分析，总结它们提升自身国际竞争力的建设举措，最后从政府宏观政策和院校微观改革这两个层面来探讨研究型大学国际竞争力的未来发展趋势。

第二节　研究型大学国际竞争力宏观政策分析

一、重点建设若干所研究型大学

历史经验表明，研究型大学对国家创新能力和综合国力的提升非常重要，研究型大学是民族复兴的重要力量，世界著名研究型大学的转移与世界经济中心的转移紧密相连。鉴于研究型大学在社会经济发展中发挥的巨大推动作用，一些国家和地区的政府纷纷制定与实施一系列宏观政策，深入全面地参与到研究型大学的国际竞争中。

由于财力有限、国际竞争日趋激烈等原因，近些年来一些国家和地区采取选择若干所研究型大学进行重点建设的政策，期望在短时期内迅速提升这些大学的国际竞争力，并带动本国本地区高等教育质量的提高。如表 7—1 列出的中国大陆的“985 工程”、中国台湾的“迈向顶尖大学计划”、韩国的“BK21 工程”、德国的“卓越计划”等，这些重点大学建设计划一般通过评估严格筛选出一些具有较好办学基础和科研优势的大学，进行大规模经费投入，促进它们成为国内顶尖、国际一流的高水平研究型大学。

表 7—1　　重点建设若干所研究型大学的代表性宏观政策

国家和地区	项目名称	持续时间	投入力度	目前参与高校数
中国大陆	“985 工程”	1999 年至今	670 亿人民币	39
中国台湾	“迈向顶尖大学计划”	2006 年至今	1 000 亿新台币	12（其中 2 所为发展国际一流大学的重点学校）

续前表

国家和地区	项目名称	持续时间	投入力度	目前参与高校数
韩国	“21 世纪智慧韩国工程”	1999 年至今	3.37 万亿韩元	74
德国	“卓越计划”	2006 年至今	19 亿欧元	9 所为发展精英大学的重点学校
法国	“大学校园改造行动计划”	2008 年至今	50 亿欧元	39

1998 年 5 月，时任中国国家主席的江泽民在庆祝北京大学建校一百周年大会上提出：“为了实现现代化，我国要有若干所具有世界先进水平的一流大学。”而后，中国教育部决定在实施“面向 21 世纪教育振兴行动计划”中，重点支持国内部分高校创建世界一流大学和高水平研究型大学，这就是“985 工程”。迄今为止，工程已经完成了第一期（1999—2001 年）和第二期（2004—2007 年）建设，目前正处于第三期阶段。工程第一期对 34 所大学总计投入 260 亿元人民币（约 40 亿美元），其中约 50%来自中央政府；工程第二期增加 5 所高校，对 39 所高校总计投入 410 亿元人民币（约 60 亿美元），其中仍有约 50%的经费来自中央政府。“985 工程”主要建设目标是：通过管理体制创新、运行机制创新，积极探索世界一流大学建设的新机制；造就和引进一批具有世界一流水平的学术带头人和学术团队；结合国家创新体系建设，重点建设一批“985 工程”科技创新平台和哲学社会科学创新基地，促进一批世界一流学科的形成和推动学科建设。中国政府希望通过“985 工程”，力争使重点建设大学在机制创新、队伍建设、研究平台建设、条件支撑和国际交流与合作这五个方面取得重大突破。

台湾当局为应对高等教育快速发展和国际竞争加剧的挑战，于 2004 年推出了“发展国际一流大学及顶尖研究中心计划”（后改称“迈向顶尖大学计划”）。该计划于 2006 年正式启动，为期 10 年，根据经费预算方式的不同分为两个阶段：第一阶段为期五年（2006—2010 年），由台湾当局编列 500 亿元新台币的特别预算进行支付，这就是通常所说的“五年五百亿计划”；第二阶段同样为期五年（2011—2015 年），但经费编入台湾教育行政主管部门的年度预算，经费总额仍为 500 亿元新台币。① 世界一流大学和亚洲乃至世界顶尖研究中心或领域的建设是台湾当局提出该计划的最终目标所在。具体而言，台湾希望在“5 年内至少

① http//www.edu.tw/files/list/B0039/附件一1 發展國際一流大學及頂尖研究中.pdf.

10个顶尖研究中心或领域居亚洲一流，10年内至少1所大学跻身国际一流大学之列”①。经过对申请该计划的29所大学进行审核，最终确定了12所入选大学，其中台湾大学和台湾成功大学获选为发展国际一流大学的重点高校，台湾“清华大学”、台湾“交通大学”等其余10所大学获选为发展顶尖研究中心的高校。

韩国政府于1999年开始实施“BK21工程”，旨在进一步改革和完善高等教育体制，通过政府与社会的大力投入，有重点地把一部分高校建设成为世界一流水平的研究生院和地方优秀大学，培养21世纪知识经济与信息化时代所需的新型高级人才和国家栋梁。“BK21工程”的第一阶段（1999—2005年）投入了1.34万亿韩元，共有首尔国立大学、韩国科学技术院等14所大学获选建设具有世界一流水平的研究生院，其中7所为主管研究项目的高校，另外7所为参与研究项目的高校②；第二阶段（2006—2012年）计划投入2.03万亿韩元，资助具有特色化领域的研究型大学，并将经费重点用于对研究生和博士后研究人员的直接补助，74所大学的243个研究中心和325个研究团队被选定为资助对象。③

为改变德国大学在国际排名中表现不佳，以及高等教育管理体制僵化、经费投入不足等问题，德国政府于2004年宣布实施“卓越计划”，该计划首先改变了从20世纪70年代就开始实行的所有大学基本平等的政策，将自由竞争机制引入高校，开始建设重点大学。④ 2005年6月，德国联邦政府和州政府对“卓越计划”达成一致，计划总经费19亿欧元，约合23亿美元，联邦政府和州政府出资比例为75%和25%。⑤ 该计划的时间跨度为2006—2011年，建设内容共分为三个部分：研究生院（Graduiertenschulen）计划，平均每年资助入选的研究生院123万美元；卓越集群（Exzellenzcluster）计划，联合大学和校外研究机构，构建科研卓越集群，平均每年资助入选的卓越集群800万美元；未来构想（Zukunftskonzepte）计划，即精英大学计划，旨在帮助德国顶级大学拓展各自强势学科的国际竞争力，并最终奠定德国大学在国际竞争中的优势，入选条件是大学至少要有一个入选“卓越计划”的研究生院和一个卓越集群，入选大学每年获得

① http//www.edu.tw/files/list/B0039/附件一1發展國際一流大學及頂尖研究中.pdf.

② 参见徐小洲、郑英蓓：《韩国的世界一流大学发展计划：BK21工程》，载《高等工程教育研究》，2006（6）。

③ 参见安玉祥：《大力发展特色领域的研究型大学，未来7年内将投入约21亿美元——韩启动第二阶段“BK21工程”》，载《中国教育报》，2006-06-20。

④ 参见胡乐乐：《德国放弃高校平等制，卓越计划选出三所精英大学》，载《科学时报》，2006-11-21。

⑤ 参见张帆：《德国大学“卓越计划”述评》，载《比较教育研究》，2007（12）。

1 660 万美元的额外资助。经过激烈角逐，最后有 39 所研究生院、37 个卓越集群和 9 所精英大学入选“卓越计划”。①

法国政府分别于上世纪 90 年代和 2000 年实施了“2000 年大学计划”（Université 2000）和“新千年大学计划”（University of the Third Millennium），旨在集中财力扩建大学并改善学生的生活和学习条件，以适应入学人数的增加和高等教育的发展。② 2008 年，法国政府有感于法国大学在国际排名中表现不佳、国际竞争力下滑、经费短缺以及学校基础设施陈旧的现状，出台实施了“大学校园改造行动计划”（Operation Campus），以改善办学条件，吸引国际优秀人才，打造至少 10 个卓越高等教育和科研中心，提高法国大学的国际竞争力。“大学校园改造行动计划”是法国政府精心制定的一项宏伟的大学校园革新计划，重点将资源集中投入几所精英大学，而不再像以往政策一样覆盖到所有大学。③ 该计划已经选择出布列塔尼、克莱蒙费朗、南斯、尼斯、巴黎、第戎、勒阿弗尔、瓦朗谢纳等 12 个有“发展前景”（Promising campus）或“创新精神”（Innovative campus）的校区进行重点建设，旨在倾力打造法国的世界一流大学，支持这些大学在教学和科研上成为法国其他大学学习的典范模式。至 2009 年 8 月底，法国政府已向这些校区投入了 52.6 亿欧元。④ 2010 年，法国政府还斥资 44 亿欧元，用于新建一所旨在可与剑桥大学和哈佛大学相媲美的世界顶级大学，新的“超级大学”将在 2015 年建成，由 23 所综合性大学、高等专科学院和科研院所组成。⑤

沙特阿拉伯于 2007 年投入约 27 亿美元巨资，开始创建一所世界一流的研究型大学——阿卜杜拉国王科技大学（King Abdullah University of Science and Technology）。大学仅仅用了不到三年时间就得以建成，并通过“阿卜杜拉国王奖学金计划”（King Abdullah Scholarship Program）等人才引进政策吸引了全球 70 多个国家和地区的数百名研究人员，包括 60 多位一流科学家和工程师以及首批 300 多名来自世界各地的研究生。学校为他们提供了高达 100 亿美元的科研基金。⑥ 沙特还计划投入重金在大学内建设若干研究中心、技术创新中心和科技培育中心。⑦

① http://chronicle.com/article/Germany-Pursues-Excellence/66048/.

② http://www.universityworldnews.com/article.php? story=20080404085145116.

③ http://www.universityworldnews.com/article.php? story=20080613092922742.

④ http://www.france-science.org/spip.php? article1142.

⑤ http://www.jyb.cn/world/gjsx/201012/t20101214_405828_3.html.

⑥ http://world.jyb.cn/gjgc/200910/t20091027_319281.html.

⑦ http://www.universityworldnews.com/article.php? story=20100819194316389.

可以看出，政府将重点大学建设作为整体提升研究型大学国际竞争力的理想举措。这种政策以巨额投入和重点建设为特点，对于入选大学建设研究平台、发展重点学科、延揽顶尖人才等方面具有明显的促进作用。

二、重点建设若干个研究中心

除了以若干顶尖大学作为重点建设对象外，还有一些国家和地区出台的宏观政策是以建立顶尖研究基地或中心为目的。台湾的“迈向顶尖大学计划”和德国的“卓越计划”中，就有一部分经费投入是用于在入选大学内建设高水平研究中心。除此之外，新加坡、日本的宏观政策也是以建设卓越研究中心为目标。

新加坡国家研究基金会（National Research Foundation，NRF）成立于2006年1月，作为总理办公室下面的一个部门，它主要承担协调不同机构的科学研究，制定科研政策和计划等工作。NRF实施了一批旨在提高新加坡科研实力和国家竞争力的战略政策，“卓越研究中心”（Research Centres of Excellence）计划就是其中的一项。该计划通过筛选旨在建设若干个卓越研究中心，以吸引、留住世界一流的人才在新加坡从事高水平的科学研究，提高研究生教育质量，使大学的卓越科研形成良性循环。新加坡国家研究基金会将这些中心建立在已具有学术研究优势和较强科研能力的大学内，并和教育部共同为这些中心提供经费支持。每个卓越研究中心由一位具有杰出科研和领导能力的高水平学者担任主任，并由主任负责其他研究人员的聘请、指导和晋升，以及中心的运行管理。卓越研究中心还整合了所属大学与其他大学的资源，促进了人才、知识的交流。自2007年，新加坡已建立了量子技术研究中心、肿瘤科学研究所、地球观测研究所等5个卓越研究中心。①

除新加坡外，日本的“21COE计划”也是以在大学建设世界顶尖研究中心和基地为重点，并以此促进相关大学成为富有国际竞争力的、具有独特个性的世界最高水平大学。所谓“21COE计划”，根据日本学术审议会的界定，是指富于创造性的从事世界最尖端学术研究的高水平科研基地。② “21COE计划”的申请立项是针对每一学科群的重点研究方向进行的。2002—2004年，日本学术振兴会（Japan Society for the Promotion of Science，JSPS）成立的“21世纪COE

① http://www.nrf.gov.sg/nrf/otherProgrammes.aspx? id=144.

② 参见汪辉、田正平：《日本的重点学科建设计划：21世纪COE计划的特点与意义》，载《大学·研究与评价》，2006（12）。

计划委员会”（21st Century COE Program Committee）分三批对“21COE计划”的申请进行了审查，通过审查评价的研究基地每年能获得1亿～5亿日元的资助，资助周期为5年。截至2006年，日本政府为该计划投入1 643亿日元（约15亿美元），支持了93所大学的274个研究中心。① 此外，鉴于“21COE计划”在推进大学改革、培养年轻研究人员和提升大学研究水平方面作用巨大，日本文部省在2007年又推出了“全球卓越中心计划”（Global Centers of Excellence Program，“全球COE计划”）。“全球COE计划”拟将资助的COE从274个削减到150个左右，同时对每个卓越中心的年资助下限由目前的1 000万日元上调至5 000万日元，希望通过减小规模、增加投入，进一步突出资助的重点，提高资助的效果。②

此外，挪威研究委员会（The Research Council of Norway）也计划自2003年起在符合申请要求的国家顶尖大学或重要独立研究机构内建设若干“卓越中心”（Centres of Excellence，COE），以促进挪威的研究人员和团队达到国际顶尖水平。③ 委员会用研究与创新基金（Fund for Research and Innovation）的收益作为经费支持这些卓越中心的长期科研活动。中心的建立、运行和经费支持通常由所属大学或机构与其他研究机构、组织或企业共同合作完成。④

三、人才引进和资助奖励政策

研究型大学的竞争力提升，人才是关键。为积极促进研究型大学对高水平人才的延揽和培养，一些国家的政府出台了专门针对人才引进和资助奖励的宏观政策。

以中国为例，国家在宏观层面出台了“海外高层次人才引进计划”（简称“千人计划”）、“长江学者奖励计划”、“新世纪优秀人才支持计划”、“新世纪百千万人才工程”、“高等学校学科创新引智计划”（简称“111计划”）和“春晖计划”等一系列人才吸引和资助奖励计划。这些计划的实施对于壮大我国高层次人

① 参见龚兴英、陈时见：《日本“21世纪COE计划”：背景、内容及意义》，载《比较教育研究》，2007（7）。

② http://www.mext.go.jp/b_menu/houdou/19/08/07080801/004.htm.

③ http://www.forskningsradet.no/servlet/Satellite?c=Page&cid=1224067001813&p=1224067001813&pagename=sff%2FHovedsidemal.

④ http://www.forskningsradet.no/servlet/Satellite?c=Page&cid=1224067001878&pagename=sff%2FHovedsidemal.

才队伍、提高研究型大学师资力量意义重大。例如，为推进我国高等学校建设世界一流大学的进程，教育部、国家外国专家局联合实施了以建设学科创新引智基地为手段的“111计划”。该计划以国家重点学科为基础，以国家、省、部级重点科研基地为平台，从世界排名前100位的大学及研究机构的优势学科队伍中，引进、会聚1 000余名海外学术大师、学术骨干，配备一批国内优秀的科研骨干，形成高水平的研究队伍，建设100个左右世界一流的学科创新引智基地。基地遴选在人员构成方面的要求是：聘请不少于10名的海外人才（其中学术大师不少于1名，学术骨干不少于3名，来华短期学术交流学术骨干不少于6名）和配备不少于10名的国内科研骨干。①

除中国外，韩国、俄罗斯等国政府近年来也出台了人才引进和资助奖励政策。韩国在李明博政府上台后，为了进一步快速提高本国研究型大学的国际竞争力、使科研质量达到世界先进水平以及满足广大国民对优质教育的需求，于2008年实施了“世界一流大学计划”（World Class University Project，简称“WCU计划”），计划在2008—2012年，每年投入1 650亿韩元（合1.65亿美元），希望通过聘用海外高层次权威学者，集中发展一批攸关国家未来发展、具备广阔发展前景并需要跨学科交叉融合的新技术和新专业，以加快培育世界一流大学，大力提高国内高校的教育研究质量水平，从而增强韩国高等教育的国际竞争力。②“WCU计划”的具体资助方式分三类：第一类是聘请高水平的国外专家学者担任国内大学至少三年的全日制教授，设立新学科专业，开辟新的研究领域，开设本科和研究生阶段学位课程；第二类是为国内大学已有的学科和院系聘任外国学者担任全日制教授，与国内教授组成学术团队进行共同研究，推动本学科发展；第三类是邀请诺贝尔奖获得者等世界级的学术大师到韩国大学担任非全日制特聘教授，从事每学年至少2个月的合作研究、教学或举办学术讲座等工作。③

从2010年开始，俄罗斯政府为了提升本国科学和高等教育的国际竞争力，计划连续三年共投入110亿卢布（约3.6亿美元），用于吸引外国科学家来本国大学工作。该计划对引进的科学家提供300万～1.5亿卢布不等的研究经费。此次所有经费拨款将以受资助科学家所在的大学为资助对象，但大学只有获得首席科学家（leading scientist）的同意才能使用资金。按照规定，每个大学申报的科

① http://www.moe.gov.cn/publicfiles/business/htmlfiles/moe/s3336/201001/xxgk_82267.html.

② http://www.koreatimes.co.kr/www/news/special/2009/04/181_32355.html.

③ http://www.mrs.org/s_mrs/doc.asp?CID=1653&DID=214385.

研项目数量不受限制，但每位科学家只能参与一个项目，还要与所在大学中的教师以研究小组的形式合作。①

四、并校政策

随着办学成本的提高，政府、大学更希望以较少的投入来快速提升学校的国际竞争力。在此背景下，并校现象逐年增多，并校逐渐成为政府解决高等教育资源分散、投入不足等问题以及短期内建设综合性大学的有效途径。② 并校也逐渐由政府主导向高校主导转变，成为大学快速提升竞争力的主动战略选择。

中国政府自 20 世纪 90 年代对高等教育体制进行了基本改革，主要目的是改变大学被各中央部委拥有和管理的过时体制，建立一个相对平衡的由中央和地方政府构成的双层管理体制。这项改革的一个基本手段和途径就是将众多专科院校合并为规模更大的综合性大学。从 20 世纪 90 年代初到 1998 年，中国有 207 所以专科院校为主的机构被合并到 84 所大学内，这些大学的办学规模和学科实力明显提高。③ 到 90 年代后期中国高等教育双层管理体制基本建立时，并校主要是以建设高水平综合性大学、提高我国大学国际竞争力为目的。例如，具有较大影响和代表性的新浙江大学、新吉林大学等高校的组建成立就是党中央、国务院为进一步实施科教兴国战略，推进我国高等教育体制改革，面向 21 世纪科学技术革命的挑战，在我国组建若干所规模大、层次高、学科门类齐全的综合性大学而作出的重大决定。④

自 2006 年以来，俄罗斯政府通过并校先后在罗斯托夫（Rostov-on-Don）、克拉斯诺雅茨克（Krasnoyarsk）和远东（Far East）3 个区域建立高水平研究型的试点联邦大学。这三所大学分别是南方联邦大学、西伯利亚联邦大学和远东联邦大学，它们均获得了政府在财政和政策上的更多支持。如总理普京承诺对在 2008 年成立的远东联邦大学给予高达 2 000 亿卢布的资金支持。⑤

① http://www.universityworldnews.com/article.php? story=201011130605438.

② Grant Harman，Kay Harman，“Strategic Mergers of Strong Institutions to Enhance Competitive Advantage，” *Higher Education Policy*，2008（21），pp. 99-121.

③ David Y. Chen，“The Amalgamation of Chinese Higher Education Institutions，” *Education Policy Analysis Archives*，2002（20），pp. 1-12.

④ http://xywh.zju.edu.cn/cjz/cjz.html.

⑤ http://www.barentsobserver.com/university-merger-vital-for-russian-north.4527975-16149.html.

法国政府也正在积极推进全国高等学校与研究机构的大规模合并、改组，计划精心打造10个巨型研究型大学，以吸引世界上最优秀的教学、科研人员和学生。例如，法国斯特拉斯堡市内原有的三所大学率先合并为斯特拉斯堡第一大学，新大学于2009年1月1日正式运作，成为法国外省（巴黎大区的以外地区）最大的大学，共有6万名学生和4 000多名教职员工。东部的合并号角一吹响，全法高校皆跃跃欲试。2009年，南锡城内的一大、二大、洛林高等理工学院三校合并成南锡大学。随后，巴黎也不甘落后，巴黎大大小小的大学、工程学校和专业学院合并成了三个巨无霸大学。①

再如，挪威政府在上世纪90年代初将98所职业院校合并为新的26所州立学院；日本政府在2001年也决定将10所单科国立大学整并到综合性大学中，将国立大学数量由原来的99所减少至88所。②除以上国家外，英国、澳大利亚、加拿大、荷兰、越南和南非等国政府在不同时期也主导了各自国内大规模的高等院校合并。并校的主要目的是使高等教育结构合理化，以较少成本创建规模更大、竞争力更强、学科分类更为齐全的综合性大学。③

以上四类宏观教育政策在立足点和着力点上都各有差异，有的是侧重全面支持若干所大学的发展，有的是侧重若干个研究中心的建设，有的是聚焦到提升研究型大学竞争力的关键要素，有的是注重在已有基础上通过整合资源来凝聚实力。这些政策对于提升本国本地区研究型大学的国际竞争力均具有积极作用。但与此同时，这些宏观政策的制定与实施中也存在着经费的长期保障、政策的稳定性以及对大学自治和学术自由的过度干预等问题。

第三节　研究型大学国际竞争力院校改革分析

一、案例选取

随着各界对高等教育质量和绩效表现的重视，大学排名自出现开始逐渐成为衡量大学竞争力的一个重要参考依据。上海交通大学世界一流大学研究中心和高等教育研究院的研究人员以国际可比的科研成果和学术表现作为主要指标，采用

① http://news.sciencenet.cn/htmlnews/2010/12/241484.shtm.

②③ Grant Harman, Kay Harman, "Strategic Mergers of Strong Institutions to Enhance Competitive Advantage," *Higher Education Policy*, 2008 (21), pp. 99-121.

可以验证的客观数据，开发了“世界大学学术排名”（ARWU）。ARWU于2003年首次在网上公布，此后每年更新，自发布以来引起了国际社会的广泛关注和认可。相对于其他世界大学排名，ARWU的排名方法和数据来源透明、稳定，排名指标客观，并重点反映对研究型大学竞争力至关重要的科研产出、师资质量等方面，所以本节就以ARWU中名次上升显著的大学为案例，总结这些大学近年来提升自身竞争力的建设举措。

本研究选择案例的主要依据是ARWU中大学名次上升的情况，此外还考虑了国家和地区分布、信息可获得性以及我国大学排名现状等因素。这样获得的案例大学不仅其竞争力显著提升，而且还能对我国大学起到很好的借鉴作用。

首先值得关注的是ARWU中名次持续上升的大学，这类大学无疑具有较强的国际竞争力。由于ARWU在2003年的排名指标与之后具有差异，出于可比性的考虑，这里统计了2004—2010年一直位于ARWU前500名的大学，名次持续不断上升的大学共有5所，分别是中国台湾成功大学、美国中佛罗里达大学、中国大陆浙江大学、新加坡南洋理工大学和荷兰阿姆斯特丹自由大学①（见表7—2）。

表7—2　　2004—2010年ARWU位次持续上升的大学

大学	国家和地区	ARWU名次							排名上升位次
		2004	2005	2006	2007	2008	2009	2010	
台湾成功大学	中国台湾	410	394	386	369	351	264	258	152
中佛罗里达大学	美国	436	421	373	334	318	298	284	152
浙江大学	中国大陆	350	301	258	253	227	217	215	135
南洋理工大学	新加坡	401	374	352	337	334	323	306	95
阿姆斯特丹自由大学	荷兰	177	170	166	162	149	138	129	48

资料来源：根据ARWU（2004—2010年）排名数据整理。

其次，考虑到大学的初始排名位次对名次上升幅度的限制，本研究还考察了大学名次上升的相对速度，即一所大学的名次上升幅度与其初始排名位次的比值。如表7—3所示，虽然英国曼彻斯特大学、美国亚利桑那州立大学的排名上升幅度较小，但名次上升的相对速度却较高，这类大学也值得关注。

① 由于阿姆斯特丹自由大学的名次上升幅度相对不大，故本研究不采用其作为案例。

表 7—3　　2004—2010 年 ARWU 名次上升相对速度前 10 名大学

大学	国家和地区	ARWU 名次							排名上升位次	名次上升相对速度
		2004	2005	2006	2007	2008	2009	2010		
加州大学伯克利分校	美国	4	4	4	3	3	3	2	2	0.5
上海交通大学	中国大陆	461	338	275	275	258	247	236	225	0.488
以色列理工学院	以色列	222	104	109	106	110	117	117	105	0.473
亚利桑那州立大学	美国	152	108	101	96	94	94	81	71	0.467
曼彻斯特大学	英国	78	53	50	48	40	41	44	34	0.436
布宜诺斯艾利斯大学	阿根廷	296	280	160	168	176	176	172	124	0.419
巴黎第五大学	法国	258	201	217	183	185	173	153	105	0.407
浙江大学	中国大陆	350	301	258	253	227	217	215	135	0.386
高丽大学	韩国	485	451	378	397	343	334	298	187	0.386
台湾成功大学	中国台湾	410	394	386	369	351	264	258	152	0.371

资料来源：根据 ARWU（2004—2010 年）排名数据整理。

最后，为了增加案例大学的多样性和对我国大学的借鉴作用，在每个国家和地区只选取一个案例大学的同时，我们侧重对排名与我国大学相近或所在地域文化相似的大学进行研究。

基于以上因素，本研究的案例大学最终确定为中国台湾成功大学、美国中佛罗里达大学、中国大陆浙江大学、新加坡南洋理工大学和英国曼彻斯特大学。选取的这五所研究型大学，既有建校时间超过百年的历史名校，也有创建于上世纪 50 年代的后起之秀；既有发达国家的知名大学，也有新兴国家地区的顶尖高校。它们均采取各种举措积极提高国际竞争力，以实现卓越的教学科研成就和国际声誉。

二、中国台湾成功大学——以“迈向顶尖大学计划”为契机，整合资源进行重点建设

台湾成功大学（以下简称“成功大学”）创立于 1931 年，原名为台南高等工业学校，历经多次改制，逐步扩展为以工程领域突出的研究型大学。2005 年，成功大学与台湾大学一起获选为台湾高等教育重点建设计划——“迈向顶尖大学计划”中发展国际一流大学的重点学校。据 2010 年 2 月统计，学校现有 9 个学院、40 个学系、44 个独立研究所和 1 个独立学程；学生总数达 22 134 人，其中本科 11 211 人，硕士 7 495 人，博士 3 428 人；专任教师 1 273 人，“迈向顶尖大学计划”的研究与工作人员 719 人，生师比约为 16∶1；学校共有 11 个校区，

是台湾规模第二的全科性综合大学。[①] 成功大学为实现世界百强一流大学的目标，积极采取多种举措提高自身国际竞争力。

成功大学以入选“迈向顶尖大学计划”为契机，充分利用17亿新台币的巨额资金支持，积极推进国际一流大学建设。首先，成功大学成立了“迈向顶尖大学计划”推动总中心，为计划的落实提供了组织保障。推动总中心由副校长黄煌辉担任执行长，下设教学组、研究组、国际化组、基础建设组和综合业务组，各组分工细致明确，责任落实到个人。推动总中心积极推动与考核本计划的绩效指标和经费运用等事宜，办理本计划的宣传事宜，以及其他与计划整体执行相关的协调事宜。[②] 其次，成功大学为积极落实“迈向顶尖大学计划”，2007年2月在新任校长、台湾“中央研究院”院士赖明诏的主持下，制定了新的《中程校务发展计划》。新的规划明确了成功大学的总体发展任务：“秉承全台首府的传统，以国际性的全方位大学为目标，培育有人文与专业素养、创意与国际观及关怀社会的领袖人才，并发展跨领域的研究特色，回馈社会及造福人类。”规划对学校的教学品质、学术研究、学生事务、推广服务、校务行政、校园环境再造、国际化、校友及社会资源开发这八个方面提出了具体发展任务和实现目标，详细说明了完成这些任务和目标的发展策略，还列出了每项任务和发展策略的经费需求以及指标分年增长值，保障了经费的有效集中投入和规划的稳步实施。[③] 最后，成功大学为推动相关工作，达到激励的效果，要求各个学院与研究中心对于所属的专业领域，均依据自身情况与发展目标选定相应的标杆学校，并设定未来所要达成的目标。[④] 成功大学也根据自身发展情况将标杆对象由日本名古屋大学调整为京都大学。

成功大学还依托“迈向顶尖大学计划”，采取多种举措加快研究资源整合和重点建设，突出研究优势，促进交叉研究。如表7—4所示，成功大学根据已有的优势专业，成立了心血管疾病中心等八个顶尖研究中心，并将这八个中心组建成三大研究群组，以整体提高学校的研究实力和竞争力，积极与国际高水平研究接轨。成功大学还建立了全校共用仪器总中心（Joint Shared Facility Center），以充分发挥校内仪器资源的效能。[⑤] 其次，成功大学以一系多所、系所整并为改革原则，积极增聘优秀师资，整并研究领域相近的系所，裁撤掉未达到期望或整

① http://www.ncku.net/index.php/component/content/article/179-2009-07-13-02-27-21/1189-2010-02-11-06-03-09.

② http://top.ncku.edu.tw/files/11-1029-1326.php.

③ http://udd.ord.ncku.edu.tw/ezfiles/78/1078/img/430/9705.pdf.

④ http://top.ncku.edu.tw/files/11-1029-1322.php.

⑤ http://score.ncku.edu.tw/top/top_web/center.php.

并不成的系所，以突出研究重点和优势，促进跨领域课程和交叉研究的发展。①最后，成功大学于 2006 年成立了创新卓越研究中心（Institute of Innovations and Advanced Studies)，以积极延揽或协助延揽国际顶尖学者，协助建立校内尖端研究计划团队，争取并执行跨领域研究计划，整合各院系相关教学及研究资源，设计并推动跨领域、跨机构的课程及相关活动等。② 例如，为促进医学和工程学的跨领域研究整合，以及尖端医疗科技的创新发明，中心与医学院、工学院联合主办了每月一次的“创新医疗科技论坛”。

表 7—4　　台湾成功大学的三大研究群组构成

三大研究群组	顶尖研究中心
健康生命研究群组	心血管疾病中心 基因调控与信息传递研究中心
尖端生产研究群组	尖端光电中心 前瞻材料与微纳米中心
永续生态研究群组	地球动力系统中心 永续环境中心 海洋环境与工程技术研究中心 电浆与太空科学中心

资料来源：http://score.ncku.edu.tw/top/top_web/center.php.

在积极推进“迈向顶尖大学计划”和整合研究资源的基础上，成功大学还通过延揽国际顶尖人才、加强教师考核与培训、为教师提供多种资助奖励项目等方式积极提高师资队伍质量和高水平科研产出。首先，成功大学以各种形式成功延揽了包括诺贝尔奖得主、高引用科学家和各国或地区院士在内的众多杰出人才。例如，学校的创新卓越研究中心邀请了诺贝尔生理医学奖得主奥利佛·密斯教授(Oliver Smithies)、诺贝尔物理学奖得主科恩-坦诺奇教授（Cohen-tannoudji）等多位顶尖专家学者做客“诺贝尔论坛”和“研发论坛”。③再如，学校成功引进了邱成财和赖明诏这两位高引用科学家以及“中央研究院”院士周元燊、环境伦理学之父霍姆斯·尔斯顿（Holmes Rolston)、美国国家科学院院士钱百敦（Britton Chance)、德国国家科学院院士毕尔功（Manfred H. Pilkuhn）等顶尖人才。④ 其次，

① http://www.ncku.net/index.php/component/content/article/179-2009-07-13-02-27-21/1189-2010-02-11-06-03-09.

② http://iias.ncku.edu.tw/.

③④ http://secr.ncku.edu.tw/ezfiles/2/1002/img/859/98r18.doc.

成功大学采取多种举措加大了对教师学术研究和科研创新的支持，以促进高水平科研成果的产出。例如，学校分别在2007年、2008年制定了“标杆创新与新进学者计划”补助要点和“整合型标杆创新计划”补助要点，以此来聚焦顶尖目标，产生拔尖作用。作为“迈向顶尖大学计划”的配套政策，两项计划鼓励校内团队从事创新标杆性教学、研究及国际合作，提出有助于提升学校进入世界前百名大学的计划。至2009年，学校共补助了133项小型计划、13项大型整合跨领域计划及13项人文社科领域计划，补助金额达4亿元新台币，极大提升了学校的研究水平。再如，学校还设置了讲座及特聘教授的奖励要点和奖励办法、学术研究鼓励要点、奖励学术研讨会经费补助要点、补助优秀新进教师学术研究计划要点、博士后研究人员研究津贴补助要点等其他多项补助项目，为学校的科研创新活动和高水平科研成果的产生提供了有力支撑。① 最后，在延揽人才和设立资助奖励项目的基础上，成功大学还建立了教师评定和奖励淘汰机制以及弹性薪资制度，专任教师均要接受综合教学、研究、服务等方面的客观评估。

除以上主要举措外，成功大学提高其国际竞争力的举措还有以下几个方面：在课程设置上，学校以全人教育为核心，依据人文素养、创新与创造能力、国际观及企业家精神这四大育人目标，积极对课程进行创新、精简和整合。学校成立了三创（创意、创新与创业）研发中心，开设和推动创新型课程②，并首创了核心通识、跨领域通识和融合通识三种类型的通识教育轨道，满足了学生多样化的学习需求。学校专业领域课程从2006学年的5 805门降至2009学年的5 288门，与通识教育相关的课程从2006学年的520门升至2009学年的739门。③ 在人才培养上，学校积极发展精英教育，并通过多种举措吸引和支持优秀学生。学校于2007年开办学士学位课程“菁英班”，每年招收25名学生，采取大一入学不分系，大二再依志愿及规定办法选系，并聘请毕业于世界著名大学或优质人文学院的老师担任这些学生的导师，实行一对一指导。学校还通过改进招生方式，扩大招生渠道，推行“高中生提早入学”方案，鼓励优秀本科学生提前毕业攻博，提供优秀研究生奖学金等措施吸引和留住岛内外优秀人才。④ 在社会服务方面，学校积极与科研机构开展合作，并立足地方发展促进产学研合作。例如，学校与台

① http://secr. ncku. edu. tw/ezfiles/2/1002/img/859/98r18. doc.

② http://udd. ord. ncku. edu. tw/ezfiles/78/1078/img/430/9705. pdf.

③ http://www. ncku. net/index. php/component/content/article/179-2009-07-13-02-27-21/1189-2010-02-11-06-03-09.

④ http://udd. ord. ncku. edu. tw/ezfiles/78/1078/img/430/9705. pdf.

湾卫生研究院签订长期合作协议，共同致力于推动台湾肿瘤及感染疾病的基础研究与临床试验，打造国际一流的肿瘤及感染疾病研究中心，合作内容包括共建联合研究大楼、人员合聘（兼任）、研究生训练等。① 再如，学校为加强应用性研究、推动产学研合作和提升服务社会的能力，特制定了《产学合作成果特优教师奖励与遴选办法》，并积极在台南科学园区成立研发中心，推动与高雄科学园区和台南科技工业区的合作。

三、美国中佛罗里达大学——依托办学特色和优势，打造大都市研究型大学

中佛罗里达大学的前身是成立于1963年的佛罗里达技术大学，现在是佛罗里达州的11所州立大学之一。② 学校设有12个学院，提供210多种本科、硕士和博士学位课程。目前有超过56 000名学生在大学的主校区和遍布中佛罗里达地区的10个分校区里学习生活。③ 2009—2010年的学校科研经费达1.3亿多美元。④ 学校已发展成为美国规模最大、最具活力、成长最快的大学之一。

中佛罗里达大学立足于校情，明确自身发展定位，注重战略规划和重点建设。在美国竞争激烈的高等教育系统中，作为多校区的州立大学，中佛罗里达大学并未把世界一流大学作为自己的发展定位，而是根据自身特点和发展历史，致力于以其增长的多元化群体、技术走廊和国际合作者来服务所在区域和社会，努力把自己打造成美国领先的大都市研究型大学（Metropolitan Research University）。为实现发展愿景，明确发展重点，学校在《2002—2007年中佛罗里达大学战略规划》中制定了五个战略目标：一是提供在佛罗里达州最好的本科生教育；二是在研究生学习和科学研究的关键项目上具有国际杰出声誉；三是使大学的课程和研究项目突出国际焦点；四是大学更加具有包容性和多样化；五是成为美国最好的合作性大学。⑤ 这种立足实际的发展思路值得许多盲目追求建成世界一流大学的高校反思。

明确大都市研究型大学的发展定位后，中佛罗里达大学依托自身优势和资

① http://secr.ncku.edu.tw/ezfiles/2/1002/img/859/98r18.doc.

② http://www.iroffice.ucf.edu/character/current.html.

③ http://www.iroffice.ucf.edu/character/current.html#Budget.

④ http://www.ucf.edu/about_ucf/.

⑤ http://www.irweb3.ucf.edu/SPC/pdf/SPC_Pathways.pdf.

源，积极参与地区经济建设和社会发展。首先，学校利用多校区优势，通过与六个社区学院合作等方式积极为中佛罗里达地区提供更多便于接受的优质教育。[①]其次，学校通过企业孵化计划（Business Incubation Program）积极加强与区域社会的合作，为地方经济作贡献。学校主导实施的企业孵化计划，是以大学的人才智力、科研技术和物质资源为依托，通过提供有利工具、培训和基础设施帮助创建初期的企业成长为高速发展和具有广泛影响力的企业。该计划自1999年启动实施以来，已经在奥兰多地区四个郡县建立了七个孵化中心，帮助了140多个新成立的企业（其中近100个是大学现在的客户）创造了超过5亿美元的年度收入，并创造了1 600多个平均薪资为59 000美元的就业机会，带动了下游产业、服务业等相关产业的发展，成为大学与产业界、政府合作的成功典范。[②] 最后，学校把自身视为中佛罗里达大都市区域经济发展与多元化建设的重要参与者和资源提供者，强化自身的领导作用。学校非常注重对校友的跟踪联络和校友网络建设，加强商学院与校内其他学科的跨学科研究与合作，加强大学在区域规划和发展中的作用，积极开展推动区域发展和多元化的教育项目与课程。

中佛罗里达大学除服务地区社会经济发展外，还依托优势学科专业，建设高水平研究中心，以在若干领域达到国际卓越。学校利用在光学、建模与仿真、工程与计算机科学、商业管理、教育、酒店管理和数字媒体等专业领域上的较强研究优势[③]，组建了若干高水平研究机构。目前，学校已成立了光学与激光教学科研中心、尖端材料加工与分析中心、分子生物科学研究中心、模拟与训练研究所、佛罗里达太阳能研究中心、佛罗里达空天研究所、纳米科学与技术研发中心、佛罗里达光电研究中心、生活医学研究中心等。[④] 这些研究平台不仅整合了学校的科研活动和资源，而且促进了优秀人才的汇集和交叉研究的开展。以光学与激光教学科研中心为例，该中心是世界知名的光学和工程学的教育与研发中心，中心除了提供相关专业的高质量教学，在光学、光电子等领域开展尖端前沿的基础和应用研究外，还积极服务于佛罗里达州和国家的相关产业发展。该中心与佛罗里达光电研究中心、汤斯激光研究所均隶属于学校的光学与光电子学院，有利于开展跨学科研究生课程和交叉研究。[⑤]

① http://www.regionalcampuses.ucf.edu/about_us/index.asp.

② http://www.incubator.ucf.edu/aboutus/index.html.

③ http://www.ucf.edu/about_ucf/.

④ http://www.research.ucf.edu/Centers.html.

⑤ http://www.creol.ucf.edu/About/.

中佛罗里达大学还在精英教育、学生跨学科培养、研究生教育等方面做了卓有成效的探索。学校成立了贝瑞特荣誉学院，为最具有学术才能和动机的学生提供了独特的学术教育经历。贝瑞特荣誉学院入学新生的学术能力评估测试（Scholastic Assessment Test，SAT）平均分数和高中各科平均积分点均大大高于学校平均水平。① 学院为学生提供了优质的通识教育课程、专业核心课程和跨学科研讨班。② 此外，学校还成立了旨在提高学生跨学科知识背景和研究能力的跨学科研究办公室（Office of Interdisciplinary Studies），并利用大学多样化的课程和丰富的教师资源实施“跨学科研究计划”。计划对各种课程进行组合以满足学生的个性需求，为学生提供多种制定个性化学习课程的机会。以研究生为例，参加计划的学生至少要完成 33 学时的课程，这些课程包括 21 学时的个性化学习课程、6 学时的关于跨学科知识的核心课程和 6 学时的论文创作。其中，个性化学习课程是选择两个不同的学科领域，每个学科领域内的学习和研究课时不低于 9 学时，再加上有辅助作用的 3 学时选修课程。③ 最后，学校还努力提高研究生注册比例以及招生的质量和多元性，积极加强研究生教育的协调和管理，通过资金募集、资源配置和其他运营活动来提高研究生教育的优先性。学校确定了一批接近国家和国际水平的研究生课程，并在有较大需求和发展机遇的领域内积极开设新的研究生课程，通过实施配套的优先发展战略使一些课程达到先进水平。

四、中国浙江大学——全面落实国家重点大学建设计划，推进一流大学建设

浙江大学历史悠久，其前身是 1897 年成立的求是书院，为中国人自己最早创办的新式高等学府之一。浙江大学目前是中国教育部直属、省部共建的国内一流高等学校，是首批进入中国“211 工程”和“985 工程”建设的若干所重点大学之一。据 2010 年统计，学校全日制在校学生共 43 368 人，其中本科生 22 557 人，硕士研究生 13 413 人，博士研究生 7 398 人；学校专任教师 2 965 人，拥有博士学位的教师比例为 75.85%；教师中正高职 1 336 人，中国科学院院士 14 人，中国工程院院士 12 人，国家“千人计划”专家 30 人，长江特聘（讲座）教

① http://www.ucf.edu/about_ucf/.

② http://www.honors.ucf.edu/documents/handbook09.pdf.

③ http://www.is.ucf.edu/docs/Creating_Your_IDS_Masters_Degree-2010.pdf.

授 81 人，国家杰出青年科学基金获得者 76 人。学校现有 5 个校区、7 个学部，下设 20 个学院（含 63 个系），20 个院级系，1 个教学科研部，国家重点（专业）实验室 14 个，国家工程实验室 1 个，国家工程（技术）研究中心 5 个。① 浙江大学力争到 2017 年即建校 120 周年前后，基本建成具有世界先进水平的一流大学。

浙江大学在 1998 年并校的基础上，扩大规模，整合资源，认真制定和实施一系列着眼于长远发展的战略规划。作为我国高等教育管理体制改革和布局结构调整的一项重大举措，为创建规模大、层次高、学科门类齐全的世界一流综合性大学，中国政府决定将同根同源的浙江大学、杭州大学、浙江农业大学、浙江医科大学合并组建成新的浙江大学。1998 年 9 月 15 日，新的浙江大学成立，经过统一管理制度、重组学科院系、建设紫金港新校区等一系列资源整合和部门融合过程，学校的办学规模、学科覆盖面和综合实力得到了显著提高。② 四校合并也为新的浙江大学迈向世界一流大学奠定了坚实基础。新的浙江大学着眼于长远发展，提出了“到 2017 年即建校 120 周年前后，基本建成具有世界先进水平的一流大学”的宏伟目标。如表 7—5 所示，学校为确保宏伟目标的稳步实现，制定了一系列相互衔接配套、有针对性的发展规划和行动计划。例如，在《浙江大学深入贯彻落实科学发展观行动计划》中，浙江大学提出在今后十年实施“总量与内涵同步发展的快速提高期”、“从总量发展到品质提升的全面推进期”、“以品质提升引领声誉巩固的稳定发展期”的“三步走”发展战略，拟通过卓越教育计划、学科会聚计划、人才支持计划、社会服务计划、海外合作计划、资源优化计划、管理创新计划以及和谐杭州示范区建设计划这八大行动计划实现 2017 年宏伟目标。③

表 7—5　　学校发展规划文件

2000 年	《浙江大学中长期发展纲要》 《浙江大学 1998—2002 年部分重点建设项目》 《教育部和浙江省政府重点建设项目规划》
2001 年	《浙江大学 2001—2005 年建设与发展规划》 《浙江大学学科建设“十五”规划》 《浙江大学 2001—2005 年各学院学科建设和事业发展规划》

① http://www.zju.edu.cn/redir.php? catalog_id=1000021#2.

② http://xywh.zju.edu.cn/xsz/xsz.html.

③ http://www.zju.edu.cn/attachments/nianjian/2008nianjian.pdf.

2002 年	《浙江大学学科与队伍建设规划（2003—2007 年）》 《浙江大学 2003—2007 年各学院学科与队伍队伍建设规划》
2005—2006 年	《浙江大学 2006—2010 年事业发展规划》 《浙江大学 2006—2010 年事业发展专项（分项）规划》 《浙江大学 2006—2010 年各学院事业发展规划》
2007 年	对 2000 年版的《浙江大学中长期发展纲要》进行修订
2008 年	《浙江大学学科会聚行动计划》 《浙江大学深入贯彻落实科学发展观行动计划》

资料来源：2000—2006 年资料来自 http://xywh. zju. edu. cn/cjz/cjz. html；2006 年以后资料来自《浙江大学年鉴》。

在明确发展目标的基础上，浙江大学充分利用国家重点大学建设计划“211 工程”和“985 工程”的大力支持，积极推进重点学科建设和高水平研究平台基地建设。浙江大学以“211 工程”重点学科建设项目为抓手，对学科进行捆绑建设，推进相关学科发展和交叉研究。学校“十五”时期的“211 工程”重点学科建设项目共 20 项，涵盖了物理学、化学、工程学、生物科学等多个优势专业领域。[①]“211 工程”三期重点学科建设项目达 25 项，数量与前期相比有所增加，专业领域的覆盖范围也更为全面。[②] 浙江大学在打造学科高地的同时，也积极推进学科“造峰”。学校根据国民经济建设和社会发展需要，以国际一流水平为目标，组织精英团队，凝练突破方向，以较大强度的集中投入建设一批“重中之重”学科项目，占据学科制高点，形成若干学科高峰，带动大学整体科研实力的提高。[③] 浙江大学已有化学、工程学、计算机科学等 10 个学科已率先成为世界知名学科，进入基本科学指标（Essential Science Indicators）的学科前 1%排行。[④] 如表 7—6 所示，浙江大学在推进重点学科建设的同时，依托“985 工程”积极推进研究平台和基地建设。这些平台基地汇集了优秀专家学者和学生，整合了各方研究能力和资源，推动了学科发展和交叉研究，促进了高水平科研成果的产出。

① http://xywh. zju. edu. cn/cjz/cjz. html.
② http://www. zju. edu. cn/attachments/nianjian/2009nianjian. pdf.
③ http://www. zju. edu. cn/attachments/nianjian/2004nianjian. pdf.
④ http://xywh. zju. edu. cn/cjz/cjz. html.

表 7—6　　　　浙江大学“985 工程”二期平台和基地建设项目

类别	平台和基地名称
科技创新平台Ⅰ类	1. 信息与控制；2. 农业生物与环境；3. 机电系统及装备；4. 功能材料；5. 医学技术与疾病防控
科技创新平台Ⅱ类	1. 数学科学及其应用；2. 生物医学工程与仪器装备；3. 能源清洁利用与高效转化；4. 资源转换与大分子化工；5. 药物信息学及药物代谢；6. 逆境生物学；7. 岩土工程与大型结构；8. 光电与数字化技术
哲学社会科学创新基地Ⅰ类	1. 中国农村发展研究；2. 中国民营经济研究
哲学社会科学创新基地Ⅱ类	1. 基督教与跨文化研究；2. 语言与认知研究；3. 创新管理与持续竞争力研究

资料来源：http://www.zju.edu.cn/redir.php? catalog_id=1000032.

浙江大学在建设世界一流大学的进程中，始终坚持人才强校、师资为本的理念，切实加强教师队伍建设。首先，浙江大学充分利用“111 计划”、“千人计划”、“长江学者奖励计划”、“新世纪优秀人才支持计划”、“新世纪百千万人才工程”等一系列国家层面的人才引进和资助政策，积极提高师资队伍质量。例如，浙江大学入选“111 计划”的信息与控制学科创新引智基地，先后引进了 13 个国家和地区的，包括加拿大皇家科学院院士 W. M. 旺纳姆（W. M. Wonham）和瑞典皇家工程院院士拉尔斯·塞伦（Lars Thylén）两位学术大师在内的 25 位世界顶尖专家。他们的加盟大幅提升了本学科群的创新研发能力，拓宽了基地的国际视野，带动了一批学术交流项目，为基地的快速发展提供了巨大支持。① 其次，浙江大学也从自身做起，实施了一系列人才引进和资助奖励政策。学校实施以学术大师和战略科学家为核心的“领军人”战略，并把“院士引进工程”作为实施“领军人”战略的重要内容。学校通过建立“光彪讲座、特聘教授岗位”制度，引进和支持急需的顶尖学术人才。学校还通过“学术带头人后备人才出国研究专项计划”（新星计划）、“优秀青年教师资助计划”（紫金计划）和“青年教师交叉学习培养计划”，加大对中青年教师的培养力度，使中青年教师成为学校科研创新的中坚力量。② 最后，浙江大学积极推进人事制度改革，全面落实人才强校战略。学校于 2004 年首次对新增教授岗位面向校内外公开招聘，并继续提高教师任职条件，改革评审程序和评审方法，实现教师职务评聘权力的重心下

① http://www.csc.zju.edu.cn/111base/chinese/column.php? id=5.

② http://www.zju.edu.cn/attachments/nianjian/2004nianjian.pdf.

移。[①] 2005 年，学校还成立了人才引进工作领导小组和人才引进办公室[②]，并开发建设了“浙江大学人才引进”网站及“引进人才绿色通道”系统，以此加强引才引智的组织领导，规范和便捷人才引进工作。[③]

除此之外，浙江大学在人才培养、学部制改革、社会服务、国际交流与合作等方面也取得了显著成绩。在人才培养方面，学校适度控制本科生规模，积极发展研究生教育，研本比例从并校初期的 1∶4.5 提高到 2008 年的 1∶1.4，研究型大学的办学结构初步形成。[④] 学校还通过改进研究生招生计划名额分配方式、允许学院自主划线、允许部分研究能力强的考生向学院申请特别复试资格、允许院士等部分导师自主遴选博士生、继续放宽研究生招生的复试比例等制度改革举措，加强研究生招生和培养工作。浙江大学还积极因材施教，探索出竺可桢学院、“大文科班”、“大理科班”、“丘成桐数学英才班”和“巴德年医学班”等多种精英教育模式。[⑤] 在学部制改革上，学校于 2008 年 7 月起逐步将全校学术部门调整为人文学部、社会科学学部、理学部、工学部、信息学部、农业生命环境学部和医学部共七个学部[⑥]，以充分发挥学科综合优势，优化资源配置，规范和完善学术机构及其功能，落实“教授治学”原则，激发基层学术组织活力和自我发展能力，推动学科交叉，开拓新的学科领域和研究方向，适应学校简政放权和加强人才整合培养的要求。[⑦] 在社会服务方面，浙江大学与所在地杭州市政府共同推动“名城名校”战略合作深入开展。学校还通过创建国家大学科技园、创办浙江大学城市学院和宁波理工学院等战略举措服务地方社会经济发展。[⑧] 在国际交流与合作方面，学校除与美国康奈尔大学、法国巴黎高等师范学校、日本东京大学等国外 90 多所世界著名高校建立校际合作关系外，还积极主动融入世界一流大学合作网络。2000 年，浙江大学和世界多所排名前 100 位的大学发起成立了“世界大学网络”（Worldwide Universities Network）；2003 年，学校加入了成员学校包括斯坦福大学、东京大学等 42 所著名大学在内的“环太平洋大学联盟”（Association of Pacific Rim Universities，

① http://www.zju.edu.cn/attachments/nianjian/2005nianjian.pdf.

② http://www.zju.edu.cn/attachments/nianjian/2006nianjian.pdf.

③ http://www.zju.edu.cn/attachments/nianjian/2009nianjian.pdf.

④ http://xywh.zju.edu.cn/cjz/cjz.html.

⑤ http://xywh.zju.edu.cn/xsz/xsz.html.

⑥ http://www.zju.edu.cn/redir.php? catalog_id=1000014.

⑦ http://www.news.zju.edu.cn/news.php? id=27352.

⑧ http://xywh.zju.edu.cn/cjz/cjz.html.

APRU)。①

五、新加坡南洋理工大学——打造国际化研究中心，汇集国际顶尖人才

南洋理工大学的前身为1981年成立的南洋理工学院，学院于1991年进行重组，将国立教育学院纳入旗下，更名为南洋理工大学。2006年4月，南洋理工大学正式企业化，在迈向自主的道路上，具有更大的灵活性和更多的发展机遇。② 据2010年统计，学校共有23 043名本科生和10 044名研究生，其中留学生8 291人；共有教职员工5 546人，其中教员（包括客座教员）1 635人，研究人员1 459人。学校现设工、商、文、理四个大学院，下设12个分学院，并拥有国立教育学院（National Institute of Education）、拉惹勒南国际关系学院（S. Rajaratnam School of International Studies）及新加坡地球观测研究所（Earth Observatory of Singapore）三个自主研究机构。③ 经过不懈努力，南洋理工大学已从一个以工程为主的理工大学迅速发展成多科性的研究密集型大学，凭借其科学与工程领域的坚实基础和强大优势享誉国际。

南洋理工大学通过多种举措积极整合研究资源，突出研究重点和优势。首先，学校依托国家投入和已有研究优势，结合国家和地区经济社会发展需要，组建了若干重点领域的研究机构。学校先后成立了新加坡地球观测研究所（Earth Observatory of Singapore）、能源研究所（Energy Research Institute）、南洋环境与水源研究院（Nanyang Environment and Water Research Institute）、媒体创新研究院（Institute for Media Innovation）等一批会聚国际知名科学家和各学院优秀人才的跨学科研究平台，并且把这些机构的经费列入预算，予以重点保障。例如，学校的新加坡地球观测研究所在2008年成为国家级"卓越研究中心"（Research Centres of Excellence），并获得了来自新加坡国家研究基金会和教育部提供的1.5亿新加坡元的首期巨额拨款。这不仅极大提高了学校自然科学方面的研究实力，也为吸引国际顶尖人才提供了强大资金支持。④ 其次，学校还打破院系界限，集中研究资源和能力，建设了高级计算与媒体研究、生物医学与配药工程学研究、环境与水技术研究、信息与传播研究、聪颖设备与系统研究以及纳

① http://xywh.zju.edu.cn/cjz/cjz.html.
② http://www.ntu.edu.sg/chinese/aboutntu/ntuataglance/Pages/history.aspx.
③④ http://www.ntu.edu.sg/AboutNTU/Documents/NTUataglance2010_b.pdf.

米科学与技术研究这六个跨学科研究群组。① 最后，学校还将 12 个院系专业组建成工、商、文、理四个大学院，以此促进学科融合和交叉研究。

南洋理工大学为发挥研究平台的最大效能，积极加强师资队伍建设、研究生教育和本科生研究能力的培养。首先，学校把聘请国际顶尖学者专家作为快速使某专业领域达到世界一流水平的有效途径。例如，学校从瑞典卡罗林斯卡学院聘用了以诺德隆德教授（Pär Nordlund）为核心的世界顶尖的基因结构研究小组，并以此为基础建立了分子与生物细胞研究院（Institute of Molecular and Cell Biology）。再如，学校聘请了来自新南威尔士州大学的斯塔凡·谢尔列伯格教授（Staffan Kjelleberg）和耶路撒冷希伯来大学的耶胡达·科恩教授（Yehuda Cohen），围绕他们在环境生命科学领域的工作成立了新的实验室。② 在管理方面，学校聘请了前诺贝尔化学奖遴选委员会主席、权威学者彼尔迪勒·安博迪教授（Bertil Andersson）为常务副校长，带领学校迈向科研高峰和国际卓越。③ 除引进国际顶尖学术和管理人才外，南洋理工大学重视引进优秀青年科研人才。自 2007 年起，学校每年面向国内外招聘最多 10 名的“南洋助理教授”（Nanyang Assistant Professorship），为加盟的杰出青年教师提供 100 万新加坡元的启动研究经费，以及终身聘用等优厚待遇。④ 学校还通过新加坡国家研究基金会的“研究员计划”（NRF Research Fellowship）引进优秀青年人才。⑤最后，南洋理工大学非常重视研究生教育和本科生研究能力的培养。学校鼓励优秀本科毕业生从事学术职业，逐步取消研究型学位中以硕士作为最终学位的培养机制，大力提高博士生比例和入学人数，计划到 2012 年博士生与本科生比例达到欧美国家顶尖研究型大学水平。⑥ 学校还设立“南洋校长研究生奖学金”（Nanyang President's Graduate Scholarship），鼓励和支持优秀毕业生或大四学生攻读博士学位。⑦ 针对本科生，学校于 2004 年推出了“本科生在校研究计划”（Undergraduate Research Experience on Campus），鼓励和支持优秀的本科生参与研究项目，培养学生的学术体验和研究兴趣。⑧

南洋理工大学放眼世界，积极提高学校的国际化水平和全球参与度。首先，

① http://www.ntu.edu.sg/chinese/research/Pages/researchclusters.aspx.

② http://www.ntu.edu.sg/AboutNTU/Pages/AcademicHighlights2009.aspx#vm.

③ http://www.ntu.edu.sg/chinese/aboutntu/Pages/presidentwelcomemsg.aspx.

④ http://www3.ntu.edu.sg/NAP/index.html.

⑤⑥ http://www.ntu.edu.sg/AboutNTU/Pages/AcademicHighlights2009.aspx#vm.

⑦ http://admissions.ntu.edu.sg/graduate/scholarships/Pages/NPGS.aspx.

⑧ http://www.ntu.edu.sg/chinese/research/Pages/ureca.aspx.

为加快迈向世界一流研究型大学，学校于2005年暨50周年校庆之际成立了高等研究所（Institute of Advanced Studies），邀请了11位诺贝尔奖得主及1位菲尔兹奖得主出任研究所的国际顾问团顾问。研究所积极开展促进顶尖研究和交叉研究的各种活动，定期邀请诺贝尔奖得主以及重要领域的权威学者来校授课、演讲或与师生交流①，以此促进学校以及新加坡研究人员与海外科学家的交流合作，增强学校的研究优势，帮助学校教师树立研究的国际视野。② 其次，学校通过"国际学生交流计划"（International Student Exchange Programme）、"全球教育计划"（Global Immersion Programme）、"海外实习计划"（Overseas Attachment Programme）和"全球暑期学习计划"（Global Summer Studies）积极提高大学的国际化水平，为学生提供国际教育机会，培养学生的国际视野。③ 学校还积极与麻省理工学院、斯坦福大学、康奈尔大学、华盛顿大学等海外高校合作，为学生提供双学位及联合学位课程。④ 最后，南洋理工大学积极参与国际高水平研究型大学之间的联盟与合作。2009年4月，南洋理工大学与上海交通大学、美国加州理工学院、瑞士联邦理工学院—苏黎世、美国佐治亚理工学院、英国伦敦大学帝国学院、印度孟买理工学院这六所全球一流的科技大学共同发起，成立了"全球科技大学联盟"（Global Alliance of Technological Universities），通过密切战略合作关系、分享经验和制定共同准则，积极应对在科技、研究、教育方面的全球化挑战。

除在研究平台建设、人才延揽、国际交流与合作等方面取得巨大成就外，南洋理工大学还在学校管理方面有很多独特做法。例如，学校的研究委员会（Research Council）与下属几个纪律委员分会一起构成了大学的独立同行评审系统。研究委员会由查尔姆斯大学化学系主任、诺贝尔化学奖委员会前主席彭特·诺顿（Bengt Nordén）任主席，成员还有6个分委员会的主席。研究委员会对进入终审的研究计划的技术水平有最终裁定权，并负责向教务长进行推荐。此外，学校在评估和咨询中非常注重国际参与。学校内部的研究中心自1981年建立，其数量已由最初的7个增长到现在的43个。为建立高水平研究型大学，学校管理层决定对这些研究中心开展独立的国际综合评估，以确定它们的研究效能，改进它们的运行模式。学校还会就重大科研活动和项目向成立的国际顾问组进行咨询，

① http://www.ntu.edu.sg/chinese/aboutntu/ntuataglance/Pages/introduction.aspx.

② http://www.ntu.edu.sg/ias/about/Pages/default.aspx.

③ http://www.ntu.edu.sg/chinese/globalntu/pages/globalprogrammes.aspx.

④ http://www.ntu.edu.sg/chinese/globalntu/Pages/globalcollaboration.aspx.

从引领研究方向的世界顶尖学者那里获得高水平建议。①

六、曼彻斯特大学——依托并校进行重新定位和资源整合，提高竞争实力

目前的英国曼彻斯特大学是由历史悠久的曼彻斯特维多利亚大学（Victoria University of Manchester）和曼彻斯特大学理工学院（University of Manchester Institute of Science and Technology）在 2004 年 10 月合并而成的，是英国罗素大学集团的一员。根据 2011 年 3 月统计，英国曼彻斯特大学现拥有本科生 28 313 人，研究生 11 125 人，欧盟外留学生人数超过 8 000 人；学校有 4 321 名教研人员，其中专业研究人员 1 877 人。学校现设工程与物理科学、人文科学、生命科学、医药与人类科学共四个大学院，大学院下共设 22 个学院，为学生提供 400 多种学位课程。② 截至目前，大学的教师和培养的学生中共有 25 人获得过诺贝尔奖。③ 学校为实现“到 2015 年，跻身世界顶尖研究型大学前 25 名之列”的宏伟愿景，近年来采取多种举措提升自身国际竞争力。

首先，曼彻斯特维多利亚大学和曼彻斯特大学理工学院两校的合并扩大了曼彻斯特大学的办学规模和学科覆盖面，提高了学校的综合竞争力，为学校建设世界一流大学奠定了基础。2004 年 10 月，历史悠久、合作紧密的曼彻斯特维多利亚大学和曼彻斯特大学理工学院两校经过认真磋商和准备后，正式合并组建成了新曼彻斯特大学，成为英国规模最大的单一校址的大学。并校是曼彻斯特维多利亚大学和曼彻斯特大学理工学院基于共同发展愿景，为适应日益激烈的竞争、扩大办学规模和提高综合实力而作出的决定。通过并校这种较低成本的建设途径，曼彻斯特大学的学科专业更为齐全，科研实力和吸引外部投入的能力显著增强。新大学成立第一年的总经费收入比并校前两校合计增加了 5%，达到近 5.4 亿英镑；总研究经费收入也增长了 10%，达到 1.9 亿英镑。④ 研究经费支出由 2004—2005 财年的 3 亿多英镑增长到 2008—2009 财年的 4 亿多英镑，增长了 31%。⑤ 此外，并校还使曼

① http://www.ntu.edu.sg/AboutNTU/Pages/AcademicHighlights2009.aspx#eqc.

② http://documents.manchester.ac.uk/display.aspx?DocID=6178.

③ http://www.manchester.ac.uk/aboutus/facts/giants/.

④ http://www.manchester.ac.uk/aboutus/publications/corporate/.

⑤ http://documents.manchester.ac.uk/display.aspx?DocID=6178.

彻斯特大学获得了英国高等教育史上最大规模的资本投入，学校的办学条件极大改善。截至目前，已有4亿多英镑的资金投入用于建设先进的基础设施、整修原有建筑以及改建公共设施中，到2015年前还会有2.5亿英镑的继续投入。[①] 在获得大量外部投入的基础上，并校产生的规模效应使得曼彻斯特大学可与牛津大学、剑桥大学和伦敦大学构成的"金三角名校"进行有效竞争。根据2008年英国高等院校科研评估（Research Assessment Exercise）的结果，曼彻斯特大学65%的科研活动，获得了"世界领先"或"国际优异"的高评价，仅次于牛津大学和剑桥大学，位居英国第三。[②] 正如校长艾伦·吉尔伯特教授（Alan Gilbert）所说："这些评价结果证明了2004年并校是正确的选择，并证明了自那时起我们在师资队伍和设施设备建设上的巨大投入是有效的。"[③]

创建一个规模大的优秀地区大学并非曼彻斯特维多利亚大学和曼彻斯特大学理工学院两校合并的驱动力和目标。曼彻斯特大学以并校为契机和基础，积极对大学进行重新定位，凝聚力量向世界顶尖研究型大学这一更高的目标迈进。曼彻斯特维多利亚大学和曼彻斯特大学理工学院两校在正式合并的前几个月就着手制定新大学的战略规划，以确保新大学一成立就具有清晰的发展方向和战略目标。曼彻斯特大学在成立时公布的战略规划《曼彻斯特2015议程》（*Manchester 2015 Agenda*）中提出："到2015年，学校要跻身世界顶尖研究型大学前25名之列。"2009年，学校对原有规划进行了修订，新规划《推进曼彻斯特2015议程》（*Advancing the Manchester 2015 Agenda*）仍坚持2015年宏伟愿景不动摇，更加清晰地阐述了大学在科研、教学和社会服务三个方面的战略目标、建设举措和具体绩效指标。[④] 以科研方面为例，曼彻斯特大学为实现"学校到2015年跻身ARWU前25名之列"的战略目标，计划积极聘用诺贝尔奖获得者等世界顶尖学者，计划到2015年拥有至少5名诺贝尔奖或同等知名奖项获得者，并且至少两人是全职。[⑤] 总之，曼彻斯特大学用宏伟目标凝聚力量，通过有针对性、操作性和监控性的战略规划引导学校发展，确保综合实力和竞争力的快速提升。

曼彻斯特大学还以并校和总计6亿多英镑的基础建设投资为契机，整合学科资源和研究能量，打造高水平科研平台，以此来吸引顶尖人才的加盟，提高学校的科研实力。学校在并校后对所有学科专业进行了整并，组建了工程与物理科

①② http://documents.manchester.ac.uk/display.aspx? DocID=6178.

③ http://www.manchester.ac.uk/research/rae2008/.

④ http://www.manchester.ac.uk/aboutus/facts/vision/2015document/.

⑤ http://www.manchester.ac.uk/medialibrary/2015/2015strategy.pdf.

学、人文科学、生物科学、医学与人类科学四个大学院。这种将相关学科专业纳入大学院的扁平式结构有利于开展跨学科教学和研究活动，促进院系间的横向互动。此外，曼彻斯特大学还积极创建具有突出特点和优势的高水平研究机构（见表7—7）。这些机构为吸引和汇集顶尖人才、促进高水平跨学科研究、加强学校与外界合作提供了平台。例如，学校于2005年11月成功聘请了诺贝尔奖获得者约瑟夫·斯蒂格利茨（Joseph Stiglitz）来负责布朗克斯世界贫困研究所（Brooks World Poverty Institute）的工作，这极大提高了曼彻斯特大学在发展研究和贫困研究的实力和国际知名度，并获得了欧洲最大规模的对发展研究的经费资助。① 2007年，曼彻斯特大学还聘请了诺贝尔生理医学奖获得者、“基因图谱之父”约翰·萨尔斯顿（John Sulston）加盟大学的生命科学学院，并领导负责一个新的研究机构——科学、伦理与创新研究所（Institute of Science，Ethics and Innovation），集中研究21世纪人类所面临的科学技术引发的道德伦理问题。② 再如，2006年成立的曼彻斯特癌症研究中心（Manchester Cancer Research Centre）是由曼彻斯特大学、克里斯蒂（Christie）肿瘤医院和英国癌症研究协会（Cancer Research UK）共同合作建立的，此举进一步确立了曼彻斯特大学作为欧洲最大癌症研究中心的地位。③

表7—7　　曼彻斯特大学创建拥有的高水平研究机构

航空航天研究所	曼彻斯特癌症研究中心
生物医学影像研究所	曼彻斯特创新研究中心
布朗克斯世界贫困研究所	曼彻斯特跨学科生物中心
道尔顿核研究所	神经科学研究所
赫伯特·西蒙公共政策与管理研究所	帕特森癌症研究所
健康与卫生科学研究所	光子科学研究所
科学、伦理与创新研究所	可持续性消费研究所
社会变迁研究所	

资料来源：http://documents.manchester.ac.uk/display.aspx? DocID=6178.

曼彻斯特大学通过并校、整合学科和研究资源以及吸引顶尖人才加盟等举措，极大提升了学校的国际竞争力。此外，学校在管理运行、社会服务等方面也

① http://www.bwpi.manchester.ac.uk/aboutus/RoryBrooks/index.html.

② http://www.manchester.ac.uk/aboutus/news/archive/list/item/? id=3159&year=2007&month=10.

③ http://www.mcrc.manchester.ac.uk/about/director.htm.

取得了很大成绩。在管理运行上，学校成立了由校长负责，成员由副校长、秘书长以及财务和人力资源部门主管组成的核心管理委员会——规划与资源委员会(Planning and Resources Committee)，负责向学校董事会提出有关资源开发和配置、战略规划等方面的建议，完成年度规划、预算和业绩评估等工作。① 学校还通过"规划与问责周期"（the Planning and Accountability Cycle）实现流畅的责任化管理。大学的运营每年会经历一轮从制定计划、编制预算、执行、绩效评估、形成评估报告到改进计划的环节，完成一个"规划与问责周期"。大学通过"规划与问责周期"来检查规划的实施情况，并根据评估报告和外界环境变化列出下一年度需要优先实施的项目，以此保证战略目标的稳步实现。②在社会服务方面，学校将应用研究放在与基础研究同等重要的位置上，积极促进科研技术和成果转化。例如，学校成立了专业的知识产权有限公司（the University of Manchester Intellectual Property Limited)，专门负责知识产权管理和科研成果的商业化活动，并通过专利转让、孵化企业和出售企业股权等方式为学校创造收益。曼彻斯特大学于 2008 年还建立了欧洲规模最大，共计 3 200 万英镑的创投基金。该基金主要用于关乎人类社会发展的清洁、纳米、医药、信息通讯等技术的商业化活动。③

七、重要院校改革举措

除了政府出台宏观政策努力提升本国本地区研究型大学的国际竞争力外，大学自身也积极进行改革，应对激烈的对高等教育资源的国际性竞争。总结以上案例大学提升竞争力的举措，这些改革举措主要体现在以下八个方面：

1. 明确发展目标，制定战略规划

研究型大学在自身发展和参与激烈的国际竞争中，需要明确发展任务和目标，并在此基础上认真制定战略规划，保证任务和目标的稳步实现。如表 7—8 所示，五所案例大学均制定了符合自身情况的战略目标。这些目标大都着眼于学校的特色优势和国际表现，显示出很强的发展意愿和竞争意识。明确的战略目标不仅体现了大学的雄伟壮志和发展愿景，更重要的是凝聚了校内外力量，形成了促进大学发展的合力。

①② http://www.manchester.ac.uk/medialibrary/2015/2015strategy.pdf.

③ http://documents.manchester.ac.uk/display.aspx? DocID=6178.

表 7—8　　五所案例大学的战略任务和目标

大学	战略目标
中国台湾成功大学	规划到 2015 年前进入世界排名前 100
美国中佛罗里达大学	把大学打造成为领先的大都市型研究型大学
中国大陆浙江大学	到 2017 年即建校 120 周年前后，基本建成具有世界先进水平的一流大学
新加坡南洋理工大学	成为以科学技术为基础的卓越全球性大学，通过各学科的全面教育培养具有创造力和企业家精神的领导者
英国曼彻斯特大学	到 2015 年，跻身世界顶尖研究型大学前 25 名之列

为保证发展目标的顺利实现，五所案例大学也十分注重战略规划的制定和实施。这些战略规划一般包括大学的价值理念、发展任务、战略目标以及实现战略目标的各项建设举措。有的规划还针对建设举措提出了具体的关键绩效指标。通过制定和实施战略规划，大学实现了对有限资源的集中高效利用，确保战略目标的优先实现。可谓“预则立，不预则废”。

2. 整合院系专业，促进学科交叉

为适应社会经济发展对全面人才的需求，以及高水平科研对交叉研究能力的要求，研究型大学均积极打破院系机构设置的组织界限和障碍，整合相近或相关专业领域的教学和科研资源，建立便于学术智慧交流和全面人才培养的体制机制。

五所案例大学中，浙江大学和曼彻斯特大学都以并校为契机，构建了较为完备齐全的学科专业体系，通过组建学部或大学院来整合学科资源，发挥学科的综合优势，促进学科交叉和新领域研究。台湾成功大学也积极进行院系整并，突出学科优势和研究特色。南洋理工大学也将 12 个院系组建成工、商、文、理四大学院。中佛罗里达大学通过开展“跨学科研究计划”来构建学生的多学科知识结构，培养他们的交叉研究能力。

3. 突出研究优势，建设研究平台

为使有限资源发挥最大效能，研究型大学均依据自身特色与优势，集中力量优先发展若干学科专业，重点建设若干研究平台，以在若干领域率先实现国际领先，进而带动学校整体科研实力和竞争力的提高。五所案例大学中，浙江大学依托“211 工程”重点学科建设项目和“985 工程”研究平台基地建设打造学科“高地”和“高峰”，开展国际一流的高水平科研。中佛罗里达大学通过在光学、建模等具备领先优势的专业领域组建研究机构，打造国际一流品牌。台湾成功大

学、南洋理工大学、曼彻斯特大学也通过创建研究群组或研究机构，来建立研究优势，打造国际品牌。这种突出重点和特色的优先发展战略是大学快速提升国际知名度和竞争力的有效途径。

4. 延揽优秀人才，提高师资质量

随着办学条件的逐步改善，人的作用就尤为重要。一支具有创造力、凝聚力和高深专业知识背景的师资队伍是研究型大学提升国际竞争力的决定性因素。因此，研究型大学应注重人事制度改革，积极延揽国际顶尖人才，加强绩效考核与资助奖励力度。此外，大学应特别加强中青年师资队伍建设，发挥中青年教师旺盛的创新力，使他们成为教学科研的中坚力量。

五所案例大学在人才引进上都非常注重国际化，期望通过引进若干世界顶尖的专家学者来带动学校相关专业领域的快速提升，并促进更多优秀人才的加盟，推动国际交流与合作。这些大学还注重对中青年人才的引进、培养和资助奖励，并通过提高聘用标准、加强考核等制度改革来提高师资队伍质量。

5. 注重研究生教育，培养卓越人才

除高水平师资队伍外，具有探索精神、创新能力和良好专业知识的研究生对于研究型大学开展科研活动也至关重要。研究生教育位于高等教育的“塔尖”部分，直接关系到大学的核心竞争力和国家的高层次创新人才培养。因此，五所案例大学均重视研究生教育，积极扩大研究生规模，提高研本比例和生源质量，加强对研究生的资助和奖励，积极培养学生的创新能力和人文素养。此外，案例大学还积极探索和实践“分类教育”、“通识教育”、“创新教育”和“精英教育”，培养创新型拔尖人才。

6. 促进产学研合作，服务社会经济

研究型大学积极通过培养大批高素质人才、开展应用性研究等来服务社会经济发展，进而获得政府和社会各方支持，提升办学品牌和声誉。五所案例大学均紧密结合社会经济发展需要，利用自身资源和优势，通过企业孵化、建设科技园区、设立创投基金和与企业合作等方式积极加快科研技术和成果转化，促进产学研合作，提高社会影响力和国际竞争力。

7. 加强国际合作，融入一流梯队

研究型大学的国际竞争力提升不能通过“关门办学”实现，只有加强与国际

顶尖院校、科研机构的交流与合作，借鉴成功的办学模式和经验，才能把自身的教学科研质量提升到国际水平。案例大学中，浙江大学、南洋理工大学不再仅仅满足与国际知名院校的双向交流与合作，而是积极与同类、同水平或更高水平的世界一流院校构建合作联盟，开展全方位合作。

8. 改革运行机制，提高管理水平

高水平研究型大学仅仅具备充足的经费、一流的办学条件、顶尖的师资队伍是不够的，还需要有高效、流畅、透明的管理。管理不力必然会浪费办学资源，破坏大学的学术氛围，降低师生工作和学习的积极性，影响学校各方面的发展建设。因此，研究型大学为提升国际竞争力，就必须从体制机制改革上去解决限制人才能动性发挥的条条框框，努力提高管理水平。五所案例大学中，台湾成功大学、南洋理工大学和曼彻斯特大学都采取了促进资源整合和利用、加强责任制和绩效评估的多种管理举措。

第四节　对未来研究型大学国际竞争力的预测

一、高等教育国际化的趋势与挑战

研究型大学培养了社会经济发展需要的高素质专业人才，通过开展高水平研究推动了科技进步和知识创新，在国家创新体系中发挥重要作用。准确预测研究型大学国际竞争力的发展趋势，对于把握研究型大学建设规律、改进政府宏观教育政策和推动高校改革发展等都具有重大意义。

在高等教育大众化和市场化的背景下，社会对高等教育的需求不断扩大并呈多元化趋势，高等教育已成为一种服务贸易，可跨国自由交易，经济全球化和信息社会的发展推动了人才、资金、知识技术等高等教育资源的全球流动配置，世界高等教育形成了一个“你中有我、我中有你”的国际化格局。不断深入的高等教育国际化一方面加强了全球高等教育机构间的交流与合作，另一方面也使教育资源稀缺或处于劣势的国家和地区面临巨大的竞争压力。作为高等教育“塔尖”层次的研究型大学面临着更为激烈的国际竞争。准确把握高等教育国际化的趋势和挑战，有助于我们理解研究型大学提升国际竞争力的出发点和落脚点。

首先，高等教育国际化加剧了研究型大学之间的竞争和高等教育资源在国际间的不平衡配置。经济全球化使研究型大学直面国际空间，在更广阔的平台上开展教学和科研活动。作为对全球化的回应，研究型大学积极推国际化进程，提升国际竞争力，以赢得有限优质资源和外部投入，获取更大发展空间，避免“依附”发展和被边缘化。在研究型大学国际竞争加剧的同时，由于国家或地区间经济差距悬殊、人才外流等原因，全球高等教育发展的非均衡问题更加突出。占据强大教育资源的发达国家使发展中国家的研究型大学面临着更大的发展支出和竞争压力。

其次，研究型大学在高等教育国际化进程中需要克服同质化倾向。研究型大学在积极融入国际化潮流、引进海外人才等教育资源、借鉴先进教育模式和成功办学经验的同时，必须坚持特色，树立品牌，坚持国际化与民族化的统一。研究型大学在国际化进程中，如果脱离民族利益和国家需要，一味地照搬国外办学理念和经验而走向同质化，最后高等教育的国际化就很可能演变成西方化或美国化而以失败告终。

最后，高等教育国际化急需高质量、多类型和能满足多种需求的国际排名与评估。高等教育国际化加强了全球研究型大学间的合作与竞争，激发了对大学间进行国际比较与评估的需要。以世界大学排名为代表的国际比较与评估自出现以来就饱受争议，但确实对大学办学产生了深远影响。大学排名一方面为研究型大学进行国际定位、确定发展目标提供了参照，对高等教育的资源配置起到一定的引导作用；另一方面也使大学可能忽视那些排名指标并未体现但对大学竞争力提升却异常重要的因素，导致大学短期盲目地追求排名指标上的表现，忽视长远的内涵建设。在世界大学排名还不甚成熟和完善的当下，大学要清醒地对待排名位次。鉴于大学排名指标的局限性、高校的多样性以及学科差异，高等教育国际化需要类型多样、高质量和能满足不同需要的国际大学排名与评估。

二、研究型大学国际竞争力的未来预测

世界大学排名是大学国际竞争力的最直接体现，已引起各国家和地区政府以及大学的重视和反应。政府纷纷出台有关重点大学和研究平台建设、人才引进与资助奖励等方面的宏观政策，研究型大学也积极推进自身的改革发展。两者对于提升大学的国际竞争力和排名表现均有直接影响。

1. 政府宏观政策对未来研究型大学国际竞争力的影响

从 ARWU 名次来看，一些国家和地区政府的宏观政策对于提高研究型大学的国际竞争力发挥了积极作用。例如，中国进入 2010 年 ARWU 前 500 名的大

学共有22所、前300名的大学有7所，分别比2004年增加了14所和5所。进入2010年ARWU前300名的高校是清华大学、北京大学、浙江大学、中国科学技术大学、上海交通大学、复旦大学和南京大学，其中清华大学和北京大学进入了前200名（见表7—9）。这7所名牌大学的2010年ARWU名次比2004年平均提升了近105名，实现了初步重大跨越。虽然这种排名上的重大跨越主要依靠面上SCIE/SSCI论文数量的大幅度增长，但随着我国经济实力的不断增强、“985工程”等宏观政策的持续实施以及大学发展将更突出质量内涵建设，在未来十年我国名牌大学将出现若干名以高引用科学家为代表的学术大师，高水平论文数量和重大原创性科研成果将稳定增加，国际竞争力将实现更大的跨越式提升。根据ARWU名次上升情况预计，到2020年我国研究型大学将有1所左右进入前100名，5所左右进入前200名。

表7—9　　中国大陆2010年进入ARWU前300名的7所大学

大学	ARWU名次							排名上升位次
	2004	2005	2006	2007	2008	2009	2010	
清华大学	214	187	174	190	202	209	191	23
北京大学	297	245	229	238	241	225	199	98
浙江大学	350	301	258	253	227	217	215	135
中国科学技术大学	334	317	286	292	243	230	226	108
上海交通大学	461	338	275	275	258	247	236	225
复旦大学	373	348	333	318	325	316	280	93
南京大学	332	328	311	270	292	299	281	51

资料来源：根据ARWU（2004—2010年）排名数据整理。

韩国大学的世界排名也进步显著。韩国进入2010年ARWU前500名的大学有10所，比2004年增加了2所，其中高丽大学、汉阳大学、韩国科学技术院的2010年ARWU名次比2004年均上升100名以上。经过“BK21工程”建设，韩国大学的研究能力和研究成果也大幅度提升，SCI文章数量排名从1998年的第18位（9 444篇）上升到2005年的第12位（23 515篇），工程第一阶段共资助2 800名研究生赴海外先进科研机构和实验室进行长期学习深造，邀请了世界顶尖大学的知名学者共计6 000人来韩访问①，为总计近90 000名的青年研究人员提供数额从40万韩元到200万韩元不等的经济补助。② 工程第二阶段还不同

① http://bnc.krf.or.kr/home/eng/bk21/achievement.jsp.

② http://bnc.krf.or.kr/home/eng/bk21/overview_2.jsp.

程度地提高了资助力度。① 此外，韩国自 2008 年起实施了“WCU 计划”，经过“WCU 计划”管理委员会的认真选拔，共有 18 所大学的 52 个研究团队从 52 所大学的 314 项申请中脱颖而出，获得该计划资助。② 根据 2008 年底评审结果，“WCU 计划”共聘请到包括 9 名诺贝尔奖得主在内的 284 名外国顶尖学者来韩开展教学和科研活动。③ 从已有效果看，这些宏观政策的持续实施会进一步加强韩国大学的科研实力和国际竞争力。

此外，中国台湾、沙特阿拉伯的重点大学建设计划也效果显著。台湾地区进入 2010 年 ARWU 前 500 名的大学共有 7 所，比 2004 年增加了 4 所，名次也有显著提升。沙特阿拉伯有 2 所大学进入 2010 年 ARWU 前 500 名之列，而在 2008 年还没有大学上榜。

鉴于政府宏观政策对提升大学国际竞争力的积极作用，印度、马来西亚等国面对竞争压力，也紧跟其后积极制定和实施相关宏观教育政策。印度计划从 2010 年起建立 14 所具备国际化环境、聚焦各自特色研究领域并实现国际卓越、拥有更多自主权和各自独特发展模式的“创新大学”。这些大学将结合国家和本地区发展面临的问题，集中力量在相关研究领域取得领先，形成研究优势和特色；在教学上打破院系专业界限，关注知识本身而不是学科，给予师生更多的教学和学习自由；在管理上拥有更多的自主权并可获得中央政府的巨额研究拨款。④ 再如马来西亚，在其制定的“国家高等教育行动计划 2007—2010 年”（National Higher Education Action Plan 2007—2010）中，高等教育部提出实施“顶尖大学计划”（Apex University）来促进本国研究型大学达到世界一流。马来西亚政府计划使最多两所大学成为全国学术中心，规定学校董事会成员应由高水平专业人员构成并享有全权管理学校的权力，校长等重要领导职位和学术职位的人才聘用要经过严格选拔，学生选拔也要充分考虑学术表现等。⑤

总之，符合本国本地区实际和国际发展趋势的政府宏观政策对提升研究型大学的国际竞争力效果显著。但随着国际竞争的日益加剧和宏观政策的大量出台，

① http://bnc. krf. or. kr/home/eng/bk21/overview_1. jsp.

② http://english. mest. go. kr/web/1760/en/board/enview. do? bbsId=265&pageSize=10¤tPage=8&boardSeq=1548&mode=view.

③ http://news. sciencenet. cn/htmlnews/2010/1/227430. shtm.

④ http://www. indiastudychannel. com/resources/124278-Innovation-Universities-India-supported-by. aspx.

⑤ http://www. ipptn. usm. my/attachments/047_Global%20Univ%20Model%205-How%20Malaysia%20Should%20Approach%20World Class%20Status-No. 37. pdf.

这些政策效力可能会逐步减弱。因此，研究型大学在未来更需要政府可持续的政策支持和资金投入。那些只注重短期效应、忽视内涵建设的宏观政策对于提升大学竞争力只能起到“昙花一现”的作用，无法成为竞争力提升的坚定支撑力量。同时，政府宏观政策的作用效果除了依赖于政策本身的科学性以外，还取决于大学自身的积极作为。

2. 院校微观改革对未来研究型大学国际竞争力的影响

研究型大学的自身改革对于提升教学和科研水平、提高社会服务能力和办学知名度、吸引外部投入以及在国际层面上竞争教育资源都具有重要意义，直接关系到学校的国际竞争力。

一方面，研究型大学积极利用宏观政策的支持来推进自身改革建设，提升国际竞争力，如台湾成功大学和浙江大学。台湾成功大学入选台湾“迈向顶尖大学计划”后，在计划前两年每年获得 17 亿元新台币的补助。① 经过 2007 年中期考核，成功大学以显著进步获得了更多资助，从 2008 年至 2009 年 7 月底累计获得经费达 46 亿元新台币。② 成功大学积极利用“迈向顶尖大学计划”来推动学校的改革发展，结合自身研究优势组建成立了八个顶尖研究中心和三大研究群组，整并系所和仪器设备资源，积极延揽顶尖人才和优质生源，资助创新型标杆研究等。这些改革建设举措显著提高了学校的科研能力，增强了学校的研究优势，使成功大学近年来发展迅速。在大学排名上，成功大学 2010 年的 ARWU 名次是第 258 位，比 2004 年上升了 152 位。科研产出方面，学校的 SCIE/SSCI/A&HCI 的论文总数从 2005 年的 1 780 篇增长到 2009 年的 2 700 篇，增长了 52%；高引用论文发表量同期从 46 篇增长到 95 篇，增长了 106%。国际化方面，学校仅 2009 年就延揽国际优秀教研人才共计 283 人，其中外籍人士约占 34%；国际学位生人数在 2006—2009 年间增长了 122%，达到 603 人。③ 可以预见，随着宏观政策和学校各项改革举措继续发挥作用，成功大学的国际竞争力将进一步提升。如图 7—1 所示，通过对成功大学 2004—2010 年的 ARWU 名次进行拟合趋势分析（采用指数趋势线），成功大学在 2020 年有望进入 ARWU 前 150 名。

再如浙江大学，学校积极利用院校合并、“985 工程”、“千人计划”等国家

① http://www.stnn.cc/global/global_sp/t20051010_11793.html.

② http://top.ncku.edu.tw/files/11-1029-1328.php.

③ http://www.ncku.net/index.php/component/content/article/179-2009-07-13-02-27-21/1189-2010-02-11-06-03-09.

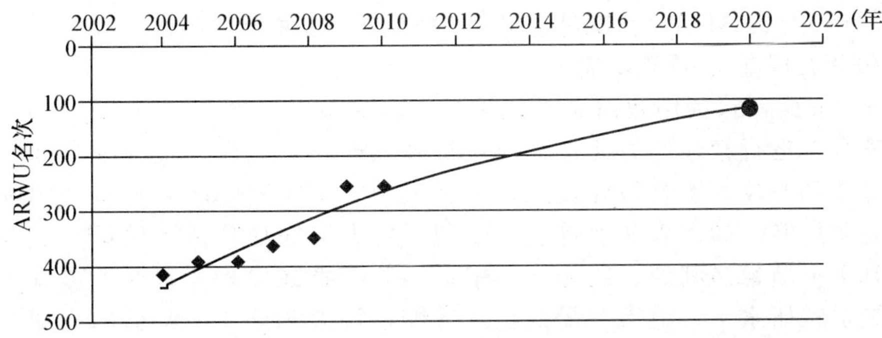

图 7—1 中国台湾成功大学 ARWU 名次的拟合趋势分析

宏观政策的重点支持来推进学校改革建设，实现了跨越式发展，明显缩小了与世界一流大学的差距。浙江大学自 1998 年并校至 2008 年经过两期“985 工程”建设，科研经费从 3.9 亿元增长到 14.02 亿元，被 SCI 收录的论文数从 243 篇增长到 3 146 篇，授权专利数从 58 项增长到 931 项，国际科技论文总量和质量不断提升。①这十年间，学校共引进教师 1 128 名，其中具有博士学位的教师 1 012 名，从海外知名大学引进留学回国人员 303 名。②这十年间，学校的国家重点学科数量显著提高，分布更趋合理，由并校之初的 13 个发展到 35 个。③ 可以预见，随着“985 工程”三期的实施和其他宏观政策效果的显现，学校通过“1311 人才工程”④ 等配套建设举措，将实现更大的跨越式发展。如图 7—2 所示，通过对学校

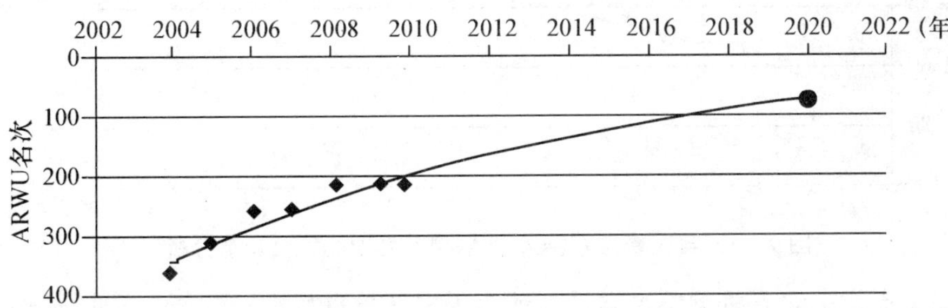

图 7—2 中国大陆浙江大学 ARWU 名次的拟合趋势分析

①②③ http://xywh.zju.edu.cn/cjz/cjz.html.

④ 2009 年，作为国家大学实施“千人计划”，加快海外高层次人才引进的关键之年，浙江大学紧抓时代机遇，在整合各项行之有效的人才引进与培养的政策措施的基础上，加大制度创新，重点实施了“1311 人才工程”战略，即计划到 2017 年前后，师资队伍规模基本稳定在 3 500 人左右，各类专职研究人员 2 000 人左右，形成 100 名左右具有国际影响力的高端人才，培养和引进 300 名左右具有国际知名度的高级人才，建设 100 个左右面向重大任务或科学问题的创新研究团队，支持 1 000 名左右支撑学校未来发展的青年骨干人才。

2004—2010 年的 ARWU 名次进行拟合趋势分析（采用指数趋势线），浙江大学在 2020 年有望进入 ARWU 前 100 名。

另一方面，除利用政府宏观政策外，研究型大学自身在师资队伍建设、资源整合、运行管理等方面也积极进行各项改革。例如，英国曼彻斯特大学通过主动并校、整合研究资源、引进顶尖学术大师等战略举措使国际竞争力显著提升。如在人才引进上，曼彻斯特大学成功聘请了诺贝尔奖获得者约瑟夫·斯蒂格利茨、约翰·萨尔斯顿等一批顶尖人才，极大提升了学校的教学科研水平。值得一提的是，曼彻斯特大学近年来聘请的安德烈·盖姆（Andre Geim）和康斯坦丁·诺沃肖洛夫（Konstantin Novoselov）两名教授因对石墨稀的发现与研究共同获得了 2010 年诺贝尔物理学奖。[①] 可以看出，曼彻斯特大学在聘请世界顶尖学者和有潜力的研究人才方面获得了巨大成功，并以此提升了学校的国际竞争力。如图 7—3 所示，通过对学校 2004—2010 年的 ARWU 名次进行拟合趋势分析（采用指数趋势线），曼彻斯特大学在 2020 年有望进入 ARWU 前 20 名，实现进入 ARWU 前 25 名的战略目标。

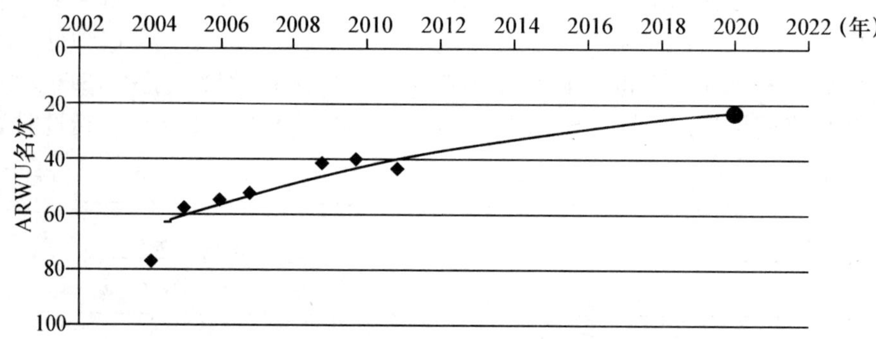

图 7—3　英国曼彻斯特大学 ARWU 名次的拟合趋势分析

除了本章中的五所案例大学外，还有很多高校也都积极改革，采取多种举措应对加剧的国际竞争。如澳大利亚西澳大利亚大学，学校制定了“到 2013 年力争进入世界百强研究型大学”的宏伟目标，并以此为基础计划到 2050 年跻身世界前 50 名顶尖大学之列。为实现目标，学校确定了基础生物医学、神经科学、矿产资源开发利用、农业与环境等六个战略研究领域[②]和计量学与测量学、射电

① http://www.manchester.ac.uk/aboutus/news/display/? id=6192.
② http://www.research.uwa.edu.au/strengths.

天文学、绿色化学等十个新兴重点研究领域[1]，集中资源开展国际领先的高水平研究和交叉研究，优先使这些研究领域达到国际卓越。学校通过澳大利亚研究委员会（Australian Research Council）的荣誉奖[2]和未来奖计划来吸引和资助顶尖人才[3]，并通过“博士后研究奖励计划”（University Postdoctoral Research Fellowship Scheme）[4] 和“重返博士后研究奖励计划”（Re-Entry Postdoctoral Research Fellowships）帮助研究人员顺利从事学术职业。[5] 学校目前已有 7 名学者获得这些荣誉奖[6]，并引进和培养了 10 名高引用科学家[7]，他们成为学校开展顶尖研究的核心力量。在教学上，学校计划于 2012 年开始实施新课程体系，通过简化授予学位的种类使课程设置更为灵活，帮助学生在接触广泛学科课程的基础上逐渐聚焦未来专业。[8] 学校还积极扩大教育规模、提升研究生数量，计划到 2020 年学生数量达到 25 000 人，研究生比例达到 35%。[9] 通过多种建设举措的实施，西澳大利亚大学的 ARWU 名次从 2004 年到 2010 年上升了 59 位，处于第 112 位。预期到 2013 年百年校庆时，随着这些改革建设举措继续发挥效应，学校能顺利跻身世界百强大学之列。

再如国际排名上升较快的挪威科学技术大学，学校的 ARWU 名次从 2004 年的 325 名上升到 2010 年的 209 名。挪威科学技术大学制定了到 2020 年成为国际卓越研究型大学的战略目标，即在若干重点优势领域实现国际领先，成为欧洲十强科技大学之一，位居世界综合性大学前 1%之列。[10] 为实现目标，学校制定了涉及科研、教学、宣传、创新、组织与资源方面的详细战略举措及各项明确的绩效指标。此外，学校积极打造高水平的跨学科研究平台，集中研究优势，突出重点和特色。学校确定了能源资源与环境、全球化、通信技术、医学技术、材料技术等六个跨学科战略研究领域[11]，并在挪威研究委员会（the Research Council of Norway）的支持下成立了通信系统计量服务质量中心（Centre for Quantifi-

[1] http://www.research.uwa.edu.au/strengths/seed.
[2] http://www.research.uwa.edu.au/leaders/fellows.
[3] http://www.research.uwa.edu.au/future-researchers/future-fellowships.
[4] http://www.research.uwa.edu.au/future-researchers/fellowship.
[5] http://www.research.uwa.edu.au/staff/funding/re-entry.
[6] http://www.research.uwa.edu.au/leaders/fellows.
[7] http://www.research.uwa.edu.au/leaders/highly-cited.
[8] http://www.newcourses2012.uwa.edu.au/courses/undergraduate#admission.
[9] http://www.uwa.edu.au/university/?a=382186.
[10][11] http://www.ntnu.edu/strategy.

able Quality of Service in Communication Systems）、船舶与海洋结构物中心（Centre for Ships and Ocean Structures）和记忆生物学中心（Centre for the Biology of Memory）这三个“卓越中心”。学校还与挪威科技工业研究院（Stiftelsen for industriell og teknisk forskning）建立了深入的战略合作关系，有500多名研究者在两个机构同时拥有职位，为加强学校的研究实力提供了人才保障。①

总之，制定科学的发展目标和战略规划、整合资源重点发展若干优势学科和研究领域、积极打造高水平的跨学科研究平台、延揽世界顶尖学术大师和优秀青年研究人才、与一流大学和科研机构开展全方位合作等改革建设举措已成为研究型大学在学校层面提升国际竞争力的共同战略抉择。研究型大学的自身改革建设既是提升国际竞争力的基础，也是发挥政府宏观政策效能的必要条件。

第五节　提升研究型大学国际竞争力的建议

一、政府应持续实施提升研究型大学国际竞争力的各种宏观政策

随着高等教育的国际化程度加深，研究型大学将处于更加激烈的国际竞争中。在一些国家和地区政府相继出台支持研究型大学发展的宏观政策背景下，我国只有在已有政策基础上，持续对若干所研究型大学进行重点建设，加大投入力度和政策支持，从制度建设上保障研究型大学的学术自由和学校自治，充分给予研究型大学在资金使用和政策利用上更多的自主权，我国研究型大学才能在激烈的国际竞争力中占领制高点。此外，还要充分利用宏观政策的引导性，促进研究型大学积极延揽人才，提高原始创新能力，发展新学科和交叉学科，提高师资队伍质量和研究生培养质量，建设现代大学管理制度，以此发挥宏观政策的最大效能。

二、研究型大学应从实际出发，通过积极改革参与国际竞争

直接面对教育资源国际竞争的研究型大学，要始终把握改革发展的主动权，坚持提高国家国际竞争力的使命感。从学校自身的实际出发，以国际视野来制定

① http://www.ntnu.edu/research/strategic_research_efforts.

学校的发展政策和建设举措，积极利用各种宏观政策，加快学校的国际化进程，提高人才培养、科学研究和社会服务的质量。尤为注意的是，研究型大学要积极探索与实践符合自身实际情况和未来发展趋势的竞争力提升举措。由于大学竞争力的内涵丰富、具有层次性和结构性，各国各地区的社会经济发展水平和教育体制差异甚大，各研究型大学的历史传统、办学理念、优势特色等也不尽相同，因此大学的发展道路不会是单一模式，竞争力提升举措也不该是千篇一律。研究型大学在借鉴成功经验时，不可简单挪用和全盘照搬，一定要积极探索与实践符合自身实际情况和未来发展趋势的建设举措。唯有此，才能在世界众多研究型大学中领先居上、脱颖而出。

后　　记

为了进一步推动创新型国家建设，贯彻《国家中长期教育发展和改革规划纲要（2010—2020 年）》，总结我国研究型大学建设过程中的经验和挑战，教育部科学技术委员会于 2009 年 12 月将“面向创新型国家的研究型大学国际竞争力研究”列为战略研究重大专项课题，由教育部战略研究基地——上海交通大学高等教育研究院世界一流大学研究中心承担。本书为这一课题的研究成果。

为了保证课题的质量，研究小组确定了战略性、突破性、科学性、前瞻性、实践性的研究思路，并提出了以下基本要求：以实证研究为主，用事实和数据说话；从宏观和微观两个层面系统进行国际比较；针对当今全球高等教育面临的即时性问题与研究型大学建设的关系进行分析和预测；并提出体现中国特色和世界水平的政策建议。研究小组针对不同专题，从各种数据库中探寻有价值的数据和材料，力图从中得出有价值的判断和结论。

在研究过程中，教育部科学技术委员会主任办公会议听取了课题组汇报，提出了宝贵意见和建议。课题组还得到教育部科技司领导的支持与关怀，以及科技委秘书处领导的具体指导和帮助。他们为确保课题的质量和进度，作出了重要贡献，在此致以衷心的感谢！

课题的顺利完成也离不开上海交通大学高等教育研究院的教师和研究生们的辛勤努力和无私支持，课题凝聚了他们的智慧和汗水。在一年多的时间里，课题组的赵冬梅（绪论、第一章）、谢亚兰（第二章）、郑俊涛（第二、七章）、邓侨侨（第三章）、邵娅芬（第三章）、沈悦青（第四章）、苗耘（第五章）和张金萍

（第六章）等同志，参与了课题的构思、具体设计、讨论到成稿的全过程。在此，谨向他们致以衷心的感谢！

上海交通大学高等教育研究院
世界一流大学研究中心
2011 年 9 月

图书在版编目（CIP）数据

面向创新型国家的研究型大学国际竞争力研究/王琪，冯倬琳，刘念才主编. —北京：中国人民大学出版社，2011.12
教育部科学技术委员会战略研究重大专项
ISBN 978-7-300-15034-5

Ⅰ.①面… Ⅱ.①王…②冯…③刘… Ⅲ.①高等学校-国际竞争力-研究-中国 Ⅳ.①G649.2

中国版本图书馆 CIP 数据核字（2011）第 268047 号

教育部科学技术委员会战略研究重大专项
面向创新型国家的研究型大学国际竞争力研究
主编 王琪 冯倬琳 刘念才
Mianxiang Chuangxinxing Guojia de Yanjiuxing Daxue Guoji Jingzhengli Yanjiu

---

出版发行	中国人民大学出版社		
社　　址	北京中关村大街 31 号	**邮政编码**	100080
电　　话	010－62511242（总编室）		010－62511398（质管部）
	010－82501766（邮购部）		010－62514148（门市部）
	010－62515195（发行公司）		010－62515275（盗版举报）
网　　址	http://www.crup.com.cn		
	http://www.ttrnet.com（人大教研网）		
经　　销	新华书店		
印　　刷	北京宏伟双华印刷有限公司		
规　　格	170 mm×228 mm　16 开本	**版　　次**	2012 年 1 月第 1 版
印　　张	19.5 插页 1	**印　　次**	2012 年 1 月第 1 次印刷
字　　数	354 000	**定　　价**	58.00 元